蜀 棋 艺 蓉

专业棋牌出版

A

石巅著

斗地主超绝技巧

时代 成都时代出版社
CHENGDU TIMES PRESS

图书在版编目(CIP)数据

斗地主超绝技巧 / 石颠著. —成都:成都时代出版社,2020.11

ISBN 978-7-5464-2689-1

Ⅰ.①斗… Ⅱ.①石… Ⅲ.①扑克-基本知识 Ⅳ.①G892.1

中国版本图书馆 CIP 数据核字(2020)第 188946 号

斗地主超绝技巧

DOUDIZHU CHAOJUE JIQIAO

石 颠 著

出品人 李若锋
责任编辑 樊思岐
责任校对 李 航
装帧设计 袁 飞
责任印制 张 露
出版发行 成都时代出版社
电 话 (028)86618667(编辑部)
(028)86615250(发行部)
网 址 www. chengdusd. com
印 刷 成都市书林印刷厂
规 格 148 mm×210 mm
印 张 11.75
字 数 420 千字
版 次 2020 年 11 月第 1 版
印 次 2020 年 11 月第 1 次印刷
印 数 1-5000 册
书 号 ISBN 978-7-5464-2689-1
定 价 34.00 元

献　辞

我生性好玩，爱好广泛，休闲时，喜欢做各种有趣的活动。休闲生活给了我很多乐趣，使我的心情非常愉快。在人生的每个阶段，我都有一些伙伴。我的伙伴陪伴我，给我带来了许多欢乐。休闲生活是我人生的重要组成部分，伙伴是我生命中不能缺少的人。希望我以后的休闲生活更加丰富多彩、更能愉悦身心，希望我以后有更多更好的伙伴。享受我快乐的休闲生活，感谢我可爱的伙伴，谨以此书：

献给我的休闲生活和伙伴！

前言

“斗地主”是20世纪末发明并流传起来的一种扑克牌游戏。这种游戏是四个人用两副扑克牌来玩。其分组具有典型的不对称性：其中叫牌成功，补底牌的人是庄家，独自为游戏的一方；其他三个人是散家，结成同盟，共同组成游戏的另一方。庄家虽然只有一个人，但牌比每一位散家都多八张，而且无须配合、意志绝对统一；散家虽然有三人之众，但每一位散家的牌都比庄家少八张，而且需要配合，意志较难统一。庄家人少牌多，就好像是封建社会的地主一样，散家人多牌少，相应地，就好像是农民一样，游戏的整个过程始终体现着三位散家联合斗庄家的鲜明特色，因而，这种游戏被人们形象地叫做“斗地主”。

斗地主游戏牌理深刻，规则科学；打法灵活，技巧复杂。它的牌型种类丰富，组合方式多样；牌型结构机动，调配富于变化。它的叫牌竞庄具有一定的冒险性，运筹谋划具有高超的艺术性，设计出牌具有绝对的严谨性，情势变化具有强烈的戏剧性。它的争斗过程常常起伏跌宕，激烈紧张；而战局结果则往往出人意料，令人感慨。

与许多大众游戏相比，斗地主游戏更加有趣好玩，挑战刺激，魅力无穷，引人入胜。其原理简单，浅显易懂，入门容易，新手一学就会，所以群众基础很好，会打的人千千万万。但其技巧性强，打法多变，精通较难，老手也常常失误，因此，让人越玩越觉得有意思，爱好的人万万千千。而且，它对设备要求简单，最低仅需要两副扑克而已，游戏成本非常低廉。所以，这种游戏虽然发明较晚，但发展很快。它每流传到一个地方，就会迅速地流行起来，普及速度快，普及程度高。这种游戏雅俗共赏，老少咸宜，具有强劲的感染力和强大的吸引力，很多人都对它有相当浓厚的兴趣。在繁多的大众游戏中，斗地主游戏因其规则简单而技巧高深、工具轻便而操作容易、趣味丰富而奥妙无穷，一直深受着人们的欢迎和喜爱。

斗地主游戏是高档次的大众游戏，它既比智慧，又拼勇气。要求牌手具有很强的能力，尤其是全面的心理素质：既要心平气和又不能死气沉沉，既要斗志昂扬又不能心浮气躁；既要稳重老成又不能畏缩不前，既要有所作为又不能鲁莽冲动；既要充满自信又不能自以为是，既要谦虚谨慎又不能妄自菲薄；既要坚持原则又不能呆板教条，既要灵活机动又不能随心所欲；既要耐心细致又不能优柔寡断，既要坚定果敢又不能简单粗糙；既要团结协作又不能失去自我，既要敢作敢为又不能盲目自大……而且，由于斗地主游戏人员的分组极不对称，庄家和散家的打法区别很大，因此，它还对牌手的能力提出了跳跃性的要求：做散家时要有团队精神，善于配合协同，勇于牺牲自己；做庄家时要有独立精神，精于全局谋划，敢于乾纲独断。所以，我觉得，斗地主游戏不但可以愉悦心情，带给人们快乐，而且还能够增加人们的阅历，锻炼人们的能力，培养人们的素质，提高人们的修养。

在玩斗地主游戏时，有的人会强调运气。我认为，对运气可以做如此理解：每一盘中，运气占的成分较大一些。比如，各家起牌时，牌相的优劣和牌力的强弱如何；庄家配牌时，底牌的大小和搭配的好坏如何；双方行牌时，进攻的早晚和发牌的利害如何，等等，这些随机因素对于某家是否能赢，起着直接而重要的作用。但是，从较长一段时间，尤其从长期看，牌手的输赢直接决定于这个人的水平如何。一个人的运气不可能总是好的，但为什么有的牌手几乎能做到百战百胜？其根本原因就是他打牌的水平非常高。所以，玩斗地主游戏虽然有运气的成分，但主要还是靠牌手的水平。

凡是玩斗地主游戏时间长一些的人，都会得出这么一个结论：斗地主一要算牌，二要用计。而这两点都是因人而异的，水平高的人算牌算得准确、用计用得高明；水平低的人既不太会算牌，又不太会用计。其结果是：高手拿到好牌时保证能赢；拿到一般牌时往往能赢；甚至拿到差牌时也有机会赢。低手拿到弱牌时必定会输；拿到一般牌时常常会输；甚至拿到好牌时也有可能输。我们常见高手在牌场上左右逢源、纵横捭阖、进退自如、游刃有余、呼风唤雨、出神入化、叱咤风云、所向披靡，就是因为他们怀有超绝的技巧。所以，斗地主的技巧非常重要，凡是想玩好斗地主游戏的人，不能不重视斗地主的技巧。

据考证，斗地主游戏诞生于皖南民间。安徽在20世纪90年代就开始流行这种游戏了。我因为在安徽工作，所以，接触它相对较早。1998年，我学会了玩斗地主游戏。随着玩牌次数的增多，我对这种游戏的认识逐渐深刻，并最终喜欢上了它。在玩牌的过程中，我有不少心得体会，觉得有必要系统地总结一下经验和教训，把斗地主的技巧写成一本书。2000年时，我写成了初稿雏形，并在此后的几年内，对书稿进行过一些个别的补充和修改。2008年到2009年，我从整体上对书稿进行了全面、系统的多次认真修订，形成了体系比较完整、内容比较丰富的书稿。2010年5月，人民体育出版社出版了该书，但由于篇幅所限，仅出版了全书约一半内容。之后，我一直断断续续地对原书稿继续进行着修改完善，并希望有朝一日能把该书稿的所有内容完整出版。2018年到2019年，我把部分章节结构做了调整，并对全书进行了多次全面、系统的修订校对。经过前后二十年的写作，终于形成了这部内容完整的书稿。但是，由于玩斗地主游戏只是我的业余爱好，我对它的研究还有不少欠缺，因此，书中肯定还存在疏漏甚至错误。对于书中存在的问题，我诚恳地请各位读者和牌坛高手不吝指教，您的任何批评、指正、建议、讲授都是对我的帮助，我不胜感激！

目 录

第二章 牌手素养要求

第三章 叫牌竞庄策略

第四章 基本指导思想

第五章 打牌基本技巧

第六章 判断牌情技巧

第七章 欺骗敌人技巧

第八章 守门打牌技巧

第九章 中门打牌技巧

第十章 顺门打牌技巧

第十一章 散家配合技巧

第十二章　庄家打牌技巧

第一章 游戏规则简介

斗地主游戏是四个人用两副扑克玩。这种游戏的分组具有典型的不对称性，是一对三的游戏。每一盘，叫牌成功，补到八张底牌的人是“庄家”，简称为“庄”，其余三个人是“散家”。人们通常也把庄家叫“地主”，相应地，也把散家叫“贫农”或“农民”。在四个人中，庄家一人自成一方，散家三人结成同盟，为另一方。

斗地主时，按牌理，庄家出牌后散家会进行压制，庄家想顺牌时也常常会受到散家的阻拦，三位散家就像是关着庄家的三个大门一样，庄家要成功，就必须冲破这些大门，所以，散家都是“门”。按走牌顺序，庄家的下家经常能顺走牌，因此叫“顺门”；庄家的对家是三位散家的中间一个，因此叫“中门”；庄家的上家主要负责看守散家的大门，因此叫“守门”或“守门员”，有的地方也把守门员俗称为“门板”。

在一盘中，牌手处在哪一方的地位，从动态上讲，就说“做什么”“当什么”；从静态上讲，就说“是什么”。当牌手处在庄家的地位时就说牌手“做庄家”“当庄家”，牌手“是庄家”，或说牌手“做地主”“当地主”，牌手“是地主”。当牌手处在散家的地位时就说牌手“做散家”“当散家”，牌手“是散家”，或说牌手“做农民”“当农民”，牌手“是农民”。当牌手处在散家的某个具体位置时也这么说：某某“做顺门”“当顺门”，某某“是顺门”；某某“做中门”“当中门”，某某“是中门”；某某“做守门”“当守门”，某某“是守门”。

通常，走牌顺序按逆时针方向进行，所以，根据散家与庄家的位置关系，从庄家开始，按逆时针方向，三位散家分别是顺门、中门和守门。如图 1 -1 所示。

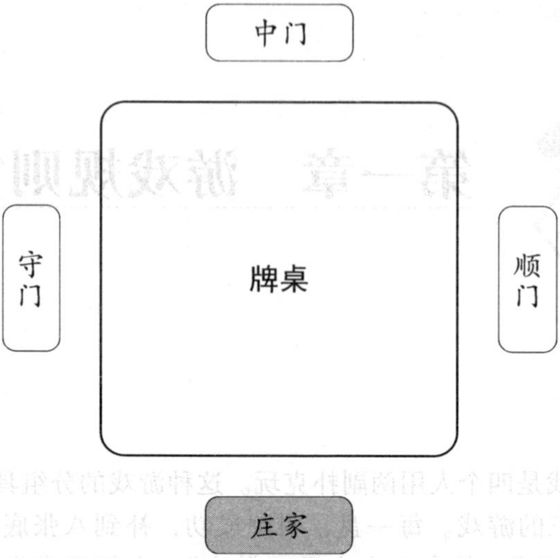

图 1 -1

随着斗地主游戏的发展，其规则也日渐成熟。目前，虽然各地斗地主规则还不完全一样，但大体上是相同的。可以说，斗地主游戏基本形成了固定的规则。

为了帮助初学的牌手全面掌握斗地主游戏的规则，也为了保持本书的系统完整，本章专门简介斗地主游戏的规则。

为行文方便、使读者看得清晰自然，本书在叙述牌时，由大小相同的牌组成的牌型，牌与牌之间没有间隔，例如 KKKK、JJJ、1010、66；由大小不同的牌组成的牌型，不同大小的牌之间用“ -”连接，例如 AAA -88、66 -55 -44；任意大小的牌用“x”“y”“z”等英文字母代替，例如“xx”，表示任意一对。

第一节 基本规则

斗地主游戏的基本规则规定了如何分出胜负和在程序上怎样进行游戏等核心问题。

一、输赢和分值

斗地主游戏以是否先出完牌论胜负，先出完的一方是赢家，另一方是输家。如果庄家先于所有散家把牌出完，则庄家胜、散家败；如果三位散家中的任意一个人先于庄家把牌出完，则散家胜、庄家败。

四人中，任一人把牌出完，当盘游戏就结束。因为四个人必然有一个人先于其他人把牌出完，所以，斗地主游戏的一盘本身不会出现打平的现象，必然会分出输赢。

庄家要想赢散家，他的目标就是千方百计地使自己先于三位散家把手中的牌出完；而三位散家要想赢庄家，他们的目标则是使其中任一人先于庄家把牌出完。

每一盘的赢家得分，相应地，输家失分。输赢的分值大小有一定的级别档次。每一场的分值级别是由大家在开始打牌前商定的。

一般地，分值的档次有三级。常见的是1－2－3分，其他级别的相对较少，比如2－3－4分。有时，分值也可以只分两级。常见的是1－2分、2－3分两种。还有的地方规定，分值只有一级。

斗地主游戏的每一盘，都要通过叫牌决定具体的分值档次。当庄家赢了时，三位散家分别输给庄家这个级别的分值；当庄家输了时，要分别输给三位散家这个级别的分值。比如，某一盘，庄家叫牌的分值是2分，那么，庄家赢了时，三位散家要分别输给庄家2分，庄家共得6分；散家赢了时，每位散家各得2分，庄家共失6分。也就是说，如果某盘打的是2分大小的级别，那么，对庄家来说，他要么能赢6分，要么会输6分；对散家来说，他们要么每个人都能赢2分，要么每个人都会输2分。

二、选位和换位

打牌时，人们常常把各人坐的位置与其坐位所在的方向联系起来，用“风向”代表牌手，称在某一方向坐的人为某风，比如，你坐在东边，说“东风”怎么样就是指你怎么样。

在一场游戏前，牌手先要选坐位。因为牌手的坐位往往和风向相对应，所以，在开始打牌前选坐位也叫“选风”。

牌手的坐位应该由抽签随机决定。通常可以这样做：从牌摞中拿出四张大小不同的牌，洗乱后扣放在桌面上，每位牌手随意抽取一张，然后，按各人所抽牌的点数顺序由某个位置开始按顺时针或逆时针方向确定坐位。例如，按各人所抽牌的点数由小到大的顺序，按东南西北的风向确定坐位。

确定了各人的坐位，就确定了自己与其他三个人的位置关系。自己做庄家时，下家就是顺门，上家就是守门员，对家就是中门。下家做庄家时，自己就是守门员；对家做庄家时，自己就是中门；上家做庄家时，自己就是顺门。

由于各人打牌的偏好和水平不同，因此，对整个牌局来说，不同的牌手在不同的位置形成的态势不同；对牌手个人来说，其他牌手各在什么位置对自己的利弊不同。斗地主时，四个人形成的相对位置关系对牌手有非常大的影响，对每一位牌手都非常重要。

为公平起见，当牌局进行的时间较长时，可以换坐位。换坐位要重新选风，所以也叫“换风”。

日常游戏中，换风比较随意，一般按照选风的办法重新确定一次不同的相对位置就行了。如果是正规比赛，应该按一定的顺序排列出全部的六种相对位置关系，如图 1 -2，依次按照固定盘数换风。

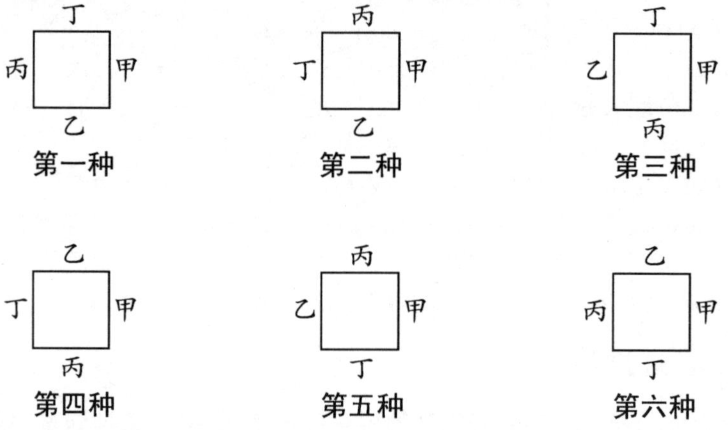

图 1 -2

三、备牌和起牌

斗地主用的工具是两副扑克，共 108 张牌。

每一盘起牌前，为了使牌的次序随机排列，都要洗牌。每局的第一盘，可以随机决定或任意指定一位牌手洗牌；以后各盘，既可以由牌手随机洗牌，也可以规定由先出完牌的牌手洗牌。

牌洗好后，先要从中尽可能随意地取出八张看不见正面的牌，留作“底牌”。

在每盘起牌前，先要切牌。“切牌”就是由牌手把整摞牌从中间随意一处切开，以便指定从何处开始起牌。切牌时往往会把一摞牌拦腰搬开，因此，也叫“腰牌”或“搬牌”。

斗地主游戏切牌时，要求翻出一张明牌。在除底牌外的100张牌中，任意取出一张牌，翻为正面朝上的明牌，随机插于牌摞中，其位置只要不过于偏上或偏下，都是可以的。为了方便，人们常常这样切牌：把牌搬成两沓，先起原牌摞下部分那沓，在搬牌之前或之后顺便把其中任一沓最上面的牌作为明牌放在后起的那沓牌的最上面。

一般地，先揭牌的人是上一盘的庄家，切牌的人相应地就是上一盘的守门员。在每一场的第一盘，往往任意翻出一张牌，由牌的点值决定谁先揭牌，同时也就决定了由谁切牌。

切牌后，就开始起牌了。起牌就是各家把牌揭到手中的过程。根据牌局规则，先揭牌的人揭第一张，然后按照逆时针的顺序依次循环揭牌，直至把除底牌外的100张牌揭完。起完牌后，每位牌手的牌都是25张。

起牌时，牌手要一边揭牌一边整理，为叫牌和行牌做准备。如果在起牌过程中没有把牌充分理好，揭完牌后，牌手还可以专门理牌。

在起牌过程中，一般起到明牌的人可以把明牌放在自己跟前，不要插入牌面中，以免出现有人忘记自己曾经起过明牌，等牌起完后四家都不知道是谁起的明牌的情况。

使用自动发牌机（桌）时，洗牌和发牌按设定的程序进行。

四、叫牌和做庄

斗地主游戏的庄家并非按一定顺序轮流做，而是通过叫牌竞争确定的。

当四个人按照逆时针的顺序把除过底牌的100张牌起完后，就该叫牌了。

叫牌时，起到切牌时明放的那张牌的牌手是“第一家”。按逆时针顺序，其后面依次为“第二家”“第三家”“第四家”。第一家也叫“首家”，第四家是最后一家，也叫“末家”。相对地说，每家之前的人，叫“前家”，因为第一家是最前一家，所以，他没有前家；每家之后的人，叫“后家”，因为第四家是最后一家，所以，他没有后家。

牌起好后，按从第一家到第四家的顺序依次叫牌，直到决定出庄家。

下面，我们以1-2-3分的级别大小为例，说明一下叫牌的程序和庄家的产生。

1-2-3分的级别，叫牌时可以选择叫2分或3分。

第一家首先表态。根据对配牌情况的判断，第一家可以做出以下三种选择：

一是，如果他觉得自己的牌很好，配上八张底牌赢的可能性相当大，就可以直接决定以最高级别即3分的大小叫牌做庄家。

二是，如果他觉得配上八张底牌还可以，但把握不是非常大，为了减小风险，可以决定叫2分。

这种情况下，第二家就只有两种选择：一是叫3分，二是不叫。如果叫3分，那么，第二家就是庄家；如果不叫，再依次往下轮流。

如果其余三家都不愿意叫3分，就由第一家做庄家，按2分的大小算分值。

三是，如果第一家觉得自己的牌实在不行，也可以不叫。这样，第二家可以有三种选择，即叫3分、叫2分、不叫。

如果第二家叫3分，他就可以决定自己做庄家。

如果第二家叫2分，还要看其后的两家有没有人叫3分。如果其后的两家都不叫3分，那么第二家就是庄家，按2分的大小算分值；如果后两家有人叫3分，那么，按先后顺序，叫3分的人就是庄家。

如果第二家不叫，再按照第一家不叫的情况继续往下轮流。

一般地，第一家不叫牌后，如果后面三家也都不叫牌，那么，第一家负有被迫当庄家的责任，按最低级别1分算分值。也有的地方规定，如果大家都不叫牌，就流局，重新开始下一盘。

通过叫牌，每一盘的庄家就确定了下来，相应地，其余三家就是散家。

在叫牌时，人们通常把牌手尤其是第一家不叫牌、不想当庄家俗称为“卖”“卖掉”。对于分档次的叫牌，人们往往把叫次高档次分值叫做“抬一档”，把叫最高档次分值叫做“打满分”“打满”“打满的”。

在说叫牌竞庄的情况时，人们通常把叫牌、做庄家叫做“打”，把不叫牌、做散家叫做“擦”。人们还把不喜欢叫牌、常常不叫牌而愿做散家俗称为“擦皮鞋”。

牌手叫牌成功后，就是庄家，庄家有权利也必须把八张底牌拿到自己手中。庄家把底牌补充到自己的牌面中，叫“补底牌”“补底”“补牌”。庄家补底牌前，有25张牌，这是“原牌”。补底牌后，庄家手中的牌就由25张变成了33张。

有的地方还规定，如果牌手是抬一档竞庄成功的，或者是第一家按最低分值被迫当庄家的，那么，庄家补底牌前，要把底牌亮明给散家看。如果牌手叫最高分，补底牌时可以不给散家看。

为了鼓励牌手叫牌，有时还为了避免散家对庄家造成大的威胁，使叫牌规则更加合理，有些地方对叫牌加了一些特别的规定。

有的地方规定了必须叫牌的底线。如果某一家手中有两个炸弹或两个大王，当他是首家或前面没有人叫牌时，他必须叫中间档次的分值。如果某一家手中有三个以上的炸弹或三个以上的大小王，只要轮到他叫牌，他就必须叫最高档次的分值。叫牌时，如果达到了叫牌的底线，人们就说“够条件”；如果没有达到叫牌的底线，人们就说“不够条件”。如果牌手是在达到了叫牌底线的情况下叫牌的，人们就说“必叫”。达到叫中间档次分值的条件时必须抬一档，因此，人们把这种情况下的抬一档就叫“必抬”；达到叫满分的条件时必须当庄家，因此，人们把这种情况下的打满分就叫“必打”。

有的地方规定了不叫牌的代价和损失。有的规定：如果某一家有两个炸弹，当前面没有人叫牌而轮到他叫牌时他没有叫，那么，别人做庄家时，他的两炸只能用其中的一炸，另一个炸弹必须拆成别的牌型出。有的规定：分值只有一级，如果第一家不叫牌，那么，不但他的炸弹要作废，而且，即使散家赢牌了，他也不得分，当然，散家输牌了，他同样要失分。如果第一家和第二家都不叫牌，这一盘就算前两家输，后两家赢，输赢为一个分值。

有的地方规定了叫牌成功后的优惠。庄家赢牌得分比输牌失分多1倍分值。比如，庄家叫3分，如果赢牌，要赢到每个散家3分，可共得9分；如果输牌，只输给每个散家2分，只共失6分。

五、行牌和唱牌

庄家整理好牌后，就可以行牌了。“行牌”就是指出牌的全部过程，也叫“走牌”。

每一盘的开始，先由庄家发牌。庄家发牌后，牌手按逆时针顺序依次决定是否要牌，不断循环，直到某家之后的三家都不要，第一轮出牌就结束了。每一轮结束后，再由当轮最后出牌的人，即上手的人发牌，开始下一轮出牌。照此不断进行，直至有人先把牌出完、分出胜负。

双方的对抗充分体现在行牌的过程中，行牌充分展现了牌手打牌水平的高低。因此，行牌过程激烈、有趣，它是打牌精彩而核心的环节。

行牌过程中，没有轮到牌手要牌时，牌手不能提前表态要不要；轮到牌手要牌时，无论牌手要不要，都应该及时、主动地明确表态。如果牌手要牌，可以先说“要”，然后出牌；也可以直接出牌。如果不要，应该口头声明，说“不要”或者“过”“走”。日常游戏中，有的地方在打牌时也用没有歧义的动作表示，比如敲桌面表示不要。无论是口头声明还是动作表示，只要意思明确，都是可以的。为避免引起争议，牌手在应该表态时不能迟迟不表态或者虽然表态了但意思不明确。比如，出单牌时，中门出了单 K，守门员半天不说话，庄家以为守门员不要，就出了 A，结果守门员这时说：“不行，我还没有说话呢!”再如，有的牌手在表态时说“大”，别人以为他不要，就出牌了，结果这时，他让人把牌拿回去，自己上了个炸弹，还振振有词地说：“我说‘大’是指这个牌能封顶，又没有说我不要。”

无论是发牌还是要牌，牌手在出牌时，应该主动唱牌。所谓“唱牌”，就是牌手在出牌的同时或预先大声说出自己出的牌是什么。唱牌的目的是为了让其他牌手听清楚自己出的是什么牌，所以，唱牌时声音要清晰、宏亮。打牌时，牌桌上四个人的距离都很近，因此，唱牌时也不必用太大的声音，只要其他人能听清楚就行了。唱牌时应该具体，既要说所出牌的类型，又要说所出牌的大小。如果是用同种类型的牌压，牌型没有变，在日常游戏时也可以不说牌型，只说大小，这不会引起争议。而如果是发牌，或者用炸弹压牌，唱牌时就应该说全。

实战中，如果牌手出牌后不唱牌，尤其是当一手出的牌较多时，后面的牌手可能会因为看不清楚或不敢肯定自己是否看清楚而问出牌的人，或者拨开牌仔细看，这样很麻烦、浪费时间。如果前面的牌手出牌时不唱牌，而后面的人既没有问，也没有仔细看，还很有可能把牌看错。比如，把 444 - 33 看成了 333 - 44，把 QQQ - JJJ - KK - 1010 看成了 KKK - QQQ - JJ - 1010，把 777 - 666 - 88 - 55 看成了 88 - 77 - 66 - 55，把 55555 看成了 5555……这些情况在日常游戏中经常出现。

另外，庄家出牌时如果不唱牌，散家可能会问，这就给了一些散家借问牌传递情报的机会。比如，庄家发双飞双带后，守门员手中刚好有一个大双飞双带，他就可能会问出的是什么牌，这样，前手的散家多会通过守门员问话时的口气得知一些信息，这很可能对庄家不利。

六、报牌和问牌

斗地主游戏以先出完牌为赢。当牌手的余牌在十张以内时，往往能很快把牌出完。为了有针对性地攻防，一般地，斗地主游戏规定，如果某家牌的余数在十张以内，就有报牌的义务；相应地，牌手也有问牌的权利。

“报牌”就是告诉大家手中还余有几张牌，也叫“报张”。十张以上不必报牌。

“问牌”就是问某位牌手余牌的数量。当然，如果被问及的牌手余牌的数量在十张以上，就不用报。

关于报牌和问牌，不同的牌局规定不同。有的规定必须主动报牌，有的规定他人问时才能报、不问不能主动报。有的规定只报一次，有的规定只要问就得报。有的规定不能问，有的规定可以随时问。规定必须主动报牌的牌局，没有主动报牌会受罚；规定不能问牌的牌局，问牌会受罚。

笔者主张：牌手在第一次出现十张以内的情况时，自己必须主动报牌。之后，只有在问及时才能报牌。这样规定好处较多。

一方面，主动报牌能够使牌手更好地进行攻防。从防的角度讲，如果牌手不知道对手的牌已在十张以内，有可能会因为不知道对手的余牌数量而产生失误，甚至有可能会被对手偷袭。从攻的角度讲，如果主攻散家的牌在十张以内而助攻散家不知道，助攻散家在配合主攻散家进攻时，有可能会因未掌握主攻散家的余牌数量而产生失误，甚至有可能犯很低级的错误。而且，事实上，凡规定不问则不报的牌局，大家一般都在不停地问牌，反而麻烦。

另一方面，不允许牌手随便问牌和报牌能够避免散家借问牌和报牌的机会向同盟传递信息，或者欺骗对手。如果允许随便问牌，有的散家会在其他牌手还有很多牌，明显没有问牌的必要时借问牌向同盟表明自己有炸、有大炸。这对庄家不公平。如果规定牌手第一次出现十张以内主动报牌，之后他人才能问牌，否则不能问牌，散家就不能在其他牌手余牌很多时借问牌表明自己有炸弹。如果允许十张以内可以随便报牌，有的散家会借报牌向同盟暴露自己的牌情，或借报牌欺骗庄家。这对庄家威胁更大。如果规定第一次报牌后不问则不报，问了才能报，散家就不能借主动报牌暴露自己的牌情。

这里还需要专门说明一下亮明特大炸弹和王炸这一特殊情况下的报牌。牌手起到了可加分的喜牌——七个头或八个头的特大炸弹，或四个王的超级炸弹，如果为了加分而亮明这些炸弹，那么，报牌时，不应该算炸弹本身的张数。因为报牌是报未知的牌，而这些炸弹已经亮明，所以，报牌时就不应该算这些炸弹的张数了；再说，如果算上这些炸弹的张数报牌，那就使报牌时未知的张数减少了很多，这对对手的威胁太大，而且，这些炸弹已经加分了，就不应该再在报牌上给对手增加威胁了。所以，当把这些炸弹亮明打牌时，报牌不应该算这些炸弹的张数，而应该把这些炸弹除外，即余牌不算这些炸弹，十张以内就应该报牌。

第二节 附加规定

斗地主时，除了基本规则外，还有一些附加的规定。有的附加规定各个地方都有，有的部分地方有，有的只在少数地方有。下面是人们常用的几条附加规定。

一、喜牌奖分

在斗地主的实战中，能起四个王的超级炸弹、七个头和八个头的特大炸弹的可能性非常小。假设洗好的牌是随机的，同时排除叫牌的主观因素，每位牌手起到四个王、七个头和八个头的概率是非常小的。我们可以计算出牌手起到这些炸弹的概率。

庄家起到四个王的概率是：

$$\frac{C_4^4 \times C_{104}^{29}}{C_{108}^{33}} = \frac{2728}{357273} = \frac{1}{130.97} = 0.764\%$$

任一位散家起到四个王的概率是：

$$\frac{C_4^4 \times C_{104}^{21}}{C_{108}^{25}} = \frac{2530}{1071819} = \frac{1}{423.64} = 0.236\%$$

下面以 A 为例，分别计算一下牌手起到七个 A 和八个 A 的概率。

庄家起到七个 A 的概率是：

$$\frac{C_8^7 \times C_{100}^{26}}{C_{108}^{33}} = \frac{11866800}{13037986273} = \frac{1}{1098.69} = 0.0910\%$$

任一位散家起到七个 A 的概率是：

$$\frac{C_8^7 \times C_{100}^{18}}{C_{108}^{25}} = \frac{39898100}{352025629371} = \frac{1}{8823.12} = 0.0113\%$$

庄家起到八个 A 的概率是：

$$\frac{C_8^8 \times C_{100}^{25}}{C_{108}^{33}} = \frac{276892}{7020454147} = \frac{1}{25354.49} = 0.00394\%$$

任一位散家起到八个 A 的概率是：

$$\frac{C_8^8 \times C_{100}^{17}}{C_{108}^{25}} = \frac{120175}{39113958819} = \frac{1}{325475.01} = 0.000307\%$$

斗地主用的两副扑克牌中能够形成七个头或八个头的牌共有 13 种，所以，按起到七个头或八个头的数量算，牌手起到它们的概率就分别是起到七个 A 和八个 A 的概率的 13 倍。计算的结果是：庄家起到七个头的概率是 1/84.51 = 1.183%，任一位散家起到七个头的概率是 1/678.70 = 0.147%；庄家起到八个头的概率是 1/1950.35 = 0.0513%，任一位散家起到八个头的概率是 1/25036.54 = 0.00399%。从理论上讲，牌手也可能同时起到几个七个头或八个头的炸弹，因此，如果算起到七个头或八个头的盘数的概率，还要略小一点。

因为起到超级炸弹或特大炸弹的概率非常小，所以人们把这些牌叫喜牌，很多牌局会规定当起到这些炸弹的时候可以获得其他牌手一定分值的奖励。但其条件是，在行牌前要声明，并且必须在此盘结束之前把喜牌出掉。而且同时规定，声明有喜牌后，喜牌就只能同时出，不能拆开出了。

一般地，人们规定，起到七个头喜牌的人，赢牌时不奖励分值，输牌时奖励此盘叫牌分值的一倍分，即，赢了不多得分，但输了不失分；起到四个王喜牌的人，奖励此盘叫牌分值的一倍分，即赢了得双倍分，输了不失分；起到八个头喜牌的人，奖励此盘叫牌分值的两倍分，即赢了得三倍分，输了还能得一倍分。

关于喜牌能得到哪些人的奖分问题，有三种规定。有的牌局规定，不论是哪一家起到喜牌，其余三家都要给他奖分。有的牌局规定，如果是庄家起到喜牌，所有散家都要给他奖分；如果是散家起到喜牌，只有庄家才给他奖分。有的牌局规定，如果是庄家起到喜牌，所有散家都要给他奖分；但如果是散家起到喜牌，没有人给他奖分。

二、明打加分

如果庄家认为自己的牌非常好，即使让散家看见，取胜的可能性也非常大，就可以把手中的牌亮明，敞开摊放在桌面上，让其他三家看着他的牌打，这样打牌就叫“敞牌明打”“摊开明打”，简称为“明打”“敞牌”“摊开”。明打对庄家打牌不利，但其好处是，本盘所叫的分值翻一番，庄家有赢得双倍分值的机会。当然，如果庄家打输了，也要输双倍的分值。

一般地，明打多为庄家配齐底牌后，觉得自己实力非常强大，赢的可能性非常大，才把牌敞开明打，以图赢更多的分值。

因为很多地方规定了必叫的条件，所以，相应地，往往会规定只有第一家叫满做庄时才能明打，其余情况下叫牌不能明打。这样的规定是很有道理的。因为，只有在第一家叫满做庄时，散家的实力尤其是炸弹的多少才无法估计。如果第一家没有叫牌或者没有叫满，后面各家叫牌成功后多多少少都能够估计出散家的实力尤其是炸弹的多少。如果前三家牌手都没有叫牌，最后一家叫牌成功后更能非常清楚地判断出散家的实力，尤其是炸弹的数量。所以，如果允许后面各家可以明打，将对散家非常不利，这很不公平。

一些地方还有这样的规定：在未开始按照顺序叫牌前，某家就可以声明自己要明打。因为这种情况是在尚未开始按照顺序叫牌时就抢先叫牌了，好像是从正常情况下抢走底牌一样，因而被人们称为“抢牌”。有的地方把明打叫敞牌、摊开，因此，也把抢牌叫选择敞牌、选择摊开。“抢牌”具有很大的风险，因为，只有当底牌补齐后，庄家才能更加准确地判断出自己与散家的实力对比情况。补底牌前仅仅根据原牌决定明打，过于冒险，成功的概率绝不会高，所以，“抢牌”要非常谨慎。

由于抢牌要冒很大风险，因此，很多地方同时规定抢牌后，如果庄家打赢，得分多；如果庄家打输，失分少。例如，在分值 1－2－3 分的牌局，按 3 分最高档次抢牌，如果庄家打赢，每位散家按最高分 3 分翻倍即 6 分输给庄家，庄家共得 18 分；如果庄家打输，庄家按次高分 2 分翻倍即 4 分输给每位散家，庄家共失 12 分。

三、投降减分

有少数地方规定，抬一档和打满分的庄家，在配完牌后，发首牌前，可以放弃不打，交械投降，投降后，庄家可以降低一个档次失分。这种规定对于鼓励牌手叫牌有一定的激励作用，是一个比较好的“政策”。

第三节 牌型种类

玩斗地主游戏时，不论牌的花色种类，只论牌的点值大小。

一般地，斗地主游戏的牌型可以分为四类八种。第一类是单牌；第二类是同牌，包括对子、三头、三带对三种牌型；第三类是连牌，包括连对、连三（飞牌）、连三带对（飞牌带对）三种牌型；第四类是炸弹。牌的种类也可以叫“门类”，简称为“门”。

相对于单牌来说，同牌、连牌、炸弹都是整牌。由于炸弹特殊，因此，人们在说整牌时，常常不包括炸弹，指的就是同牌和连牌。又由于同牌是基本的整牌，因此，有的时候人们所说的整牌仅指同牌。

炸弹是特殊牌，相对于炸弹来说，其他的三类七种牌就是一般牌，或说普通牌。

在一般牌中，单牌、对子和三头是基本牌型，其他牌型都是由基本牌型构成的。基本牌型的牌数在三张以内，属于少牌类牌型；三带对、连对、飞牌和飞牌带对等牌型的牌数在五张以上，属于多牌类牌型。

除炸弹外，其他各种牌型只能压相同的牌型，不同种类的牌型之间不能相压。也就是说，相同的牌型才有大小之分，不同的牌型没有可比性。炸弹比其他任何牌都大，可以压其他所有种类的牌型。

在每一种牌型中，都有大小之分，也都有最大牌和最小牌。

一、单牌

单张牌或者说一张牌就是“单牌”，也叫“单张”，简称为“单”。当然，所有的整牌都可以拆成单牌。

单牌从大到小依次为：大王、小王、2、A、K、Q、J、10、9、8、7、6、5、4、3。单牌的大小也就是斗地主牌的自然大小，其他牌型的牌均以此为依据论大小。

大单牌可以压小单牌。

唱牌时，单牌读作“单 x”或“一个 x”。例如，5 读作“单 5”、大王读作“一个大王”。

二、同牌

一张以上的同点值牌就是“同牌”。由于四张以上的同牌是炸弹，因此，一般说的同牌不包括四张以上的同牌。同牌分为三种：对子、三头、三带对。其实，对子就是二同牌、三头就是三同牌、三带对就是三同牌带二同牌。

同牌中，每一种牌的大牌只能压同种类的小牌，不同种类的牌不能相压。

（一）对子

两张点值相同的牌是“对子”，简称为“对”。

对子的大小与单牌的大小相同，从大到小依次为：大王大王、小王小王、22、AA、KK、QQ、JJ、1010、99、88、77、66、55、44、33。

大对子可以压小对子。

唱牌时，对子读作“对x”或“一对x”。例如，88读作“对8”、小王小王读作“一对小王”。

（二）三头

三张点值相同的牌是“三头”，或叫“三个头”，简称为“仨”。与“三带对”的牌型相比，三头不带对子，因此，有时人们也把它称为“三不带”。

三头的大小与单牌的大小相同，从大到小依次为：222、AAA、KKK、QQQ、JJJ、101010、999、888、777、666、555、444、333。由于大小王各只有两张，因此，大小王都没有三头。

大三头可以压小三头。

唱牌时，三头读作“三头x”或“三个x”。例如，333读作“三头3”、KKK读作“三个K”。

（三）三带对

三头带上任意一个其他点值的对子，叫“三带对”。在群众日常游戏中，人们通常也把三带对称为“三带两”。

三带对的大小只看三头，不论对子。比如，KKK－33比QQQ－22大，

888－AA 和 888－44 一样大。

大三带对可以压小三带对。

唱牌时，三带对读作“三个（头）x 带一对 y”。例如，777－33 读作“三个（头）7 带一对 3”。

三头和三带对统称为三头类牌。

三、连牌

2 之下若干个相连的同牌就是“连牌”。连牌主要有三种：连对、飞牌、飞牌带对。

连牌中，每一种大的连牌只能压同种类小的连牌，不同种类的连牌不能相压。而且，在同一种连牌中，只有级数相同的连牌才有可比性，不同级数的连牌不能相压。所谓“级数”，就是指构成连牌基本牌型的数量。

从连牌级数或数量的角度，可以把连牌分为短连牌和长连牌。三连对和四连对、双飞、双飞双带，属于短连牌；五连以上的连对和三连以上的飞类牌，属于长连牌。

对于连牌，有些地方有两个宽限。一是，有的地方允许五个以上的单牌可以组成连牌，这种牌其实就是“连单”，人们通常也把它叫“顺子”，其规定类似于连对。二是，有的地方允许在组成连牌时，2 和 A 可以下放，2 续在 3 之后、A 续在 2 之后。我认为，这两个宽限使牌的组合变化过于随意，使牌手对牌的判断更加困难，这样一来，就会使技巧在决定输赢的因素中所占的比例降低很多，因此，我不提倡这些宽限，本书也不涉及连单牌型和下放 2、A 的打牌技巧。

（一）连对

从 3 到 A 之间，三个以上相邻的对子可以一起出，这种牌型叫“连对”。按连对的级数，是几级就叫“几连对”。比如，三连对 55－44－33、七连对 QQ－JJ－1010－99－88－77－66、五连对 AA－KK－QQ－JJ－1010，等等。连对最低从 3 开始，最高到 A，不可连到 2，比如，“22－AA－KK”不能算连对。

只有当连对的对子数量即连对的级数相同时，连对之间才有大小可比。比如，三连对 KK－QQ－JJ 与四连对 77－66－55－44 之间没有可比性。

连对的大小只要看最大的对子或最小的对子就行了，即大连对最大的对子比小连对最大的对子大，或者说大连对最小的对子比小连对最小的对子大。比如，三连对66－55－44比55－44－33大，六连对KK－QQ－JJ－1010－99－88比QQ－JJ－1010－99－88－77大。

通常，人们把较少的对子形成的连对叫“短连对”，把较多的对子形成的连对叫“长连对”。长短是相对的，一般来说，三连对和四连对是短连对，五连以上的连对是长连对。

唱牌时，连对读作“几连对x、…、y”或“x到y几连对”。例如，99－88－77读作“三连对7、8、9”、AA－KK－QQ－JJ读作“J到A四连对”。

（二）飞牌

从3到A之间，两个以上相邻的三头可以一起出，这种牌型叫“连三”“连三头”。通常，人们把连三叫“飞牌”，按连三的级数，除两级叫“双飞”外，其他的是几级就叫“几飞”。比如，双飞444－333、三飞KKK－QQQ－JJJ、四飞999－888－777－666，等等。飞牌不可连到2，比如，“222－AAA”不能算双飞。

只有当飞牌的三头数量即飞牌的级数相同时，飞牌之间才有大小可比。比如，三飞KKK－QQQ－JJJ与双飞666－555之间没有可比性。

飞牌的大小只要看最大的三头或最小的三头就行了，即大飞牌最大的三头比小飞牌最大的三头大，或者说大飞牌最小的三头比小飞牌最小的三头大。比如，双飞555－444比444－333大、三飞999－888－777比888－777－666大。

通常，人们把三级以上的飞牌叫“多飞”。

唱牌时，双飞读作“双飞x、y”或“x、y双飞”，多飞读作“几飞x、…、y”“x到y几飞”。例如，444－333读作“双飞3、4”或“3、4双飞”、101010－999－888读作“三飞8、9、10”或“8到10三飞”。

（三）飞牌带对

连三可以随意带上与其三头相同数量的对子一起出，这种牌型叫“连三带对”。通常，人们把连三带对叫“飞牌带对”，按连三的级数，除两级叫“双飞双带”外，其他的是几级就叫“几飞几带”。

像三带对一样，飞牌带对的大小也是只看飞牌的大小，而不论对子。

通常，人们把三飞三带以上的飞牌带对叫“多飞带对”。

唱牌时，双飞双带读作“双飞 x、y 带对 u、对 v”或“x、y 双飞带对 u、对 v”，多飞多带读作“几飞 x、…、y 带对 u、…、对 v”或“x 到 y 几飞带对 u、…、对 v”。例如，777－666－AA－55 读作“双飞 6、7 带对 5、对 A”、AAA－KKK－QQQ－1010－77－33 读作“Q 到 A 三飞带对 3、对 7、对 10”。

组牌时，允许把炸弹拆开组成飞牌带对。一是，允许把炸弹拆成三头和一个或两个对子，比如，三飞三带 666－555－444－JJ－88－55，其中，炸弹 55555 就拆成了三头和一个对子。二是，允许把炸弹拆成两个或三个或四个对子，比如，双飞双带 KKK－QQQ－66－66，其中，炸弹 6666 就拆成了两个对子。

飞牌和飞牌带对统称为飞类牌。

四、炸弹

四头以上的同牌和四个王是“炸弹”，简称为“炸”。有的地方也把炸弹叫“火”“轰”“枪”“雷”“水”等。从牌的组成根源上讲，炸弹其实也属于同牌，但由于炸弹的作用特殊，因此，人们一般说同牌时不包括炸弹。炸弹共分六类。

第一类是四个头的炸，简称“四头炸”，即由四个相同点值的牌组成的炸。四个头的炸从大到小依次为：2222、AAAA、KKKK、QQQQ、JJJJ、10101010、9999、8888、7777、6666、5555、4444、3333。

第二类是五个头的炸，简称“五头炸”，即由五个相同点值的牌组成的炸。五个头的炸从大到小依次为：22222、AAAAA、KKKKK、QQQQQ、JJJJJ、1010101010、99999、88888、77777、66666、55555、44444、33333。

第三类是六个头的炸，简称“六头炸”，即由六个相同点值的牌组成的炸。六个头的炸从大到小依次为：222222、AAAAAA、KKKKKK、QQQQQQ、JJJJJJ、101010101010、999999、888888、777777、666666、555555、444444、333333。

第四类是七个头的炸，简称“七头炸”，即由七个相同点值的牌组成的炸。七个头的炸从大到小依次为：2222222、AAAAAAA、KKKKKKK、QQQQQQQ、JJJJJJJ、10101010101010、9999999、8888888、7777777、

6666666、5555555、4444444、3333333。

第五类是八个头的炸，简称“八头炸”，即由八个相同点值的牌组成的炸。八个头的炸从大到小依次为：22222222、AAAAAAAA、KKKKKKKK、QQQQQQQQ、JJJJJJJJ、1010101010101010、99999999、88888888、77777777、66666666、55555555、44444444、33333333。

第六类是“王炸”，即由两个大王和两个小王共四个王组成的炸。王炸中的大王和小王分大小没有意义，因此，写王炸时，它们之间不用“-”连接，直接写成：大王大王小王小王。

以上各类炸弹，第一类的炸为最小的一类，依次越来越大，第六类的炸即四个王组成的“王炸”最大。比如，33333 比 KKKK 大，888888 比 QQQQQ 大，4444444 比 AAAAA 大，55555555 比 JJJJJJJ 大，大王大王小王小王比 22222222 大。

在炸弹中，按大小和出现的多少来说，四个头的炸弹是小炸弹，非常多；五个头和六个头的炸弹是大炸弹，也常见；七个头和八个头的炸弹是特大炸弹，七个头的炸弹不多见，八个头的炸弹极少见到；王炸是超级炸弹，相对也较少见到。

炸弹可压其他所有牌型。

唱牌时，炸弹读作“几个 x”。例如，3333 读作“四个 3”、QQQQQ 读作“五个 Q”、222222 读作“六个 2”、88888888 读作“八个 8”、大王大王小王小王读作“四个王”。

第四节 重要术语

任何一种专门活动都有一定的术语，斗地主游戏也一样，有一些术语。为了使大家在斗地主时准确恰当地使用这些术语，也为了本书行文用语统一，本节专门介绍斗地主游戏的术语。

一、静态术语

斗地主的静态术语是指称呼有关人和牌，以及打牌时的条件和环境的术语。

1. 牌手

好比称呼运动员为“选手”一样，人们称呼斗地主游戏的玩家为

"牌手"。

2. 牌局

人们常常把进行的一场牌、一局牌或一盘牌笼统地称为"牌局"。

3. 场

在一定时间内，从开始打牌到结束不打叫一"场"。

4. 局

在一场中，打完规定的若干盘，分出一个阶段的胜负和成绩，叫一"局"牌。一场牌可以打多局，也可以打一局。

人们往往也把一场牌和一盘牌都笼统地叫一"局"。

5. 盘

在一局中，每次重新洗牌后，从开始起牌到分出胜负叫一"盘"。

6. 轮

在一盘行牌过程中，某家发牌后直至没有人再压，叫一"轮"。

7. 圈

在一轮中，每从发牌者发牌或要不要牌到发牌者的上家要不要牌，叫一"圈"。一轮可能有一圈以上，也可能不到一圈，还可能刚好一圈。

8. 回合

在一轮中，敌我双方你来我往对抗一次，叫一个"回合"。

9. 步

行牌时，对每一位牌手来说，每出一次牌，叫走一"步"。

10. 上家、上风、下家、下风、对家、对门

按走牌的逆时针顺序，牌手前面的玩家是牌手的"上家"，上家的位置叫"上风"；牌手后面的人是牌手的"下家"，下家的位置叫"下风"；牌手对面的人是牌手的"对家"，对家的位置叫"对门"。

对散家来说，守门员之前的两家都是自己人，也可以笼统地称为上家，或说"上两家"；顺门之后的两家都是自己人，也可以笼统地称为下家，或说"下两家"。上两家的位置也可以笼统地称为上风，下两家的位置也可以笼统地称为下风。

11. 相对位置关系

不同的牌手在不同的位置，形成了一定的位置关系：谁是谁的上家、谁是谁的下家、谁是谁的对家。牌手之间因为相对位置而形成的关系就叫"相对位置关系"。

在斗地主游戏中，绝对位置对牌手并没有实质意义，关键看牌手之间

的相对位置是什么关系。比如，无论你在东南西北哪个风向，打牌时，关键看谁是你的上家、谁是你的下家、谁是你的对家。所以，从影响牌手的角度可以说，自己坐在哪里并不重要，关键看其他人怎么坐。

12. 前手、后手

行牌时，先轮到要牌的人为“前手”，后轮到要牌的人是“后手”。

13. 主攻散家、助攻散家

对散家来说，想先走的那家以自己跑牌为主打牌，是“主攻散家”，或者称为“散家主攻方”，简称为“主攻”；不想先走的散家以配合同盟和打击庄家为主打牌，是“助攻散家”，或者称为“散家助攻方”，简称为“助攻”。

14. 全场、外面

一盘牌中，四位牌手的全部就叫“全场”。

相对于自己来说，其他人的全部就是“外面”。

因为庄家自成一方，所以，多数情况下，外面是针对庄家来说的，庄家往往把三位散家的全部情况叫外面。少数情况下，也可以针对散家来说，对于任一位散家来说，其他两位散家和庄家一起构成了外面。

15. 点值

牌的大小叫“点值”，也叫“点数”。比如，黑桃3的点值是3，梅花Q的点值是Q，大王的点值是大王。

斗地主游戏中，说某牌时就是说的其点值。

16. 邻点、邻点牌

某一点值牌的相邻点值就叫“邻点”。比某牌大的邻点叫其“上邻点”，比某牌小的邻点叫其“下邻点”。比如，4的上邻点是5，A的下邻点是K。最小的牌3没有下邻点，最大的牌大王没有上邻点。

某牌邻点的牌就是其“邻点牌”。相应地也分为“上邻点牌”和“下邻点牌”。

17. 上级、下级、上一级、下一级

斗地主游戏中，按牌的大小可以相应地称其关系为上下级。比某牌大的牌叫某牌的“上级”“上级牌”，比某牌小的牌叫某牌的“下级”“下级牌”。

比某牌刚好大的牌叫某牌的“上一级”“上一级牌”，比某牌刚好小的牌叫某牌的“下一级”“下一级牌”。

实战中，随着某些牌的落地，某牌的上一级既可以是某牌的上邻点，也可以比其上邻点大。比如，在一开始，2 的上一级牌是小王。如果在行牌过程中，两个小王已经落地而大王未出完，那么，2 的上一级牌就成了大王。

从对抗双方压牌的角度看，如果一方缺少某个点值的牌，那么，这个点值的上邻点牌也只能算这个点值的下邻点牌的上一级牌。比如，散家手中没有小王，对散家来说，2 的上一级牌就是大王。如果一方缺少几个连续点值的牌，那么，这些点值的最大牌的上邻点牌也只能算这些点值的最小牌的下邻点牌的上一级牌。比如，庄家手中没有 A、K 和 Q，对庄家来说，J 的上一级牌就是 2。

18. 封顶牌

除炸弹外，在同一类牌中，最大的牌叫“封顶牌”。自然形成的最大牌必是封顶牌。比如，大王、222、最大是 A 的连牌，都必是封顶牌。有的牌局，大牌未形成同牌或连牌，一些较大的同牌或连牌也能封顶。比如，大小王皆不成对时，22 就是封顶牌；2 没有形成三头，AAA 就是封顶牌。再如，没有形成 AA－KK－QQ－JJ 时，KK－QQ－JJ－1010 就是封顶牌。在一盘中，随着大牌的不断落地，相对较小的牌也会成为封顶牌。比如，两个大王下去后，出单牌时，小王就成了封顶牌。

19. 特大牌、大牌、中等牌、小牌

斗地主的牌有大小之分，大牌和小牌是相对的。

特大牌是指大王、小王和 2。特大牌非常容易封顶。

大牌是指 A、K、Q、J。一般地，扑克牌 K、Q、J 上印有人形图画，黑桃 A 上的大黑桃也是图画，因此，大牌就是人们常说的花牌。有大牌的连牌封顶的可能性非常大，如果连到 A，自然就成了封顶牌。中场以后，大牌中的同牌也容易封顶。当特大牌全部落地后，A 也会单张封顶。

如果笼统地说，大牌也包括特大牌。

中等牌是指 10、9、8、7。中等牌单张封顶的希望很小，但是有中等牌的连牌封顶的希望较大，尤其到了后半场，当大牌纷纷落地后，中等牌形成的同牌或有中等牌的连牌往往可以封顶。

小牌是指 6、5、4、3。小牌封顶的希望不大，但有小牌的连牌有一定的能量，越到最后，有小牌的连牌封顶的希望越大。

20. 累赘牌

必须依靠自己上手才能发出去的牌，或者散家必须依靠同盟专门送走的牌，就像是累赘一样，因此，叫“累赘牌”，简称为“赘牌”。累赘牌

多数是小牌，比如，单3必是累赘牌；少数情况下，大牌也可能成为累赘牌，比如，自己虽然有大王，但是没有机会上，要想成功跑牌，自己必须上手主动发大王，这种情况下，大王就成了累赘牌。

21．守门牌

散家打出的以守门为目的的牌，叫“守门牌”。因为A、K等牌在实战中被守门员用作守单牌时的守门牌的情况最为常见，其效果也往往很好，所以，人们也把A、K等经常起守单牌作用的牌叫“守门牌”。守门牌多是守门员出的牌，有时，中门也会出守门牌，少数情况下顺门也会出守门牌。

22．明牌

从能否看见牌的角度讲，凡是被大家看见的牌都叫“明牌”。例如，切牌后翻开的那张牌，出牌时已经落地的牌，翻明的底牌，庄家敞牌明打时的手牌，等等，都是明牌。

23．绝配、绝配牌

庄家配底牌时，如果配的底牌正好是自己最需要的牌，配得绝对好，那么，这样的配底就叫“绝配”，这样的底牌就叫“绝配牌”。

24．牌型结构

牌型结构是指牌型的构成情况。比如，三带对的牌型结构是三个头和一个对子。

25．成炸、成三头、成对

某一点值的牌形成了炸弹，就说这种牌“成炸”了。

某一点值的牌形成了三个头，就说这种牌“成三头”了。

某一点值的牌形成了对子，就说这种牌“成对”了。

26．一手牌、手、组、牌组、手数

牌手出一次牌的所有牌，叫“一手牌”。“手”是一次所出牌的量词。一手牌可以是一张，也可以是多张。

一手牌的所有牌是合在一起的，这些牌是按照牌型的构成规则组织起来的，因此，每种牌型的一手牌也叫一“组”牌。

每一组牌是按照一定的牌型组织起来的一组，叫“牌组”。一个牌组就是一手牌。

“手”和“组”的实质是一样的。站在出牌的角度，人们习惯于说“手”；从整体上分析，尤其在说牌手所有的牌时，人们习惯于说“组”。

手的数量叫“手数”。

27. 手牌、全牌、余牌

每一位牌手当前手中的牌简称为“手牌”。

牌起好后，未出牌前，每位牌手的全部牌就叫牌手的“全牌”“全手牌”。庄家的全牌是33张，每位散家的全牌都是25张。

牌手出过一部分牌后，手中剩余的牌就叫“余牌”。

28. 一把牌、牌面、牌相

一般地，打牌时每位牌手都会把所有的牌拿在手中，所以，人们就把牌手当前手中所持的所有牌叫“一把牌”，或者叫“整把牌”“满把牌”。

一把牌排列起来往往像一个扇面，因此叫“牌面”。

一把牌，按照点值大小顺序排列起来，形成的样子，包括各点值牌的多少、各种牌型，等等，叫“牌相”。比如，单牌过多，就叫牌相不整；单牌较少，就叫牌相整。叫牌竞庄时，如果配底后成为强牌的可能性大，就叫牌相好配；反之，就叫牌相难配。一般地，牌相多指牌型种类情况，但由于各点值牌的多少也是牌面形状的重要构成部分，因此，如果笼统地说牌相如何，也包括不同点值的牌的分布情况。

29. 断牌

牌起好后，如果把牌按大小顺序排列，缺少某个点值的牌就好像牌从那个地方断了一样，因此，人们就把这个点值的牌叫“断牌”。

30. 整牌、牌整、散牌、牌散、零牌

在评价手牌的整散程度时，比较整的牌，就是“整牌”，也说“牌整”；比较散的牌，就是“散牌”，也说“牌散”。牌的整与散是相对的。

牌的整散可以从两个角度讲。

一是看单牌的多少。单牌越少，牌就越整；单牌越多，牌就越散。

二是看手数的多少。手数越少，牌就越整；手数越多，牌就越散。比如这样一些牌：QQ、1010、99、77、66、44、33，虽然没有单牌，但由于需要出很多手，因此，也是散牌。

日常游戏中，人们更倾向于从单牌多少的角度讲牌是否整，实质上，说牌的整散时，论牌的手数更加重要。

在打牌的过程中，如果把较散的牌打成了整牌，就说“把牌打整了”“牌打整了”；如果把较整的牌拆成了散牌，就说“把牌打散了”“牌打散了”。日常游戏中，人们往往把单牌已经出完或者出得只剩一张单牌的情况叫“牌整了”。

另外，在说牌型时，单牌以外的牌都属于“整牌”。由于整牌都是由

两个以上同一点值的牌组成的，相对于整牌来说，单牌只有一张同一点值的牌，因此，人们有时也把单牌叫“零牌”。比如，当手中的单牌多时，人们会说自己的零牌多。

在牌面中，多张单牌或不能组成连对的多个对子显得很零散、散乱，因此，通常人们还习惯于把这些牌说成是散牌，尤其是当它们不大时。比如，当手中还有一些单牌和不能组成连对的小对子时，人们会说自己还有一些散牌；再如，当手中的小对子多且不能组成连对时，人们会说这些牌是散对子。

31．长项、短项、缺项

如果牌手某一类型的牌多，那么，这类牌就是他的“长项”，或叫“强项”，尤其是当这类牌型有大牌时叫“强项”。如果牌手某一类型的牌少，那么，这类牌就是他的“短项”，或叫“弱项”，尤其是当这类牌型没有大牌时叫“弱项”。如果牌手没有某一类型的牌，那么，这类牌就是他的“缺项”，也叫“缺门”或“空门”。

32．牌路

出牌时，除炸弹外，只有相同的牌型才可以要牌，这好像牌有一定的路子，因此，人们就把因为出某种牌型而形成的路子叫“牌路”。比如，假设前一轮出的是对子，后一轮如果接着出对子，就叫牌路没变；后一轮如果改出三头，就叫牌路变了。

33．牌力、强牌、弱牌、烂牌

牌的力量就叫“牌力”。牌力的强弱主要由大小牌的多少、炸弹的多少及大小、牌相的整散决定。

大牌多、炸弹多且大、牌相整的牌容易先出完，战胜对手的可能性大，是“强牌”“好牌”，评价牌时，也可以说“牌强”“牌好”。

相反，大牌少、炸弹少且小、牌相散的牌很难先出完，战胜对手的可能性小，是“弱牌”“差牌”，评价牌时，也可以说“牌弱”“牌差”。

有时，有的牌手在行牌过程中消耗了很多实力，使余牌变得非常差，几乎没有任何力量，不能有任何作为，这样的余牌往往被人们称为“烂牌”。助攻散家因为经常要不惜血本地与庄家对抗，较容易形成烂牌。

34．够手、不够手

在分析牌力时，要比较发牌的手数和上手的次数。如果上手的次数大于或等于需要发牌的手数，可以先走成功，也就是说，上手的次数足够了，这就叫“够手”。相反，如果上手的次数不够发牌的手数，不能先走成功，就叫“不够手”。

35．赢牌、输牌

评价手中的牌是否能打赢时，“赢牌”是指打赢的可能性大或必能打赢的牌，“输牌”是指打输的可能性大或必会打输的牌。

36．活牌、死牌

有变化的牌叫“活牌”。比如，AA、KKK、QQ，这样的牌可以调整的余地较大，因此是活牌。

相应地，没有变化的牌就叫“死牌”。比如，庄家的牌是66666、5、333，这样的牌可以说没有任何变化，因此是死牌。

有时，人们还把没有希望先走的牌叫“死牌”。比如，守门员弃门受挫后，手中还有一张牌，是3，不可能先走成功了，从能否先走成功的角度讲，守门员的牌就是死牌。

37．首牌、首发牌、尾牌、尾发牌

一盘游戏中，牌手出的第一手牌，是该牌手的“首出牌”，简称为“首牌”。牌手发的第一手牌，是该牌手的“首发牌”。

一盘游戏中，牌手出的最后一手牌，是该牌手的“尾出牌”，简称为“尾牌”。如果尾牌是发出的，也叫“尾发牌”。

一盘开始时，庄家发的第一手牌，是该盘的“首牌”“首发牌”。

一盘结束时，赢家出的最后一手牌，是该盘的“尾牌”。如果尾牌是发出去的，也叫“尾发牌”。

38．海、海里的牌、地、落地的牌

打牌时，盛放已经出过的牌的桌面叫“海”。出牌后放于桌面上的牌，叫“入海的牌”或“海里的牌”。

因为桌面比人低，所以，人们也常把桌面叫“地”。如果大家是坐在地上打牌，把出过的牌放在地面上，这时，“地”就是名副其实的“地”了。相应地，海里的牌也就叫“地上的牌”或“落地的牌”。

39．牌情

从整盘牌的角度讲，“牌情”是指敌我双方实力消耗、力量对比、攻守态势、形势利弊、局势特点等各种情况；从牌手个人的角度讲，“牌情”是指自己的牌力强弱和牌型情况。

40．牌语

斗地主时，牌手往往会通过出牌来表达自己的意思，这就好比用牌来“说话”一样，因此，叫“牌语”。

二、动态术语

斗地主的动态术语是描述打牌时的行为、动作，以及有关状况和态势的术语。

1. 叫牌

牌手通过提高当盘的输赢分值竞争当庄，叫“叫牌竞庄”，简称为“叫牌”。

2. 配底牌、吃底、不吃底

补底牌时，庄家把底牌搭配到原有的牌面中，叫“配底牌”，简称为“配底”“配牌”。

如果底牌多是庄家希望上的，与原牌搭配得好，人们就说“吃底”；如果底牌多是庄家不希望上的，与原牌搭配得不好，人们就说“不吃底”。

3. 入海、落地

人们通常把盛放出过牌的桌面叫“海”或“地”，牌出后进入海里，或说落到地上，就叫“入海”或“落地”。

4. 保、费

不能顺走而必须由自己发出的累赘牌要靠封顶牌或炸弹上手才能发出。从封顶牌和炸弹的角度讲，就是它们上手保障、保护出累赘牌，因此，叫“保护”“保”“护”。从累赘牌的角度讲，就是它们发出时需要花费封顶牌和炸弹，因此，叫“费”“花费”“耗费”。

5. 操牌

打牌时接触牌的各种动作，叫“操牌”。包括揭牌、拿牌、理牌、出牌等动作。

6. 出牌、发牌

牌手把牌出下去，就叫“出牌”“出”，也叫“走牌”“走”。通常，从是否出牌的角度讲，人们也把出牌叫“打牌”“打”，有时，“打”侧重于指压牌时的出牌。

每一轮的第一家出牌叫“发牌”“发”。发牌也叫“领出”。

因为小牌多是累赘牌，发出它就好像吐出不快一样，所以，发小牌时，也叫“吐牌”“吐”。

为了跑牌或不让敌方顺牌而发某种牌型，具有攻击、对抗性，因此，这种发牌叫“攻”，发什么牌型就叫“攻什么”，比如攻单牌、攻三头。

7. 出首牌、发首牌、出尾牌、发尾牌

在一盘游戏中，牌手第一次出牌，是该牌手“出首牌”。第一次发牌，是该牌手“发首牌”。

在一盘游戏中，牌手最后一次出牌，是该牌手“出尾牌”。如果最后一次出牌是发出去的，也叫“发尾牌”。

一盘开始时，庄家第一次发牌，是该盘“发首牌”。

一盘结束时，赢家最后一次出牌，是该盘“出尾牌”。如果最后一次出牌是发出去的，也叫“发尾牌”。

8. 有效出牌、无效出牌、负效出牌

跑牌时，需要自己出牌的手数越少越好，对自己下一步跑牌形势越有利越好，所以，从跑牌的角度讲，如果出牌能使自己余牌的手数变少，或者使情况得到改善，那么，这样的出牌就是“有效出牌”；如果出牌后自己的手数没有变化，而且状况也没有得到改善，那就是“无效出牌”；而如果出牌后自己需要出牌的手数增多，或者手数虽然没有变化，但情况变得更加糟糕，那就是“负效出牌”。

例如，AA、KKK、QQ、JJJ、99、888。从出牌的手数上算，这些牌最少是三手牌——三个三带对。从单纯跑牌的角度讲，如果出了888－99，减少了一手牌，就是有效出牌；或者对手出三连对时用AA－KK－QQ封顶上手，虽然余牌还是三手，但上手使情况得到了改善，也是有效出牌。如果出了99或888，牌的手数没有减少，情况也没有得到什么改善，就是无效出牌。如果出了A，使牌变成了至少四手，就是负效出牌；或者出了QQ，虽然牌的手数没有变化，但破坏了连牌，使情况变得不如出牌前了，也算是负效出牌。

发牌时，属于以上各情况也可以叫“有效发牌”“无效发牌”“负效发牌”。

顺牌时，属于以上各情况也可以叫“有效顺牌”“无效顺牌”“负效顺牌”。需要说明的是，在实战中，多次顺牌可以形成一次有效顺牌，这种情况下，前面的顺牌多属于无效顺牌甚至负效顺牌。比如，上例中，如果先顺走了99，然后又顺走了888，就等于顺走了一个三带对，虽然前面顺走99是无效顺牌，但两次顺牌形成了一次有效顺牌。或者，分两次顺走A后，又顺走了一个三头，也等于顺走了一个三带对，虽然前面两次顺走A是无效顺牌，而且第一次顺走A还是负效顺牌，但是，最终，三次顺牌形成了一次有效顺牌。

9. 要、不要、要不上

轮到牌手出牌时，牌手出牌叫“要”“要牌”。

根据要牌的不同情况，要牌还有许多具体叫法。

从压制对手的角度讲，要牌也可以叫“压”“压牌”，有的地方还叫“盖”“盖牌”。

为避免对手上手或顺牌，用大牌压牌，尤其用封顶牌封顶，叫“管”“管牌”。如果用封顶牌压牌，也叫“封顶”“封”“封牌”。

用炸弹要牌叫“炸”或“轰”。如果用大炸弹压对手的小炸弹，叫“回炸”。极少数情况下，散家还会用大炸弹压同盟的小炸弹，这叫“加炸”。

如果牌手以不使对手上手为目的进行打击、压制，把对手的走牌步伐停了下来，使其定住不能走牌，这样的压牌叫“打停”“停”“停住”“停牌”，或者叫“定住”。用炸弹停牌叫“炸停”。

为了防止敌方走牌，尤其是顺小牌而出较大的牌进行阻拦、阻挡叫“拦截”“拦”“拦牌”或“挡”“挡牌”。

为了防止对手过小牌而适当垫高，叫“垫”“垫牌”。

为了跑牌而要牌叫“顺”“顺牌”或“过”“过牌”。顺什么牌就叫“顺什么”“过什么”。说顺过了什么牌时，也叫“顺走”。把整牌拆开分多次顺走，也叫“滑”“滑牌”。

有人出牌后自己跟着出一手，叫“跟”“跟牌”。跟牌时出的牌往往不大，其目的常常不是压牌、拦牌或管牌，有时是为了顺牌，有时带有试探性质。

散家之间要牌，尤其是散家隔着庄家要同盟的牌，或者庄家为了控制散家而要牌，叫“接”“接牌”。

要牌时，牌从手中下去，因此，也叫“下”。下多指出大牌或炸弹，出什么大牌就叫“下什么”，出炸弹就叫“下炸弹”“下炸”。

要牌时，如果出的牌较大，通常也叫“上”。出什么牌就叫“上什么”，出炸弹就叫“上炸弹”“上炸”。

用炸弹要牌有时也叫“开炸”。

以上都是“要”，相反，不出牌就叫“不要”。因为不要牌就等于自己空过了，让牌走了，所以，在日常游戏中，牌手不要牌时往往也说一声“过”或“走”。在叙述牌手不要牌时，通常还说成“让过”。

如果自己没有更大的牌，尤其是同种牌型中没有更大的牌而没有能力要牌，就叫“要不上”。

10．抬高、降低

为了阻挡对手过牌，尤其是不让对手过小牌，自己出的牌更大一些，叫“抬高”，有时也说“升级”。抬高通常用在防止对手跑牌时。

为了方便同盟接牌，或自己无力再出大牌，出的牌比前次更小，叫“降低”，有时也说“降级”。降低通常用在助攻，多为守门员守门或传牌时。

11．吃、不吃

某一家因为某种牌型的牌较多，很需要出这种牌型，如果有人出牌后他可以要牌，能形成有效出牌，就叫“吃”某种牌。很不需要出某种牌，有人出了后不要，或者虽然要了，但不能形成有效出牌，就叫“不吃”某种牌。

12．堵、憋、空

出牌后，把别人想出的牌堵住，不让其出，叫“堵”。堵住别人的牌主要有两种情况：一是故意堵住敌人的牌，比如守门员守门时，其目的就是要堵住庄家的牌；二是散家无意堵住了主攻同盟的牌，比如中门主攻，手中有单 2，庄家出 A 后顺门上小王，顺门堵住了中门的 2 就是无意的。

想出的牌，没有能力或机会出掉，被憋在手中，叫“憋”。一般来说，被憋住的牌主要有两种：一是大牌被人阻挡，二是小牌没能发掉。

大牌空闲在手中没有出去，叫“空”。

13．打超、漏打

压牌时，不是用刚好大敌方一级的牌压，而是用相对较大的牌越级压敌方相对较小的牌，造成敌方手中较小的牌在后面出牌时得以封顶，叫“超打”，通常也叫“打超”。比如，庄家手中有一个大王、一个小王，庄家出单 2 后，顺门以为庄家有两个小王，就直接上了大王，结果造成庄家后面小王封顶，顺门用大王压庄家的 2 就是打超。炸弹打超也叫“炸超”或“超炸”。

敌方出较小的牌后，自己有能力压牌但没有压，造成敌方的小牌封顶，叫“漏打”。比如，庄家手中有一个大王、两个小王，庄家出单2 后，顺门有大王，但没有压，造成庄家单 2 封顶，顺门没有出大王压庄家的 2 就是漏打。炸弹漏打也叫“漏炸”。

散家因为常常不能准确判断同盟的牌，容易发生因担心漏打而超打和因担心打超而漏打的情况，故意超打和漏打的情况较少。庄家自成一方，在决策是否压牌时，不存在判断不准牌的大小的问题，因此，庄家的超打和漏打基本上都是故意的。

14. 伤牌

斗地主时，某次出牌或某种打牌方式对己方的牌力造成了很大损伤，叫“伤牌”。比如，一手出的特大牌较多，往往会伤牌。再如，守门员如果守门过硬，不但守门时要出大牌，而且其同盟接牌的话，会被迫出更大的牌，因此，守门员过硬的守门容易造成散家伤牌。

15. 逼牌、顶牌、引炸

出较大的牌，引诱、逼迫敌方下更大的牌，就叫“引牌”“引”，或“逼牌”“逼”，也可以笼统地叫“诱逼”。引牌或逼牌往往是为了使敌方的大牌先下，或拆开大牌，它有利于牌手在后面的对抗中取得主动。

引牌或逼牌时，出较大的牌，把敌方的大牌引下来或逼下来，叫“顶牌”“顶”。比如，出 A，把敌方的 2 顶下来。我出较小的牌，使敌方为了压我而把较大的整牌拆开，后面，我出整牌时，敌方就会因为较大的整牌已经拆开而管不上我，对我有利。这种使敌方拆开整牌的顶牌叫“顶开”。

以引诱、逼迫敌方下炸弹为目的出牌，通常叫“引炸”，也叫“逼炸”。

16. 组牌、拆牌、修牌

组织手牌，调整成可出的各种牌型，叫“组牌”。组牌就是调整搭配牌型，即人们常说的“调配牌型”，简称为“调配牌”或“调牌”。

把整牌拆开出叫“拆牌”“拆”。拆牌主要指把整牌拆成单牌，也包括把三头拆成对子和单张，还可以包括拆开炸弹或连牌。把整牌拆成单牌，简称为“拆单”。把三头拆开出一张，还有两张，这就好像剥了一层皮一样，因此也叫“剥牌”“剥”。

把三个头或炸弹拆开一张或两三张先打出去，使之留下的对子或三头和其他一些牌形成连牌，这就好像是把牌修成了连对或飞牌一样，因此，叫“修牌”。修成连对叫“修连对”，也可按连对的级数叫成“修几连对”；修成飞牌叫“修飞牌”，也可按飞牌的级数叫成“修几飞”。

17. 送牌、传牌、转送、转传、递牌

为了送别的牌手跑牌而发牌叫“送牌”。送牌一般发生在散家之间，多是助攻给主攻散家送牌。

散家的守门员或中门隔着庄家给同盟送牌叫“传牌”。

散家接一位同盟的牌上手后，转而给另一位同盟送牌、传牌，叫“转送”“转传”。

送牌和传牌都可以叫“递牌”。

送牌和传牌如果做得非常巧妙、十分神奇，人们会称之为“妙送”“妙传”，或“神送”“神传”。

18. 引路、发信号

主攻散家为了让同盟给自己送牌，会专门发自己需要的牌型，使同盟明白。这种发牌的方式就像用牌给同盟引导发牌的路子一样，因此，人们把这种以引导同盟给自己送牌为目的的发牌叫“引路”。从给同盟传递信号的角度讲，引路也叫“发信号”。发信号时，发出的引路牌就像信号弹一样，因此，人们也把发引路的牌叫“发信号弹”。

19. 改变牌路、坚持牌路

牌手所发牌型与前面己方所发的牌型不一样，如果从牌路的角度讲，这种改变牌型的发牌等于是把牌的路子改了，因此，叫“改变牌路”，或叫“改道”。

同样的道理，如果牌手所发牌型与前面己方所发的牌型一样，就叫“坚持牌路”，或叫“走老路”。

20. 变招

斗地主游戏中，牌手带对抗性的出牌，尤其是发牌，类似于一些对抗比赛中的出招，因此，牌手在发牌时如果与以前的打法不同，就像改变了招数一样，所以，人们把改变打法叫“变招”“改招”“换招”。

21. 守门、弃门、不守门、放门

为防止庄家顺走牌而出大牌叫“守门”“守”。用什么牌守门就叫“守什么牌”，比如，用A守门，就叫“守A”。

由于守门的性质跟站岗很相似，因此，很多人也把守门形象地叫“站岗”。

用大的牌守门叫“高位守门”，用小的牌守门叫“低位守门”。守门时用的牌较大，一般就说“守门硬”“守门严”“守门紧”；守门时用的牌较小，一般就说“守门软”“守门宽”“守门松”。

用封顶牌守门也叫“封门”，用炸弹守门也叫“炸门”。这两种守门，庄家不能顺走牌，等于散家死死地守住了门，因此，也叫“把门守死”“守死”“封死”。

一般情况下，守门员负责守门，但有时，中门也会守门，甚至顺门也

会守门。

因为守门员是天然的守门人，所以弃门主要是对于守门员来说的，因此，当守门员决定自己主攻而放弃守门责任时就叫“弃门”。

有时，虽然守门员没有打算弃门，但也放弃了守门的责任，没有守门或没有守好门，使庄家本不该顺走的牌顺走了，这叫“不守门”“不守”。

守门员弃门或者不守门时，或者无力守门时，使庄家的小牌顺走，就好像把庄家的小牌放走了一样，因此，叫“放门”“放”。

22. 上手、回手

自己出牌后没有人再要，该自己发下一轮牌，叫“上手”。上手后能发牌，因此，人们也把上手叫“获得发牌权”。如果自己想上手发牌，但总是被别人压住不能上手，就叫“上不了手”。

自己发牌后，用同种牌型的大牌封顶，叫“回手”，也叫“收回来”。回手后，当对手不用炸弹压时，发牌权就重新回到了自己手中。

23. 控制、放手

用大牌或炸弹管牌，不使对手达到一定的目的，叫“控制”。控制对手时，因为是用大牌或炸弹打击、压制敌方的，所以也叫“打击”或“压制”。如果是为了达到不使对手上手发牌的目的而进行的控制，叫“制止”。压制敌方强大的进攻势头，叫“遏制”，也可以叫“扼制”。

有能力管别人的牌，但不管，叫“放手”。当对手用封顶牌或者炸弹企图上手发牌时，如果自己有能力管但没有管，就意味着放过对手，让其出牌，所以也叫“放行”。

24. 启动、冲锋、冲刺、反攻、佯攻

开始向对手发起进攻就是启动了攻击的步伐，因此，人们也常常把开始进攻叫“启动”。

在进攻时，牌手与敌人展开激烈战斗，不惜拼掉实力，企图一举攻破敌营，打败敌人，或者极大地消耗敌人的牌力，使敌元气大伤，叫“冲锋”。

最后的进攻叫“冲刺”。

从防守状态转入进攻状态，叫“反攻”。

为了吸引庄家的注意力，某一散家假装主攻或冲锋，叫“佯攻”。

25. 主攻、助攻

散家在进攻时，为实现自己先出完牌的目的而进行的攻击，叫“主攻”；为配合主攻方而进行的攻击，叫“助攻”。

26. 跑牌、送跑

以把手中的牌先出完为目的的出牌叫“跑牌”，简称为“跑”。因为跑牌成功的人最终会先于他人把牌走完，所以，人们也把跑叫“先走”，有时甚至直接叫“走”；相应地，跑牌也叫“先走牌”，有时甚至直接叫“走牌”。

跑牌成功的牌手，如果最后一手或最后几手牌是在其他牌手有意送牌或无意出牌时顺牌出完的，这种情况叫“送跑”，有时也叫“送走”。

27. 冲牌

在一盘牌将结束时，庄家或主攻散家往往以这种方式出牌：先出一手或多手封顶牌或炸弹，对手不要或没有能力要，然后再把最后一手牌出掉。这种出牌方式就叫“冲牌”，或叫“闯牌”“闯关”“冲牌闯关”，也可以简称为“冲”“闯”。

要确保冲牌成功，必须满足这样的条件：余牌只有一手累赘牌，其余的牌都是对手要不上的封顶牌或炸弹。

28. 偷袭

让对手以为自己一时半会跑不掉，但突然出掉手中很多张牌，导致对手失败，叫“偷袭”，或者“突袭”。

偷袭成功主要有三种情况：一是自己的牌特别整，对手放过自己后一手把很多张余牌出完，或仅剩下炸弹，这种情况也叫“偷跑”；二是当自己出一手后剩余一大炸带一手牌或剩余一手对手必送自己的牌；三是散家尤其是中门或守门员突然出一大把牌后剩余的牌手数不多且能在散家的共同努力下先走成功。这三种情况的核心问题都是对手没有预料到自己一手会出很多张牌。

29. 沉底

庄家或主攻散家先走成功时，如果最后出的一手牌或多手牌都是炸弹，人们把这叫炸弹“沉底”。

30. 饿死、节余

当牌局已经以己方失败而结束时，自己本可用于压敌的封顶牌或炸弹还没有出，我们就说这些封顶牌或炸弹“饿死”了。

当牌局已经以己方胜利而结束时，自己本可用于压敌的封顶牌或炸弹尚未用上；或者自己主动发出了本压敌的封顶牌或炸弹而先出完牌获胜，我们就说这些封顶牌或炸弹“节余”下了。

有的牌局，我方节余下了封顶牌或炸弹是在敌方因有失误而饿死了封顶牌或炸弹的情况下产生的，如果敌方用上了封顶牌或炸弹，我方的封顶牌或炸弹就节余不下了；有的牌局，我方的封顶牌或炸弹节余下了，而且敌方也没有饿死封顶牌或炸弹，或者敌方虽然饿死了封顶牌或炸弹，但是没有失误。后一种情况下，我方必能节余下封顶牌或炸弹，因此，人们讲节余时，更多的是指后一种情况下的节余。

31．获胜、落败

牌手打赢了牌，获得了胜利，叫“获胜”或“取胜”，有时也叫“胜出”，简称为“胜”。日常游戏中，多叫“赢牌”，简称为“赢”。庄家赢牌也叫“打成了”。

牌手打输了牌，落下了失败，叫“落败”或“获败”，有时也叫“败北”，简称为“败”。日常游戏中，多叫“输牌”，简称为“输”。庄家输牌也叫“没打成”。

第五节 打牌规范

斗地主时，散家要配合，牌手还要欺骗敌人，因此，往往需要借助一定的语言和行为传递一些信息。但是，斗地主游戏只能借助出牌传递信息，而不能用语言或动作明示或暗示。为了防止作弊，打牌时，牌手必须遵守一定的行牌规范。规范最重要的是语言和动作方面的，还有一定的态势语言规范。态势语言规范要求较高，在日常游戏中，主要靠牌手自觉。

斗地主游戏的庄家只有一个人，不存在配合的问题，散家有三位同盟，因此，打牌规范主要是针对散家的。

一、语言规范

正规比赛时，除过唱牌和报牌问牌，牌手在打牌过程中不能说话。日常游戏中，牌手多会说话，但牌手不能通过说话交流信息，凡是有可能透露牌情的话都不能说。

牌手不能自暴手中的牌。散家自暴手中的牌会给其同盟传递相当明确的信息。比如，某散家牌不好，说自己有若干张单牌，能跑掉才算怪事。这种话无疑是在告诉其他两位散家，不要送他先走了。

牌手不能通过说当前刚刚出到海里的牌表示自己有某种牌。比如，庄家出了一个三飞三带，守门员恰好有大三飞三带能压，他害怕前两家出炸浪费实力，高兴地连说："什么？什么？三飞三带啊!"顺门或中门本来想炸的，听到这话后，便不炸了。

牌手不要猜说庄家的牌。散家猜说庄家的牌既给了另两位散家信息，同时也往往暴露了庄家的牌，这对庄家不公平。比如，中门有两个王，自己抬一档后庄家打满的，他说："三个炸必打!"这基本上是告诉另两家，自己有两个王。再如，叫牌时，顺门看到中门已经叫了中间一档，庄家还打满的，结合自己无王的情况说："三个王!"这等于告诉另两位散家自己没有王，而另两位散家根据各自的情况基本上就可以判断出庄家是"三个王"，如果另两位散家再呼应一下，不但庄家有三个王的情况会明确，而且另一个王在哪位散家手中也清楚了。

牌手更不能讨论牌。散家一经讨论，他们的牌和庄家的牌基本就明了。比如，关于某家有无王的讨论，关于某家有无炸的讨论，关于某家喜欢什么牌型的讨论，关于某家余牌是什么牌型的讨论，等等，都不允许。

牌手不能用语言表示厌烦或喜欢某种牌。比如，守门员出了对子后，顺门接住说"我喜欢!"这无疑是告诉同盟，自己的对子多。再如，顺门上手后，正要抽出单牌，中门一声"唉!"吓得顺门把手缩了回去，不敢发单牌了。

牌手也不应该说必败、必胜等话。比如，中门手中的余牌是一个大王，他判断庄家手中还有一个小王和至少一张别的单牌，就说："你输了!"因为有可能顺门判断不出来王的情况，当庄家出了小王后他有可能以为小王大而上炸弹，使中门顺不走大王。那样的话，如果庄家还有大炸，就有可能取胜。但中门这样一说，顺门有炸也不会用了。再如，中门手中的余牌是三个 2 带一对，当守门员上手后，他笑着说庄家："你完了!"本来守门员不知道怎么送牌的，中门这么一说，他便会果断地发三带对。又如，中门手中的余牌是一对 3，顺门上手后，因为中门知道顺门送不走自己，就对庄家说："你赢了!"本来顺门想送中门对子的，而庄家过一个大对子就能取胜，顺门听中门这么一说，便不发小对子了。

正规比赛中，牌手也不应该借语气、声调、音量来传递信息，这样的要求看似有些高，但也是必须的。比如，常斗地主的牌手都知道这么一种情况：中门剩五张牌了，当顺门问及时，如果中门回答的语气坚定、声调高扬、音量很大，那往往说明是三带对；如果语气柔弱、声调低沉、音量很小，那往往说明不是三带对。

二、行为规范

和语言要规范同样的道理，牌手也不能通过不恰当的行为来传递信息。有时，庄家就差一手牌，如果散家的行为稍一出格，就会导致一盘胜负逆转。

牌手不能把牌亮出来。有的牌手单牌多，不光说，而且还把若干张单牌放在桌面上。有的牌手在牌局尚未结束时就把自己的大牌或炸弹亮出来。这都不对。

牌手不能抽牌、出牌过早。比如，中门要过单 4，庄家出了单 3 后，顺门还没有表态，中门就迫不及待地开始抽牌了，顺门看到中门的动作后，一般情况下，自然就不会再要牌了。再如，庄家出了连牌或炸弹后，中门或守门员因为刚好能管上，担心前面的同盟浪费大牌或炸弹，他早早把牌抽了出来，甚至直接把牌提前出了下来。又如，残局时，守门员只有一张牌了，庄家因为还有两张单牌，必出一张，如果庄家出的单牌守门员刚好能要上，正当顺门或中门考虑是否压牌时，守门员开始动手了，这样，其他两位散家谁还会再要牌呢？这当然不行。

牌手不能用牌的背面结构示意自己是什么牌型。有的散家希望同盟送牌，在同盟弄不清该送什么牌时，他把手中的牌分开，以此示意自己需要什么牌型。比如，剩三张牌时，把一张牌和另两张牌分开，表明自己不是一手牌，而是一个单张和一个对子。再如，需要送对子时，把两张牌拉到牌面的一边，和其他牌分得很开，以表示自己需要对子。甚至有的牌手在剩下一手牌时往桌上一放，那样的话，谁都知道五张牌就是三带对，三张牌就是三个头，两张牌就是对子。如果散家这么做，庄家还有办法打牌吗？

牌手不能用态势语言表明自己需要什么牌或不要什么牌。有的牌手经常用丰富的态势语言表明自己的好恶。比如，庄家出了一个小三带对，中门由于急切想过小三带对，还未等顺门表态，他就把身体拼命往前倾。再如，顺门送了一个对子，中门由于就要吃对子，高兴得笑出了声。又如，顺门送了一个单牌，中门由于不吃单牌，气得把身子扭到一边，或脸色铁青，怒气冲天。这都不好。

另外，牌手也不能等待别人传递信息。有的散家在出牌时东张西望，希望同盟给自己一些信息，这也不允许。

第六节 行牌阶段

斗地主游戏一盘的行牌，可以分为明显的几个阶段。在各个阶段，有各自的规律和特点。研究并掌握不同阶段的规律和特点，可以帮助牌手认清形势，使牌手做出的决策更加科学、高明，能够避免不必要的失败，争取尽可能的成功。

一、行牌阶段的划分

人们常常把一盘棋牌类游戏分为三个阶段：开局、中局和残局，或者叫开盘、中盘和尾盘，或者叫前场、中场和后场。斗地主游戏当然也可以这样分。但是，斗地主游戏的中局还可以分为明显的两个阶段。因此，考虑到斗地主游戏的特殊性，根据出牌的情况尤其是激烈程度，我把斗地主游戏的行牌分为两个大阶段、四个小阶段。

两个大阶段即前半场和后半场，简称为前场和后场。四个小阶段即前半场分为开局阶段和试攻阶段；后半场分为进攻阶段和残局阶段。试攻阶段和进攻阶段就是人们一般说的中局或中场。

在开局阶段，牌手往往会先发无望顺走的小牌。一般情况下，无论哪一方上手，都会发一定的单牌。所以，开局阶段基本上是走单牌的那几轮。开局阶段最大的特点就是走单牌。

在试攻阶段，如果有一家单牌数量很少，往往会开始进行试探性的进攻。但是，由于各家常常还需要顺一定的牌，所以，双方打斗的程度并不激烈。试攻阶段最大的特点就是试探性进攻。

在进攻阶段，庄家或主攻散家为了跑牌，往往会发起冲锋，而且冲锋往往不止一个波次。这时，双方已经展开了实力的拼杀，余牌的数量急剧减少，炸弹纷纷落地，有的牌手已经报牌。进攻阶段最大的特点是拼实力。

在残局阶段，由于进攻没有直接取得成功，牌势稍有缓和。这时，往往双方或一方在等待时机进行最后冲刺。残局阶段，随时会发生冲牌的情况，因此，还是很激烈的。残局阶段最大的特点是冲牌。

这四个阶段只是大致划分，有时，庄家或主攻散家的牌整，直接攻整牌，很可能就没有走单牌的开局阶段；有时，庄家或主攻散家一口气冲锋成功，就没有残局阶段了。

总之，前半场的特点是缓和，后半场的特点是激烈。

二、划分阶段的意义

不同的行牌阶段，有不同的规律和特点，牌手可以在牌局的不同阶段采取相应的不同技巧，看怎么打牌对己最有利、对敌最不利，以图取得更好的战绩。

比如，在前半场，因为庄家要过单牌或刚开始进攻，一般不会与散家较量实力，所以，如果你是守门员，觉得自己的牌较整而想弃门时，往往可以用大牌或小炸上手。而一旦到后半场，守门员上大牌或炸弹后，庄家很可能就一步不让了。

再如，在前半场，庄家往往要适当保存实力并等待散家送牌，因此，中门上炸后可以放一马；但在后半场，中门用炸上手往往是非常危险的，这时庄家可能就要与中门拼实力了。同样的道理，手中有大炸的散家，在前半场，可以适当留一留；而在后半场，一般情况下，都应该及时上炸。

第二章 牌手素养要求

斗地主游戏深刻复杂，要掌握全面高深的技巧，牌手的能力素质一定要很高、很强。

第一节 进场须知，熟悉牌局规则

虽然斗地主游戏早已发展成熟，但各地的规则还不完全相同，甚至同一地方的不同牌局规则也有一定的差异，因此，牌手打牌前，先要熟悉相关规则，以利于在牌局中遵守规则，发挥技巧。

一、熟悉基本规则

在斗地主游戏的发展过程中，其基本规则在不断变化着。如今，虽然斗地主游戏的规则已经非常完善了，但是，其基本规则仍然没有完全统一，有一定的差异。有的地方按此规则打牌，有的地方按彼规则打牌，甚至同一地方的不同牌局，都各有各的规则。牌手熟悉基本规则，在打牌时对自己有利。

一方面，基本规则决定如何选择叫牌和设计打法，牌手叫牌是否科学，打法是否高明，与基本规则直接相关，基本规则不同，对牌手的要求就不完全一样，所以，牌手必须熟悉基本规则，根据当前牌局的基本规则科学叫牌、制定策略、运用技巧，把牌打好。比如，第二家牌力稍好，究竟叫不叫牌，就要看叫牌的有关规定。在四家轮流叫牌的牌局，第二家可不叫，因为不叫没有什么损失；在前两家皆不叫牌就要输给后两家的牌局，第二家可叫，因为如果不叫，就要立即输分，如果叫牌，由于第一家没有叫牌不赢分，因此，即使第二家打输，也只输给两家分，而打赢了可以赢三家分。再如，牌手在实力不强但牌整，有双飞双带的情况下，是否考虑采取偷跑的打法，就要看报牌的有关规定。规定余牌在十张以内必须主动报牌的牌局，对手会有所防备，采取偷跑的打法成功率不会太高，因此，牌手最好留有一定的回旋余地，早早打出双飞双带；规定不主动报牌的牌局，对手未防备的可能性大，采取偷跑的打法成功率会较高，因此，牌手可以考虑这一打法，先打别的牌，留下双飞双带最后偷跑。

另一方面，在实战中，如果没有遵守规则，违反了有的规定，要接受不利于自己的处罚，因此，牌手要熟悉相关规定，遵守规则。比如，该报牌时如果没有报牌，可能面临扣分和失去一次发牌权的惩罚。

二、熟悉附加规定

附加规定主要有喜牌奖分、明打加分、投降减分三项，牌手熟悉这些规定，可以在有关情况下做出对自己有利的决策。

关于喜牌奖分，多数牌局规定，起到喜牌后，如果想被奖分，必须在行牌前声明自己有喜牌，并且要在牌局结束前把喜牌出下去，而且，喜牌只能同时一起出下去，不能拆开出。这一规定就要求牌手揭到喜牌后，如果想被奖分，就要记得在行牌前声明。庄家揭到四个王后，要根据自己的实力和预估散家的实力，判断赢牌的可能性大小，如果把四个王当成一炸出，赢牌的可能性很大，就声明，以图得两倍分；如果把四个王当成一炸出，赢牌的可能较小，但拆开出赢牌的可能性很大，就不声明，以图确保得一倍分；如果无论拆不拆开四个王都打不赢，那就声明，以图确保不输分。

关于明打加分，有的牌局规定补完底牌后还可以决定是否敞牌明打。对这样的牌局，如果庄家补完底牌后有极强的实力，能保证打赢，那就可以摊开明打，以图多赢分。

关于投降减分，少数牌局规定庄家补完底牌后可以投降认输，降一个档次输分。在这样的牌局，如果庄家的实力确实很差，极难打赢，那就可以投降认输，以图少输分。

第二节　未战先谋，精心运筹规划

玩斗地主游戏时，运筹规划对牌力发挥和战局结果影响重大，牌手必须精心谋划。谋划贯穿一盘游戏的始终，牌手不仅在战斗开始前要根据自己的牌相牌力进行预先谋划，制定相应的预案，而且，在战斗进行中，随着形势的发展变化，牌手还要不断观察和分析最新情况，一边战斗一边谋划。善于谋划的最高境界是：战斗还未开始，已经有了方案；战斗还未结束，已经胜券在握。

一、研究牌相

在开战前，无论是庄家还是散家，无论是哪个位置的散家，都应该先对自己的全牌进行必要的观察和分析，看看自己的牌相有哪些特点，有哪些优势、有哪些短项，是属于强牌还是弱牌。如果是散家，还要看自己是适合主攻还是适合助攻，如果自己的牌要先走需要具备哪些条件……这一切对于指导即将开始的战斗具有重要而深刻的意义。

为了更快更准地认清自己的牌相，在起牌过程中，牌手应该一边揭牌，一边对手中的牌进行一定的观察。起完牌后，要认真仔细地观察、全面深入地分析自己的全牌，看看牌相的优劣和特点：牌相整不整；什么牌型多，什么牌型少；大牌与小牌的多少；炸弹的多少和大小。

出牌时，尤其是庄家和主攻散家，要根据自己的牌型特点，运筹如何出牌才对自己最有利。比如，自己有三个王，如果单牌较多，就要考虑出单牌，用王回手；如果牌较整，但整牌小，就可以先出整牌，等敌人出单牌时再用王上手。再如，自己的牌型种类齐全，对手出什么都不怕，就可以先让对手上手，自己坐等顺牌。又如，自己炸少，就要想办法先诱逼对手下炸，降低自己在炸弹上的劣势。

二、谋算手数

打牌时，手数越少越容易跑牌成功。一般情况下，无论是庄家跑牌还是散家先走，都需要一定的次数。怎样能使自己出牌的手数变少、怎样容易顺走更多手数的牌、怎样能够封顶和上手并且增加次数，这对牌手非常重要。牌手要善于进行手数的谋算。

（一）手数决定输赢

斗地主时，是能赢，还是会输？关键就看“够不够手”。从形式上说，其实就是看三个重要的手数。

第一，要看自己不能顺过的牌需要多少手才能发完。不能顺过的牌必须由自己发出去，每发一手牌需要上手一次。

第二，要看自己的大牌和炸弹能够封顶多少次、能够上手多少次。大牌封顶，要么浪费对手炸弹，要么自己上手。上炸后，除非对手用更大的炸弹回炸，否则就能上手。因此，大牌和炸弹越多越好。由于炸弹什么牌都能管，它的作用更是非常强大而明显，因此，尤其是炸弹多了好，每多一炸，便多一分胜算。

第三，要看自己有多少手牌能顺走。庄家独自为战，要面对三个对手，而且散家往往又有人专门守门，因此，庄家能顺走的牌非常有限。对于散家来说，由于庄家一般情况下必出一些小牌，自己又有两个同盟，因此，总有一些牌是可以顺走的。从影响战局的角度讲，因为小牌要靠自己走，封顶牌和炸弹用上的可能性非常大，这两类牌在战斗中对牌手的影响比较确定、变化不大，而中等大小的牌能否顺走，在战斗中的变化是非常大的，中等大小的牌能顺走的手数往往最终影响了牌手的输赢，所以，无论是庄家还是散家，如果自己想先走牌，关键就看能够顺走多少手牌了。

打牌时，每发一手牌需要上手一次，能顺走的牌就不必上手发，因此，以上三种重要的手数决定了牌手的输赢。

赢牌是因为上手次数大于或等于发牌手数，能把牌发完，也就是通常说的“够手”。相反，输牌就是因为上手次数小于发牌手数，不能把牌发完，也就是人们通常说的“不够手”。

需要说明的是，每一盘中，庄家先出牌，等于自然上手一次。

牌手的发牌手数用公式可以表示为：

发牌手数＝全部手数－顺牌手数（包括封顶牌和炸弹手数）

也就是说，凡是顺不走的牌，都需要自己发。

上手次数用公式可以表示为：

上手次数＝大牌封顶次数＋上炸次数－别人炸我次数

也就是说，如果我出大牌封顶或上炸，只要别人（一般是敌人）没有用炸压我，我就能上手一次。

如果封顶牌不是压牌时出的，而是自己主动发的，那么，这一手牌就既需要自己发，又能封顶，因此，算手数时，既要算作发牌的手数，也要算作上手的次数。

因为这三种牌手数的多少共同决定了一盘的输赢，即这三种牌的手数形成的关系最终决定了一盘的输赢，所以，牌手在谋算手数时一定要考虑全面。有时，庄家补齐底牌后，看到自己王多，炸弹也多，自以为必胜无疑，结果却在散家实力并不是很强的情况下打输了，究其原因，就是：虽然他上手次数不少，但需要发牌的手数更多。

（二）根据手数进行决策

根据手数的计算，牌手基本上可以得出一个结论：在什么牌能够封顶、什么牌能够上手、能顺过什么牌时可以取得胜利。这样，在下一步出牌时，就可以根据手数的谋算，并结合实际情况决策如何出牌了。

谋算手数，首先要会计算手数。许多牌场新手不知道计算手数，而牌坛老手每一盘自始至终都在计算着手数。

有的牌变化不大，手数明显，相对确定。比如，庄家的全牌是：

大王、小王、222、A、KKKK、QQQ、JJJJ、1010、9999、88、777、6、55、33。

很显然，这把牌一共有十一手：

单牌四手4张：大王、小王、A、6；

对子一手2张：1010；

三带对三手15张：222－88、QQQ－55、777－33；

炸弹三手12张：KKKK、JJJJ、9999。

更多的情况下，牌型组合具有一定的变化，牌手要能够根据不同的牌型组合来计算牌的手数。而且，牌的手数与牌型变化总是密切联系在一起的，因此，计算牌的手数时必须考虑到牌型的变化。比如，庄家的全牌是：

大王、小王、222、AAA、KK、QQQQ、JJJ、1010、999、888、6666、5、333。

我们分析一下这一把牌，没有变化和基本没有变化的牌共有八手：

单牌三手3张：大王、小王、5；

双飞一手6张：999－888；

三带对二手10张：JJJ－KK、333－1010；

炸弹二手8张：QQQQ、6666。

另外两手牌 222 和 AAA 有可能根据形势要拆牌。因此，牌的手数会有一定的变化。

总而言之，计算手数是一个基本能力，在打牌时，牌手必须会计算手数。

通过计算手数，牌手要进行如下决策。

1．通过手数的计算，看要不要拆整牌

斗地主时，经常要面临决策拆整牌的问题。

散家主攻时有同盟协助，拆牌错误后能够弥补的可能性非常大。而庄家一方仅一人，拆牌错误后不但没有人弥补，而且还可能被散家利用，因此，拆整牌的决策对庄家来说尤为重要。

下面我们以庄家为例，分开局、中局和残局三种情况分析一下手数与拆牌的关系。

很多时候，庄家在开局时就应该注意谋划拆整牌。比如，某盘未行牌前，庄家通过手数的计算，发现自己只多一手牌——AA。这样，在出单牌时，庄家就可以拆对 A 顺单。由于庄家早就做出了这样的决定，在顺单牌时，庄家就不会显得犹豫，这样，守门员往往会认为庄家是在正常顺单，有利于把剩余的一张单牌顺掉，从而能够成功地分两次顺走一手牌，取得胜利。在实战中，我们还会发现一些高明的庄家甚至会分两次或者三次顺走三个头。

在中局，庄家要能够看出顺了哪些牌手数会变少，有时还要看怎么顺牌有利于下一步走牌。例如，某盘中局，庄家的牌是：AAA、QQQQQ、JJJ、1010、99、88。如果不顺牌，除炸弹外，怎么走至少都是三手牌。通过分析，庄家准备拆牌顺走，以减少手数。某轮打单牌，守门员守 K，由于 AAA 不能封顶，庄家顺 A，这样，除炸外就成了两手牌：三带对 JJJ－AA 一手、三连对 1010－99－88 一手。在散家无炸的情况下，如果庄家的三连对能够封顶，就可以冲牌成功。下一轮时，由于守门员看到庄家已过了单 A，又分析庄家的 Q、J 不会是单牌，因此用 10 守门。庄家通过分析发现，如果顺走一个单 J，连对牌可以加长到四连对 JJ－1010－99－88，再加上 AA，除炸弹外还是两手牌，但四连对比三连对封顶的可能性大，冲牌时的把握会更大一些，因此，又顺了单 J。下一轮时，顺门攻对子，庄家又顺走了对 A。这样一来，庄家把除炸弹外的三手牌顺得只剩下了一手，必胜无疑。

残局时，如果必要，庄家还要考虑是否拆大牌分次顺牌。某盘残局，庄家的牌是：JJJJJ、大王、KK、77，顺门和中门还各有一炸。当守门员手中还有四张小单牌时，弃门出单3。如果庄家直接上大王，散家上炸，庄家的对K不能冲牌，必输无疑。这时，庄家决定拆对K分两次顺牌。顺单K后，守门员用小王管上，庄家上大王。这时，守门员还剩两张单牌。顺门考虑到守门员已经弃门，觉得如果再出单牌，守门员顺走后还有一张，庄家不一定敢过牌；即使庄家再顺一张单牌，中门若有一炸，就可以送走守门员了，所以，顺门用炸上手，发小单张。结果庄家再次顺走单K，用五个J上手冲牌成功，活活饿死中门一炸。

2. 通过手数的计算，看要不要拆炸弹

斗地主时不但要面临决策拆整牌的问题，有时，还会面临决策拆炸弹的问题。

拆小牌形成的炸弹主要是看能否把牌修成连牌，以减少出牌的手数或使连牌封顶，这比较好决策。拆大牌时牵扯的问题较多，比较复杂。

2形成的炸弹威力较大，当炸弹用，上手的可能性很大，但拆开有可能多次封顶，因此，拆与不拆皆有利弊。有时，A、K形成的炸弹也存在这样的问题。

在实战中，很多人都遇到过这样的问题：庄家有四个2，如果散家打对子，是拆成两个对2好呢？还是当成一炸打好呢？有时，因为庄家没有拆四个2管两次牌，使上手的次数不够，错了。有时，庄家虽然两次上对2都封顶了，但两次都被散家的小炸弹炸了，或者庄家第一次上对2后，散家用小炸弹炸了庄家的对2，之后改发别的牌型，再没有发过对子，使庄家余下的对2没有机会出，这两种情况都造成了庄家虽有四个2但没能上一次手的情况，又错了。很多人对拆四个2的炸没有一个清晰而明确的认识，不知道什么时候该拆，什么时候不该拆。其实，懂得了根据手数谋划的道理，碰到这种情况就很好处理了。那就是：看手数够不够。如果用四个2上一次手就能够手，就不要拆四个2，以免被散家小炸管上，反而造成上手次数不够的局面。如果把四个2当成一炸用，上手的次数不够，那就应该拆开，使四个2封顶两次。当然，这里面有个判断问题，庄家要善于判断直接上四个2是否能上手、拆开四个2能上几手，其实质是要正确判断散家炸弹的大小、多少和出牌的路子。

如果庄家打对子，对散家来说，因为还有两个同盟，一般情况下不用拆四个2。散家只有在同盟没有大对子能管上庄家的特殊情况下，才考虑拆四个2。在残局阶段，如果庄家对子多，在打对子，助攻散家没有能封

住庄家对子的牌，但是主攻散家也在冲锋阶段，那就应该和庄家考虑是否把四个2拆成两对2时一样处理。当助攻散家在主攻散家前面不隔庄家送牌时，道理也是一样的。例如，中门主攻，手中的牌是：2222、888－44；或者如，中门手中有一张牌：J，顺门有四个2。这时，如果能确保四个2上手，就直接用炸，一手把牌走完或送完，而不要拆成两个对2。例如，庄家的牌是：JJJJ、7777、AA、KK、JJ，即使另两位散家没有比KK大的对子，但因为中门或顺门的四个2能够上手，可以确保冲锋成功，那就没有必要拆成两个对2。如果散家拆成对2分两次压庄家的对子，庄家用两个小炸反而可以上手两次，能把余牌先走完。如果觉得庄家有大炸，能管住四个2，但庄家的炸弹数量不够，就可以考虑把四个2拆成两个对2，两次封顶，使庄家因为炸弹数量不够而败北。例如，庄家的牌是：QQQQQ、AA、KK、99、88、66。在其余散家没有比QQ大的对子的情况下，散家拆2222为两个对2是正确的，不然，一旦散家上2222，庄家用QQQQQ制止后，再出对子时，庄家的AA、KK就可以封顶回手，那样，庄家就会赢牌。

拆大牌形成的炸不仅仅是把四个头拆成两对，还有其他拆法。比如，四个2的炸可以拆成三个2和一个2，或者四个单2；五个A的炸可以拆成三头A和一对A；六个K的炸可以拆成两个三头K。

许多牌手都很容易明白把炸弹拆开以求多次管牌的道理。但是，还有一种情况下的拆炸弹很特殊，并不是人人都能明白其道理的。这种情况就是：把大牌形成的四头炸弹拆出三个头，带上一个小对子组成三带对。

比如，做庄时，如果自己的对子较多，为了使手数变少，高明的牌手往往会拆2形成的炸弹，出222－xx，这是许多新手不会甚至不能理解的一种打法。我们通过一个例子来分析一下这种打法的高明之处。例如，庄家的全牌是：

大王大王、2222、KKKK、QQ、JJJ、10101010、9、888、7777、66、5、44、3。

按牌面简单整理为：

单牌五组5张：大王、大王、9、5、3；

对子一组2张：QQ；

三带对二组10张：JJJ－66、888－44；

炸弹四组16张：2222、KKKK、10101010、7777。

这把牌简单地按牌面配牌，庄家的对子、三带对都难以顺走，而且，散家的小王、2、A、K很多，庄家的QQ也难以拆成单牌顺走，所以，庄家需要发六手牌：

单牌三手：9、5、3；

对子一手：QQ；

三带对二手：JJJ-66、888-44。

而庄家的封顶牌和炸弹只有两个大王和四个炸弹共六手，如果散家有两炸，在散家不送牌的情况下，庄家将必输无疑。

如果把2形成的炸弹拆成三个头和单牌，就可以这样调配牌型：

单牌六组6张：大王、大王、2、9、5、3；

三带对三组15张：222-QQ、JJJ-66、888-44；

炸弹三组12张：KKKK、10101010、7777。

2很大，一般情况下发单牌时庄家可过2，因此，这手牌需要庄家发的牌只有五手：

单牌三手：9、5、3；

三带对二手：JJJ-66、888-44。

庄家的封顶牌和炸弹有两个大王、222-QQ和三个炸弹共六手牌，这在散家有两炸的情况下可以确保成功。

需要注意的是，因为炸弹可以管任何牌，威力很大，拆炸后就失去了炸弹的机动性，所以拆炸，尤其是拆大炸时一定要慎重，实在迫不得已时再拆炸弹。如果自己需要出牌的次数较少，就不要拆炸弹，尤其是不要拆能确保上手的大炸。有时，拆炸管牌会被敌方的小炸管上，失去上手机会，反而得不偿失。

有一次，一位牌手就因为乱拆炸弹而把必能打赢的强牌打输了，并且留下了笑谈。

那天打牌时，那位牌手屡屡能拦住敌方的双飞双带，无论他是做庄家还是做散家。其他三个人都一再说他的牌好。也许正是因为连续的表扬，导致他犯了一个低级而可笑的错误。

又一盘，这位牌手做起了庄家，牌的实力相当强大，不但牌整，而且还有四炸，另外加一个大王：

大王、222、AA、KKKKK、QQQQQ、10、99999、77、6666、444、33。

这样的牌经过整理，应该是：

单牌二组2张：大王、10；

对子一组2张：AA；

三带对二组10张：222－77、444－33；

炸弹四组19张：KKKKK、QQQQQ、99999、6666。

散家的实力相对也不错，顺门有一小炸，中门有两炸，守门员也有一小炸，但散家的炸都是四个头的，只能管住庄家的四个6。

本来，庄家这样的牌能打赢。因为庄家的大王必过，即使222－77需要自己发，一共也只需发四手牌：10、AA、222－77、444－33。庄家先发牌，无论发单10还是444－33，都只需再发三手牌。庄家有三个五个头的炸，能上手三次，刚好可以把这三手牌送走。应该说，这样的牌算是强牌，一般情况下，必可获胜。可是，在打牌的过程中，庄家因为拆炸弹而犯了一个既可笑又明显的错误，并最终导致强牌败北。

打牌的过程是这样的：

第一轮，庄家首牌发单10。守门员用A守门，顺门用2接牌，庄家上大王。顺门用一小炸把庄家的大王炸掉。庄家没有立即用炸还手，想看看顺门发牌后自己能否顺走一两手牌。

第二轮，顺门并没有像庄家想的那样发牌，而是发了一个双飞双带：777－666－88－44。这时，其他两位散家在议论：发双飞双带，不是硬往庄家手中送吗？他今天可一直都有双飞双带呢！本来，这样的牌庄家可以用炸弹炸掉，或者不管也行，看看情况再说。但是，也许是散家表扬庄家一直有双飞双带的话提醒了庄家，或者是鼓励、激发了庄家，经过反复考虑后，庄家决定同时拆两个炸弹，用双飞双带管牌，于是，他出了KKK－QQQ－77－33。这时，那两位散家都在说：看看！庄家果然有双飞双带！

庄家认为，用双飞双带管牌后，余牌除两个炸弹外还有两手封顶牌：

三头二组6张：222、444；

连对一组6张：AA－KK－QQ；

炸弹二组9张：99999、6666。

如果散家管不上KKK－QQQ－77－33，他便可以出AA－KK－QQ。然后，散家如果不管，他可再出444，并用222回手，便只剩99999、6666两炸了。可是，他错了，散家手中有的是小炸。

庄家用KKK－QQQ－77－33管住双飞双带后，中门用一小炸把庄家的牌炸了，庄家不要。

第三轮至第八轮，之后，散家一直在发单牌。庄家看到形势并不像自己想象的那样好，为了减少出牌的手数，过了一个2。这时，庄家的牌剩有两手需要出的牌，另加两炸，即：

三带对一组5张：444－22；

连对一组6张：AA－KK－QQ；

炸弹二组9张：99999、6666。

顺门用小王把庄家2接上手，庄家不要。

第九轮至第十二轮，顺门再发单牌，庄家不要。之后，散家继续打单牌。庄家不敢再过2。而散家打三带对，庄家的三个4也顺不过去。庄家只能用炸上手。当打到一定程度时，庄家忍不住了，用四个6炸了散家的牌。中门还有一炸，用炸把庄家的四个6管上了。庄家不够冲牌条件，不敢要牌。这时，庄家的牌是：

三带对一组5张：444－22；

连对一组6张：AA－KK－QQ；

炸弹一组5张：99999。

第十二轮之后，散家仍然一直在出单牌或三带对，庄家没有办法。

局势十分明显，如果散家没有炸，庄家可以成功，如果散家还有一炸，则庄家必然失败。这时，散家的守门员还有一炸未用。

因为庄家无法过牌，后来，只好用五个9上手。然后，庄家用AA－KK－QQ冲牌，当然，守门员用炸制止了庄家冲牌。这时，庄家手中的牌是三个4和一对2，只要散家不发对子，庄家就必然会输。散家因为还有两个王在手，所以一直没有发对子。最后，庄家落败。

此盘，庄家为了管双飞双带，一次就拆了两个大炸，导致必能上手的炸弹减少过多，失去了控制局势的主动权，从此使自己陷于被动挨打的地位，最后只有死路一条。而且，庄家这一盘为了管双飞双带一次拆了两个大炸有散家煽动的因素，显得十分滑稽，很好笑。这事被大家一时传为笑谈。

3．通过手数的计算，看要不要早上封顶牌或小炸弹

如果对手的炸弹都能派上用场的话，封顶牌或小炸弹早上迟上与手数够不够没有关系。而如果自己有大炸弹，只需要用封顶牌或小炸弹上一次手就能把牌打赢，那么，无论是庄家还是主攻散家，就应该早上封顶牌或小炸弹，以造成对手漏炸的可能。如果封顶牌或小炸弹早上，牌局未明，

很可能对手会漏炸，这样，自己就多了一次上手机会。如果封顶牌或小炸弹晚上，牌局较明，对手必然会用炸弹管，就上不了手了。

4．通过手数的计算，看要不要冲牌

如果牌手最后必须靠冲牌才能取胜，在冲牌前，就要计算手数够不够。

对庄家来说，如果手数不够，还需要顺走一些牌，或者还需要散家再主动出一些牌，然后自己有的牌才能封顶。也就是说，这时冲牌的条件不成熟。这种情况下，就要忍耐。如果手数已够，当散家走牌过多，局势已经很危险时，就不能再忍耐，而应该果断冲牌。

对散家来说，因为还有同盟，在很多情况下，虽然自己还可能不够手或者肯定不够手，但同盟能够帮助自己，可以给自己送牌。而且，主攻散家冲牌后余牌往往不多，这有利于把自己的牌打明，使同盟送牌送得更加准确。所以，散家不能一味忍耐，在适当的时候，就应该冲牌。而如果所有散家的实力都不能确保主攻散家走完需要走的手数时，就应该考虑再忍耐忍耐，等待庄家主动出大牌浪费力量、实力下降，或者等主攻散家再顺一些牌，手数已够时再冲牌，这种打法在残局时经常会用到。有的残局，仅有主攻散家一家还有实力，与庄家形成了对峙局面，这时，如果主攻散家的实力不足，就等于所有散家的实力不足，不能确保走完需要走的手数，也要忍耐。

（三）谋算手数时需要注意的问题

在谋算手数时，牌手要注意这么几个问题：

第一，封顶的可能性与现实性。有的牌出了可以封顶，但并不一定能出去。比如，大王是封顶牌，但有可能来不及出，这样，它就没有发挥出封顶的作用。不仅大牌有可能出不去，实战中，有时候炸弹也会因为种种原因没有出去。牌手应该尽最大努力把封顶的可能性转化为现实。我们经常看到有的人把大牌、炸弹，甚至很大的炸弹饿死，非常可惜，其实就是他没有把封顶的可能转化为现实。

第二，封顶与上手。大牌封顶但不一定能上手，比如，大王虽然可以封顶，但被敌方炸弹压住，就上不了手。炸弹出去后，也不一定能够上手，甚至很大的炸弹都上不了手。我们在牌场上不时可以看到，有的牌手想依靠六个头的炸弹上手冲牌，结果被对手更大的炸弹管上，导致冲牌失败。

第三，一次封顶与多次封顶。如果同一点值的大牌多，一手出去可以封顶一次，拆开可以封顶多次，这就需要谋算了。比如，庄家2以上的大牌是大王、小王、三个2，如果不拆2，三个2一起上，可以封顶一次，大王可以封顶一次，但小王不能封顶。如果拆开2单出，当能把所有的2都用上时，这些牌可以封顶三次。所以，牌手要根据情况，看是否需要拆开大牌以图多次封顶。

第四，牌的大小与封顶。牌的大小是相对的，因此，大牌固然可以封顶，比如大王、三个2，但有的牌并非自然的大牌，也可以封顶，这主要有三种情况。一是，随着大牌的落地，原来不能封顶的牌能封顶了。比如，大王全部出去后，小王就可以封顶。二是，在一盘中，由于牌型的原因，对手没有同种类型的大牌。比如，三头A并非自然的大牌，但由于每家都各有两个2，因此，三头A成了封顶牌。这种情况更常出现在出连牌时，我们经常能看到，由于对手没有连牌，有时，很小的连牌也能封顶。三是，由于种种原因，对手没有用更大的牌压。产生这种情况的原因较多。有时，对手觉得压牌损失太大。比如，虽然对手有一对大王，但为了拆成两个单大王两次封顶，你出对2时他没有压，这时，你的对2就封顶了。有时，对手觉得压了你无法出牌。比如，守门员经常会遇到这种情况：明明自己有大牌可压，但压后自己出牌反而对庄家有利，干脆不压。有时，散家会因为判断错误而错过了压制的机会。比如，庄家有一个大王、两个小王，庄家上2后，顺门手中虽然有一个大王，但是觉得用大王压2浪费，希望同盟有小王压牌，结果错过了压牌的机会。甚至有时，对手还会看错牌。比如，把三个2看成两个2，你出三个A时他没有压。在出炸弹的时候，也会遇到类似的情况：有的小炸弹能够上手，不是对手没有大炸弹，而是由于种种原因对手没有用更大的炸弹回炸。比如，顺门手中有五个2，庄家出四个3时顺门没有上五个2而让过，就是他觉得用五个2压四个3太浪费，希望这一大炸在更关键的时候再用。明白了牌的大小与封顶的关系，牌手就要善于使自己的小牌和小炸封顶，同时不要让大牌和炸弹漏打甚至饿死。

三、选择攻守

攻与守的打法有天壤之别。比如，庄家采取攻势时会先出强项，拼实力；采取守势时会先打弱项，等待对手送自己的强项。顺门采取攻势时会在庄家出牌后先以自己顺牌为主，不顾中门，并保存一定的实力；而采取守势时则会先让中门顺牌，自己宁可牺牲全部实力。中门采取攻势时会不断顺牌，并很快发起进攻甚至冲锋；而采取守势时，会显示出极力配合同盟的姿态。守门员采取攻势时会用大牌上手，择机弃门；而采取守势时则会兢兢业业、辛辛苦苦地守门。因此，谋划攻守对牌手非常重要。

（一）强弱的评估

谋划攻守的根本依据是自己牌力的强弱，牌手要观察手牌，评定自己的牌是属于强牌还是弱牌。那么，什么样的牌算强牌，什么样的牌就较弱呢？

一般来说，牌的强弱取决于这么几个因素：

一是，大牌和小牌的多少。大牌多意味着封顶机会和上手机会多，小牌多意味着需要自己发牌的次数多，因此，大牌多牌就强，小牌多牌就弱。

二是，牌面的整散。散牌需要出的次数多，整牌需要出的次数少，如果有连牌，不但出的次数更少，而且往往还能封顶，因此，牌越整越强，牌越散越弱。

三是，炸弹的多少和大小。炸弹的威力大，很多牌都能管，因此，炸弹多是强牌，炸弹少是弱牌。在炸弹多少一定的情况下，大的炸弹上手可能性大，小的炸弹上手可能性小，因此，炸弹大是强牌，炸弹小是弱牌。

强弱是相对的，因此，除了看自己牌的强弱外，还要初步推断一下对手和同盟的牌是强是弱。当然，分析其他三位牌手的牌力强弱具有相当大的不确切性，只能是大概估计。比如，庄家的断牌很多，这些牌在散家手中形成炸弹的可能性就较大，但不一定真的就会形成炸弹，只是可能性增大了。再如，叫牌时，某家抬了一档，有可能他具有一定的实力，但难以确定其实力有多强。

炸弹的威力大、机动性强，对牌局的胜负影响最大，因此，牌手必须重点对其他人手中炸弹的多少进行一个初步的估计。根据实战经验，散家三人共有两个或三个炸的情况较多，庄家一人有两个或三个炸的情况也较多，因此，估计炸弹时可以将这些数据作为参考。

（二）攻守的决定

通过评定自己牌力的强弱和对其他人牌力强弱的推断，可以初步判断出双方牌力的强弱对比，结合其他情况，庄家和主攻散家基本上就可以对自己是进攻还是防守做出比较正确的决策了，各位散家也基本上能对自己是做主攻还是做助攻做出比较正确的选择了。

对于散家来说，如果自己的牌适合先走，就要找机会给同盟传递信息，适时发起攻击信号；如果是弱牌，就要以配合为主；如果是中等牌，就要边打边看，如果有同盟在进攻，自己就配合，如果同盟在后退，自己就可以冲上前主攻。

对于庄家和主攻散家来说，如果是强牌，就应该把牌打得相对急一些，不要让对手走牌太多，以免被敌偷袭；如果是弱牌，就应该学会忍耐，等待机会；如果是中等牌，就应该根据形势，灵活攻守，当急则急，当忍则忍。

总之，决定攻守非常重要，既不可盲目冒进，一味进攻；也不可过于保守，只知防守，而要审时度势，攻中有守，守中有攻，攻守结合。

四、推演进展

牌手在决策如何出牌时，往往会对后面的牌局进展情况进行一番推演。

通过推演牌局的进展，牌手可以推测出下一步牌力消耗的程度，计算出大牌封顶的次数。例如，庄家手中的特大牌有大王、小王、22，这样的牌能封顶几次？如果打对子，对2可以封顶一次，大王在出单牌时可以封顶一次。这判断起来很简单。如果不出对子，只打单牌，那就要进行一番推演了：第一次出单牌时，先上2，敌方出小王，自己出大王封顶；第二次出单牌时，自己再上2，敌方上大王；第三次出单牌时，自己的小王封顶。所以，如果自己的2和王都能用上，那么，无论拆不拆对2，这样的牌都可以封顶两次。

通过推演牌局的进展，牌手能够正确进行决策，看如何调配牌型、怎样出牌对自己最有利。比如，庄家手中的特大牌只有大王和两个2，如果拆牌，两个2必会被散家压住，只有大王能封顶一次。这样，如果必须依靠对2封顶才能打赢牌，庄家就不要拆2单出。当然，如果庄家分两次滑过2后可以打赢，就应该考虑把对2分两次滑过去。再举个最简单的例子：中门手中有场上唯一的一个大王和若干对子，庄家手中还有两张牌，中门怎样出牌？很明显，先拆一个对子，如果庄家过单，中门用大王回手后就一直发对子；如果庄家不过牌，就再打所拆对子余下的那张单牌。之后如法炮制，庄家必败。其实，这个分析过程就是在推演牌局的进展。

通过推演牌局的进展，牌手不但可以预测到可能发生的各种情况，制定出相应的预案，甚至，高明的牌手还会根据推演的情况比较准确地预测出牌局的结果。例如，庄家的牌是：大王、小王、222、AAA、KK、QQ、JJ、10101010、99、8888、77、5555、333。在出牌前，庄家可以这样推演：先出333－77，一般情况下，必会遭到散家的压制。但是，压制的可能性有多种：如果散家没上AAA－xx，那庄家就上AAA－99，之后，无论能不封顶，都比较好打。如果散家先上AAA－xx，庄家就可以上222－99封顶，然后，再根据牌局的进展情况决定是否顺过单A或AAA，或顺过一些对子。如果散家有222并且首先封顶，那么，散家的特大牌就所剩不多，在发单牌时庄家就可以拆2以求打单牌时多次封顶。通过推演，庄家不但能制订出多种预案，而且基本上能确定这把牌是强牌，获胜的可能性非常大。

总之，推演牌局的进展能使牌手的决策更加科学合理，有利于把牌打好。

其实，每个牌手在决策出牌时都在自觉不自觉地推演着牌局的进展。而高明的牌手推演牌局进展的意识更强，推演牌局进展的水平更高。推演牌局进展的意识和水平从根本上决定了一个人的打牌水平。要想成为高明的牌手，必须养成推演牌局进展的习惯，掌握好推演牌局进展这个高级基本功。

很多牌场老手经常有这个体会：在打牌的进程中，尤其赢牌时，有的情况就是按照自己预想来的——自己想到会有某种情况，结果就真的发生了这种情况，就好像自己是神机妙算一样，不但出现的情况像自己设想的一样，甚至对手的打牌也如同自己指挥的一样，出现什么情况、对手如何打牌，早已在自己的预料之中。其实，这没有什么神秘的，只是因为他推演了牌局的进展，制订了相应的预案，在后面的进程中，又刚好遇到了自己想到的情况罢了。

第三节 胸怀全局，把握总体态势

斗地主游戏的对抗性非常强，因此，牌手决策时，不能只看自己的牌，而要胸怀全局，始终把握住牌局的总体态势，根据战局的总体态势做出对自己最有利的部署。

要做到胸怀全局，把握总体态势，牌手必须会分析判断形势。随着战斗的推进，牌手分析判断形势主要是看全场牌的实力消耗到了什么程度，各家的余牌数量，庄家要看散家谁在主攻、主攻者实力如何，散家要看各位同盟是在主攻还是在助攻。

善于分析形势、能够准确估计形势，把握住总体态势，牌手的决策往往就正确、措施往往就得当，弱牌也可能会打赢；反之，不会分析形势、不能准确估计形势，把握不住总体态势，牌手的决策就可能错误、措施就可能失当，强牌也有可能会打输。

一、牌力的耗费程度

随着牌局的进展，牌力在不断消耗。根据牌力的消耗程度，牌手要能够看到自己牌力发生的变化和其他三位牌手牌力发生的变化。比如，四个王已经落地，2 就成了封顶牌，如果自己 2 多，就非常有利；如果对手 2 多，将非常麻烦。

牌力的消耗主要体现在三个方面。

一是大牌的消耗程度。大牌的不断消耗会让相对小的牌封顶。比如，大小王和七个 2 落地后，对 A 无疑就能封顶。在有的牌局中，由于大牌消耗过多，甚至相对很小的牌都能封顶，比如单 J、对 8、三个 6，这一点需要牌手特别注意。

二是整牌的消耗程度。对子、三头、三带对、连对、飞牌的不断消耗也会让相对小的牌封顶。

三是炸弹的消耗程度。炸弹的数量相当有限，一方的炸弹消耗越多，另一方就越容易占主动。比如，敌人的炸弹消耗完后，我的封顶牌就必能上手。再如，敌我各有一炸，如果把敌方的炸弹诱逼下来后，我就能用炸弹较好地掌握牌场上的主动权了。

二、各家的余牌数量

斗地主时，在一盘的不同阶段，牌手根据情况采取的出牌方式方法不同，甚至差异很大。比如，在开局阶段，为了顺一些牌，牌手可以适当忍耐；在残局，就要对敌进行强有力的制止。因此，打牌时，牌手要注意牌局进展到了什么阶段，以决策应该采取什么样的打法。

各家余牌的数量直接关系到牌局进展，对牌局的影响非常大，是影响打法的重要因素，因此，打牌时，牌手一定要注意各家余牌的数量。

庄家的全牌是33张，每位散家的全牌是25张。知道了各家全牌的数量，减去其已出掉的数量，就可以计算出各家手中余牌的数量了。当然，在牌局进展中，要把每家余牌的数量都注意到并计算准确有很大难度。实战中，在各家余牌够报之前，如果是散家，应该重点关注庄家的余牌数量；如果是庄家，要重点关注主攻散家的余牌数量。

敌人的余牌数量越少，对我的威胁程度越大，因此，从防备敌人跑牌的角度讲，牌手要注意敌人余牌的数量。一盘出牌前，无论是庄家还是散家，每人手中都是一大把，因此，在开局之初，防备敌人跑掉的必要性不是太大。但当进行到中局时，牌手就可以大略看出其余三家的情况了，要注意不能让敌人走牌过多、余牌太少。特别是当自己的炸弹比较多的时候，适当地上炸十分必要，不然，很可能到后面会被敌人偷袭，使自己的炸弹作废甚至饿死。因此，在中局阶段，牌手就要把注意各家余牌的多少放在心上了。注意各家余牌的多少在残局是最重要的。因为在残局时，要跑的一家余牌已经相当少了，很可能只需要两三手甚至一手就能把牌出完，所以，在残局阶段，牌手要密切关注敌人余牌的数量，时刻防备敌人跑牌。

散家打牌时，不但要防备庄家跑牌，还需要互相配合着进攻，因此，从己方进攻的角度讲，散家还要关注同盟余牌的数量。比如，下家同盟主攻，你做助攻，手中有一大炸，从配合主攻同盟跑牌的角度讲，你就要关注主攻同盟余牌的数量，以便决策自己在什么时候用炸。如果主攻同盟余牌很多，情况不明，那你可以暂不用炸；如果主攻同盟余牌很少，能肯定或基本上能肯定需要顺一手牌，那你应该用大炸上手，给主攻同盟送牌。再如，你做主攻，假设还有两手牌，一手是封顶的单牌，一手是中等大小的三带对，你出任意一手牌，庄家都会管牌，另一手必须依靠同盟尤其是上家同盟送走，这时，无论你选择出哪一手牌，从进攻的角度讲，都各有利弊：如果先出大单牌，留下中等大小的三带对，好处是能引庄家下炸，坏处是万一同盟没有小三带对，送不走自己，那就会很麻烦；如果先出中等大小的三带对，留下大单牌，好处是同盟非常容易送走自己，坏处是出三带对后，不但不能引庄家下炸，还有可能会让庄家顺牌甚至封顶。那么，到底出哪一手牌才有利于进攻成功呢？这就需要看同盟余牌的数量了。如果同盟的牌较多，能肯定有小三带对或者有小三带对的可能性很大，基本上可以肯定能送走自己的三带对，那么，你就应该出大单牌引炸，留下中等大小的三带对等同盟送自己；如果同盟的牌较少，有小三带对的可能性很小，很有可能不能送走自己的三带对，那么，你就可以考虑出中等大小的三带对，留下大单牌，使同盟容易送走自己。

总之，各家余牌的多少是当前格局的重要因素，是进行决策和行动的重要依据，因此，牌手必须掌握各家余牌的数量，特别是在残局时。

三、敌我的攻守情况

其他人的牌力强弱和攻守态度关系到自己决策攻守，因此，牌手要根据情况判断其他人的牌力强弱，并进一步判断其他人的攻守态度。

虽然强弱并不绝对决定攻守，但是，强弱对于攻守的影响是最大的，因此，判断强弱非常重要，牌手要善于判断他人的牌力强弱。比如，在残局时，庄家欲炸又止，往往说明庄家的牌手数不够，强中有弱。再如，牌到中局时，散家还有五个 2 没有露头，却用王压 A，这说明 2 成炸的可能性很大。

强弱只是攻守的重要因素，而攻守的结果直接决定了输赢，因此，无论对于庄家还是散家，判断他人的攻守比强弱本身更加重要。

对于庄家来说，重点要看哪位散家在主攻，哪位散家在助攻，哪位散家在佯攻。对于主攻散家，要死死盯住，绝不放过；对于助攻散家，要适当注意，根据具体情况进行处置；对于佯攻散家，可任其胡作非为，不要上当。庄家要通过散家的出牌情况判断其攻守态度。比如，顺门在出什么牌？他顺没有顺单牌？他是准备主攻呢还是在送中门？中门已经在进攻了，他出的是什么牌型？是对子还是三个头？守门员先守 2，后又用 A 守，是什么意思？再如，大家都遇到过这样的情况：庄家出小牌后，顺门从来不顺小牌，而把所有能够顺牌的机会都让于中门，自己不惜老本地在出大牌引庄家的炸弹，上手后还在送中门，这一般就能说明他手中的牌太乱，不想先走。

对于散家来说，既要看庄家是在进攻还是在防守，又要看同盟是在进攻还是在防守。如果庄家在进攻，打击就要比平时更加急而有力；如果庄家在防守，就要注意不要送牌。如果同盟在进攻，自己就要注意配合；如果同盟没有主攻的意思，自己就要根据情况看看能否主攻。

第四节 牢记牌情，做到心中有数

打牌决策时，如果知道外面还有哪些牌、哪位牌手已经出过了哪些牌、各家出的牌型和次序等情况，那对做出正确高明的决策是非常有利的。在实战中，既不允许讨论前面出牌的情况，也不允许牌手拨开落地的牌进行逐一查对，所以，要知道各家的牌情，就要靠记牌了。记牌是分析判断的基本前提和根本基础，是牌手每盘都要用到的非常重要的基本功。

记牌包括记各种牌情，主要是两个方面，一是明牌，包括已经出过的牌和未出的明牌，二是各家所出的牌型及具体牌。

明牌中，已经落地的牌是主要部分，记明牌主要就是指记这部分牌。除此之外，还有一些未出过的牌也是明的。每盘切牌时，会翻明一张牌，牌手不但有足够的时间记这张牌，而且还知道这张牌在谁手中。有的地方规定，如果庄家未叫满，补牌前，底牌要翻明。因为八张底牌几乎占了庄家全牌的四分之一，是庄家牌的重要组成部分，所以，散家要特别注意观察记忆底牌。有时，一些牌手出错牌又拿回去，或者因为牌没有拿好而露明，或者因为一些别的原因把牌弄明，牌手也要重视记这些牌。所有的牌中，除大小王各是两张外，其他各点值的牌均是八张。记住了某个点值的牌落地的数量，就可以计算出这个点值的牌在余牌中的数量。知道了在余牌中这个点值的牌的数量，再结合明牌以及其他情况，就可以进一步分析这些牌的分布情况，这对于牌手做出正确的决策至关重要，尤其在残局时，更是非常关键。

牌手所出牌型和具体牌是其牌情非常明显的表现，可以判断其牌型情况和牌力强弱，因此，牌手要用心记住各家的出牌情况，尤其是重要情况。

记住了各种牌情，能够判断出余牌的情况，掌握战场的态势，在决策时可以做到心中有数。如果记不住牌情，在决策时往往无从着手，常常会犯错误，甚至犯非常低级的错误。

记牌的重点是要能够记住一些已经出过的关键牌和未出过的重要牌。如果牌手能够把所有的牌都记住，那是最好不过的了。但是，把所有的牌都记住难度太大，而且，有的牌对于全局的影响相对较弱，所以，在能力有限的情况下，先要记住一些关键牌。如果可能，就多记一些牌，记得越多越好。

记牌是一种功力，一开始可以记少些，先记大牌和关键牌，然后循序渐进，不断记更多的牌。有的高手记牌非常多，到中局后期基本上可以判断出各家的具体牌情，这对取得胜利有直接而重大的帮助。

牢记牌情，特别要注意记住以下几个方面的内容。

一、记大牌

大牌能封顶，可以起到引炸、上手、威慑的重大作用，因此，记住大牌是否已出、已出多少非常重要。作为牌手，首先要能够记住王、2、A等大牌。

王最容易封顶，封顶后，要么能引炸，要么能上手。当王出到一定程度时，2 就能引炸或者上手。同样的道理，当 2 出到一定程度时，A 也能引炸或者上手。因此，记住这些大牌，就能够准确地判断下一步是否敢出对子、能否确保某一手是大牌、用什么压住敌方的牌最有利，等等。这在中局尤其是残局时非常重要。我建议，记大牌至少要记王、2、A 已经出了多少。如果能够再往下记住 K、Q、J，那更好。

为了能更加准确地判断其余三家手中的牌及其实力等更多的情况，在记住大牌已经出过多少张的同时，往往还需要记住哪一家出过哪些大牌了，这对于分析判断牌场上的情况同样很重要。比如，某盘开头几轮走的是单牌，第一轮庄家发单 10，中门上 A，第二轮和第三轮守门员用 A 守门，第四轮守门员用 K 守门，这时，庄家就可以结合自己有两个 A 的情况基本上能分析出顺门有三个 A，自己的 KKK 被 AAA 管住的可能性太大了，因此，如果企图用 KKK 上手，就要再等等，看哪位散家能否再出一个 A。再如，在开局之初的几轮，三个王已经下来，守门员用 A 守门，庄家不接牌，待中门上 2 后庄家再用最后一个王接牌，待下一轮时，守门员用 A 继续守门，庄家上 2 封顶，这往往能说明庄家的 2 是拆出来的。

牌手都知道记住大牌尤其是特大牌的重要性，但在实战中一边研究如何打牌，一边要记住所有出过的大牌，并不容易。这里我分类推荐一种记大小王、2、A 和 K 等大牌的方法。

先介绍记大小王的方法。大小王虽然只有四张，但由于分为大王和小王，要记清楚，还挺麻烦的。我研究出了一个非常简单的方法，不用记忆，只用动动脚的位置就行了。我们用左脚的位置变化表示大王的出牌情况，用右脚的位置变化表示小王的出牌情况。在每盘出牌前，把双脚并拢并收在靠近身体处。在行牌过程中，用脚移动位置来代表出过王的各种情况。左脚向左平移，代表出了一个大王；右脚向右平移，代表出了一个小王；左脚向左平移并向前伸出，代表出了两个大王；右脚向右平移并向前伸出，代表出了两个小王。以记小王为例，如果先出了一个小王，右脚位置就向右平移，再出第二个小王时，只须把右脚向前伸出就行了；如果同时出了两个小王，直接把右脚向右前方伸出就行了。有时，一只脚移动后，由于两脚已经分开，因此，有的人可能会记不清另一只脚是否已经平移过了，为了解决这个问题，也可以这样做：一只脚需要先移动时，另一只不需要移动的脚跟着它一起移动，当另一只脚需要移动时，再与它分开，移动到该移动的位置。例如：当小王已出而大王未出时，左脚跟着右脚一起向右移或向右前方移，这样，左脚根本没有在中间，绝对不会出现分辨不清的情况。出大王后，左脚再向左移。如此一来，出王的八种情况就是：

一个小王：左右两脚一起平移至右边；
一个大王：左右两脚一起平移至左边；
两个小王：左右两脚一起伸向右前方；
两个大王：左右两脚一起伸向左前方；
一大一小：左脚平移至左边，右脚平移至右边；
一大两小：左脚平移至左边，右脚伸向右前方；
两大一小：左脚伸向左前方，右脚平移至右边；
两大两小：左脚伸向左前方，右脚伸向右前方。

这种记大小王的方法是我研究出来的，动作简单、节省脑力，又记得非常牢靠、十分清晰。

再介绍记 2 的方法。玩真实的纸牌游戏时，可以用拿牌的手指位置表示已出 2 的个数。出 2 前，拇指放在牌面正面中间位置，其余四指在牌面背面。行牌后，出几张 2，拇指就放在牌面内侧第几张牌上。当手牌数量较少时，可以把小指从牌面背面移到牌面正面，用它代表已出四张 2，用拇指在牌面内侧位置加四表示已出 2 的个数。当手牌仅余两三张时，还可以再把环指移到牌面正面，用它代表已出二张 2，用拇指在牌面内侧位置加六表示已出 2 的个数。当手牌仅余一张而 2 已出八张时，用五指把这张牌全握在手中，这样代表已经出完八张 2。这种方法也是我研究出来的，虽然比记大小王稍微复杂一些，但也很容易操作，很实用。玩电脑游戏时，可以用不拿鼠标的手指表示已出 2 的个数。因为很多人都知道如何用一只手的手指变化表示出一至十，所以这个方法很简单。

最后介绍记A和K的方法。用从左到右两个数字分别表示已出A和K的多少，在一盘的开始，从左到右预先默记为00，各点值的牌每出一张，就加1记忆。例如，某盘，先出了一张K，这时记为01；后出了一张A，这时记为11；又出了一对K，这时记为13。以此类推，直至记到88。这种方法在实践中很有用，看似记起来有负担，有点费劲，其实并不难，越记越容易。如果一开始记两种大牌有困难，可以先记A，循序渐进，之后会越记越多，越记越容易。这种方法用习惯了就好，很容易掌握。

二、记小牌

记大牌固然重要，但是，关键的小牌也必须记住，因为小牌有时候也能左右局势。

当主攻散家需要上风的同盟送最后一手或几手牌时，是否敢留较小的牌，要看上风的同盟有无能送走自己的小牌。比如，中门主攻，用大炸上手后，还余两手牌：22、5。如果出单5，虽然余牌22非常容易被送走，但庄家手中的大王能封顶；如果出22，虽然可以逼庄家下炸，但有可能顺门手中没有比5更小的牌，那自己就再也走不了了。那么，中门到底应该出哪一手牌呢？这取决于顺门手中是否有3和4。如果中门记住了3和4的出牌情况，基本上就能判断出顺门手中是否有3和4了。

相应地，如果助攻散家上手，决策是否送主攻散家时，也要注意判断主攻散家余牌的大小。有时，记住了有关小牌的出牌情况，就能判断出主攻散家余牌的大小。比如，中门主攻，余牌为一张，顺门上手后，由于记住了中门已经出过333－44，因此大胆拆开自己四个4形成的炸弹而发了单4，送走了中门的单5。再如，守门员弃门，最后留了两张牌，根据情况可以判断出必是一个对子，而且，由于中门记了4的出牌情况：庄家出过三个4，顺门出过对4，自己出过单4，所以中门判断守门员的两张牌就是一对4。虽然正确判断出了守门员的余牌牌型和大小，但中门手中没有对3，而顺门四个3的炸弹已经用过，而且庄家又吃对子，所以，中门上手后不能给守门员送对子，而要重新部署进攻，根据情况决定自己主攻或是配合顺门主攻。

有的牌局中，庄家在决定是否遏制主攻散家或是否放任助攻散家送牌时，判断主攻散家手中的余牌是否有某个小牌很重要。有时，根据某一点值小牌的落地情况，就能判断出主攻散家手中是否有这一点值的小牌，这样，就要记落地的小牌。我们可能看到过这样的牌局：某盘残局，庄家手中虽然还有大王和炸弹，但综合实力并不是很强，必须等散家送一些牌才能获胜。由于庄家有大王，因此，虽然中门在主攻，但是没有敢出单牌，当中门剩六张牌时，由于庄家记住了 3 的出牌情况：顺门出了一个单 3，守门员出三带对时带出过对 3，自己手中有四个 3，所以，他断定中门手中必有一个单 3 和其他牌，这样，当顺门上手后，庄家并没有用炸停顺门，而是让他发牌。庄家觉得，即使中门有炸，但由于庄家自己还有大炸，因此，他能管住中门，不会让中门跑掉。顺门判断：中门要么是两单和一炸，要么是一单和一个三带对。因为顺门还有一大炸，为了防止庄家大王上手，所以，顺门出了一个小三带对。果然，中门顺了三带对。守门员没有管牌，庄家用大的三带对封顶。顺门看到中门还有一张牌，就用炸弹炸了庄家。因为庄家断定中门的余牌是单 3，所以并不用自己更大的炸制止顺门，而是让顺门发牌。顺门因为没有记住 3 的出牌情况，为了送中门，甚至把自己的对 4 拆掉了一张出单，但是，由于中门手中是单 3，跑不了，而庄家正好用大王上手。然后，庄家出一手小牌，用炸上手，发尾牌，获胜。

所以，记住关键的小牌有时和记住大牌同样重要，尤其在残局时。

三、记炸弹

炸弹的多少是影响一盘胜负最关键的因素，因此，记住已经出过几个炸，这些炸都是谁出的非常重要。通常情况下，某一散家手中无炸或有一两炸是普遍现象，有三炸的情况较少，三炸以上的情况更少；庄家有两三炸的情况较多。无论自己是庄家还是散家，都要根据他人出过的炸弹，相应地进行判断和决策。

比如，你是庄家，如果某一家已经出过两个炸了，他手中还有炸的可能性非常小，如果这时他手中的牌还有一大把，那么，你就可以考虑他可能是在助攻，多数情况下，可以不把注意力放在他身上。

再如，你是散家，你的某一个同盟已经出过两炸了，他可能再没有炸了，而你手中有一个比较大的炸，这时，庄家出了一手封顶牌，那么，你就要考虑是不是该用掉自己这一炸了。

除过大牌形成的炸弹，牌手有可能考虑留着它们到后面可以拆牌进行调整，有时会先出大于它们的炸弹，一般情况下，多数牌手出炸都是按照由小到大的顺序出的。因此，出过五个头的炸弹，四个头的炸弹就可能没有了；出过六个头的炸弹，基本上就没有炸弹了。根据这一情况，可以进一步分析他人余牌中有炸弹的可能性。比如，中门出了六头炸后，余牌还有七张，多半是没有炸了，上炸是想发一手牌，最后余一手牌等待同盟送走。

如果牌局规定在叫牌时有必叫的条件，那么，结合叫牌的情况，如果记住了某一散家出过的炸弹数目，就能更加准确地判断出这一散家手中是否还有炸弹、最多还有多少炸弹。比如，在规定两炸必须抬一档、三炸必须打满分的牌局，如果顺门没有叫牌，中门抬了一档，那么，当顺门出过一炸后，必然不会再有炸了；中门出过一炸后，最多只会再有一炸。

第五节 注意细节，养成良好习惯

斗地主时，每个人都要起牌、拿牌、理牌、出牌，日常玩游戏时，人们还往往会说一些话，做一些动作，有的人甚至还会用口头语言和态势语言来欺骗对手，这些都是打牌时的细节。细节影响成败。如果不小心在细节上出现了纰漏，就有可能造成重大损失，甚至会导致最终失败。打牌时的细节非常重要，牌手要养成良好的打牌习惯。

一、精心理牌

斗地主时，需要组牌，组牌离不开理牌。理牌是组牌的基础，组牌时要不断理牌。理牌是打牌的基本功，是打好牌的前提。理牌的主要目的是看清牌情，不错看、漏看牌，同时，还要注意防止他人从牌面的背面结构上猜出自己的牌情。

有的人不会理牌，理牌后，牌面仍然显得比较乱。如果牌面比较乱，牌手很有可能看不清楚自己有什么牌，或者不易看到牌型的变化。连自己的牌都看不明白，怎么能打好牌呢！

在实战中，很多人都见过这样的情况：有的人打着打着才发现自己一开始的某些牌并不是原来的几张，比如把三张看成了两张，把两张看成了三张。有的人一开始不知道自己有某个单牌，能顺的时候他没有顺，打到最后才发现自己还有一张单牌，但已经没有机会顺走了。有的人有时会把一个炸弹分两处放，分两次出。我甚至还见过有的人不知道自己有大王的情况。这些都是因为没有把牌整理好而出现的问题。

在实战中，还有两种情况会经常出现：一是有的人理牌后不知道自己有几个对子、有几个三头，出着出着才发现自己需要多过一个对子；二是有的人输牌后才发现自己原本可以那样组牌。

为了避免因为理牌不当而出现对自己不利的情况，每位牌手都要善于理牌。理牌的要点主要有这么几条：

一是，要把牌基本上按大小顺序排列，不要把牌分散、割裂开，这样既容易看清楚连牌和组合，也容易根据牌势调配牌。在起牌过程中，可以初步理牌：按大小顺序在手中插入各牌，使手牌按照一定的次序排列。这样既可以避免整牌被误拆，又便于灵活调配牌。起完牌后，一些变化不大或不再变化的牌，可以提出来单独放在一边或牌面里层。有的人理牌时，把炸弹、三头、对子等牌早早抽出来，按不同牌型各自放在一起，觉得分门别类摆放，能把牌情看得很清楚。其实，这种方法很不利于调配牌型，是不可取的。因为那样的话，人们往往会把牌型看得死板，不容易看出牌型的一些变化，可能会失去顺牌压牌机会，或者看不出来更好的牌型组合。

二是，牌起完后，如果怕自己看不过来有哪些单牌，可以把单牌单独放在一起，这样就能够避免单牌被漏看的情况。在打牌过程中如果拆出了单牌，也要注意把拆出来的单牌和原来的单牌放在一起。为避免单牌数量被人从牌的背面看到，牌手可以把牌分成两层放，把其他牌放在外层，把单牌放在里层。

三是，数一数自己的单牌有多少、对子有多少、三头有多少、炸弹有多少，做到心中有数。在打牌的过程中，也要经常看自己各种牌型的多少，随时做到心中有数。

四是，在打牌的过程中，为了更好地把牌看清楚，也要注意随时理牌。

把握住这几条，基本上就能够做到自己不会疏漏，也不会使别人从牌面的背面结构上，尤其是结合出牌时抽牌情况看出你手中牌的有关信息了。

如果理牌不当，很有可能会让人从动作上看出一些情况。比如，有的人在理牌时，把对子放在一起，把三头放在一起，出三带对时左一抽牌，右一抽牌，往往能让人看出对子和三头的情况。

随着牌局的进展，当出牌情况有可能让敌人猜出牌情时，牌手还要巧妙地调整自己手中的牌。否则，即使按照前面的要点理牌，也能让对手从牌的背面结构上看出你手中牌的有关信息。

比如，中门余牌为八张，按这样的顺序排列：A、QQQ、77、66，如果出三带对，无论是出 QQQ－66，还是出 QQQ－77，都必然会让人看出你的三张余牌是一对和一单。如果庄家还要过一对或一单，就可以放心等待你再出一手。那么，这八张牌怎么排列才好呢？应该把 A 提前调到 7 和 6 之间：QQQ、77、A、66。如此排列，无论是出 QQQ－66 还是 QQQ－77，剩余的三张牌都在一起，敌方无法判断。

具体怎么理牌，并没有固定的程式，也不应该有固定的程式，牌手可以参考以上的要点，结合自己的习惯把牌理好。关键是把握住两点：一是让自己从正面把牌看清楚，二是不要让敌人从背面看出自己牌的有关情况。

二、谨慎操牌

操牌就是打牌时接触牌的各种动作。操牌时，动作如果做得不好，有可能会泄漏信息。为了在操牌时不泄漏信息，牌手要注意做好以下操牌动作。

一是揭牌动作。揭牌时，不要被别人看见所揭的牌。

二是拿牌动作。要把牌拿好，不要让别人看见手中的牌。

三是理牌动作。无论是揭牌时的理牌动作、揭完牌后的理牌动作，还是中途出牌时的理牌动作、出牌后的理牌动作，都要注意不要让别人从你的动作上看出牌情。有的人喜欢把单牌数好放在牌面的一侧，有的人喜欢把炸弹逐一抽出、集中放在牌面的一侧，这很容易让别人看出一定的名堂来。很可能你一边把单牌或炸弹往牌面的一侧放，其他牌手一边在数你的单牌或炸弹的数量呢！甚至有时，有的牌手的炸弹是几个头也能被人从理牌动作上看出来。

四是出牌动作。出牌时，不要让人从出牌的动作上看出你手牌的某些信息，尤其是关键信息。比如，上家出对子时，因为你要对子，迫不及待地出了一对，一下子就让人看出你要过对子。再如，出连对时，如果你把拆出的一张单牌往旁边一移，一眼就能让人看出你是在拆牌。有的人在出牌时还会因为不小心而把其他牌带下来，掉在了桌面或地上，如果是关键的牌，被对手看见了，会对自己非常不利，甚至会直接导致赢牌打输。有一次庄家手中有四个2，在出三个2带对时不小心把另一个2带了下来，被散家看到后，守门员用两个2和一个小王守了三次门，硬是把庄家的2守住了，最终庄家就因为没有顺走余下的单2而输了牌。试想，如果散家没有看到这个单2，守门员一般不会想到庄家出三个2带对时是从四头2中拆出来的，肯定不会那么强硬守门的。

三、不动声色

在打牌过程中，人们往往根据口头语言和态势语言判断他人的牌相和实力，如果牌手的口头语言和态势语言暴露了自己的牌情，那无异于把牌送给人看。所以，在打牌时，要注意不让敌人从你的口头语言或态势语言上获得任何对其有利的信息。

不暴露信息最好的办法就是不动声色。一方面，始终不说自己的牌，无论好坏，都不发言。另一方面，保持平淡的态势，无论牌情好坏、如何变化，都要做到喜忧皆不形于色。

在口头上，人们往往稍加注意就能做到不说牌。而态势语言是人们自然而然的情绪外现，牌手需要更加注意才能做到在态势语言上没有任何表现，否则，很难避免暴露情况。从态势语言上讲，牌手常常会在以下几个方面有所表现：

出牌的动作。从出牌的速度上讲，速度快多说明牌好出，速度慢多说明牌难出；从出牌的力量上讲，力量大多是牌力强，力量小多是牌力弱。

流露的表情。高兴、喜悦说明牌如意，痛苦、忧愁说明牌不如意。

说话的语气。语气强硬、坚决说明牌好，语气软弱、犹豫说明牌不好。

根据这些态势语言与牌的关系，他人往往能够判断出你的一些情况。

所以，无论是口头语言还是态势语言，牌手都要注意始终保持静默，不动声色，不使真实情况外露。

四、细查敌牌

斗地主时，要养成检查敌人所出牌的习惯。实战中，有的牌手会有意无意地出错牌，因此，牌手要及时检查敌方的牌，以防被敌蒙混过关。

第六节 认真慎重，争取精益求精

打牌是一种高智慧的竞技游戏，牌输一招，牌赢一手，任何一点变化都有可能导致胜负易主。实战中，我们经常发现，有的牌之所以输，就输在关键的一手牌没有出好上。出错一手牌，就可能输掉一盘牌。俗话说的“一着不慎，满盘皆输”讲的就是这个道理。

事实上，在大多数的游戏或竞赛中，凡是势均力敌的双方，决定成败的因素往往是哪一方在态度上更加认真，在决策时更加慎重。

兵家都知道，打仗需要像绣花一样细心。斗地主是一门要求非常精细的对抗性游戏，也要有绣花时一样的细心，因此，斗地主时不能急躁、大意、简单、随意、骄傲、放弃，而要认真细心、谨慎精密。牌手在每一次决策时都要认真观察、观察周到，慎重思考、思考周密，争取精益求精、好上加好。

一、戒急躁

玩斗地主游戏不能急躁，心一急，就容易出错。而且，心急的人打牌时，往往会把自己的心思和意图表露得十分明显，对手一眼就能看穿。

庄家打牌时，往往需要顺一些牌，如果急躁，很快就会暴露出自己的弱项，把牌型情况打明，把实力拼光，只好等着挨打认输。而且，庄家如果打得急了，往往会惹来散家强硬的态度。所以，如果庄家需要顺牌，只有打得缓一些，散家才有可能给庄家顺牌的机会。过急的打法有时甚至使庄家的特大单牌也顺不过去。

作为散家，跑牌时次次受到庄家的压制是很麻烦的，因此，散家如果打算主攻，就不能显得急不可耐，把意图暴露得淋漓尽致，这样不招致庄家的痛打才怪呢！实战中，有的顺门因为有一定实力，牌面又比较整，一开始就迫不及待地跑牌，结果被庄家死死盯上，使原本很有希望跑成的牌最终没能跑成。

在有的残局，牌还有一定变化时，也需要忍耐忍耐，看看是否能过一手牌，而不要急忙把最后一炸用上，造成必输的死局。

有的人在一场牌中，如果输得过多，可能会心急气躁，进而盲目叫牌，争当庄家。这种情况往往导致输得更多。

总之，玩斗地主游戏，牌手一定要记住，急躁常常是会吃亏的。

二、戒大意

“大意失荆州”，实战中，有许多好牌之所以打输，就是因为粗心大意造成的。粗心大意主要表现在两个方面，一方面是看错牌，另一方面是没有注意到他人手中的牌数。

有的人非常粗心，可能会看错牌。不但可能看错自己的牌，还有可能看错别人的牌。理牌时，可能会把自己的牌看错。例如，把三张 2 看成了两张 2。别人出牌后，还可能会把别人的牌看错。有一次，一位牌手明明手中有 QQQ，但他把庄家出的 JJJ－QQ 看成了 QQQ－JJ，放弃了管牌，导致庄家成功。

我们都知道，在残局时，各家都要注意其他人余牌的数量，尤其是要注意对手余牌的数量，不要因为大意而放走了敌人。

有一盘，庄家的牌很好，有四炸和若干大牌，其中还包括四个王的炸。由于四个王是喜牌，一起出去后能得到奖励分，因此，即使庄家把牌打输了，只要把四个王的炸出掉，也不会失分。散家中，中门有两炸，牌比较整，尤其是对子多。全牌是：

单牌二组 2 张：J、9；

对子六组 12 张：22、QQ、1010、88、44、33；

三头一组 3 张：555；

炸弹二组 8 张：AAAA、6666。

中门想用偷袭的办法把牌走完，便一声不吭地默默打牌。整个行牌过程如下：

第一轮：庄家出单张。中门顺单 9，守门员用 2 把门守死，庄家没有管牌，等待守门员发牌。

第二轮：守门员发对子。庄家过了一个对子，然后，顺门接牌，三家皆不要。

第三轮：顺门发了一个小单张。中门顺单 J，守门员再次用 2 把门守死。庄家仍然没有理会，继续让守门员发牌。这时，中门的单牌已经走完。

第四轮：守门员再次发对子。庄家手中对子不多，没有过牌，顺门也没有接牌，中门用 88 接上，庄家不管。

第五轮：中门发 555－33。因为三个 5 太小，所以，守门员用三个 A

带一对把门守死，庄家不要。

第六轮：守门员再次发对子。庄家不要，顺门也不要，中门用1010接牌。看到中门已经走了不少牌，庄家觉得应该适当管一下中门，于是上了QQ。中门上22。庄家觉得中门上对2有点危险，觉得应该用炸制止一下中门，于是就上了一个小炸7777。顺门没有力量，让过；中门手中有两炸，但中门犹豫了半天后，才出了AAAA。这里，中门假装犹豫非常重要，它让庄家和其余二位散家都认为中门只有这一炸。上炸AAAA后，中门报牌，还有八张。这时，中门的八张余牌是：

对子二组4张：QQ、44；

炸弹一组4张：6666。

虽然中门前面顺了好几个对子，但是发牌时发的是三带对，而且，中门的单牌才走了两张，庄家想看看中门能否送上三个头、三带对或者单牌，于是让中门走牌。此时，因为庄家注意到了中门用炸时非常犹豫，所以，他判断中门的牌不会太强，对中门比较放心。

第七轮：中门又假装犹豫半天，出了44。这时，中门还剩六张牌，其实就是一个炸弹和一个对子。但庄家认为，中门肯定还有单牌没有走，他没有想到中门的牌会那么整，尤其是没有想到中门手中还有一炸，于是，庄家再次让中门发牌。

第八轮：中门为了把庄家的王炸憋死，再一次假装非常犹豫，经过长时间的思考后，发出了QQ。这时，中门手中就剩下一个炸弹了。看到中门手中还有四张牌，庄家仍然没有想到是一炸，只想着害怕中门是一个对子和两张单牌，或者是一个三头和一张单牌，如果再让中门走，怕自己手中的单牌把中门送走，于是，庄家被迫把手中的三个2拆开，用两个2把中门的对子管上，并且警告中门："你死定了。"因为这时，若中门不是一炸，无论怎么出牌，庄家都能把中门控制住。顺门没有力量，对于庄家出的对2没有办法，让过。这时，中门哈哈一笑："我不但没有死，而且还把你的四个王饿死了！"说着，把手中的一炸——6666扔了出来。直至此时，庄家和另两位散家才如梦初醒。庄家捶胸顿足，后悔已晚。

此盘庄家失败的根本原因就是过于大意，他既没有想到中门的对子那么多，更没有想到中门最后的四张牌是一炸。当然，反过来说，中门高明的地方主要是他能够默默无闻，没有把庄家的注意力吸引过来，并在最后几轮中假装出牌为难，误导了庄家，强化了庄家的大意。

残局时，不但要防止因为大意而放过敌人，让敌人一手把牌出完的情况发生，更要防止自己发牌恰好把敌人送走的情况出现。在实战中，还真的不止一次出现过牌手因为大意而送走对手的情况。散家的对手只有一个人，他们往往都会紧紧盯住庄家的余牌数量，而庄家的对手有三个人，有时会顾此失彼，因此，自己送走敌人的情况多发生在庄家身上。

某盘，顺门出了三个A后报牌十张，庄家用三个2上手。这时，庄家手中余牌为一炸、一个双飞双带、一个单牌，因为散家实力已经拼光，所以，他觉得自己必胜无疑了，于是，想都没想，就把双飞双带扔了出去，顺门正好是一个双飞双带，而且比庄家的大。散家谁也送不走的牌，结果被庄家送走了；庄家必赢的牌，结果被自己打输了。

有一次，庄家的牌力不错，有三炸，其中包括六个2，弱点是没有王。一开始，庄家出单3，顺门没有要牌，再出小单牌时，顺门仍然没有要，把顺小单牌的机会全让给了中门。在打牌过程中，顺门很舍得用大牌和炸弹管庄家的牌，上手后就发小的整牌，很像在送中门。后来，顺门报牌，还有五张。这时，庄家手中的牌是：22222、AA、QQQ、JJ、10、99、888、77、6666、55。牌场进行的情况表明，散家已经没有炸弹了，而且，所剩的大小王皆不在顺门手中。应该说，庄家这时的实力还是相当不错的。本来，为稳妥起见，这时庄家应该出对子，也可以出单8，但坏就坏在庄家看到顺门没有顺过单牌，以为顺门手中的牌肯定不整，绝对不会是三带对。该庄家发牌时，他要出三带对，旁边看牌的人一再劝阻说：不能出三带对！万一顺门牌整，剩的就是三带对，自己送走顺门，岂不可惜？出其他牌后，即使被另外两位散家管上，他们一般也不会送顺门三带对，即使送了，你的三个Q也是大牌，也不要紧，现在最主要的问题是把顺门的五张牌拆开，以防万一，因此，当前最好的办法是先出一个小对子，如果顺门过牌，然后再打三带对不迟。但庄家就是不相信顺门会是整牌，他不听劝阻，坚决地打出了888－55。事实上，顺门的牌真的是三带对——101010－77，等顺门把五张牌出下来后，庄家才傻眼了。这一盘之所以庄家会把强牌打输，就是因为，庄家以为顺门没有出过单牌，就认定顺门手中肯定有单牌，看到顺门在下大牌，在下炸，更加坚定地认为顺门并不想跑牌，是在助攻。结果，还未等散家送顺门，庄家就“抢先”把顺门送走了。

所以，打牌时一定要小心谨慎，不能粗心大意。

三、戒简单

打牌时，需要判断他人的牌情。牌场上的情况有时很复杂，判断他人的牌时，牌手千万不要自以为是，不要简单地以为其他人的情况和自己判断的是一模一样的，而应该把问题想得更复杂、更周到一些。

对于庄家来说，三位散家都是对手，他们的牌相很可能出乎你的意料，他们的实力很可能非常强大。比如，牌打到残局时，作为庄家，不要以为对手没有连牌了，有时，庄家到残局时用三飞三带冲牌还会被散家管住。再如，散家一共已经下了五炸了，庄家也不要以为散家就肯定再没有炸弹了。

主攻散家冲刺前后需要同盟配合，尤其是需要同盟送牌时，同盟要特别注意，不要把主攻的牌想得太简单了。如果把同盟的牌想得简单，很可能会决策错误，导致失败。有时，助攻散家手中还有力量，能用大牌或炸弹上手，但是，上手后，当给主攻送牌时，如果因为把问题想得太简单而送错了牌，很可能会对庄家有利，甚至有可能使庄家把必输的牌打赢。如果发生了这种情况，可以说，助攻散家还不如不用大牌或炸弹上手，甚至还不如助攻散家手中没有大牌或炸弹呢。

有时，中门在主攻，看似他的余牌已经是整牌了，但由于种种原因，可能中门的牌还比较散。比如，看似已经在最后冲刺的中门还剩五张牌时，手中可能还有不止一张单牌。造成这种情况的原因很多，有可能中门为了早发信号而没有来得及出单张，也有可能因为拆牌而多出了单张，也有可能因为不想让庄家过牌而没有发单牌，还有可能为了吸引庄家下炸而先出了整牌。所以，顺门在送牌时一定要注意，不要把中门的牌想得过于简单，尤其是当中门的牌还有两张、三张、五张时，注意判断是不是一手牌，不能简单地认为中门的余牌必是一手。

如果守门员在弃门，中门和顺门送牌时也同样不能把问题简单化。某盘残局，守门员弃门，还有三张单牌时，守门员出 J，庄家过 Q 并报牌："还有十张。"守门员上 2。因为守门员还剩一张牌，庄家无王，只好上炸。庄家用五个 K 上手后，明显还有五张牌。虽然守门员只有一张牌了，但由于庄家还有两张单牌——10、3，因此，庄家被迫出自己手中最大的单牌——10。顺门由于没有 2 以上的封顶牌，没有要。中门简单地以为守门员先出了 J，剩余的牌肯定比 J 大，就没有用大王管牌。守门员的单牌小，要不上。结果庄家以发单 10 上手，之后，用三个 2 冲牌，尾牌出单

3，获胜。最后一看，守门员的余牌是单 7。那么，当守门员手中有三张单牌时，为什么他不发最小的单牌 7 呢？一般来说，守门员弃门时，害怕庄家顺牌过多，往往会边弃门边守门，因而，当最小的单牌只要能被同盟送走时，往往就会发中间的单牌，这是很有道理的。散家的错误就出在中门想问题想得太简单了。试想，当庄家手中还有五张牌时，如果是一个四头炸加单 10，庄家肯定在上一轮不会用五个 K 炸守门员，而会先出四头炸的，而且，当守门员还剩一张单牌时庄家还要出单 10，这也能充分说明庄家手中肯定至少有两张单牌，那么，庄家剩下的四张牌最好的情况就是一个大的三头加一张单牌，肯定不会是炸弹。如果中门用大王压住庄家的单 10，发一张小的单牌，就必能送走守门员，打败庄家，可惜，中门想问题太简单了。

顺门主攻时如果需要同盟送牌，中门和守门员要更加小心。因为给顺门送牌要经过庄家，送得不好反而会对庄家有利。某盘，庄家不吃 A 以上的单牌。顺门主攻，打出对 2 后余牌为五张，庄家被迫用 7777 炸掉，之后，庄家报牌十张。看到顺门用对 2 冲牌后还有五张牌，又看到庄家出 7777 后顺门没有上炸，守门员认为顺门的五张牌必是三带对，就用自己的 QQQQQ 上手，送了 888 - 44。庄家手中的牌是：KKKK、JJJ - 22、5。他想到顺门的余牌如果是大的三带对，无论如何自己都会输，所以只好顺走 JJJ - 22，结果顺门不要。中门虽然用大的三带对压住了庄家，但庄家凭借最后一炸 KKKK 上手，打出了尾牌单 5，先走成功。其实，顺门手中的五张牌是：6666、小王。当顺门手中余牌是七张时发对 2 的打法是正确的，因为他想，假若自己最后炸弹不能沉底，还剩一个全场唯一的王，那么，这既让同盟很好送牌，又能在庄家有两个以上单牌的情况下被迫先把自己送走。如果用小王冲牌，同盟送牌必然经过庄家，庄家的对 2 就能封顶。这盘牌散家的错误就是守门员考虑问题太简单了。首先，守门员认定顺门没有压庄家的四个 7 就说明顺门没有炸弹是错误的，因为比四个 7 小的炸弹还有好几个，顺门很可能有小炸在手。其次，前面的行牌过程已经表明庄家不吃大单牌，本可用 A 以上的单牌先试一下，但他没有试。最终，就是因为守门员上炸后错送了小三带对而导致了散家输牌。

再说一类典型情况下处理问题简单的危害。当庄家出三个头后，顺门和中门压不住，而不想弃门的守门员有一个大牌形成的四头炸，无论用炸还是用三个头压牌，守门员都能封顶，如果只有守门员能压住，守门员是用三头压呢，还是用炸弹压？这时，不要简单地上炸，而应该用三头压。

因为用三头压牌后还会余一张大牌，余下一张大牌还可以守一次门，或者能压一次牌。有的战局中，就会因为守门员是否留这一张大牌而决定输赢。比如说守门员有四个 A，如果庄家就有一个单 A 需要顺过，那么，如果用三个 A 压牌，留下一个 A 守门，庄家就会因为过不去单 A 而输牌；而如果用四个 A 压牌，庄家就会因为顺过了 A 而赢牌。这样的情况在实战中已是屡见不鲜，胜负就在守门员的一念之间，守门员把问题想得复杂，就胜；把问题想得简单，就败。

有时，情况很特殊，如果考虑不到这种情况，牌手处理问题就会简单化，就会打输牌；而如果考虑到了这种情况，牌手就会恰当地处理问题，把牌打赢。在这种特殊的情况下，决定胜负的关键就看牌手考虑问题是否非常周到，能否考虑到这种情况了。某一盘残局，庄家手中还有七张牌：大王大王、AA、JJJ。这时，已经有三个 2 落地。中门主攻，明显牌比较整。中门和顺门已经没有炸弹了。守门员上手后，考虑到庄家手中有两个大王，因此不敢发单牌，但是他手中没有三头，所以只好发对子。这时，庄家应该怎么办呢？因为形势所迫，这样的牌庄家只有依靠对大王冲牌成功才能打赢。但是，这时不要简单地直接上对大王，而应该先上对 A。因为，如果庄家直接上对大王，在守门员还有一炸的情况下庄家必输；而如果上对 A，在守门员还有一炸——是 2 形成的炸弹时庄家还能赢。当守门员还有 2 形成的炸弹时，无论守门员是用炸弹停了庄家的对 A，还是拆开 2 形成的炸弹用对 2 管上庄家的对 A，庄家都必赢：如果守门员用炸停了庄家的对 A，因为发不出别的牌型，只好再发对子，这样，庄家就可以用对大王上手，能够成功冲牌；如果守门员拆开 2 形成的炸弹，用对 2 管上对 A，守门员就没有炸弹了，庄家用对大王回手，也能成功冲牌。所以，即使冲牌，牌手也不要把问题想得太简单，而应该把情况考虑得更加周到一些，看看如何冲牌最好。在打牌时，经常有人在输牌后说“如果知道 2 成炸了就怎么怎么”之类的话，这说明他当时没有把问题考虑周到，因而没有把本来有希望打赢的牌打赢。

有的人在打牌时把问题想得太简单，甚至在实战中不止一次出现过庄家敞牌明打，散家还会因为观察不仔细，把庄家的牌型组合想得太简单而出错牌的情况。有一次，庄家在明打，全牌是：大王、AA、KKK、QQ、J、10101010、999、88888、77、66、55555、444。庄家把牌按照下面的顺序明放在桌面上：

AA、88888、55555、10101010、大王、J、KKK－QQ、999－66、

444 - 77。

这样一放，让散家看到庄家牌整，对子多。庄家有五手赘牌、三个炸弹、一个大王。庄家这样的牌，在散家有一炸的情况下，庄家打不赢。事实上，散家的中门和守门员各有一炸，可以稳稳地打败庄家。

庄家觉得散家的大三头肯定多，出三带对难以回手，为了用大王回手，先出单J，结果守门员用大王守门，庄家没机会回手。守门员觉得自己的牌比较整，又有一炸，因此，决定弃门主攻，但是，守门员没有看到庄家的牌型组合可以变化，简单地认为庄家不吃三连对。守门员一出三连对，中门气得唉了一声，结果，庄家上AA - KK - QQ，余牌成了：

88888、55555、10101010、大王、K、999 - 66、444 - 77。

当前，庄家不但用AA - KK - QQ封了顶，而且还有三个炸弹和一个大王，而赘牌只剩下了三手，这种情况下，散家只有在有三炸的情况下才能打败庄家。

这一盘牌，散家之所以失败，就是因为守门员把庄家的牌看得太简单，没有看到牌型组合的变化，错误地发了三连对。

总而言之，斗地主时，牌手不要把问题想得过于简单，而应该把情况想得复杂一些、周到一些。

四、戒随意

斗地主时，尤其在残局阶段，一手牌就可能会导致胜负易位，因此，牌手在出牌时一定不能随意，而要精打细算，把牌力发挥到极致。

残局时常常会发生这样的情况：散家的中门前面在主攻，最后，当中门只剩一手牌时，因为种种原因，顺门无法送走中门。比如中门的对子过小，或顺门没有三带对的牌型，或甚至中门有时剩了一个3。而由于守门员一直在守门，手中剩了一把烂牌。这时，就要依靠顺门跑牌了。由于这时已是残局，守门员的大牌几乎已经出完，如果配合不好，庄家的单牌往往可以顺过，因此，这时的出牌不能有丝毫的随意，而要把牌打得非常精细才行。有一盘，守门员在努力守门，顺门在努力送中门，而中门虽然也在努力跑牌，但手中最后留了一对4。当顺门上手后，庄家害怕顺门一手送走中门，被迫用了最后一炸，这时，庄家手中有一个单J和一对K，当然，庄家只能用一对K冲牌。顺门已经没有大的同牌了，管不上对K；中门是对4，也管不上；守门员手中有一把小单牌和三个A、一个小王，因此，他用对A管上了庄家的对K，上手。由于守门员前面一直在守门和送牌，这时，手中的同牌已经全部出完或拆开，全剩单牌了，因此，只好发单A，让顺门接牌送中门，而这时，顺门手中还有大王、小王、三个4、一个3，以及其他的整牌。顺门认为，中门必是一对，所以，他想都没有想，很随意地就用大王接了守门员的A，然后出了一对4，结果，中门要不上。这时，顺门的小单牌变成了两张，单3和单4，他被迫无奈，只好出单3。而这时，守门员的大单牌只有一张小王了，但是，守门员用小王守门后，顺门因为大王在接A时已经用掉，接不住牌了。这样，守门员只好再出手中最大的单牌，但那已经非常小了，结果使庄家过了单J，散家输牌。此盘之所以散家会输，就是因为顺门打牌时过于随意。第一，顺门在接牌时过于随意。如果他用小王接守门员的A，那么，即使他为了送中门而拆开了三个4，多了一个单牌，那也是可以取胜的。用小王接单A后，第一步：送对4，中门要不上；第二步：出单3，守门员用小王守门；第三步：顺门用大王接守门员的小王；然后，把整牌出完，最后出单4，就先走成功了。第二，在决策主攻时过于随意。庄家是一张单牌，而顺门自己除了大小王外，只有一张单牌3，因此，自己完全能够跑掉，根本不必送中门，自己一家出牌就可以打败庄家了。但在这种情况下，顺门根本没有多想，简单地以为中门必是大对子，就随意拆开了三个4，出对4送中门，结果把必胜的牌打败了，非常可惜。

有时，当对敌人必须进行压制时，也需要节省牌力，不要造成无谓的浪费。特别是在残局时，大家的牌力都消耗得差不多了，节省牌力更加重要。某盘残局，中门只有一张单牌，需要顺门送牌。这时，顺门手中没有炸弹，只能靠大牌上手，而庄家对子多，所以，顺门只有用对子压制庄家成功后才可能上手。庄家出一对9，顺门手中的大对子还有对K、对Q，由于想上手，因此，顺门就没有多想，出了一对K。庄家没有办法，只好上炸，完后，庄家再出对Q冲牌，结果冲牌成功。顺门看到这种情况，觉得自己的牌打得有些随意，不够精细。因为庄家已经出过三个K了，当庄家出对9时，对于庄家来说，对Q和对K的效果是一样，都是庄家手中的封顶牌，庄家都必须下炸。如果当时上对Q，庄家用对Q冲牌时再上对K，就刚好能够遏制住庄家冲牌，从而扭转输赢。

另外，还要注意一个重要问题。实战中，在要不要牌时，表态不能过于随意。有时，有的牌手会很随意地喊："不要。"回头再仔细一看，明明是自己要的牌，但话音已落，无法收回，结果造成胜负易位。某盘，守门员一开始在正常守门，前面守了A、K、Q。在第五次守单牌时，守门员突然降到了J，但庄家以为守门员在守Q以上的牌，因此随便喊了一声："过。"之后才发现自己手中正好有一个单Q，但为时已晚，下轮再想过单Q时，中门已经开始用整牌进攻了。还有一种情况是，守门员守门后，庄家的大牌拆牌过单后牌型可以调整，但由于没有多想，随意喊"过"，导致失去了调整牌型的机会。某盘，庄家有这么一些牌：222、AA、KKK、QQ、JJ、99、88、77。这样的牌本身多对子，如果过一张单K，无论散家发三个头还是三带对都可接上手，余牌也已很整，够冲牌条件。但是，由于在前几轮走单牌时守门员一直在用A和K守门，第四轮走单牌时，守门员被迫降为Q守门，但庄家既没有想到守门员会用Q守门，也没有想到自己可以拆K，只看见自己有三个K，就想都没想喊了一声"不要"，等到喊完后，才发现，如果顺走一张单K多好呀！结果，正是由于庄家没有顺单K，导致了失败。有时，甚至当守门员有弃门迹象时，有的庄家也会因为没有仔细思考，而随意喊"过"，结果导致守门员弃门成功。

这就告诉我们，玩斗地主游戏，出牌时一定要考虑仔细，不可过于随意。

五、戒骄傲

打牌时，有的人觉得自己的牌已经很好了，怎么打都能赢，结果由于骄傲而违背了出牌的基本原则，最后强牌被自己打输了。有的人认为自己有一个大炸，必能上手，在最后冲刺时，本来有更好的打法，但就是不愿意多思考，结果在用大炸冲牌时被敌方更大的炸弹甚至王炸炸停，只好认输。不但如此，而且，甚至还有人在牌未打完时骄傲地把自己的"强牌"给对手看，自以为是必胜的定局，殊不知天外有天，牌上有牌，骄傲往往会把强牌打输，使自己已经看见胜利曙光时突然遭致惨败，功败垂成，非常可惜。

有一次，守门员的牌非常奇怪，有六个10和六个J。那一盘，庄家的牌也很强，王多，炸弹也不少，而且有五个A的大炸。顺门在不断进攻，进攻中用掉了自己的两个炸弹，中门一直没有用炸，但看似有一个大炸，事实上是五个6。由于中门一直舍不得用炸，守门员被迫无奈，用掉了一个炸弹——六个10。当顺门的牌还有五张时，庄家用炸停住了顺门，显然，顺门的牌已经很整了，必是三带对。当庄家走到手中还有七张牌时，该他出牌，这时，庄家的七张牌是：AAAAA、大王、J。因为守门员已经出过一个六个10的炸弹了，庄家以为再也没有大过五个A的炸了，他觉得自己这样的牌必胜无疑，就骄傲地把牌侧过来给守门员看。守门员看了庄家的牌后，也轻轻地把自己手中的六个J给庄家看了一眼。看到六个J比五个A大，庄家心中一凉，默不作声了，只好出单J。而两个人比牌时的行为和神情变化被中门看得一清二楚，他明白了守门员有一个大过庄家的炸弹，而且，庄家手中还有一个大王的情况也已能够判断清楚，因此，他用五个6炸掉了单J，之后发对子。顺门用一个对子接上后，还余三张牌，庄家被迫无奈，只好用五个A炸了顺门的对子。当然，守门员用六个J炸掉了庄家的五个A，然后发对子给顺门，顺门先走成功，庄家饿死了大王。此盘，如果不是庄家骄傲地主动露富，中门肯定不会用五个6炸庄家的单J，庄家绝对能赢。

还有一盘，守门员的牌出得还剩两张，顺门和中门判断不清他的牌是一个对子还是两个单张。顺门有一大炸——五个K，但是一直没有显露出来，他想等守门员的牌还有一张时再用炸上手送守门员。这时，庄家出了一个单牌，手中还余五张牌，正当顺门思考时，庄家把牌给顺门看了一下——五个9，意即我赢了。当顺门看到这种情况时，他只有一个选择，用五个K炸掉庄家的单牌，出一个小对子。因为，如果守门员是对子就赢，不然就没有任何希望。而守门员正好是一对Q。庄家因为骄傲，活活把五个9饿死在了手中。

更有甚者，某盘，庄家的实力非常强大，不但有三个王，五个炸，而且牌又较整，五个炸弹中还包括两个大炸，全牌是：22222、JJJJJ、KKKK、6666、4444、大王大王、小王、QQQ、999、7、3。本来，这样的牌必胜无疑，但是，庄家不但输了，而且还落下了一个大笑话。庄家先出单7，顺门过8，中门过J，守门员守A，庄家上大王，顺门上四个3，庄家立即用四个4压制，散家不要。庄家再出3，顺门过4，中门过K，守门员上2，庄家用小王回手，散家没有人上炸。庄家再出999，顺门上101010，中门上AAA，庄家用四个6炸，散家无人再管。然后，庄家再出QQQ，三位散家竟也无人再管。这时，庄家手中的牌是：22222、JJJJJ、KKKK、大王——一个大王和三个炸。可以说，这样的牌已经赢了——只要先出大王的话。但是，庄家太骄傲了。他以为散家已经没有炸弹了，因而牛气冲天，不出大王却先出炸，并且把所有的牌主动亮开明打，还一边出牌一边嘴里说着："那这还打啥！"骄傲至极！他先出了四个K，接着又出五个J，随后又出五个2，当他正要抬手出大王时，只听中门说了一个字："停！"原来，中门有六个8。中门用六个8炸停庄家的五个2后，发了一个小对子。顺门的牌本来就比较整，一共有三张单牌，在庄家出单牌时已经顺走了两张，接对子后就一口气把牌出完了。庄家饿死一个大王，落败。这盘牌的情况在当地牌坛被传为经典，多年以后，大家提起这事还会忍不住哈哈大笑。

所以，牌手在打牌时不要骄傲，不要过于自信，尤其是不要盲目自信，须知天外有天，牌的组合千变万化，人的打法千差万别，什么情况都有可能出现。

六、戒放弃

在实战中，有的牌手看到自己的牌弱，可能敌人还没有把自己打败，自在精神上先把自己打败了。这说明牌手的心理素质太差，对牌场没有一个完整、全面的认识。

一方面，敌我力量是相对的，你的牌差，对手的牌也可能很差。另一方面，虽然对手的牌比你强，但也有可能他打错牌，尤其是散家配合时可能会屡屡失误。

牌手须知牌场上什么情况都有可能出现，差牌也有可能打赢，因此，无论是庄家还是散家，在拿到差牌时，都应该在战略上藐视敌人，树立信心，要有绝不放弃、永不放弃，逆境求生、绝处求生的心理素质。

"有什么枪打什么仗"。牌手对待牌力的最佳状态就是，无论拿到一把什么样的牌，无论当前手中的牌有多差，都能把自己的智慧发挥到极限，使当前的牌力发挥到极致。这样打牌，就很可能把看似希望不大，甚至没有任何希望的差牌打赢。即使万一输了，但因为自己没有失误，也不会感到遗憾。

下面分别从庄家和散家两个方面分析一下为什么弱牌不能放弃。

（一）做庄家时

有时，虽然庄家的牌很弱，几乎没有打赢的可能，但在这种情况下，有可能对手的牌也很弱；或者有可能庄家用计成功；或者对手可能出现失误，有时甚至会出现散家配合失误到三家"争先恐后"地给庄家送牌的情况。所以，无论是什么牌，都不要放弃。如果你不放弃，就还有希望；一旦你自己都放弃了，那就绝对没有希望了。

常打牌的人可能遇到过这样的情况：当庄家牌弱时，散家的牌也非常弱，而且，主攻散家的进攻牌型与庄家的长项牌型一样，能送走庄家很多牌。甚至守门员低水平弃门，当送走了庄家很多牌后他还跑不了。实战中还常常有这种情况：庄家企图用炸弹冲牌失败后，手中最后仅仅剩了一张不大的单牌，庄家已经绝望了，但由于守门员没有别的牌型，而大的单牌也已出完，会眼睁睁地送走庄家这张单牌。

举一个实例。某盘中局时，庄家下炸被制止，虽然手中的牌还很多，但明显可以看出，实力不是很强。散家出不太大的单牌，庄家一概不要。事实上，这时庄家手中的牌确实非常弱小，全是飞牌：AAA、KKK、QQQ、JJJ、101010、999。虽然庄家手中还有十八张牌，但没有大牌，所以，庄家不敢拆牌，一直在等待，看有没有人送上门来。三位散家中，中门和顺门都想跑牌。一轮后，中门上手，他决定进攻，出了一个双飞：888－777。庄家当然用101010－999接上了手。庄家接上手后，顺门没有大飞牌，也没有炸弹，守门员明显已没有实力，于是，中门用最后一炸炸了庄家。中门判断不清庄家手中的余牌，不敢再发整牌，只好继续拆牌发单张。可就在这时，顺门突然接上了手，他看到庄家已经接过飞牌了，就认为庄家再不可能有飞牌了，于是，急于求成的他打出了三飞666－555－444。可不巧的是，庄家手中还有四飞呢！庄家当然用KKK－QQQ－JJJ接上了手。这时，散家已经没有炸弹了，庄家上手，出AAA，赢牌。这一盘牌，散家明显处于优势，当散家还有一炸时，庄家已经没有什么实力了。但中门和顺门想出的牌型恰好与庄家的牌型相同，他们没有耐心一再拆牌，尤其是顺门，当他看到庄家已经出过飞牌后，就以为庄家不可能再有三飞了。结果，由于散家两次给庄家送牌，使庄家两次顺牌并封顶，最终，让庄家把看似没有希望打赢的牌打赢了。

总而言之，在牌力非常弱的情况下，既然已经开始打牌了，庄家就要根据牌相设计出牌思路，不要放弃，牌场上什么奇迹都发生过，什么情况都出现过，死马当成活马医，很有可能在已经绝望的时候，柳暗花明又一村，弱牌得以打成功。

（二）做散家时

做散家时，有人觉得自己的牌很弱，必输无疑，一点信心也没有，甚至一心求败，只希望早点结束这一盘。尤其是当庄家表现出非常强大的实力时，有人甚至会完全放弃，已经不想出牌了。做散家时你只能看到自己的牌，另外两位同盟的牌怎么样你并不完全了解，说不定他们可以轻松战胜庄家呢！

有一次，中门起到明牌，没有叫牌；守门员也没有叫牌；庄家叫满。补底配牌后，庄家的牌相当强大，有两个大王、五个炸弹，其中还包括两个五个头的炸弹，整理如下：

单牌六组6张：大王、大王、K、J、9、5；

三带对一组5张：666－44；

炸弹五组22张：88888、33333、2222、QQQQ、7777。

庄家觉得两家不叫，自己的牌实力又这么强，因此，决定敞牌明打，企图赢双倍的分值。

看到庄家有如此强的实力，中门只有一炸，而守门员连一炸都没有，他们在心理上已经放弃了。但是，他们没有想到顺门有相当强的实力——三个炸，分别是：JJJJJ、55555、9999。事实上，顺门一直在运筹如何跑牌呢！

庄家开始出单牌9，顺门过10，守门员虽然觉得赢牌没有什么希望，但还没有完全放弃，守单K，庄家上大王。因为四个9的炸太小，所以，顺门上了四个9。庄家觉得自己牌力强，毫不犹豫地用四个Q炸了顺门的四个9。因为考虑到还可以顺单牌，并且能够控制庄家的大炸，所以，顺门不要。中门的炸太小，要不上。庄家再走单J，顺门过Q，守门员继续守门，庄家上大王，顺门考虑到自己炸大，也必须依赖同盟有一炸才能打败庄家，因此让过。这时，中门上了唯一的一个小炸：四个4。庄家用四个7回炸了中门。顺门考虑到无论庄家出什么，自己都可以顺牌并管住庄家，并且自己能管住庄家的大炸，而且，想看看守门员是否还有炸，因此，让过。由于中门已经出过了唯一的一个炸弹，而守门员根本就没有炸弹，因此，庄家上手。这时，庄家的牌是：

单牌二组2张：K、5；

三带对一组5张：666－44；

炸弹三组14张：88888、33333、2222。

当看到庄家还有三个大炸时，中门以为庄家必胜无疑，就要把自己手中的牌往海里扔——他已经放弃了；守门员也觉得赢牌无望，看到中门在扔牌，自己也跟着要往海里扔。因为顺门还有两大炸——55555、JJJJJ，他自己心中有数，所以，他及时制止了中门和守门员的违规行为。庄家也没有想到顺门还有很强的实力，显得很不屑一顾，随便出了单K，顺门上A。庄家考虑到留下四个2可能还有变化，因此，先用五个3炸了顺门。

顺门由于能够控制住局势，因此再次让过。这时，庄家的牌是：

单牌一组1张：5；

三带对一组5张：666－44；

炸弹二组9张：88888、2222。

这时，顺门手中的两个大炸JJJJJ、55555各能管上庄家的两炸，而且牌已经整了，因此，他已经注定了庄家必然失败的命运。

庄家觉得自己赢牌已不成问题，信心十足地发出了666－44，顺门管上，庄家很不以为然地上了四个2，并且嘴里喊着："来！来！来！"顺门此时当然必上五个5。这时，庄家以为这是顺门的最后一炸，而又比他的五个8小，因此，他又一边嘴里喊着："来！来！来！"一边上了五个8的炸——他以为自己用五个8必能冲牌。而这时，顺门轻轻一声："来就来！"用上了五个J。庄家傻眼了、闭眼了！中门和守门员高兴了，他们笑着对顺门说：没有想到你的实力这么强！

其实，斗地主的情况林林总总，变化多端，这样的例子并非绝无仅有，甚至可以说比比皆是。因此，当自己实力差的时候不要轻言放弃，说不定另外的散家实力很强呢！

有时，某一散家只看到自己的牌如果要先走的话，无论怎么走都会送庄家一手牌，而没有想到其他两位散家的牌可能比自己的强，结果出了庄家能顺走甚至能上手的牌，主动投怀送抱，自寻死路。甚至有的散家干脆放弃，有大牌和炸弹都不用了。俗话说"东方不亮西方亮"，因此，出现这种情况时不要轻易放弃。如果自己跑不掉，要试一下看其他人能否跑得掉，如果其他人也跑不掉，那再放弃也不迟。牌场上什么情况都会出现，如果同盟有人能跑掉，放弃了岂不可惜！

实战中常常会出现这样的情况：庄家手中有必能封顶的大单牌，某散家上手后，手中还有两张单牌，由于他一门心思想着自己跑牌，认为必出一个单牌，殊不知有一位散家虽然没有走什么单牌，但牌很整，接住整牌就能先走成功。某盘，庄家在前轮出三个头时散家要不上。打到后来，庄家上封顶牌，余牌还有四张。这时，散家的顺门还有一大炸，因为四张牌庄家一手跑不了，所以，顺门没有上炸。庄家的四张牌是一个大的三头和一个大王，他考虑到如果自己出大王，顺门一旦上炸，自己的三个头就再也走不了了，必输无疑，因此，庄家决定出三个头。这样出，一来可以逼炸；二呢，他也认为，此盘只出了一轮单牌，散家肯定还有不少单牌，万一顺门炸了三个头，自己留下一个大王，也能先走。庄家出三头后，顺门认为，即使炸了庄家的三个头，自己和其他两家还是跑不了，干脆不炸算了。等庄家把大王走掉后，其他两家开始埋怨起顺门了，因为中门的牌非常整，只有一个单张。可以说，如果顺门上炸，只要不出单牌，中门就能跑掉。

在实战中，什么牌都有可能取胜，散家拿到差牌时，一定不要泄气、不要放弃，要一如既往地认真打牌，与同盟紧密配合，把手中所有牌的能量都充分发挥出来，这样，就有可能产生奇迹，把差牌打赢，使弱牌获胜。

第七节 随机应变，贵在灵活机动

孙子兵法说："兵无常势，水无常形。"在打牌过程中，牌手不能死板教条、不会变化，切忌一条道走到黑，而要时刻根据战局的最新情况不断分析判断，随机应变，灵活机动，随时调整策略打法。

一、攻势与守势的变化

一般地，强牌进攻，弱牌防守。在开局之前，牌手往往会对自己牌力的强弱进行评价，并根据牌力的强弱初步做出攻守的打算。但是，牌的强弱是相对的，因此，随着牌局的发展，如果发现敌我牌力的对比并非原来预料的那样，就要适时转化攻守姿态。

对于庄家来说，如果前面觉得自己的牌力较强，在以进攻为主，但遭受到了散家强烈的打击，那就要及时地变为防守；如果前面觉得自己的牌力较弱，在以防守为主，但是发现散家牌力更弱，也要注意抓住机会，大胆出击。比如，庄家有三个2，前面打三带对时，庄家觉得直接下三个2损失大牌过多，因此放过了一手。但在后面的对抗中，庄家已经用别的大牌封顶了两次，散家都没有用炸，这就说明散家的实力很弱，这时，如果再出三头类牌，庄家就可以考虑上三个2了。

对于散家来说，既要针对庄家来确定攻守情况，又要注意结合其他二位同盟的情况确定自己是主攻还是助攻。比如，中门在进攻，但两次封顶牌都被庄家用炸弹遏制住了，这时，就需要稍做等待，进攻的步伐稍慢一些，把必须过的牌先过掉，等够手后再发起冲锋。再如，顺门一开始觉得自己的实力较强，试图先走，但发现中门也在主攻，那就要注意调整思路，配合中门。又如，守门员弃门后，如果觉得不妥，还可以改变打法，重新守门。同样的道理，如果守门员本来在守门，但发现同盟虽然有一些炸弹却很难发起主攻，也可以把防守改为进攻，弃门跑牌，让同盟配合自己。

总之，无论是庄家还是散家，攻守都要根据情况而定，情况发生了变化，攻守就要相应调整。

二、组牌与出牌的变化

牌手在组织手牌和设计出牌时，要制订出多套预案，以便应付更多的情况。在牌局进展的过程中，当情况发生变化后，如果某一种打法可能对敌有利，还要及时调整组牌出牌方案。

从组牌上讲，牌手在组织调配牌型时，要根据情况变化。比如，中门有五张牌，是三带对，但是，顺门上手后，没有送单，也没有送三带对，而是送了对子，那往往说明顺门没有三个头，这时，中门就不要固守教条，只要自己的三带对起不到防守庄家的作用，就可以考虑分三手跑牌。再如，庄家三带对多，需要出三带对，但是，发现顺门只剩五张牌了，这时，就不要冒险出三带对，可以先出对子或三个头，等顺门出牌后余牌不足五张时再出三带对。

从出牌上讲，无论是出牌的类型还是出牌的顺序，两个方面都要根据情况变化。

一方面，出牌的类型要根据情况变化。一般情况下，庄家和主攻散家的某种牌多，就要多出这种牌，但如果发现主攻散家或庄家也在出这种牌，就要注意根据情况变化。比如，庄家对子多，但发现正在主攻的顺门也在进攻对子，而且牌已经很少了，这时，就要高度注意，先不要发对子。再如，中门在打对子，一开始，庄家不过，但打着打着，庄家突然要起了对子，这时，就要判断庄家是否在拆连对，或者是其他什么情况，如果中门还有对子，就要注意考虑是否应该继续打对子了。散家打牌时，原则上庄家出什么牌，散家不应该出什么牌，但是，如果自己某种牌型也多，出一次后就能够手，那么，也可以考虑出这种牌型。因为，虽然这样出牌会给庄家送一手牌，但是，庄家顺牌后散家必然能获胜，那散家当然可以打这样的牌了。比如，残局时，顺门手中的牌是 QQQQQ、777、444，虽然庄家不吃对子，但如果这时再拆开三头发对 7 或对 4，万一被庄家压制，顺门就很难再形成冲牌态势了，因此，即使庄家要吃三头，这时，顺门也不应该把三头拆成对子打，而应该发三带对或三头。再如，散家手中的牌是222、99、777、44，虽然庄家不吃对子，在等待三带对，但是，在庄家没有三个2的情况下，散家就不必再出对子，而应该直接出小三带对777－44。因为，一旦庄家过一手三带对，散家上222－99就会把牌出完。反过来说，如果这时再出对子，万一庄家要牌，往往会打乱散家的牌型组合，反而形成对散家不利的局面。

散家在配合时，有时会出现这样的情况：守门员前面发对子时庄家就在过对子，能够看出庄家明显多对子，但后面轮到守门员发牌时，守门员没有改变思路，仍然在不断地发对子，而庄家也就在不断地过对子，最后终于导致庄家赢牌。甚至于，有的牌局，如果守门员能够改变一次发牌的类型就可以打败庄家，但守门员就是认准了死理，顽固不化，始终坚持，绝不改变。完后，其他散家问守门员：明明庄家已经在顺对子了，你为什么还要继续发对子？守门员回答：反正已经这样出了，总不能让庄家过了对子再过三头吧。其实，守门员如果能及时改发三头，即使再让庄家过了三头，也最多等于两次过了一手牌——一个三带对。庄家的对子多、三头少，因此，在发三头这一轮时庄家并没有形成有效顺牌，这当然比一直让本来就需要过很多对子的庄家顺对子强了。所以，牌手在发现出牌思路上有问题时一定要及时调整、善于变化，千万不能执迷不悟、一错到底。

另一方面，出牌的顺序要变化。庄家或散家在主攻时，除故意留小牌外，跑牌时应该先出小牌，后出大牌，但如果发现出小牌可能对敌有利，出牌的顺序就要变化，注意先出大牌。比如，主攻的中门本来还需要顺小单牌，但发现守门员已经无力守门了，这时，中门就应该考虑先上大单牌守门，较小的单牌留着以后找机会再出。

三、正招与奇招的变化

一般情况下，出牌有一个基本的路子，也就是通常的打法，但特殊情况下，出牌的思路可以非常特殊。这正如军事斗争中出奇制胜的道理一样。如果情况特殊，用通常的打法不能取胜，就要精心设计，用特殊的办法取胜。当然，需要注意的是，出奇制胜之所以“奇”，就奇在情况特殊，如果情况并不特殊，也不要非来个出奇不可，那样，有可能反而弄巧成拙，变成了“出奇致败”。

比如，守门员守门有通常和异常之分。用A、K守门正常，如果用2

或王守门就不正常，但必要时也须用特大牌守。比如残局时，为了把庄家的2堵住，守门员就要用2或王守门，甚至特殊情况下用炸弹守门。

下面举一个经典实例。

某盘，顺门的牌是：

小王小王、2、AAAA、KK、JJJ、1010、99、8、77、66、44、33。

由于顺门的牌很整，又基本上都是对子，非常有利于主攻，因此，顺门决定自己主攻。

庄家第一轮出单牌，顺门过8，守门员用A守门。庄家有四个2、两个大王，但是单牌较多，因此，想用两个2分别把小王顶下来，然后大王封顶，这样，四个王出完后庄家手中还会剩两个2，仍有很大优势。

庄家出单2后，顺门想：如果庄家有两个大王，自己上小王就没有任何意义，而且，自己主攻必然要发对子，留着对小王，如果庄家上对2压自己的对子，企图封顶时，自己还能用对小王压庄家的对2，使庄家的对2不能封顶；如果庄家没有两个大王，那么，其他两位散家会有一个大王，能压住庄家的这个2。于是，顺门没有按常理用小王压庄家的单2，而是放过了庄家的单2。结果中门和守门员因为没有大王，都没有要牌，庄家上手。对此情势，庄家感到非常奇怪，但因为大王在手，于是再次出了单牌。因为顺门想主攻，就直接上了自己最后一张单牌——2。顺门上单2后，庄家用大王封顶，顺门因为牌整，要主攻，为了进一步给同盟示意自己要主攻并发进攻的牌型信号，虽然AAAA的炸弹较大，但顺门毅然用它炸了庄家的大王。顺门用AAAA上手后，就开始进攻了，发对3，这既是跑牌，也是给同盟发信号。

由于庄家不要对子，因此，顺门在不断走对子，而同盟也在不断地配合顺门打对子，庄家忍无可忍之时，上对2，结果顺门上对小王。看到顺门力量挺强，庄家用炸上手。庄家考虑到这盘只出过两轮单牌，而且第二轮顺门上的是2，挡住了中门的单牌，他估计散家手中还有单牌，自己的大王可以等散家打单牌时封顶，而且，顺门进攻的牌型是对子，因此，庄家没有再发单牌，而是发了自己另一种长项牌型——三个头。顺门只有一个三头JJJ，自然顺了过去。这时，顺门满手就全是对子了。之后，散家一直打对子，顺门终于先把牌走完了。

此盘之所以顺门能够主攻成功，虽然也得益于同盟配合等因素，但是，关键还在于顺门打破了常规，没有拆开对小王压庄家的单2，而留在手中，等着压庄家的对2。结果，这一招造成庄家两个大王和四个2只封了两次顶，饿死了一个大王和一个2。正是因为顺门的特殊打法，彻底打乱了庄家的部署，使散家获得了胜利。试想，如果庄家出单2后顺门上小王，庄家必用大王压，这样，顺门的两个小王就起不到什么作用了。所以，看似顺门没有压庄家的2是无法想像的，其实用的是制胜的奇兵。

第八节　因人而异，选择不同打法

不同的牌手，能力和打法不同，有的人保守，有的人开放；有的人善于进攻，有的人善于防守；有的人水平高，有的人水平低，因此，我们要根据牌友的叫牌偏好、水平高低和打牌习惯等特点，相应地调整自己的思路，选择不同的打法。

一、叫牌偏好对打法的影响

百人百性，由于性格脾气不同，在叫牌时，不同牌手的叫牌偏好可能不一样，甚至大相径庭。根据不同人的叫牌偏好，可以在一定程度上判断其实力，进而决定采取何种打法。

如果某位叫牌非常保守的牌友叫牌当庄，那往往说明其实力强大，或者王多或者炸多；如果某位叫牌开放的牌友叫牌当庄，可能其实力并不是很强大。这样，作为散家，打牌时，就要根据这一判断做出对自己最有利的决策。

如果散家曾经在叫牌时抬过一档，但庄家叫满，这时，没有叫牌的散家就要根据叫牌时抬过一档的散家的叫牌偏好来判断其实力如何，进而决策自己是做主攻还是做助攻。比如，叫牌保守的中门曾经在叫牌时抬过一档，你是顺门，虽然你实力较强，但是中门抬过一档，说明他也有相当强的实力，那么，你就要做好配合中门的准备。或者，你是守门员，有炸弹，牌又较整，由于中门抬过一档，你估计他可能有两炸，能把你的余牌送走，因此，你可以弃门做主攻。再如，你是中门，虽然有一定的实力，但牌较乱，而顺门曾经在叫牌时抬过一档，他又有主攻的意向，那么，你也可以考虑与守门员一起配合顺门主攻。

需要注意的是，在整场牌局的不同阶段，性格不同的人、战果不同的人，其开放程度可能会不同。在整场牌局后期，多数人在赢的时候往往会趋向于更保守，以保存胜利果实；输的时候往往会铤而走险，企图最后一搏。当然，也有少数人在赢的时候会更加大胆，想赢更多；在输的时候会更加谨慎，以求少输。

二、水平高低对打法的影响

不同水平的人出牌技巧相差很大，在打牌时，无论对庄家还是散家来说，其他人的水平高低对你如何出牌都有很大影响，因此，在打牌时，要根据不同人的水平决策如何出牌。

对庄家来说，如果有一位散家出牌水平差，他上手后往往会出错牌，那么，当他用大牌封顶或上炸时，你就可以考虑不管，让其上手发牌；而如果某位散家的水平较高，他发牌时往往让庄家很难受，那你就要注意少让其上手。

对散家来说，如果同盟中有一位水平较低，主攻时不会出牌，发牌常常出错，你就要注意自己多掌握发牌权，在牌力不错的情况下争取主攻，不要给他留犯错误的机会。比如，庄家不要对子，你是中门，在主攻，某一轮，顺门上对子后庄家肯定不要，顺门本可上手，但由于顺门水平过低，你担心他发错牌，就可以用更大的对子接牌，不让他上手，以免他发牌犯错。当然，如果某位同盟水平很高，他已经在主攻，那你就要注意多配合。

再举一个非常典型的例子来说明一下如何根据其他人的水平高低决策出牌。某实战残局，顺门上手，他的牌是：22、AA、77、66、333。庄家这时手中的牌不够报。在前面，庄家已经出过 AAA－KKK，而且庄家也没有 2 和王。通过牌局的进展可以判断出庄家的炸弹明显不够用。这时，顺门发牌。考虑到必须出三个对子才会剩一手牌，那时才能迫使庄家下炸弹，因此，顺门发一对 6，中门不要，守门员看到是对子，也没有守门，庄家过了一对 9。顺门上对 A，庄家不要，顺门再出对 2。这时，顺门还剩五张牌，庄家被迫下炸，由于散家已经没有炸弹，庄家最后出小三带对，冲牌成功。事后，顺门发现了散家失败的原因。因为中门和守门员的水平较差，只知道守单牌，不知道守对子，所以，在这种情况下，顺门应该把一个小对子拆成单牌分两次发出，拆对A或对2接，然后再出对2或对A逼炸。出单牌时，守门员必定懂得守门，庄家过不了小对子，必输无疑。当时，如果顺门考虑到了同盟的水平较差这一因素，就能把这盘牌打赢。

三、打牌习惯对打法的影响

打牌时，每个人都会有一定的习惯。各人的习惯不同，打法常常相异。同样的情况，各人处置的办法可能不一样。同样的表现，各人面临的处境也许大不相同。我们应该根据牌手的习惯，分析情况，制定策略，选择对自己最有利的打法。

打牌习惯表现在方方面面，无论从战略与战术方面讲，还是从心理与技术方面讲，各人都有各人的习惯。比如，有的人深谋远略，有的人只顾眼前；有的人简单实在，有的人奸诈狡猾；有的人心平气和，有的人心浮气躁；有的人稳扎稳打，有的人善于偷袭；有的人喜欢单打独斗，有的人注重团结协作；有的人出炸利索，有的人用炸保守；有的主攻散家喜欢先诱庄家下炸，有的主攻散家喜欢先走小牌；有的守门员爱打对子，有的守门员爱出三头。

无论是对于庄家还是对于任一散家来说，都要了解其他三位牌手的出牌习惯。了解了其余三家的打法，能够提高判断的准确性，有利于做出正确的决策。庄家需要了解三位散家的打牌习惯自不用说。作为散家，既要了解庄家的打牌习惯，同时还要了解其他二位同盟的打牌习惯。因为散家需要配合，所以，从对战局的影响程度上讲，散家的打牌习惯对战局的影响更大。

下面以守门员打牌的习惯为例，说明一下庄家和散家如何根据不同习惯的守门员调整打法。

有的守门员喜欢弃门，牌力一般时也不守门。遇到这样的守门员，对庄家来说，如果牌弱，就可以对守门员格外放松，让守门员上手，看守门员弃门时自己能否过一些牌；而对另两位散家来说，就要注意及时制止其弃门。有的守门员不喜欢弃门，一旦弃门，要么牌非常整，要么实力非常强大。如果他出现弃门征兆，庄家一定要提高警惕，不要任其发展，不然，错过一两次机会再想制止就来不及了；而作为顺门或中门，就要全力配合守门员弃门。

有的守门员守门偏硬，庄家顺走较大单牌的可能性很小，但是，散家会因为守门高和接牌而消耗很多大牌，随着进展，庄家较大的整牌可能会封顶。有的守门员守门偏软，庄家顺走大单牌的可能性很大，但是，散家会保留很多大牌，即使到后半场，甚至残局，庄家很大的整牌也难以封顶。因此，庄家在进行全盘谋划时和出牌进程中要注意守门员守门态度上的习惯，同样，其他两位散家也要考虑这个因素。

有的守门员喜欢出对子，如果庄家对子多，就可以让守门员上手，等待过对子；如果庄家对子少，就不要让守门员上手，以免把庄家的弱项打明。同样的道理，如果守门员喜欢出三头，庄家也可以相应地做出决定。而作为散家的顺门或中门，在守门员用大牌守门后，通过判断，认为守门员可能要出对子或三头，如果觉得守门员出这样的牌对庄家不利，那就不要用更大的牌接，让守门员发牌；而一旦觉得守门员发牌后很可能会对庄家有利，那就要及时用更大的牌接守门员的大牌，不给守门员发错牌的机会。

第三章　叫牌竞庄策略

斗地主游戏的庄家是通过叫牌竞争确定的。当然，庄家确定后，各位散家也就相应确定了。在斗地主游戏中，叫牌非常重要。叫牌决定了人员关系和当盘实际分值的大小。从人员关系上讲，它决定了对抗双方的人员分配——庄家是哪个人，散家是哪三个人；它决定了牌手之间的敌友关系——谁是我的敌人，谁是我的同盟；它决定了各位牌手的角色地位——谁是庄家，谁是顺门，谁是中门，谁是守门。从分值大小上讲，它既决定了分值的级别，也决定了各位牌手得失分值的可能：每一位散家得失分是分值的一倍，庄家得失分是分值的三倍。

叫牌看似简单，其实学问很深。出牌时，牌面已经没有变化，技巧相对来说比较好把握，而叫牌时底牌尚属未知，对于八张底牌的估计，只能说有什么牌、配成什么牌的可能性大，而不能说必然会配到什么牌、配成什么牌，因此非常难以把握。实战中，有许多人出牌技巧炉火纯青，登峰造极，一把牌打得滴水不漏，无懈可击，但在叫牌技巧上却欠火候，往往把握不好：手拿差牌时盲目叫牌，结果被打得落花流水；手拿好牌时又不敢叫，结果错失了大好时机。

当四个人的水平都较高时，大家都很少会犯错误，在打牌技巧上基本不会出问题，一般来说，如果是强牌，就能打赢；如果是弱牌，就会打输，所以，在这种情况下，除运气因素外，叫牌水平的高低就完全决定了牌手在一场牌局中的胜负。

我认为，在斗地主游戏中，叫牌水平的高低从根本上、战略上决定了一个人的胜负命运，所以，牌手在掌握出牌技巧之前，务必先掌握叫牌技巧。

第一节 叫牌竞庄坚持的基本原则

无论做不做庄家，都有利有弊，这让很多人在叫牌时感到非常为难。做庄家虽然有赢得高分的机会，但是，庄家孤军奋战，有相当的难度，而且风险也大，失败了输的分值很多；但不做庄家，与人配合也不一定就容易，风险虽然小了，但也可能失去了赢得高分的机会。那么，到底要不要冒险去争取诱人的可观战果？叫牌时应该有一个什么样的指导思想？我认为，叫牌时要坚持两条基本原则：一要谨慎对待，保守叫牌；二要抓住机遇，大胆叫牌。

一、买的没有卖的精——谨慎对待，保守叫牌

“从南京，到北京，买的没有卖的精。”这是形容商贩的一句顺口溜，意思是说，卖东西的人总是比买东西的人要精明。为什么呢？因为商贩总能够把握住一个界限，或者说一个底线——不够本不卖！在斗地主时，虽然并不存在本钱大小的问题，但却存在对当庄家的态度问题，我把这句话借用过来，主张在叫牌时要慎之又慎，不要冒险冲动。可以说，谨慎叫牌竞庄，是斗地主取胜的根本。

首先，我们要认识到这么一个问题：庄家不好当，叫牌风险大。做庄家就意味着其他人全部都是自己的敌人，就意味着要以一人之力与三人对抗，这当然不是一件轻松的事情。而且，在叫牌时，底牌毕竟尚未知晓，如何配牌还是未知，叫牌要冒相当大的风险。

同时，我们还要认识到这么一个问题：散家得分少，好牌不叫亏。做散家，虽然风险小了，但是得分也少。而且，如果好牌不叫，不但失去了赢高分的机会，而且还有可能吃败仗失分。

实战中我们常常能看到这样的情况：做庄越多的人输得越多。因此，要慎当庄家。实战中我们还常常能看到这样的情况：不叫牌的人赢也赢不多。因此，机会来临时一定要叫牌。牌坛高手往往能把慎当庄家与抓住机会这二者关系处理得恰到好处，因此十打九赢。

能够非常恰当地叫牌最好不过了。但由于底牌未知，因此，水平再高的人，也不可能把叫牌把握得非常准确。一般来说，还是要抱着保守的态度叫牌。尤其是当把握不大时，宁愿不当庄家而后悔，也不要冒很大的风险争当庄家。

斗地主时，散家有两个同盟，因此，差牌也有可能赢分。经常有这样的情况：自己牌力太差，根本不敢叫牌，在打牌过程中，自己只做出了非常微薄的贡献甚至没有任何贡献，但由于另外两位同盟的牌力强大，在他们的打击下，庄家败北，自己跟着两位强大的散家占光赢分。所以，差牌如果做庄，必然失分；而如果差牌不叫，还有可能赢分。因此，牌手在拿到差牌时，更不能妄图博底，冒死叫牌。

有的牌手的出牌水平较高，但十分喜欢做庄，因而常常打输。庄家一家要对付三家，打赢并不容易，尤其在两种情况下，做庄的成功率更低。一是与高手过招时。高手打牌时，散家配合较好，庄家往往胜少败多。二是对手叫牌比较保守时。有时，某家的实力可能已经相当强了，但没有叫牌，你以为他实力较弱，就勇敢地叫牌做庄，结果被打得落花流水，根本无力招架。俗话说："遇到皮鞋王，千万莫逞强。"讲的就是遇到叫牌过于保守的对手，牌手一定要会"装狗熊"少叫牌，千万不要"逞英雄"乱叫牌，否则输多赢少。

但是，为什么有人也明明知道这个道理，却还是忍不住要冒险叫牌呢？通过分析，我认为主要原因有三。一是庄家补底牌有一定的赌博性，这比较刺激；如果补牌很好，庄家会感到自己冒险非常正确，能够得到自我肯定；再加上有的牌手有很强的侥幸心理，因之叫牌。二是庄家打牌时可以乾纲独断，控制节奏，不需要配合，能满足人的操控欲；而且，庄家打牌时用计的成功率较高，这能够满足人的价值实现欲；如果补牌后牌力相对较强，庄家可以痛快出击，打得淋漓尽致，这比较过瘾；再加上有的人觉得与别人配合时，别人犯错自己要跟着输分，与人配合不好，或者不喜欢与人配合，所以叫牌。三是庄家赢的分值很高，远远超过了当散家时的得分，如果牌手贪念过重，往往就会因想赢高分而屡屡叫牌。

我认为，盲目叫牌、偏好叫牌是斗地主最不成熟的表现。从实践中我们也往往能够看出：盲目叫牌、偏好叫牌的人大多判断能力较差、控制能力较弱。

实战中，很多牌手对自己是否喜欢叫牌做庄没有清醒的认识，甚至有的人总在做庄，还觉得自己做庄的次数并不算多。斗地主是四个人的游戏，因此，按照平均数算，每人做庄的比例应该是四分之一。牌的分布是随机的，因此，就算某一场你的牌运一直较好，但如果基本上都是你在做庄，你一个人比其他三个人做庄的次数还要多，一般情况下，就能说明你做庄的次数多了，这样打下去输就顺理成章了，不输反而不正常。那么，到底做庄多少次才合适呢？我认为，某一场有相当大的运气因素，不好说做庄的比例在多大的范围内合适。但如果从长期看，运气因素是可以抵消的，高明的牌手应当把做庄的比例控制在四分之一弱的范围，不要超过四分之一这个平均数。

在允许敞牌明打的牌局，一般都规定明打的得失分是暗打的两倍，或者得分是三倍或四倍而失分是两倍。虽然得分很多，但在没有很大把握的情况下，也须谨慎决策明打，不要冒险。

总之，在叫牌竞庄的抉择上，从战略上讲，牌手要牢牢记住这么八个字：“打擦结合，以擦为主!”

二、该出手时就出手——抓住机遇，大胆叫牌

叫牌时应该谨慎保守，但并不是说最好不要叫牌。如果牌相很好，实力较强，补底后获胜的把握较大，牌手也要善于抓住机遇，大胆叫牌，争取赢更多的得分。

从另一方面说，有时，如果自己牌强，不敢叫牌，被别的牌手叫牌后配底很好，再加上另外两位散家的实力较弱，自己虽强反而会失败丢分。所以，如果做庄家把握比较大时，“该出手时就出手”，也要敢于叫牌，抓住难得的机会。

如果总是保守不敢叫牌，这样打下去虽然基本上可以保证输时不会失分太多，但这样即使能赢，也不会赢多。

有的牌手过于保守，打牌时，总是一心一意、持之以恒、死心塌地、坚定执着地“擦皮鞋”，只要不够规定的必叫条件绝不叫，殊不知，叫牌过于保守是没有前途的，只会“擦皮鞋”是没有出路的。

牌手应该懂得这个道理：叫牌必然要冒一定的风险。因此，不要企图在有十分把握时才叫牌。我认为，如果赢牌的可能性能达到七分，就可以大胆叫牌。

第二节 叫牌竞庄依照的基本根据

叫牌是根本性的战略抉择。恰当地选择叫牌的时机、正确地决策如何叫牌是非常难的。因为底牌是未知的，所以，即使高手，叫牌也没有百分之百的把握。叫牌水平的高低体现在对补底判断的准确程度上。也就是说，叫牌水平高的人，能够判断出什么牌叫牌后补成强牌、好牌的概率大，什么牌叫牌后补成弱牌、差牌的概率大。那么，什么情况下可以叫牌、补底后获胜的概率会大一些？而什么情况下不能叫牌、补底后获胜的概率会很小呢？我认为，下面两个因素是叫牌的基本根据。

一、我强敌就弱——根据自己的实力叫牌

敌我力量的强弱是相对的，如果我很强大，就能打败敌人。而什么牌补底后补成强牌，取得胜利的可能性大呢？一般来说，在两种情况下补成强牌，取得胜利的可能性大一些。

一是大牌和炸多、小牌尤其是小单牌少时。在斗地主游戏中，大牌具有相当大的优势，自己出牌可以回手，敌方出牌可以管牌，单牌容易顺过，整牌方便拆开，因此，机动性和力量都较强。而且，由于自己的大牌多，相应地，敌方的大牌就少，因此，自己较大的牌也容易顺过甚至封顶。炸弹更具有绝对强的机动性和力量。所以，如果手中的炸弹和大牌本身就较多，再补上八张底牌，可能还会增加一些大牌和炸弹。这样，当庄家时全牌的实力会相当强，赢牌的希望会比较大。比如有两个王、三个2、三个A，再加上一两个炸弹，这样的牌实力就比较强，容易补成强牌。再如，三个王、四个2、三个A，如果还有几个K、Q，再有一两个炸弹，即使手中的单牌、小牌多一点，也很容易补成强牌。

需要注意的是，如果仅仅有两个甚至更多的炸弹，但大牌少，往往不能叫牌。因为大牌少，庄家不能用大牌控制局面，只好用炸，如果牌不整，这样的牌输的可能性太大了。比如，仅有一个小王和一两个2，但有五手必须靠自己走的小牌，虽然有四炸，除第一手庄家先发小牌外，光走另外四手牌就需要庄家用四个炸弹上手，一旦散家有一炸，庄家就必输无疑了。退一步说，炸弹少大牌多时叫牌，如果补上的牌不整，但因为大牌多，容易调整牌型，顺走的可能性较大，还有成功的希望。而如果炸弹多

大牌少时叫牌，一旦补上的牌不整，小牌单凭炸弹上手不能走完，就没有任何回旋的余地了。所以，宁可大牌多炸弹少时叫牌，也不要炸弹多大牌少时叫牌。

还有一种情况要认识清楚。如果2以上的大牌是：大王、小王、2。看起来有两个王，但由于2过少，顶不下来散家的大王，小王起不到任何作用，只等于是容易顺走的一张单牌，因此，这种牌只相当于大牌仅有一个大王。

如果自己小单牌多，当庄家往往难以成功。因为，如果小单牌配不上来，要出掉一个小单牌就需要花费一个封顶牌甚至一炸，这样耗费实力太大，庄家很难获胜。牌场有句行话叫：“家有3、4、5，不能当地主。”是很有道理的。

二是牌的可补性很强时。有时，虽然自己手中牌的实力不怎么样，大牌和炸弹不多或较少，甚至没有大牌或炸弹，但牌的可补性很强，如果配上八张底牌，补成强牌尤其是补成多炸的可能性很大，这时，牌手也可以叫牌竞庄。比如，手中三个头非常多，补成多炸的可能性很大，这样的牌就可以考虑叫牌。再如，手中有大王和三个2，小牌成堆，没有断牌，不但补什么都不怕，而且小牌很容易补成炸弹，就可以考虑叫牌。又如，虽然手中没有一个大牌，王和2都没有，但牌都集中到了小牌上，补成多个炸弹的可能性很大，也可以考虑叫牌。

需要注意的是，如果自己的牌很整，往往可补性不强。因为整牌配八张底牌后，常常会配得很不整，尤其是小连对、小飞牌，十有八九会配得参差不齐，让庄家哭笑不得，未战已败。这倒不如当散家，因为整牌容易先走，当散家赢的机会非常大。牌场有话：“牌整不叫牌。”是非常有道理的。

当然，即使谨慎地选择了叫牌，也不是说就必然能补好，毕竟八张底牌是未知的，因此，允许叫牌有一定“赌”底牌的因素。但是，如果牌相不好，可补性很差，甚至让自己挑几张都配不好，不可能打成功，那还是不要叫牌为好。即使“赌”底牌，也须概率相当大才容易赌成功。有人说：“只要胆子大，配牌全是炸。”这话没有任何道理可言，不能相信。

有的牌手发现，底牌常常会有大王，觉得底牌有大王的概率挺大，因此常常赌底牌中有大王。那么，底牌有大王的概率究竟是多大呢？假设底牌是随机抽取的，通过排列组合的方法就可以计算出底牌中有大王的概率。

八张底牌中有且只有一个大王的概率是：

$$\frac{C_2^1 \times C_{106}^7}{C_{108}^8} = \frac{400}{2889} = \frac{1}{7.223} = 13.846\%$$

八张底牌中同时有两个大王的概率是：

$$\frac{C_2^2 \times C_{106}^6}{C_{108}^8} = \frac{14}{2889} = \frac{1}{206.357} = 0.485\%$$

可以看出，八张底牌中有大王的概率不到七分之一，也就是说，平均七盘多，底牌中才会出现一个大王。因此，靠赌底牌中有大王是非常冒险的。

实战中，散家有两个或者三个炸的情况较多。如果估计散家有两个炸时自己起到底牌能赢的可能性很小，那最好还是不要叫牌。如果估计散家有三个炸自己起到底牌后能够打赢的可能性较大，那就可以叫牌。

有一种情况牌手最好不要叫牌，那就是：如果底牌上四张自己的绝配牌也打不赢时。事实上，底牌能上四张绝配牌的可能性已经很小了。我们通常能听到有的牌手不叫牌的同时还说“叫我挑八张也打不赢”，虽然事实并不一定真的如此，可能是指他上四张左右非常如意的牌打不赢，但这却能说明这个牌手是非常明智的。当然，有时，当我们翻开底牌后会发现，底牌八张，个个都是自己的绝配牌，但却没有叫牌，有的牌手会因此后悔不迭。其实，这只是非常偶然的情况，就如同底牌也会出现四个王的情况一样属于小概率事件。因此，牌手在决策叫牌时，千万不能要求底牌有四张以上的绝配牌才能打赢。那样叫牌，十叫九输。即使偶尔或甚至连续几次出现因为底牌配得好而成功的情况，牌手也不能有侥幸心理，不该叫牌时不要乱叫。

还有一个折衷的叫牌办法，那就是：有一定实力，但把握不大，这时可以抬一档。抬一档有两个好处：一是，如果牌真的配得很好，牌打赢了，可以得较高的分值，没有把机会白白浪费；如果牌配得不好，输了，可以避免输更多的分值，使损失减少很多。比如，自己起到了明牌，是第一家，虽然实力较强，但因为不了解其余三家的情况，所以，把握相对不大，但为了不完全放弃这个机会，可以不叫满，而抬一档。二是，自己虽然抬了一档，但当后面还有人时，如果他的实力很强，他就有可能叫满，这就避免了你做庄家面对强敌的不利局面，避免了输高分。即使庄家赢了牌，你输的分值也比你当庄家时输的少很多；而一旦打败了庄家，你还可以赢分。

叫牌时，不同的牌相，配成强牌的概率不同。排除单牌过多的情况，按补底牌后是否容易配成好牌，我把竞庄时的牌相分为六类。

第一类是大牌多、小牌少的“扫帚”形。这类牌相本身就有许多大牌，补底后取胜的把握很大。

第二类是两头多、中间少的“哑铃”形。这类牌相如果小牌补成的炸弹较多，就有相当大的把握取胜。

第三类是大牌缺、小牌密的“树桩”形。这类牌相没有大牌，补底后，如果不补大牌，小牌必定整，而且往往还会配上很多炸弹。但这类牌相最害怕补大牌，如果补上几张除了大王的大牌，那就麻烦了。

第四类是整牌多、有断牌的“锯齿”形。这类牌相有许多三头和对子，补底后很容易配成炸弹，尤其是三头多时更容易配成炸弹，甚至配成多炸。但这类牌最怕补断牌，如果补几张断牌，基本上就宣告失败了。

第五类是两头少、中间多的“橄榄”形。这类牌相小牌相对较少，又有一定的大牌，如果配得好，既有炸弹，牌型种类又齐全，在散家实力不强时，庄家会有相当大的胜算。但这类牌相很难配成强牌，如果散家有一定的实力，庄家取胜的把握往往较小。

第六类是大牌少、连牌多的“导弹”形。这类牌相上下几乎一般粗，因为连牌较多，尤其是有长连对时，往往既难补上炸弹，还会把小牌构成的连牌破坏，加之大牌数量又少，所以，一般情况下，这种牌相补底后会变得很差，庄家简直就没有办法打，几乎没有成功的可能。

第一类和第二类牌相是最好的竞庄牌相。如果牌手起到这样的牌相，要敢于抓住机会，应该大胆叫牌。

第三类到第五类牌相补底具有相当程度的“赌”底牌性质，如果配得好，庄家会轻松获胜；如果配得不好，庄家将很难打赢。牌手如果起到这样的牌相，可以结合其他人的态度决定自己是否叫牌、叫哪个档次。

第六类牌相是最差的竞庄牌相。这种牌相做庄家非常难赢，但是做散家却能对庄家构成极大的威胁，所以，牌手起到这样的牌相，千万不可叫牌。

从适合叫牌的程度这一角度讲，以上六类牌相是最典型的情况。实战中，遇到这些典型牌相的情况较少，更多的情况是，牌手的牌相往往会兼有以上某几种牌相的部分特点。因此，起牌后，牌手要参考以上几类典型牌相，分析一下自己手中的牌相到底在多大程度上适合补底，再结合其他情况决策如何叫牌。

二、敌弱我就强——根据对手的实力叫牌

因为敌我力量是相对的，所以，如果了解到其他人的力量比较弱，两相对比，我的力量可能就相对较强了。所以，叫牌时除了看自己的实力，还必须考虑其他人的实力。而要了解其余三家的实力，主要是看其余三家叫牌时的态度和叫牌的习惯偏好。

第一，三家都不叫牌时可以考虑叫牌。很多地方规定，如果有两炸或两个大王，叫牌时必须抬一档，在这种情况下，如果三家都不要，说明他们的实力不会很强，如果自己手中的牌比较好，就可以勇敢地叫牌当庄。牌场上有句话叫："三家不叫牌，末家拿起来。"有一定的科学道理。

第二，后面有人急切想当庄家时不要叫牌。有时，有的人手中起到了好牌，由于不老练或急于当庄家，表现出跃跃欲试、强烈要求当庄家的样子。因为他的实力较强，会对自己做庄构成很大威胁，所以，这时，如果自己的牌不是特别好，应该考虑把做庄家的机会让出去，不要叫牌。

第三，第一家抬一档时最好不要叫满。在叫牌过程中，如果第一家抬了一档，当你的牌力不错时，叫不叫满呢？这时，要考虑到第一家的叫牌偏好。如果他叫牌保守谨慎，是"皮鞋王"，那说明他这一盘的实力相当强，自己就不要叫满了；如果他叫牌开放随意，那可能他这一盘的实力并不强大，如果自己的实力确实非常强大，也可以考虑叫满当庄家。如果对第一家的叫牌偏好不了解，怎么办呢？我认为，还是不要叫满为好。因为，第一家抬一档，其实力本身可能就比较强。而且，因为他抬了一档，其他人的实力也难以判断清楚，有可能也很强。如果你是第四家，叫满分时，很可能面临前三家的实力都较强的情况，尤其是前两家有一人叫牌保守或两人叫牌都保守时。而如果你是第二家或第三家，叫满分时，很有可能面临前面的人实力较强、后面的人实力更强的情况。

第四，第一家不叫，第二家或第三家抬一档时，作为第四家，需要根据各家叫牌偏好慎重考虑是否叫满。实战中，我们常常会遇到这样的情况：第一家未叫，第二家或第三家抬了一档，自己的实力还不错，这时，该不该叫满呢？如果不叫，有可能浪费了好牌，尤其是当其他人牌力较弱时，牌手往往会后悔错过了机会；而如果叫满，万一他人实力强大，打输了失分很多，牌手又会觉得自己不该冒险叫满争庄，往往也会后悔。那么，这种情况下，该怎么办呢？其关键就是要判断他人的实力如何了！他人实力强，就不要冒险叫满；他人实力弱，就应该大胆叫满。而他人的实

力怎么判断呢？主要根据其叫牌偏好进行判断。如果前面叫牌的人保守，那说明他有一定的实力，如果自己的实力不是特别强，就不要叫满；如果前面叫牌的人开放，那可能他的实力一般化，如果自己的实力相当不错，就值得叫满一试。如果对他人的叫牌偏好判断不清，那还是应该保守一些，不要争庄。因为，前面的人抬了一档，不可能他没有任何实力，其实力较强的可能性很大。而且，前面有人叫牌，很可能他手中有不少大牌，别人手中的大牌多，底牌中的大牌就不会太多，自己如果叫满分，配上大牌的可能性就会很小。所以，当自己实力不是非常强时，最好不要叫满分、与人争着做庄。要知道，如果自己能确保把庄家打败，比自己冒九死一生的风险做庄家要划算得多。所以，一般地，把握不是非常大时，最好还是不要叫满分。

另外，有的牌手也常常根据自己手中的牌来估计其余三家的实力。比如，自己牌较整，而且断牌很少，这种情况下，其余三家形成炸弹的概率就会较小，这样的牌如果再有一些大牌，就可以考虑叫牌。这有一定的道理。但牌的组合形式变化很大，仅仅以自己手中的牌来估计其余三家的实力，往往不准确。

由于散家是三人合起来对付庄家的，他们水平的高低，包括配合得好坏是散家潜在力量转化为实际力量的关键，所以，叫牌时，还要考虑到牌友的水平。如果散家水平较高，配合严密，天衣无缝，那就等于提高了他们的实际力量，那你叫牌就须更加谨慎；相反，如果你与三位低手打牌，他们不会配合，漏洞百出，那就等于削弱了他们的实际力量，那你就可以适当多叫牌。对庄家来说，尤其守门员的水平对他影响最大，如果守门员水平高，不喜欢弃门，守门守得很好，发牌不太犯错，那叫牌就须谨慎；如果守门员水平低，喜欢自己跑牌，不会守门，发牌错误很多，那叫牌也可适度积极一些。

第四章　基本指导思想

在战争中，正确高明的指导思想是克敌制胜的重要因素。斗地主游戏如同战争，也必须依靠正确高明的指导思想战胜对手、立于不败之地。

第一节　谋划攻防的基本方针

基本的指导方针是总体上、宏观上的指导思想，在游戏的每一盘，牌手都要确定战胜敌人的基本方针。

一、韬光养晦，后发制人

斗地主时，无论是庄家还是主攻散家，都要善于韬光养晦，后发制人。

做庄家时，自己的牌常常不会很强大，需要顺过一些牌，这时，就需要一定的隐忍、等待。所以，庄家常常需要韬光养晦。

庄家在防敌时，虽然对三位散家都要防备，但主要防的是主攻散家，在打击主攻散家时，庄家甚至会不惜一切代价，因此，庄家一旦看出了谁是主攻散家，就会时时注意，紧紧盯住，处处控制。庄家盯上主攻散家后，如果散家的实力较强，主攻散家在同盟的配合下还有可能先走成功；而如果散家的实力很弱，主攻散家可能就会因为庄家的不断遏制而不能先走成功。所以，当散家的实力一般，尤其是在只有偷袭才能成功的情况下，主攻散家要韬光养晦，以显得自己无心、无力进攻，即使上手，也无所作为。这样，一旦上手或时机成熟，主攻散家便能发起突然攻击，让庄家猝不及防，使进攻一举成功。这要求主攻散家做到两点。第一，时机不成熟时不要显得过于强硬，不要让庄家早早盯上自己。如果某一位散家出牌很积极，往往会遭到庄家的强烈打击。硬碰硬地与庄家打，绝对不是上策。即使主攻散家的牌很强，或者主攻散家的牌较强而且又是中门，能够得到上下两家同盟强有力的支持，硬拼也是下策。而如果散家的牌有缺陷，硬拼更是死路一条。第二，要尽量推迟庄家发现你主攻的时间，不能早早地主动暴露主攻意图。庄家对主攻散家的打击是强烈而坚决的，为了避免过早遭到庄家的打击，主攻散家要学会隐藏主攻意图，否则，一旦暴露了主攻意图，引起了庄家的注意，让庄家提防上你了，那么，庄家就会把你死死盯住，对你牢牢防备，那你可能就跑不掉了。

俗话说“枪打出头鸟”“出头的椽子先烂”“打草惊蛇”“不怕贼偷，就怕贼惦记”，这些说的都是韬光养晦的道理。所以，无论是庄家还是散家，都要注意不能锋芒毕露、过早暴露意图。高手总是在冲锋前不显山露水，而一旦时机成熟、胜券已握时，就会像进行闪击战一样，突然发起强大的进攻，势如破竹，不可阻挡，所谓“静如处女，动如脱兔”，不攻则已，攻则必克，等敌方发觉你在进攻时胜败已见分晓。

从另一个角度讲也能说明这个道理。在战争中，“攻其不备，出其不意”是取胜的捷径。斗地主也一样，如果能出其不意，突然进攻，往往会打得敌方猝不及防、招架不住。而要实现攻其不备，出其不意的效果，则必须首先做到不露声色，假痴不癫。

斗地主时，偷袭是非常厉害的一种手段。不论是庄家还是散家，如果能在没有引起敌方警惕的情况下突然发动冲锋，甚至一手就把牌出完，给敌方造成致命一击，那是十分高明的打法。而要想成功偷袭，就必须韬光养晦，甚至需要用示弱的办法进行欺骗，绝对不能引起敌方的警觉。

需要偷袭才能成功的牌往往是大牌和炸较少，但牌比较整。为了出一手非常整的牌，需要上手才行，如果你表现得急不可耐，显得想跑的欲望非常强烈，就会引起敌方的怀疑、警觉，那样的话，他必会对你进行遏制，使你无法偷袭。所以，要想偷袭成功，在偷袭前要不露声色，确保“这里的黎明静悄悄”，让敌方对你失去戒备，或者让敌方以为你下面要出的一手牌不会对他造成什么威胁。这样，你才有可能上手，出掉关键的一手牌。实战中，偷袭成功往往就是因为出了关键的一手牌，使敌方败局已定，后悔已晚。有的偷袭甚至一手连牌便把手中的余牌全部出掉，偷跑成功，一招胜敌。

牌手要牢记，当自己实力较弱但想偷袭敌方时，一定要装作自己并不想跑，也跑不了的样子，让敌方不把你当回事，这样，才有可能偷袭成功。

在一次实战中，顺门手中有一个三飞三带，但无大牌，而且因为处在顺门的位置，跑牌并不有利。但是，由于顺门绝好地用了韬光养晦的谋略，最后竟用一个单K上手，一手出完了三飞三带十五张牌，偷跑成功，饿死了庄家很多大牌和炸弹，让庄家叫苦不迭，懊悔万分。

即使牌的实力强，牌手也须注意千万不可过分张扬，把意图暴露得过于明显。须知，如果敌方有一大炸，关键时候制止你一下，就有可能破坏你的整个计划，最终使你不能先走成功。

需要说明的是，韬光养晦并不等于永远不主动出击。必要时不但不能一味等待，而且还要敢于主动出击。韬光养晦本身就包含着善于审时度势，该出击时要出击的道理。

二、积极防御，适时反击

无论是庄家还是散家，只要牌力不是特别强大，总是攻防结合的，而当牌力有限时，还要以防御为主。但是，防御不能是消极的，而应该是积极的。也就是说，绝不能因为牌有弱点，力量小就无限退让，而要有目的、有秩序地退让，当退让到一定程度时，必须进行反击，甚至强烈的反击。但是，这个反击的时机非常难掌握，尤其是当牌力非常弱时。我们甚至可以说，掌握好反击的时机，可能就决定了一盘的胜负。

反击时，主要依靠大牌和炸弹。大牌和炸弹能够打击对手，使自己上手，尤其是炸弹，几乎什么牌都能压，是最机动的牌。但是，牌手的大牌和炸弹总是有限的，并且相对较少，尤其是炸弹。由于大牌和炸弹既有威力，又非常有限，所以，在什么时候用大牌和炸弹就显得非常重要了。俗话说“好钢用在刀刃上”“该出手时就出手”。打牌时，牌力绝对强的情况很少，因此，牌手要善于把有限的力量用在最关键的地方。关键时刻，牌手要舍得下大牌，敢于用炸，坚决地制止对手出牌。如果关键时刻没有制止对手，可能对手的牌就能走够手了，那时，自己再想制止，就来不及了，那样的话，即使自己的大牌和炸弹再多再大，即使自己的实力再强，也没有用处了。“当断不断，必受其乱。”牌手在关键时刻一定要敢于出手，果断出击。

在实战中，我们常常会看到这样的情况：庄家的实力非常有限，一忍再忍，而主攻散家由于害怕送牌，不敢改变牌路，在其进攻到还剩最后一手牌时或一炸加最后一两手牌时，庄家被迫绝地反击。在庄家强烈的反击之后，主攻散家的部署可能会被彻底打乱，其先走的计划可能会被彻底破坏，再也无力组织进攻了。甚至由于庄家的强烈反击，会把主攻散家准备依靠冲牌最后出的一手小牌阻挡在手，使其成了谁也送不走的死牌。而这时，另外两位散家也由于配合主攻散家走牌消耗尽了力量，无法与庄家对抗。最终，庄家获胜。所以，即使在牌力非常弱小时，也要敢于适时反击。

要做到在关键时刻进行反击，首先要能准确地判断出什么时候是关键时刻。对敌人进行反击的根本目的就是制止其跑牌，而对手要跑牌成功，往往有两个重点时刻非常关键，因此，要把握好下面两种关键时刻，进行坚决而强烈的反击。

一是，进攻者余牌不多，正在进行冲锋时，为了阻止其最后阶段的跑牌，要坚决地进行遏制。在残局时，如果进攻者余牌不多，随时都有可能冲牌，先走的可能性非常大，对我会形成强大威胁，甚至是致命威胁，这时就要停止其跑牌的步伐，对其进行有效的遏制。尤其是当进攻者冲牌时，一定要坚决而强有力地进行遏制。冲牌成功就意味着我方失败，因此，这也是反击的最关键时刻。实战中，有很多人都是因为即将冲锋成功甚至冲牌时受到了遏制而遭致了失败，有的甚至离成功只有一步之遥，非常可惜。这也从反面告诉我们这时对敌人进行遏制有多重要。

二是，敌方想上手发重点牌，想满足最后冲锋的条件时，为了不让其把重点牌发出，要坚决地进行制止。有的对手要成功冲锋，必须先把手中无法顺走的小牌或连牌发出、顺走，如果在其出这种重点牌之前进行制止，其冲锋就会有所顾忌，不敢轻易冲锋，甚至还有可能使其一直不敢下炸。因此，这时对其进行制止，无疑是把握住了关键时刻。实战中，有很多人之所以没能先走成功，或者牌力很强但没有开始冲锋，就是因为有一手牌没有走掉。这也从反面说明了这时制止其出牌有多重要。

总之，牌手处于弱势时，要仔细观察、密切关注对手进攻的步伐，在关键时刻一定要对敌进行坚决遏制，打乱其原有的计划，破坏其原来的部署。很多时候，对手就指望着这最后一搏了，这时，其实力可能已经消耗殆尽，受到打击后，很可能再也无力对抗了，有的甚至成了废牌，连挣扎的可能都没有了。在关键时刻进行反击的最高境界就是在对手踌躇满志、信心十足，甚至已经看到胜利的曙光，就要成功时突然进行坚决而强烈的打击，我方一招制敌，使对手一蹶不振。

第二节 设计打法的基本原则

斗地主时，无论哪方先出完牌，就算胜出，就结束了当盘的战斗，因此，整个行牌过程，就是我与敌的对抗过程。在对抗过程中，无论是庄家还是散家，无论是散家的哪一个，都要坚持利己损敌的原则。实战中，有时利害相关，既有利于己，又有利于敌；或者既有害于敌，又有害于己，那就要根据战场态势综合考虑，看对谁的利更大，对谁的害更大，要坚持两利相权取其大，两害相权取其小的原则。

一、利己

斗地主要获胜，就要先于敌人出完牌，因此，出牌时，就看怎么有利于自己先把牌出完。要把牌先出完，就要早于敌人出更多的牌，就要比敌人多出牌，而多出牌就须多顺牌、多上手发牌。

在打牌过程中，如果只对己有利，对敌不利，那是最好的，但这类情况不会总是发生。当对己有利和对敌不利发生冲突时，牌手应该这么处理。

一是，在弄不清楚是否对敌人有利时，要确保对自己有利。例如，中局阶段，中门主攻，顺门上手后，不知庄家是否还要过大单牌，但确保中门要顺单牌，这时，就应该发小单牌，送中门，确保对自己有利。

二是，虽然利己，但也有利于敌时，要权衡一下，看对谁的利益更大，要以自己获利更大为原则。例如，中门主攻，手中有小单牌，出小单牌会让庄家上大王，这时，就要看对谁更有利了，如果自己出了小单牌可以冲牌成功，那就出；如果自己出了小单牌手数还不够而庄家上大王后可能会够手，那就不出。

二、损敌

要先于敌人出完牌，就必须阻止敌人出牌，阻止敌人出牌，就要在阻止敌人顺牌和上手上下功夫。阻止敌人顺牌，在发牌时，就要注意发敌人要不上的牌型，发敌人顺不过去的大牌；轮到自己出牌时，要注意守门，不要让敌人的小牌顺过去了。阻止敌人上手，就要注意及时用炸，有时还要先于敌人上封顶牌，不要让其轻易发牌。

在打牌过程中，如果对敌不利，而对己有利，那是最好的，但这类情况不会总是发生。当对敌不利和对己有利发生冲突时，牌手可以这么处理。

一是，不能判断清楚是否对己有利时，只要必然对敌不利，就可以打。例如，散家守门员上手，想给同盟传牌，由于搞不清楚同盟需要什么样的牌，但却发现庄家已经不吃对子了，这时守门员发牌，就可以发确保庄家不要的对子。

二是，如果既损于敌又损于己，要看对谁的损害更大，要以对敌损害更大为原则。例如，庄家与散家拼炸时，就要看对谁损害更大，如果把自己的力量拼得差不多，但成功地阻止了敌主攻先出完牌，使其成为废牌，就值得，应该拼；如果与敌助攻舍命拼炸，空耗实力，就不值得，就不应该拼。

第五章 打牌基本技巧

斗地主等牌类游戏和下象棋等明棋游戏不一样。下象棋时，双方的力量、态势十分清楚。斗地主时，某一家主要根据自己手中的牌和出牌的情况来判断双方的力量和态势，有时比较清楚，有时非常模糊。

斗地主时，在一盘的开局阶段，一般来说，牌手只能对情况判断个大概，随着战斗的不断推进，牌手能够掌握的信息越来越丰富、全面，对情况的判断也越来越准确、清楚。当他发现牌局的情况发生了一定的变化时，可能就会发现自己前面的判断与真实情况有一定的差距，甚至以前的判断是错误的，而前面的打法是根据当时的判断确定的，因此，前面的打法也往往不妥当，甚至是错误的。这时，牌手就必须根据最新的战场情况调整思路，重新制定策略，确定新的打法。

牌场如战场，情况千变万化，作为一个成熟的牌手，必须根据情况的变化不断调整自己的打法，做到随机应变、灵活应战，千万不可固守教条、墨守成规。但是，这并不意味着斗地主游戏打牌时没有规律可循。

斗地主时，由于各家的角色不同，打法必然有一定的差别，但是，由于规则一样，各家也有相同的技巧。而且，在打牌时，有一些出法属于最基本的技巧，也可以说是常识性的技巧。在这些基本技巧中，有许多是其他技巧的基础。很多时候，这些基本技巧会左右牌局的胜负。能否掌握好这些基本技巧，是牌手水平高低的重要标志。如果不掌握这些基本技巧，不但往往要输牌，而且还总弄不清楚输赢的原因。弄不清楚输赢的原因，就很难提高打牌水平。所以，无论牌手是当庄家还是散家，了解和掌握斗地主的基本技巧都非常重要。

第一节 组牌法

斗地主的出牌是按照一定的牌型一手一手出的，因此，在出牌前，牌手必须组牌。组牌就是把自己手中的牌按照一定的牌型组织成若干手。人们通常也把组牌叫做调整搭配牌型，简称为“调配牌型”。组牌是斗地主最基本的技巧、是核心的基本功，在所有技巧中，牌手首先要会组牌。

斗地主时，自己手中的牌是一定的，不变的，但牌型是可以调整变化的。相同的牌，不同的牌型组合，牌的力量效能往往不同，甚至相差很远。组牌就是为了使牌型组合更加优化，从而对自己更加有利、对敌人更加不利。斗地主实质上就是牌手运用自己手中的一把牌，调兵遣将，发挥出牌的最大能量，把对手打败。而组牌水平的高低就决定了牌手能把自己牌的能量发挥到多大。组牌就是优化组合手牌资源，发挥出手牌的最大优势和潜力。

关于调配牌型的重要作用，举一个非常简单的例子就能充分说明问题。例如，残局时，庄家手中的牌是：小王小王、JJ、99、4444。散家手中已经无炸无王，主攻的中门还有两张牌，明显是一个对子，这时，庄家应该怎么出牌呢？这样的牌当然不能按牌面自然形成的牌型出，而必须调配牌型。庄家应该先出单 J，然后用小王上手。如果中门没有拆牌，第二步再出单 J 并再次用小王上手，之后用炸弹冲牌，最后出 99。如果中门拆牌，第二步可以出小王，然后再出 99 并用炸弹上手，最后出单 J。

调配牌型最常用的方式主要是整牌拆单和调成连牌。其他牌型调配时，要根据具体情况，以对己有利对敌不利为原则优化组合。

组牌不能仅局限在揭完牌之后的专门理牌时段，在揭牌的过程中，牌手就要一边揭牌一边观察和思考，看如何调配能把牌组织得更好，这既能够节约时间，又能够把牌组织得非常好。在行牌过程中，也要根据出牌情况，调整原来的安排，重新组织，看怎么组牌更好。也就是说，组牌要尽早谋划——在揭牌的过程中就要谋划、要始终谋划——在行牌的过程中不断谋划。

为了有利于自己快速跑牌，同时为了制止敌人快速跑牌，牌手要按照以下方法组牌。

一、牌组手数少

一般而言，先跑的那家需要主动出牌的次数越少，就越容易先把牌出完。无论是庄家，还是散家的主攻方，为了先跑牌，调配牌型时一般都要以出牌手数少为原则。但是，当牌比较多时，牌型不是固定不变的，而是可以调配变化的，所以，牌手的全牌或余牌往往需要组织调配才能使出牌的次数变得更少。

组牌时，从手数少的角度讲，主要有两个办法。一是，组成三带对。把一个三头和一个对子组成三带对，就比分别出三头和对子少一手牌。二是，把一些牌组成连牌，减少手数。组连牌时，经常需要拆牌，这就要看如何组织才能使手数更少。

组织调配好自己的牌，首先需要认真观察手中的所有牌，看怎么组织调配才会使出牌的次数更少。

例如，庄家的牌是：

大王、22、AA、KKK、QQQ、JJJJ、1010、9、88、77、666、55、44、3333。

很明显，这一手牌一般情况应该如此组织：

单牌三组3张：大王、9、6；

对子一组2张：22；

连对一组10张：88－77－66－55－44；

双飞双带一组10张：KKK－QQQ－AA－1010；

炸弹二组8张：JJJJ、3333。

也就是说，这一把牌可以组织为八组，只需要八次就可以全部出完。如果拘泥于三个6要一起出，那么，就形不成连对，虽然出666－44使单牌少了一张6，也带了一个对子44，但却多出了88、77、55三个对子，等于多了两手牌。

这是一个很简单的例子，一般人都能看出来，遇到情况复杂一些的，要根据牌局的变化，看怎么调配牌型能使自己出牌的次数更少。

为了使出牌的手数变少，在必要时还要拆掉炸弹，甚至要拆掉不止一个炸弹。

例如，守门员的牌是：

大王、2、A、1010、999、8888、777、66、444444、33。

如果不拆炸，这样的牌只能组织为：

单牌三组3张：大王、2、A；

对子一组2张：1010；

三带对二组10张：999－66、777－33；

炸弹二组10张：444444、8888。

一般情况下，守门员必能顺走A、2。所以，如果守门员要弃门主攻，应该按照发牌或让同盟送牌共三手牌计算。但出三带对或对子，非常容易让庄家顺牌，对庄家十分有利。而且，一旦守门员出三带对或对子，就会引起庄家的警觉，如果庄家对守门员进行压制，守门员只能确保六个4上手，难以先走成功。但如果守门员把四个8的炸弹拆开，在进攻时就只需要发一手牌便可确保成功。把四个8拆开，这样组织牌：

单牌四组4张：大王、2、A、8；

三飞三带一组15张：999－888－777－1010－66－33；

炸弹一组6张：444444。

这样，当庄家或同盟发单牌时，先用A、2守门，再上大王，一旦庄家放手，就出三飞三带，然后用六个4上手，出掉单8，就把牌走完了。如果出完A、2后上大王被庄家炸掉，但同盟上手后出单牌时顺过了单8，用六个4上手也能一手出掉三飞三带，弃门成功。

再如，庄家有如下牌：

大王、222、AAAA、KK、QQQQQ、1010、9999、88、77777、66、55、3。

如果对子不能顺走，就可以考虑把四个9和五个7两个炸弹都拆开，这样组织牌：

单牌二组2张：大王、3；

三带对二组10张：222－KK、777－99；

连对一组12张：1010－99－88－77－66－55；

炸弹二组9张：QQQQQ、AAAA。

这样的牌型组合很容易打成功。连对较长，基本可以确定它能够封顶，三个2带一对必然封顶，大王必能封顶，还有两个炸弹。如果连对可以封顶，三个2带一对能够回手或被散家送上手，散家即使有三个炸弹，庄家也必胜。

如果不拆炸弹，势必这样组织牌：

单牌二组2张：大王、3；

对子四组8张：KK、1010、88、66；

三带对一组 5 张：222 - 55；

炸弹四组 18 张：QQQQQ、77777、AAAA、9999。

这样的牌型组合，当外面有三个炸弹时，即使三个 2 带一对能够被送上手，庄家也必败。

调配牌型还需要具有很强的意识。牌手不能受牌面自然牌型的约束，要在思想上有调配牌型的主动意识。有的牌手虽然打了很长时间牌，但可能还不是调配牌型的老手，究其原因，很多时候，并不是牌手不会调配牌型，而是根本没有意识到，这时，意识甚至比能力还要重要。比如，有的人只想到了 2 形成的炸弹可以拆开出，根本没有想到其他牌形成的炸弹也可以拆开出。有一次，庄家手中的余牌是：大王大王小王小王、AA、KK、QQQQ、JJ、1010、99，守门员用 2 高守后发对子，这时，庄家如何出牌呢？很多人可能会想：这次先过 AA，等下次散家再发对子时过 KK，然后出 QQQQ，用王炸上手，最后出 JJ - 1010 - 99。其实，只需要过 QQ 即可。因为，过 QQ 后，用王炸必能上手，一手就把余牌六连对 AA - KK - QQ - JJ - 1010 - 99 出完了。还有一次，庄家上手后，余牌是：AAA、KKK、1010、99、8888、77、66、44、333333，这时，庄家应该怎样出牌呢？很多人可能觉得不好打，认为庄家多对子。其实，对子一个都不多，关键看牌手能不能看出来怎样调配牌型。如果有拆开炸弹的意识，把 8888 拆成两个对子，就可以把这些牌调整成一个基本能确保上手的大炸 333333 加另外两手牌：AAA - KKK - 88 - 44、1010 - 99 - 88 - 77 - 66。这样一来，问题就变得异常简单了。

这里需要说明一个问题。为了使自己出牌的手数变少而调配牌型，其实质是为了使自己发牌的次数减少。有时，如果把有的大牌拆开，虽然表面上看需要出牌的次数没有变化，甚至还增多了，但由于拆出来的大牌可以顺走，因此，需要自己主动发牌的次数会减少，仍然有利，这样，也算是优化了牌型。举一个很简单的例子来说明一下这个道理。例如 222、999、88888，按自然形成的牌型看，是三手牌：

三头两组 6 张：222、999；

炸弹一组 5 张：88888。

这样的牌要不要调配牌型呢？如果能顺过单 2，就可以调配牌型。因为单 2 顺过后，余牌除炸外就只有 999 - 22 一手牌了，用炸弹上手就能把牌出完。把三头 2 拆出一个 2，虽然牌的手数没有减少，仍然是三手牌：

单牌一组1张：2；

三带对一组5张：999－22；

炸弹一组5张：88888。

但由于单2能顺过，等于有一手牌根本不需要自己花费力量就能出掉，因此，这样调配牌型使自己发牌的手数减少了。

所以，为了使发牌的手数减少，有时，可以把大牌拆开出。

组牌时使手数少的目的是为了快速出牌，因此，在出牌过程中，关键要看如何走牌能使余牌的手数变少，而不是能出一张算一张，有时出了牌反而会使余牌的手数变得更多。举个最简单的例子：AAA、88是五张牌，出三带对一手就可以走完，如果出单A或单8，虽然少了一张牌，但至少还需要两手才能出完。再如，三连对，拆开出不但会使手数变多，而且还失去了连牌封顶的可能性。

二、封顶次数多

封顶牌是牌力的重要因素，在行牌过程中，封顶的管牌能力仅次于炸弹。如果敌方出牌后，我用封顶牌管住了敌方，敌方只有两种选择：一是敌方不上炸，这样，我不但制止了敌方发牌，而且自己还可以上手发牌；二是敌方用炸，这样，虽然我上不了手，但浪费了敌人的炸弹。因此，在斗地主游戏的对抗中，封顶管牌非常重要。

组牌时，为了达到多次封顶管牌的目的，有时需要把大的整牌拆开分成多手牌，有时需要把一些整牌拆开组成连牌。

（一）把很大的整牌拆成多手牌

大牌是赢牌的力量源泉，也是最能靠得住的坚实基础。任何人都希望自己手中的大牌多，能封顶管牌的次数多。但大牌的数量是有限的，因此，当自己需要多次封顶管牌时，水平稍高的牌手都会意识到要把一些整的大牌拆开，使自己大牌封顶的次数由少变多。

实战中，拆大牌以拆特大牌王和2居多。尤其是王，多数情况下都会被拆开使用。

为了使封顶管牌次数更多而拆大牌时，既可以拆当时已经能够封顶的牌，也可以拆封顶牌的下级牌。拆当时已经能够封顶的牌效果立现。比如，把对大王拆成两个单大王，封顶的次数就由一次变成了两次。拆封顶牌的下级牌，虽然当时不能封顶，但由于它能把封顶牌顶下来，使自己本不能封顶的牌在后面封顶，因此，封顶的次数还是能变多。比如，某牌手的特大牌是：大王、小王、222，虽然拆2单出在一开始并不能封顶，但拆开2后能顶下来王，所以，拆开2单出的话，这些牌封顶的次数能由两次变成三次。

一盘的开始，拆大牌一般主要是拆王和2。有对大王时，多数情况下都应该拆开。在打对子时，如果我有一对大王，但手数不够，这时要慎下对王，宁可用炸，也要留着两个大王，以求单牌封顶两次。拆2能顶下敌人的王，在自己特大牌多的情况下可以增加封顶次数。例如，庄家手中没有大王，但有两个小王和三个2，而手中的单牌比较多，这种情况下，就可以把2拆成单牌。因为，如果自己不拆2，必然要用小王管牌，但小王管了牌后会被敌方的大王管上，两个小王皆不能封顶。当王出完后，想再用2封顶时，敌方可能会先上2封顶。而如果先把2拆掉，迫使敌方用大王管我的2，把两个大王顶下来后，再出单牌时，我的小王和2就都能封顶了。

如果己方的特大牌很多而需要发的单牌也多，或者当打到一定程度后，2以上的牌变得很少时，拆A也可以使封顶的次数由一次变为多次，这时，也要考虑是否拆A。例如，庄家手中的大牌是：大王、小王小王、22222、AAAAA。如果拆A，单靠自己就可以顶下散家全部的2和王，并且还能剩下一个A。把散家A以上的大牌顶完后，再出单牌时，庄家的A以上的所有牌就都能封顶了。

在残局时，有时还需要拆A以下的牌。因为随着大牌的不断落地，A以下的一些牌相对已经非常大了，拆了后也能使封顶的次数变多。

为了使封顶管牌的次数更多，不但需要拆大牌形成的对子和三头，必要时还需要拆开大牌形成的炸弹。如果大牌形成了炸弹，当自己的牌不整，需要出的次数较多时，往往就需要拆开这些炸弹了。对于王炸，不要过分看重它的喜牌可被奖分的好处和最大炸必能上手的功能，如果牌力不过强，而拆开王可以获胜时，就应该拆开。拆开王炸，可以由封顶一次变成二到四次，明显有利。当然，如果拆开王炸也会输牌，为了避免失分，就应该保全王炸，以图喜牌获得奖励分。如果手中有2形成的炸弹，但散对子多时，可以把2炸拆开，用对2管牌；或者当对手一再打对子，而我却接不上时，也可以把2炸拆开，用对2管牌。通常情况下，为了多封顶而拆大牌形成的炸弹，主要是拆2形成的炸弹。有时也需要拆A形成的炸弹。少数情况下，特别是在后半场，也有可能需要拆K或Q、甚至J形成的炸弹。

拆大牌时，要有提前量。如果需要拆牌，就宜早做决定早拆开。不要在一开始舍不得拆，等到后面被迫无奈时才拆，那样往往会使你拆剩下的牌没有机会再用，甚至被憋在了手中，反而成了累赘。比如，庄家的特大牌有：大王、小王、222，如果早拆牌，一般都能把三个2全部用上，发挥出全部2的作用。如果一开始不拆牌，或者只拆了一个2，等到最后被迫再拆2时，余下的2往往要么因散家已经用整牌发起了进攻而使你用不上，要么会被散家的2阻挡，憋在手中。

需要注意的是，拆大牌形成的炸弹时，切忌不要无谓地把大炸拆成一小炸加一两个单牌。比如，庄家手中有五个2，外面还有王，如果只拆出一个2，2必被王管住，毫无意义，而且还有可能使四个2的炸弹被外面五个头的炸弹管上，那样的话，庄家虽有五个2，但一次也不能上手。所以，如果要拆五个2形成的炸弹，要么早做决定早拆开，并且拆完，使五个2都发挥出作用，使封顶的次数由少变多；要么就不要拆炸，确保可以用炸上一次手。处理拆大炸的问题时，最糟糕的就是前面决定不拆炸，到最后又动摇，当拆出一两张单牌后再剩一个五个头或四个头的炸，拆出的牌因为外面有更大的牌没能上手，五个头或四个头的炸也因为外面有更大的炸没能上手，结果，最后就差上一次手而导致了失败。实战中，我还曾不止一次见过有人无谓地把六个2拆成单2和五个2而导致失败的例子。有一次，庄家的牌相当强，炸弹多，包括有六个2，但王少，他明知散家手中有的是王，拆出一个2根本不起作用，但他认为五个2也必能上手，觉得拆一个单2无所谓，顶下来个王玩玩看，结果，当庄家最后用五个2企图冲牌时，被散家六个头管上了。输牌后，庄家叹息自己运气不好，说没有想到会碰到六个头。我认为，虽然有运气方面的客观因素，但根本上还是由庄家人为的主观因素造成的。因为，事实上，拆那个单2既起不到任何作用，也没有任何必要，也就是说，拆出单2是没有任何道理的，没有任何道理而拆出了单2，难道还不是庄家自身的错吗？

再讲一个拆大牌的小技巧。在下面的特殊情况下，拆大牌时，需要注意一个问题：如果两个大牌的牌型相同，需要拆开一个大牌，那么，是应该拆大一点的牌呢，还是应该拆小一点的牌？比如，2和A都是三个头：222、AAA，因为形势的需要，必须拆牌，拆什么？再如，2和A都是五头炸：22222、AAAAA，如果需要拆牌，拆什么？这些情况下，应该拆更大的牌，拿2与A比较，就是说，宁可拆2，也不要拆A。因为，如果拆

2，它可以管住其他人的A，这对管牌是有利的。而如果拆A，当对手出A后，又往往被迫再拆2，这样就会把两个大牌都拆开，损失太大。而且，拆了大牌而未拆小牌，小牌的牌型保留住了，仍然能够起到原牌型中大牌在未拆前的作用。如前例所述，如果自己同时有222和AAA，等到需要决策是拆三个2还是三个A时，2往往会落地不少，一般情况下，AAA也可以封顶，往往能起到222的作用。再如前例所述，自己同时有22222和AAAAA，两个炸弹其实是一样大的。所以，遇到这种情况时，一般应该拆更大的牌。

（二）把整牌拆开组成连牌

有时，虽然牌很整，但如果组连牌的话，需要把部分整牌拆开。为了管上对手的牌，该拆整牌时，也要拆。组成的连牌如果封顶，从制敌的角度讲，这等于凭空增加了一组封顶牌甚至一个炸弹。而且，管上敌人后，如果敌方没有管我，我上手后还可以发一手牌，当拆出来的余牌手数不多时，从跑牌的角度讲，也是划算的。

比如，AAA、KK、QQQ、JJ，最佳组合是两手牌，即两个三带对。如果敌方送来四连对，便可以把这样的牌拆成AA－KK－QQ－JJ和单A及单Q。虽然出了四连对后还剩两手牌，但因为这样的四连对能封顶，上手后可以出单Q，实际上还余单A一手牌，有利于自己跑牌。

（三）处理好手数少与封顶多的关系

出牌时，如果手牌封顶的次数多，就可以上手或消耗敌人炸弹，因此，组牌时，在坚持手数少的原则的同时，还要兼顾封顶多的要求，当二者矛盾时，要看哪种组牌方法对自己更有利。比如，自己有两个大王，如果够手，就可以压敌人的对子；如果不够手，就需要拆开压单牌，这样虽然增加了手数，但是增加了封顶次数，对自己更有利。

三、易顺易封顶

在牌力相同的情况下，牌越容易顺走，就越容易出完；出牌后，如果能封顶，要么，自己能上手；要么，浪费敌人炸弹，因此，组牌时，组出的牌越容易顺过或封顶，就对自己越有利。

（一）容易顺过

在斗地主的每一盘，会有多轮你来我往的出牌，在这些轮次中，牌手会顺走一些牌，减少发牌的手数。顺走的牌越多，获胜的可能性越大，那么，什么样的牌容易顺走呢？容易顺走的牌主要体现在大小上，牌越大越容易顺走；有时还体现在牌型上，牌型越常见越容易顺走。

1. 大牌

从大小的角度讲，牌越大越容易顺走，因此，为了容易顺走牌，在组牌时，如果不考虑封顶的因素，在可以选择留下的牌时，要留较大的牌。比如，当自己的对子较多时，出三带对就宜带更小的对子，留下更大的对子，方便后面别人出对子时自己容易顺走。

2. 常见牌型

从牌型的角度讲，越常见的牌型，越容易顺走。单牌与整牌比较，单牌容易顺走；整牌与连牌比较，整牌容易顺走。所以，如果自己实力不够，需要顺走一些牌，尤其是散家等同盟送牌时，就要组成容易顺走的牌型。由于连牌最难顺走，因此，要注意少组飞类牌和连对。例如，手中有1010、999、88，既可以组成一个三带对和一个对子，也可以组成一个三连对和一个单牌，如果需要顺走这些牌，组成一个三带对和一个对子更容易顺走。

（二）容易封顶

斗地主时，封顶牌不是引炸就是上手，因此，组牌时，封顶的可能性越大，越对自己有利。

哪些牌容易封顶呢？从大小的角度讲，同一种牌型中的大牌容易封顶；从牌型的角度讲，不常见的牌型容易封顶。

1. 大牌

从大小的角度讲，易封顶和易顺走的道理相同，牌越大越容易封顶。例如，自己手中有AA、KK、QQ、JJ、88、666、555，组双飞双带和三连对时，就不要组成666－555－88－AA和KK－QQ－JJ，而要组成666－555－88－JJ和AA－KK－QQ，因为双飞双带的大小不论对子，但KK－QQ－JJ只是封顶的可能性很大，而AA－KK－QQ必能封顶。

2. 少见牌型

从牌型的角度讲，易封顶和易顺走的道理相反，越是少见的牌型，越容易封顶。相对于单牌来说，整牌容易封顶；相对于整牌来说，连牌容易封顶；相对于连对来说，飞类牌容易封顶；相对于级数少的连牌来说，级数多的连牌容易封顶。

由于连牌封顶的可能性更大，因此，当手数相同或接近时，要多考虑组连牌。比如，77、666、55、444、33，如果按三带对和一个对子出牌，是三手牌，但被敌方管上的可能性太大了。如果用封顶牌或炸弹保护的话，需要上手三次才能把这些牌出完。而如果出连对77－66－55－44－33和单6、单4，也是三手牌，但五连对很可能敌方管不上，在敌方管不上五连对的情况下，只需要上两次手就能把这些牌出完。有时调整成连牌还能减少手数。比如，99、88、777、66、55，一般情况下要考虑组成99－88－77－66－55和单7。再如，999、8888、777、66、44、33，可以考虑组成999－888－777－66－44－33和单8。既减少了手数，又调整成了敌人难以管上的连牌。

连牌越大越容易封顶，大到A的连牌是最大牌，必然封顶，因此，从管牌封顶的角度讲，要考虑组更大的连牌。如果有能到A的连牌，就组到A的连牌。例如，敌人打出三连对后，我手中有AA、KK、QQ、JJ，为了确保封顶，就要用AA－KK－QQ压制，以免用KK－QQ－JJ压制后被敌人的AA－KK－QQ封顶，那样往往让人很后悔。

四、变化余地大

斗地主游戏的牌型多样，组牌方式具有很大的可变性，这就要求牌手在组牌时不能死板，要灵活，要留有很大的变化余地。灵活可变的牌型能够应对更多的情况，发牌、顺牌、管牌的机会会更多，既有利于进攻，也有利于防守。因此，不要把牌打死了，要根据牌情变化，组出对自己最有利的牌型。

组牌变化余地大要求牌手把牌起好后、在打牌的整个过程中，都要不断观察分析手牌的牌型变化，要善于看出组牌方式的变化，灵活应对。有些牌手观察不仔细，思考不深入，等到机会错过时才看出牌的变化来，这会失去很多机会甚至是关键的机会，导致失误和错误。

比如，AAA、KK、QQQ、JJ、1010，这些牌的牌型组合可以有多种变化，一般情况下可以考虑组成以下几种情况：

两个三带对和一个对子：AAA－JJ、QQQ－1010、KK；

一个三带对、一个三连对和一个单牌：AAA－1010、KK－QQ－JJ、Q；

一个三头、一个四连对和一个单牌：AAA、KK－QQ－JJ－1010、Q；

一个五连对和两个单牌：AA－KK－QQ－JJ－1010、A、Q。

看出了牌型变化，在打牌过程中，就可以根据具体情况灵活组牌，应对情势。

在打牌程中，还要根据别人的出牌情况调整变化自己的组牌情况，以便顺走一些牌，减少手数。

例如，99、888、77、666。一般可组成两手牌：888－99、666－77，但三个头都很小，容易被人管上。如果能顺走单8，就可以组成99－88－77和666，虽然还是两手牌，但小三头减少了一手，三连对被管上的可能性比小三头小多了，优化了牌型。

为了使后面的牌仍然能够变化，需要牌手注意在开局阶段，在不影响攻防的情况下，不要急于拆炸，或拆整牌、连牌，以防把牌打死，不能变化。

第二节　出牌策

斗地主时，同样的牌，打法不同，效果就不一样，甚至相差很大。从战局的结果上看，同样的牌，往往会因打法不同而导致不同的结果：打得好，能赢；打不好，会输。所以，打牌时，出牌的策略往往在根本上决定了一盘牌的胜负。善于运筹、精于设计是牌手克敌制胜的根本法宝。要使斗地主技巧提升到较高水平，牌手必须学会这些基本的出牌策略。

一、回眸一笑百媚生——再回手

发牌时，能回手意味着可以再次获得发牌权，牌手就主动；不能回手就把发牌权送给了别人，牌手就被动。“回眸一笑百媚生”，能回手，则胜券在握；不能回手，则败迹已显。

有时，牌手自然形成的牌型就有回手牌，但有时，牌手自然形成的牌型不能回手，所以，除了发可以回手的自然牌型外，很多时候，为了能回手，牌手还要善于调配牌型。如果有的牌怎么调配都不能回手，那没有办法；但如果经过调配，使牌可以回手，则善莫大焉。

当自己的大单牌可以多次封顶时，为了能够回手，可以把小的整牌拆开单出。这一技巧在打牌时经常会用到。例如，大王、小王、AA、KK、JJJJ、888，对手已经没有大王，拆开对A后单出，用大小王能确保回手两次，在对手仅有一炸防守的情况下，拆开对A可以确保赢牌。再如，残局时，庄家有这么一把牌：小王、66666、101010、555。三个王已经落地，小王是单牌的唯一封顶牌。散家的牌已经整了，还有一炸。这时，该庄家发牌。庄家应该怎么出牌呢？如果出小王，散家上炸，必败；如果出三个头或三带对，不能冲牌，庄家也必败。这样的牌，庄家出单10，然后用小王回手，就可获胜。

上两例牌情不复杂，一般牌手都会调整。在复杂的情况下，其道理也是一样的。下面再举一个稍复杂的例子。例如，残局时，庄家手中的牌还有：QQQQ、大王、22、999、777、55。散家无王，2不成对，还有一炸。这时，如果庄家出三带对，散家就会上手。如果散家牌较整，把庄家的炸弹逼下来后，庄家就很被动了，输牌的可能性非常大。正确的打法是：庄家先出对5，用对2回手，然后再出单9，用大王回手。这时的余牌是：QQQQ、99、777，庄家必赢！

认识到了再回手的技巧，牌手在调配牌型和决策顺牌时就要有意识地注意到出三带对牌型时对子与三头的匹配问题，要处理好对子与三头的数量关系。例如，庄家的牌是：JJJJ、222、Q、999、77、66，已经落地三个2，这时，如果散家出三个头，庄家怎么办呢？这种情况下，庄家不能顺999。一旦顺了999，散家管上，庄家将必败无疑。因为，散家管上999后，庄家如果用222上手，余牌是：Q、JJJJ、77、66；如果用JJJJ上手，余牌是：222、Q、77、66，都无法冲牌。这样的牌，庄家应该直接用炸弹JJJJ上手，然后出999－66，用222－77回手，最后出单Q。同样的道理，这样的牌如果散家打对子，也不能随便顺牌。因为，当庄家只能顺一对时，余下的牌打三带对无法回手，打三头又会多余一个小对子，将面临失败。

再回手的技巧还告诉我们，当己方的王多炸少时，一般情况下应该先打单牌，这样可以用大牌回手。如果打不能回手的整牌，就会对局势失去控制，很可能王还没有发挥作用呢，敌方庄家或主攻散家就会走牌过多。等到形势紧张时，将不得不用炸弹控制局势。到最后，虽然己方还有王在手，但因为炸弹消耗殆尽，会十分被动。

二、落井下石不留情——痛打狗

斗地主时，双方都不想让敌方过牌，因此，一旦发现了敌方的弱项，在尽可能的情况下，就要一直出这种牌，出得让敌方难受，让敌方着急。

敌方的弱项主要是指牌型上的弱项，即敌人不吃某种牌。

散家联合打庄家时，如果庄家不要某种牌型，在可能的情况下，散家要一直出这种牌型，除非确保自己够手或者实在迫不得已时再改换牌型。有时，庄家其实就只需要过一手牌，因此，散家如果找到了庄家的弱项，就要专门出这种牌。

庄家对付散家时，也要注意出散家的弱项牌。

如果敌人不吃某种牌型，出牌时，在可能的情况下，牌手还要善于把其他牌型调整成敌人不要的牌型出，哪怕出的手数多一些，也不要让敌人顺牌。比如，庄家牌整，不吃单牌，散家就一直打单牌，即使有对子和三个头，也要拆开打，直到主攻散家够手为止。再如，庄家不吃大单牌和对子，当主攻散家不是守门员、后面有同盟能守单牌时，主攻散家就可以把三个头拆成单牌和对子打。

找到了敌人的弱项，就好比敌人已经沦为了落水狗，而我就要下定痛打落水狗的决心，专出敌人的弱项，坚决不让敌人顺牌、上手。因为，一旦敌人顺了一次牌或上了一次手，就可能是落水狗上岸，反咬我一口，那时，我再想打就来不及了。说简单一点，痛打狗技巧说的就是在发现敌人的弱点后，要下定决心，毫不留情，专拣其痛处打，直到打死为止，绝不给敌人任何翻身的机会。

在军事和其他竞技对抗中，人们特别主张以长攻短，其实，痛打狗技巧就是典型的以长攻短。

三、东风不与周郎便——留砣牌

在斗地主的实战中，我们常常会遇到这么两种情况：

一是，某家过了一手牌后，就形成了冲牌态势。比如，顺门过一张单牌后，用一大炸冲牌，把手中的余牌一手打完，先走成功了。因此，想破坏对手形成这种打法，就要设法不让对手过那一手关键的牌。

二是，当某家用大牌或炸弹冲牌时，最后一手牌对他来说无论大小都没有意义。比如下面几个例子：

66666、大王和66666、3。

当用66666冲牌时，大王和3没有什么区别。

AAAA、222－QQ和AAAA、333－44。

当用AAAA冲牌时，222－QQ和333－44没有任何差异。

大王、KK和大王、33。

当用大王冲牌时，KK和33没有大小之分。

因为存在这两种情况，所以，高手在打牌时，如果觉得必要，虽然自己也想把牌先跑完，但并不先出最小的牌，反而故意把最小的牌留在手中不出，等待最后冲牌时再出。这样出小牌的次序不但对自己在最后冲牌时没有影响，更重要的是，因为自己没有先出小牌，让对手没能借机顺走牌，使其不够手，从而导致对手最终失败。实战中，牌手再过一手牌就能冲牌成功的情况非常多，留砣牌的技巧就是专门针对这种情况的，它让敌人不能先顺牌，从而使其不能先走成功。

小牌后面再出，就如同砣一样沉在了后面，而最后用大牌带走小牌也很像秤杆带着秤砣一样，因此，人们把这种专门留在后面出的小牌形象地叫做"砣牌"，而用这种办法出小牌的技巧就是留砣牌技巧。

留砣牌技巧往往用在这么几种情况下。

（一）庄家留砣牌

在实战中，某一散家，尤其是顺门和中门，当他们顺走某一手小牌后，往往就会形成进攻甚至冲牌的态势。而如果没有顺走那一手小牌，就不能形成进攻或者冲牌的态势，他们就会千方百计地出那一手小牌，甚至要为此付出很大的代价。实战中，这样的情况比比皆是，不胜枚举。比如，庄家经常会遇到这种情况：庄家发小单牌后，中门就势顺走了一张单牌，结果就因为顺走了一张单牌，中门形成了冲锋态势：或者中门自己上手出了最后一手牌，或者顺门用炸上手送走了中门。如果庄家发的单牌很大，中门不能顺走那张单牌，他就有两手牌需要出，因此，散家即使有一炸能够上手，中门也不能把牌先出完。而为了把那一张单牌出掉，中门需要花费一手封顶牌甚至一个炸弹的实力。

庄家需要牢牢记住这么一点：散家有可能因一手牌顺不走而不能形成成功冲牌的态势，那样的话，散家的牌再好也走不完；散家也有可能因一手牌顺走而形成了成功冲牌的态势，那样的话，庄家的牌再好也抵挡不住。

在实战中，庄家留砣牌并不是一成不变的，而要随着牌局的变化不断调整，其核心目的就是使企图先走的那位散家不能顺走关键的一手小牌。

庄家留砣牌的情形主要有这么几种。

1. 全局在单牌上留砣牌

一般的牌局，大家都有几张单牌。庄家必须自己跑牌，因此，当庄家有单牌时，发单牌就不可避免了。而且，还有以下原因会使庄家往往在开局的前几手出单牌。一是，庄家往往担心如果自己留两张以上的小单牌，当主攻散家走得只剩下一张大单牌时自己会被迫把散家送走。二是，一般庄家都有一些大牌，出单牌可以回手。三是，出单牌往往可以使守门员认为庄家的牌不整，需要出的次数较多，守门员就有可能不会高位守门，这样，庄家顺走2、A、K等大单牌的可能性较大；如果庄家一开始就出整牌，散家往往会认为庄家牌好，守门员守门时可能就会守得很硬，有时庄家甚至连单2也顺不走。四是，庄家出单牌有可能迫使守门员拆大牌守门，从而破坏守门员的大对子、大三头甚至连对或飞牌。五是，如果出其他牌型，容易暴露自己的弱项。六是，有的牌型有希望在散家出牌时顺走，而较小的单牌没有希望顺走。从实战中观察，也可以发现，庄家在前几手发单牌的情况非常普遍，尤其是第一手，庄家多会发单牌。

庄家发单牌后，散家就会顺单牌，因此，一般地，在开局之初的几轮，让散家顺单牌往往不可避免。但是，如果庄家的单牌较多，先发多大的单牌，就有了学问。如果庄家发小单牌，散家的小单牌就能顺过去；如果庄家发大单牌，散家的小单牌就顺不过去。

为了防止散家顺小单牌，庄家在一开始发单牌时要发相对大一点的单牌，而留着小单牌。比如，庄家的单牌和大牌为：

大王、小王小王、222、A、10、7、3。

显然，庄家王多、2多，单牌也多，应该首攻单牌。但是，如果先出3，顺门或中门就可以过小单牌。而如果先出7，散家7以下的所有单牌就必须依靠他们自己上手才能发掉或送走。甚至，出第一张单牌时，庄家可以发更大的单牌，比如此例中的单10，以图挡住散家更多的单牌。

庄家先发大一点的单牌还有一些好处：

一是，出大单牌时，顺门往往看到单牌过大，自己便会跟上一手，而这样，往往又挡住了中门更多的单牌。比如，庄家出单J，顺门很有可能上单K，这样，中门的单Q或单K又会因顺门阻拦而不能顺走。

二是，如果出了大单牌庄家没有上手，散家往往会攻单牌，当他们把单牌快出完或出完时，庄家再攻单牌，这样打牌对散家不利，有时会给他们造成较大损失。因为他们本来可以在庄家出单牌时顺走，却在前面辛辛苦苦地攻了半天单牌，耗费了很大的实力。而且，如果散家单牌走完后的牌相非常整，难以调整，庄家再出单牌时散家往往可能要不上单牌，或者被迫压庄家的单牌而破坏牌型结构，甚至浪费炸弹。

三是，庄家先出大单牌时，由于散家没能顺走小单牌，使散家无法很快显露出谁在主攻，主攻者需要过多大的单牌，这有可能使散家配合发生失误。比如，虽然中门想主攻，但因为没有顺走足够的单牌，所以迟迟没能开始进攻，而顺门的牌一般化，但上手后，他认为中门没有能力主攻，因之试图自己进攻，也就没有送中门小单牌，这样，散家就没有形成合力。再比如，顺门上手后，经过考虑，觉得还是送中门比较保险，但不知道该送多大的单牌合适，于是，就拆了自己的对 3 甚至三头 3 送中门，结果中门的单牌较大，根本不需要拆 3 送牌，这就给顺门造成了不必要的损失，等中门不能主攻时，顺门手中的单牌可能不但没有因为出掉而减少，而且还有可能因为此前拆开整牌送中门反而多了，这时顺门主攻比一开始主攻的难度要大。反过来说，如果庄家一开始就出最小的单牌，有利于散家把牌打得比较明确，使散家的配合失误减少，这当然对庄家不利。

四是，庄家出大单牌还有可能造成散家对庄家的牌相牌力判断发生失误。有的散家可能认为庄家没有单牌或者单牌很少，认为庄家的牌非常强大，很可能为了逼庄家的炸弹把大牌首先打出去。有的散家可能认为庄家没有单牌或者后发的小单牌是拆出来的，认为庄家的牌很整，害怕给庄家送牌，而不敢出自己的整牌，导致一拆再拆，不但有可能把 2 以下的整牌拆乱，甚至还可能把特大牌 2 都拆掉。这样，就为庄家在后面的进攻清除了不少障碍、减少了不小阻力。有时，甚至有的散家看到庄家出那么大的单牌会丧失信心，乱打一气，尤其是当庄家在一开始再显得强硬一些时。如此一来，有可能庄家还没有开始进攻呢，散家自己就先乱了阵脚，最终，很有可能散家因为自己犯错而打败了自己，让庄家把本来不能打成的牌打成了。

依据这个理论，实战中，有的高手在打牌时按从大到小的顺序发不企图顺走的单牌，一些初入门的人看到庄家在逆序发单牌，感到十分奇怪，觉得不可思议，其实，逆序发单牌大有文章，非常奥妙。

2. 全局留单牌外的其他砣牌

庄家谋划发牌时，除了单牌外，其他牌型也可以适当考虑留砣牌。对子、三头、三带对都可能被留作砣牌。

比如，庄家对子很多，先出对5或对3对庄家都一样，这时，就可以考虑先出对5，把对3留作砣牌。有时，就是因为庄家发了对5，使某位散家的对4或对5没能顺过，从而使其不够冲锋条件，未能先走成功，最终庄家自己获胜。

3. 残局有炸、炸多时留砣牌

残局时，如果庄家有炸，但散家有大炸，庄家留砣牌更加重要。我们不乏见到这样的情况：主攻散家有两手牌和一个大炸，庄家的实力也比较强，但由于没有用留砣牌的打法，出了一手小牌，结果主攻散家顺走了一手，然后用大炸上手冲牌成功。这时，庄家虽然手中还有一炸，但因为没有散家的炸弹大而空留在了手中，被活活饿死。在这样的情况下，如果庄家先出大牌，散家无法顺牌，之后，庄家再出小牌，手中的炸弹就不会被饿死，必能赢牌。

某盘残局，庄家上手，这时，庄家的牌有十四张，是两个三带对和一炸：QQQQ、222－JJ、888－66。而中门的牌也有十四张：也是两个三带对和一炸：KKKK、JJJ－77、333－44。因为中门不够报牌，所以庄家比较大意，先出888－66，中门过JJJ－77，庄家用222－JJ封顶。这时，庄家手中只剩了一炸，他觉得自己已经赢了。然而，中门用KKKK炸后，庄家因为炸小要不上，中门得以上手，打出了333－44，先把牌走完了。庄家空余QQQQ一炸，落败。

有时，庄家有两个炸和一手小牌，但也要留砣牌。我们不时可以看到这样的实战情况：当庄家手中还有两炸和一手小牌时，必须先出一炸才能获胜。因为，如果庄家不先出炸弹而出那一手小牌，很可能主攻散家过一手牌后还余一个大炸和一手牌，或只余一手牌而其上家同盟有大炸，那样的话，主攻散家能先于庄家把牌出完，庄家会饿死一炸输牌。

比如，庄家有九张牌：AAAA、K、5555，中门有八张牌：2、99999、88。庄家如果先出单K，中门顺走单2后，用99999上手就能先于庄家把牌出完，使庄家饿死一炸败北。

再如，庄家手中的牌是：KKKK、8888、7，这时，守门员在弃门，还有四张牌，庄家没有多考虑，就出了单7，结果守门员顺走一张单牌后还剩三张，庄家出8888，中门用QQQQQ上手后出333，恰好守门员的余牌是999，被送走了，庄家饿死一炸输牌。

所以，庄家即使在残局还有两个以上的炸弹和一手牌时，也不要简单地以为自己炸多，必能轻松赢牌，而要认真考虑，抉择是否留砣牌，必要时甚至要先发炸弹。当然，如果通过分析，可以断定三位散家顺走一手牌后能被送走的希望不大，但散家还有一些炸弹，那么，为了稳妥起见，还是应该先出一手别的牌，留下所有炸弹。而如果根据牌局的进度，判断散家最多只有一炸时，就要考虑留砣牌，先出小炸。

4. 残局无炸时留砣牌

有的残局，庄家与散家的实力已经基本拼光，而且庄家已经无炸，为了不使散家过小牌从而形成必先走牌的态势，也要考虑留砣牌。

某次实战残局，庄家上炸后剩三张牌，守门员担心庄家一手走完，用了散家最后一炸回炸了庄家。这时，中门有一个小王已明，顺门已放弃不跑了。庄家的三张牌是22、K。中门的牌很差，还有三张单牌：小王、A、J。由于守门员前面守门非常尽力，因此，手中已经没有整牌，只剩下了一些比K小的单牌，用炸上手后，守门员没有办法，只好发手中最大的单牌。这时，庄家应该怎么出牌呢？正确的打法是：庄家上单2。这样出牌，由于散家牌都不整，中门是否上小王庄家都能把牌走掉。事实上，庄家出错了牌。他一看是小单牌，觉得自己终于能顺走单K了，而且，出单K后，还有两个2，单双不怕，多保险！但是，就是因为庄家先出了小牌K，使中门顺走了单A，导致了最终输牌。庄家出K后，中门上A，庄家上2，中门用小王封顶。之后，中门一直打整牌，尾牌出单J，赢牌。庄家饿死了一个2，输牌。

这样的残局，必须是高手才能打好。一般情况下，当守门员发出了比K小的单牌时，庄家都会觉得好不容易有了过单K的机会，同时也舍不得拆对2，会先过单K，而这时恰恰只有先上2庄家才能赢牌。庄家先上一个2，把单K留作砣牌，使中门的单A顺不过去，中门虽然小王能够上手，但由于还有两张单牌，形不成冲牌态势。中门为了跑牌，必出单牌，即使中门出较大的单牌A，庄家也能用余下的单2上手，最后出砣牌单K，先走成功。

（二）主攻散家与庄家在残局形成对峙时留砣牌

一般地说，顺门和中门确定自己先走时不留砣牌。因为，他们最后可能要依靠同盟送牌，如果留的砣牌太小，有可能同盟送不走；而且，因为他们后面还有同盟守门，也往往不必要留砣牌。但是，在残局时，如果主攻散家与庄家形成了对峙局面，就要考虑是否需要留砣牌。其道理和庄家在残局时留砣牌的道理是一样的，都是为了不让对手顺走关键的一手牌而形成冲牌态势。

比如，中门上手后有六张牌：大王、9999、7，而庄家也还有六张牌：小王、AAAA、J。如果中门先发7，守门员无论如何也守不住庄家的小王，而一旦庄家顺过了小王，用AAAA上手就必赢无疑了。所以，这时，中门要先发大王。这样，庄家无论是否下炸，都必输无疑。

（三）守门员弃门时留砣牌

守门员在弃门时，往往会遇到余牌需要几手才能走完的情况。这时，留砣牌也是非常重要的。

比如，守门员用一炸上手后还有三张单牌：A、J、7。庄家的牌是：2222、大王、10、777－55。中门还有一小炸和一个小王。这种情况下，守门员应该先出哪张单牌呢？如果先出小单牌7，庄家就会顺走单10，守门员过单A，庄家上大王。这时，虽然中门有一个炸弹，但是庄家的四个2大，庄家用四个2上手出最后一手牌就能先走成功。而如果守门员先出较大的单牌J，庄家过不了单10，必上大王。之后，只要中门用炸弹炸了庄家的大王，并上手送守门员，庄家就必败无疑了。中门用炸弹炸了庄家的大王后，庄家因为还有单10和777－55两手小牌，不能冲牌成功，必会让中门发牌。中门发小单牌后，守门员先过单7，庄家过单10，守门员再出单A，能先于庄家把牌出完，打败庄家。

所以，守门员在弃门时，如果有三张或更多的单牌，当最小的单牌能被同盟送走时，守门员往往不应该先出最小的单牌，而应该先出较大的单牌，把最小的单牌留作砣牌。当然，除单牌外，在打其他牌时，也要看是否应该留砣牌。

四、山中无虎猴为大——缓称王

俗话说："山中无老虎，猴子称霸王"，因为猴子打不过老虎，所以，山中有老虎的时候，猴子称不了霸王。而猴子要想称霸王，就必须等老虎下山。

有时，老虎会自己主动下山，这种情况下，猴子就要忍耐，就要等待。斗地主时，等敌人的大牌出下来后，自己较大的牌之上再无更大的牌时，便可以封顶。在残局时，敌人的牌数会很少，有时牌数甚至不够一些牌型的数量，这种情况下，可能很小的对子、三头都是大牌。

有时，猴子急于称王，也可以用计谋调虎离山。斗地主时，如果自己的牌并非自然而然的封顶牌，但想用这样的牌封顶，也可以用计谋让对手把比它大的牌出下来或拆开。比如，我手中的三头和对子是：222、AA、KKK、QQ、JJJ、999、88、66、44，在敌不会送对子时，无论怎样出，都需要五手牌，其中三带对四手：222 - QQ、KKK - 88、JJJ - 66、999 - 44，对子一手：AA。对我来说，对 A 和单 A 都是一手牌，在对手还有三个 2 时，如果出单牌，我要把对 A 拆开，迫使敌人拆三个 2，这样我的三个 2 就必能封顶，这对我有利。

（一）单牌或炸弹

较大的单牌要封顶，除过漏打的情况外，只有外面再没有比它更大的牌才行，因此，要么等待外面的大牌主动下来，要么想办法用自己较小的牌把大牌顶下来。一般地，等到外面的大牌主动下来时，形势就已经很严峻了，虽然这时自己较大的单牌能封顶了，但往往牌局已以对自己不利的形势接近了尾声，甚至自己的封顶牌已经派不上用场了。为了避免最后陷于难以挽救的被动局面，最好的办法还是趁早用自己的牌把对手的大牌顶下来，使自己较大的牌在形势尚好时成为封顶牌，发挥出封顶的作用。

其实，斗地主时，如果敌我双方实力差不多，用一级一级压牌的办法，可能很难打败敌方，比如 A 压 K、2 压 A、小王压 2、大王压小王、四个 3 压大王、四个 9 压四个 3、四个 2 压四个 9、五个头压四个 2……那么，我们就要想办法使对手的大牌压自己相对较小的牌，而使自己的大牌压对手尽量大的牌。这跟田忌赛马的道理是一样的。

我们都知道，如果庄家的特大牌是：小王小王、22，要想小王封顶，必须拆 2 引出两个大王后才行。这个例子很简单，一般地，牌手都会用这样的技巧。但是，稍复杂一点的情况并不是每一位牌手都会处理的。

比如，庄家的牌不整，需要大牌拆开多次封顶，大牌是：大王、小王、222、AAAAA，怎样才能使这些牌封顶的次数更多呢？一般地，这样的牌可以先出三带对，如果某位散家用三个 2 封顶，那最好，散家再只有两个 2 了，然后，出单牌让散家用 2 再接一两手守门牌，进一步减少散家手中的 2。如果庄家出三带对后散家没有用三个 2 封顶，也要先让散家用 2 接上几手守门牌。之后，如果散家还有 2，庄家可以用部分 A 把散家的 2 顶下来。等把散家的 2 消耗完后，再出单牌时庄家上 A，散家就要用王压牌。当然，如果散家出 A 或 2，庄家还要用 2 或小王压散家并顶下散家的小王或大王。等把散家的王和2消耗完后，庄家A以上的牌就都能封顶了。

自己的小炸弹要想上手，其道理也一样，先要用封顶牌或小炸弹把对手的大炸逼下来。对手的大炸下来后，自己较大的炸就能称霸了。

（二）较大的整牌

较大的对子或三头要封顶，须使对手没有更大的对子或三头才行，如果不能使对手形成大对子或三头的牌全部下来，也可以想办法拆开对手的大对子或三头，使自己较大的对子或三头在后面的较量中能封顶。

比如，残局时，为了使自己的AA封顶，必须先想办法让对手的22下来或把对手的22拆开。

有时，还需要用战术甚至欺骗的办法使对手把整牌拆开。比如，已经落地三个2，庄家手中有两个2，守门员有三个2，由于散家手中还有三个王，因此，他们不出对子。庄家觉得反正自己的对2不能被送上手，又不能完全顺过去，为了使自己的AAA能封顶，庄家故意拆开对2过单，下一轮再出单牌时，守门员往往就会为了守住庄家的单2，而把自己的三个2拆开守门，这样，庄家的AAA就能封顶了。

在残局时，大家的牌都比较少了，虽然有的人手中有大的三头，但对子的数量很有限，这时，如果你想用三带对封顶，还可以通过先打对子的办法减少敌人手中对子的数量，当敌人虽有三头但没有对子时，你再打三带对，他由于无对子可带，只好望洋兴叹，任你的三带对称霸。

（三）连牌

开局之初，每家手中的牌都比较多，有连牌的可能性最大，除了多飞类牌、长连对外，这时打连牌，对手往往能压住。而随着牌不断落地，各家的连牌往往可能已经拆开，或者某家连牌干脆已经打了出来。到那时再出连牌，封顶的可能性就很大了，甚至有时能够断定其必是封顶牌。

比如，对手有牌：AAA、KK、QQQ、JJ。如果你一开始就出三连对或四连对，他拆上一两张牌就能管上；如果等一等，他很有可能出三带对时把QQQ出了下来，那时，你再出连对，他就要不上了。

再如，对手有双飞双带999－888－66－44，你有双飞双带666－555－44－33，如果他急于出牌，就会先出双飞双带，他出双飞双带后，你的小双飞双带就成了封顶牌。

在实战中，一味等待对手主动拆开或先出连牌往往显得被动，因为大家都知道连牌晚出易封顶的道理，一旦对手主动出这类牌时，往往牌局已近尾声，你可能已经来不及出牌了。所以，高明的牌手往往会引诱对手拆开连牌。比如，你有双飞双带，为了怕对手管上，你可以先出三带对，对手为了拦你的牌，很有可能把大双飞双带拆掉，这样，你的小双飞双带就成封顶牌了。再如，你的小连对想封顶，可以先出散对子，敌方为了管牌，很可能把连对拆开，这样，你的小连对就能封顶了。运用这一技巧在残局依靠连牌、尤其是连对冲牌时非常关键，很多时候能决定一盘的胜负。

某盘残局，庄家的牌是22、JJ、1010、999、77。中门还有四张牌，一手走不掉，根据出牌情况基本可以判断出他的牌是一个三头和一个单牌。顺门的牌比较多，还有散家中唯一的一个2。因为三个9根本不大，这样的牌必须用连对冲牌才可能成功。考虑到既可能破坏对手的连对，也有可能侥幸过一对J，庄家先出了一对7。顺门手中确实有大连对QQ－JJ－1010，而且，还有AAA，但顺门考虑到要留AAA压牌，而且庄家的K和A已经出完，因此，他出了一对Q。庄家看到过对J无望，只好用对2上手，然后出JJ－1010－99冲牌。看到庄家打出连对，顺门懊悔不已，连连摇头。

连牌缓出的效果非常明显，把握好出连牌的时机往往可以决定一盘的输赢。因为庄家孤军作战，面临三个敌人，所以，对庄家来说，缓出小连牌更加重要。连牌如果出得过早，往往会被三个散家中某家封顶。我们常常能够在牌场上看到这样的情况：精明的庄家有一个小双飞双带或小的短连对迟迟不出，等散家把连牌出掉后再出，有的庄家甚至等到残局敌方余牌的数量已不够自己要出的连牌数量时才出。同样的道理，精明的主攻散家也常常会在庄家既不要单牌，也不要对子时迟迟不出手中的双飞双带或连对，那也是考虑到自己的连牌有可能不能封顶，担心会给庄家送牌。

五、前有老虎后有狼——憋死牛

有的残局会出现这种情况：主攻散家手中只有一手牌，庄家上炸或用大牌封顶后，手中有两手牌，一手牌是和主攻散家同种类型的小牌，另一手牌是一个炸弹或大牌，而在主攻散家下家的助攻散家手中，有一手炸弹或大牌既能管住庄家当前出下的炸弹或大牌，也能管住庄家余牌中的炸弹或大牌。这时，助攻散家是否制止庄家就决定了胜败。如果助攻散家用炸弹或大牌制止了庄家，虽然可以不让庄家当时上手，但是，助攻散家上手后给主攻散家送牌时要经过庄家，那时，庄家再用炸弹或大牌上手，就可以成功冲牌了。如果助攻散家先不管庄家，让庄家发牌，那么，庄家必输：要么因为用炸弹或大牌冲牌失败而输；要么因为出小牌送走主攻散家而输。

所以，当遇到这种情况时，有大炸或大牌的助攻散家不应该先管庄家，而应该让其继续发牌。此时，庄家会左右为难，前后不得：前面有主攻散家等着送牌，后面有助攻散家控制着炸弹或大牌。而最终，庄家往往会冒险用炸弹或大牌冲牌，但这时，助攻散家就会压制庄家，庄家不能成功冲牌，这样，庄家就会把小牌憋死在手里，败北。少数情况下，庄家会冒险出小牌，送走主攻散家，那就会把炸弹或大牌饿死在手里，同样落败。人们把在这种情况下助攻散家有牌但先不管庄家反而会打败庄家的技巧俗称为“憋死牛”。

由于别的牌型往往有调整的余地，而庄家最后常常还会余有炸弹，因此，在实战中我们最常遇到的此类情况是庄家余一个小单牌和一个炸弹。即：顺门或中门主攻，余牌只有一张。庄家出封顶牌或上炸后，余一个小单牌和一个炸弹。主攻的顺门或中门下风的助攻散家虽然有能管住庄家的大炸，但故意不管庄家，任由庄家上手发牌。庄家无可奈何，最后被活活憋死。

成熟的牌手会自如地运用憋死牛的技巧，生手由于判断能力较差，担心庄家一手把牌出完，觉得已经在残局，再不上炸就来不及了，害怕把炸弹饿死，往往会急于下炸，殊不知这时急于下炸其实就等于手中无炸。

六、好风送我上青天——等东风

在斗地主游戏对抗中，我方不想让敌方顺牌，敌方也不想让我方顺牌。但是，无论如何，敌方总要出牌，因此，如果能够判断敌方必出某些牌，而我方手中的一些牌必会被敌方送走，那么，在我实力不够的情况下，我就可以把力量用在出别的牌上，把敌方必送我顺走的牌留在手中，专等敌方送我。这就是坐等东风我来借、好风送我上青天的技巧。

比如，我手中既有三带对，也有单牌，如果对手单牌过多，会接二连三地出单牌，我就可以把有限的力量用在出三带对上，坐等顺单牌。

当对手用大牌或炸弹压我后，如果其必会送我能顺走的牌甚至封顶的牌，在敌先跑完牌危险不大时，我即使有能力，也不要进行还击，而应坐等对手给我送牌。

有一次打牌，顺门手中全是对子，并且有一大一小两个炸弹。顺门本来企图用炸制止庄家后发对子，给同盟示意，把牌打明。巧的是，庄家也是满手对子，而且庄家首先发了对子。于是，顺门默不作声，每次庄家用牌封顶或上炸后顺门都不用炸弹制止，而是静观中门和守门员与庄家拼杀，自己只是悄悄地跟着庄家顺对子。当庄家花费了很大力气把对子出得再剩最后一个时，顺门的对子也顺得只剩下一对了。这时，庄家的余牌是两炸和一个对子：KKKK、JJJJ、AA，而顺门手中的牌也是两炸和一个对子：88888、4444、33。庄家根本没有想到顺门的牌会是那样，他觉得自己不但有两个炸弹，而且AA也是全场最大的对子，肯定赢了。庄家发AA，顺门上4444，庄家上JJJJ，顺门用88888上手，最后出33，庄家饿死一炸KKKK，输牌。此盘，顺门的高明之处就是采用了等东风的技巧，他明明有两个炸弹，在前面可以多次炸庄家，但他看到庄家一直在发对子，和自己的主攻牌型一样，因此，有意不炸庄家，放任庄家发对子，让庄家给自己送牌，直到把自己送得够手为止。反过来说，如果顺门在前面就上炸弹，虽然会制止一次庄家，但是，那极有可能会引起庄家的警觉，庄家只要稍微注意一下，就不会让顺门顺那么多对子，而顺门的对子顺不了那么多，就不够手，那样的话，散家无论怎么打，都赢不了庄家。

很多庄家或主攻散家在实力不够时往往会等待对手送牌上手，这其实就是在运用等东风的技巧。尤其在残局，经常有人在等东风。比如，庄家手中的牌是AAA、QQQ、JJJ、99999、44。这时，还有两手累赘牌，如果庄家用五个9上手，在散家还有一小炸的情况下无法成功冲牌，因此，庄家只有耐心等待。等顺走AAA-44，或者单A，或者QQQ-JJJ-AA-44，或者QQQ-JJJ，或者两个三头后，就再只有一手累赘牌，满足了冲牌条件，那时，庄家再用99999冲牌，就能成功。

在残局时，无论是庄家还是主攻散家，如果用炸上手后手中还有两手牌，而通过准确判断，认为敌方必会把自己的一手牌送走，那么，就可以把敌方必送的牌留在手中，先走另外一手牌，让敌人在出完牌前先必把我送走，我胜敌败。这是十分高明的打法。

某盘，庄家的实力相当强大，手中有三个王，还有几个炸弹。散家中，只有顺门的牌比较整，而且有一炸。

在出牌的过程中，庄家的三个王已经被散家看出来了，而且，庄家还在拆2接单牌。

虽然庄家在单牌上有极大的优势，但散家发出对子后，发现庄家不要对子。顺门牌整，对子很多，就一直在攻对子。

当顺门还剩八张牌时，庄家害怕顺门有大炸，饿死自己的小炸，因此上了一个小炸。顺门用自己的炸弹回炸了庄家，余牌四张。

庄家认为，顺门余牌四张，如果是炸弹，自己必输；如果不是炸弹，一手肯定走不完，于是允许顺门出牌。

顺门手中的四张牌是：A、888。顺门出牌有两种选择：一是出单A，等待其他人送三个头；一是出三个8，等待过A。顺门这样分析：庄家虽然可能手中的三个头多，出了三个8会给庄家送牌，但庄家手中有那么多王，而且还在拆2打单牌，那应该说明庄家手中的单牌多。而自己手中的单A也不算小，如果留下单A，很有可能庄家就会把自己送走。于是，顺门果断地出了三个8。

事情果然像顺门分析的那样，顺门出三个8后，虽然让庄家过牌并上手，但是，庄家手中A以下的单牌还有两张，最后，庄家虽然没有出最小的单牌，而是出了较小的单牌，但还是把顺门送走了。

可以说，此盘散家赢就赢在顺门在最后的关键时刻决策非常正确，果断地打出了自己较弱庄家较强的三头，留下了一个庄家必会送走的大单牌。顺门的选择看似大胆，实则心细，水平很高。

实战中，把握好等东风的技巧有相当大的难度，牌手需要有很强的判断能力。只有判断准确有东风，东风是什么，才能利用好东风。如果判断失误，很有可能会贻误战机，反而有害。这一点需要牌手特别注意。

七、破釜沉舟死后生——一条路

“破釜沉舟”“置之死地而后生”说的是在战争中，只有一条出路时，只能就此一博，如果要败，那也没有办法。牌场如同战场，如果只有一条路有可能成功，其他路都是死路时，就必须就此一博，看看有没有可能成功。如果连这唯一的出路都不能成功，那也死而无憾，输了就输了。而在有的情况下，也有可能就此一博获得成功。

牌手经常会遇到这样的情况：如果放敌一手，我方必输；而如果不放过敌人，按常理，我方也赢不了。这时，应该怎么办呢？应该当机立断，不能放过敌人。因为，一旦放过，牌局就已经结束；而如果不放过，虽然按常理我方也会输，但却有了一丝机会、一线希望——如果敌方不小心犯了错误，我方就有可能转败为胜。在牌局中，牌手犯低级错误的事情时有发生，所以，这时一定要采取措施，给对手创造一些犯错误的机会；而不能眼看着让牌局以我方失败的结局结束，连让对手犯错误的机会都不给人家。

下面看一个真实的经典战例。

某盘，庄家的牌非常强大，全牌整理如下：

单牌三组3张：小王、K、6；

对子一组2张：大王大王；

三头一组3张：QQQ；

双飞一组6张：555－444；

炸弹四组19张：JJJJ、99999、33333、7777。

看到如此强大的牌，庄家决定敞牌明打，企图赢双倍的分值。

可以看出，庄家不仅牌比较整，而且炸弹较大，因此，赢的希望是非常大的。

散家的牌有两个特点：一方面，顺门和中门的牌都不整，守门员的牌虽然比较整，但仍有两个小单牌；另一方面，散家也有较强的力量：顺门有三个小炸弹，其中有一炸能够管住庄家的四个7，中门没有炸弹，守门员有两个小炸。

此盘的进程是这样的：

第一轮：庄家先出了双飞555－444。由于顺门有三个炸，他害怕别人管不上这样的牌，就用最小的一个炸把庄家的555－444炸掉了。庄家力量很强大，他毫不犹豫地用四个7回炸。顺门再次上了唯一能大过四个7的炸。看到顺门的炸挺多，上炸又急，庄家不想让顺门发牌，就用五个3再次炸了顺门。由于散家无人能够炸过庄家，只好任庄家出牌。

第二轮：庄家出了一个单6。由于顺门的牌不整，也没有小王，因此，他没有顺牌。中门有一个小王，为了堵住庄家的小王，中门出了小王。庄家上大王。这时的顺门还有一炸，他考虑到，如果散家只有自己这一小炸，也无济于事，便忍了一手。中门没有炸，只好让了过去。守门员手中有两个小炸，他上了一小炸。庄家看到守门员手中的牌很多，就想等等看，看守门员能发出什么牌来。

第三轮：守门员发对子。庄家不敢拆三个Q，所以就让过去了。因为顺门和中门的牌都不整，所以，他们都没有接牌，期待守门员牌整，能主攻成功。

第四轮至第八轮：虽然顺门和中门不接牌，但是，守门员不敢发单牌或三头，而且自己的牌又较整，因此，继续发了四次对子，庄家一直不要牌。第八轮时，守门员打出了一个三带对。这时，守门员手中只剩有六张牌了。庄家看到守门员手中余牌太少，因此，用五个9把守门员的牌炸停了。散家都要不上。这时，庄家的牌是：

单牌三组3张：大王、小王、K；

三头一组3张：QQQ；

炸弹一组5张：JJJJJ。

第九轮：庄家出了一个单K，并用小王回手。顺门只有一炸了，他觉得自己即使上炸，也没有什么大的希望，只好交给其他两家，看看守门员的六张牌有没有什么奇迹。中门没有炸，管不上。守门员手中的六张牌其实并不非常整，是一个四个头的小炸加两张单牌。这时，如果守门员不上炸，庄家的小王就上手了，之后，无论庄家出大王还是三个Q，都必然获胜；而如果守门员出了炸，那么，有可能庄家会判断失误，打错牌，那样，散家就有了打败庄家的可能。于是，守门员果断地炸了庄家的小王。庄家看到守门员只剩有两张牌，非常害怕是一个对子，觉得如果放他走了，就太亏了，于是，庄家用五个J把守门员炸停了。

应该说，庄家能够判断出守门员的两张牌是单牌。因为，第一，守门员没有出过单牌，有单牌的可能性非常大。第二，如果是对子，守门员应该会在出三带对之前发对子，不会把对子留在后面。但庄家过于担心，又没有好好判断，所以，走出了错误的第一步。这时，庄家的牌是：

单牌一组1张：大王；

三头一组3张：QQQ。

第十轮：如果这时庄家能够仔细分析，选择正确的打法，发QQQ，那么，还是可以取胜的。但是，他又一次犯下了错误，没有发QQQ，而是发出了大王。顺门还有一小炸，当然，他用小炸把庄家的大王炸掉了。这时，庄家的余牌是QQQ，根本算不上大牌，散家已经稳操胜券，顺门仅靠自己的力量就能把庄家打败。

此盘庄家失败的原因主要是在最后两次出牌上，他没有认真分析、判断，害怕守门员的牌过于整，导致了两次错误，最终吃了败仗。反过来说，散家之所以获胜，关键就在于守门员最后一炸上，正是由于守门员虽然看到出炸后按常理庄家也能获胜，但是觉得出炸后庄家有可能犯错，就果断地炸了庄家，而正是这一炸，给了庄家一个犯错误的机会，而庄家也紧紧抓住了这个机会，犯下了致命的错误，这才使散家赢了牌。试想，如果守门员不炸庄家的小王，庄家就已经获胜了，哪来散家最后的胜利？

下面从开局、中局和残局三个阶段看一下如何运用一条路的技巧。

（一）开局时

一般地，在开局时，牌型变化较大，很少有在一开局就觉得自己只有一条路可走的情况。但也会出现牌相整，变化不大或者没有变化的情况，通过分析，牌手如果觉得自己确实只有一种打法有希望成功，那就要按这种打法打。

比如，某盘，庄家发现，只有过单 A 才能成功，那么，庄家就必须耐心等待，一直要等到过单 A。再如，某盘，庄家的牌很整，但必须过三个 2，这种情况下就可以考虑拆开 2 顺牌，把三个 2 分次滑过去。

因为庄家孤立无援，所以，在开局之初就能断定只有一条路可走的情况往往是对庄家而言的。有时，某位散家想先走牌，也可能只有一条路。

（二）中局时

在中局，各家实力渐渐明朗，无论对于庄家还是主攻散家来说，要想先走成功，当只有一种办法时，就只能用这个办法。

比如，某中局，庄家手中有全场唯一的一个大王。散家中，守门员和顺门没有跑牌的意思，中门主攻，但是，中门还有三个单牌。这种情况下，中门要想跑牌成功，无论怎样出牌，庄家的大王都会在中门还有不止一手牌时用上。也就是说，让庄家有效上大王这条路散家必须走。这种情况下，中门上手后，与其发其他牌型，还不如发单牌。因为，反正庄家的大王要用上，那就不如让庄家早早用上，这样，第一，自己没有盲目出牌，不会让庄家再顺其他牌、甚至顺牌又封顶；第二，庄家上大王后，如果散家不炸，庄家上手出牌，可能会暴露其短项牌型。

（三）残局时

在前中场，牌手对形势的判断还不很准确，而牌也多有变化，因此，开局和中局时一条路的技巧用的较少，在多数情况下，一条路技巧都用在残局时。

下面是几种既常遇到又非常典型的情况，其他情况下，如果只有一条路，道理也是一样的。

第一，冲牌判断不清对手是否有炸弹时，要按对手无炸弹打，用确保封顶的牌冲牌。

很多情况下，牌手在最后无炸时，手中还有两手牌，一手牌是封顶牌，一手牌是小牌。如果出封顶牌，对手无炸便可冲牌成功，对手有炸就必然失败。如果出小牌，当对手有炸时，虽然也有可能对手送走自己的封顶牌，但只是可能；当对手无炸时，也有可能对手上手后出的牌一直送不到自己手中，对手会先把牌走完，使自己输牌，这时，牌手往往会非常后悔自己太保守，没有敢用封顶牌冲牌。所以，有这样的牌时，如果判断不清楚敌方手中是否有炸弹，牌手在是否用封顶牌冲牌的问题上会面临艰难的选择。事实上，在这种情况下，如果不敢用封顶牌大胆冲牌，往往即使敌方无炸我也会输；而如果冲牌，当敌方真的无炸时我就必能赢。因此，我主张，遇到这种情况时，牌手应该按照对手无炸的情况设计打法，大胆冲牌。其结果是：对手无炸，我冲牌成功，赢牌；对手有炸，虽然我冲牌失败，输了牌，但不会后悔。

某盘残局，庄家上手后，还有四张牌：大王、K、QQ。由于守门员一再问庄家还有多少牌，因此，庄家害怕守门员还有一炸。庄家想，如果发单 K 用大王收回时被散家炸掉，留有一对 Q，就必输无疑了，所以，庄家决定先发对 Q。结果，庄家出了一对 Q 后，立即被顺门管上。顺门牌整，根本不需要同盟配合，自己就把牌先出完了。庄家的单 K 和大王留在了手中，落败。事实上，三位散家都没有炸弹了。庄家之所以输牌，就是害怕散家还有一炸，因而不敢发单 K 并用大王回手冲牌。其实，出对 Q 的打法是明显错误的。因为，如果散家还有一炸，那么，庄家出对 Q 后，由于对 Q 不大，它必然会被散家管上。散家上手后，庄家还有 K 和大王两张单牌。如果主攻散家的牌不整，单牌较多，但只要散家能守住庄家的单 K，当庄家上大王后，散家用炸，然后出整牌，主攻散家就能把牌先出完，庄家会留下单 K 输牌；如果主攻散家只有两张单牌，而且都比 K 小，哪怕散家守不住庄家的单 K，让庄家能顺过单 K，但当庄家过单 K 后，散家用炸，主攻散家也能先把牌出完，庄家会饿死大王输牌。也就是说，采取先出对 Q 的打法，在散家有炸弹的情况下，庄家赢牌的希望很小。如果散家没有炸弹，当某位散家没有或只有一张单牌时，庄家也必然失败。所以，一般情况下，如果散家有炸，当对 Q 不能封顶时，怎么出都是输；如果散家没有炸，出单 K，用大王回手就能赢。因而，这种情况下，庄家应该先出单 K，然后，用大王回手并冲牌。

如果同时有两手牌，都有希望封顶，冲牌时，要选择封顶可能性大的牌出，不能给敌方任何机会。

有一次，庄家手中有十一张牌，一个大王，一个小双飞双带。当时，通过牌局的进展能够看出散家已经无炸了。而且，顺门已经开始进攻，其牌整的可能性非常大。但庄家害怕散家有炸弹，先出了双飞双带，结果被守门员用大双飞双带管上，守门员上手后给顺门传整牌，顺门接牌后先把牌走完了，庄家饿死大王输牌。

第二，我方没有炸弹，而且偷跑的可能性不大，如果敌方有炸弹我必败，那么，我要当敌方无炸弹打牌。

残局时，往往会出现这样的情况：某家上手后要出牌，但是，敌方是否有炸不能判断清楚。假如敌方有炸时我方必会输牌，那么，这时，就只有一个好办法：当敌方无炸打。

比如，散家在残局时经常会遇到类似这样的情况：庄家用炸后剩五张牌，守门员还有一大炸，由于害怕庄家是三带对跑掉，因此，守门员用大炸上手。这时，守门员特别希望弄清楚庄家的五张牌是什么牌型。其实，如果庄家只余五张牌，在多数情况下只有两种可能：不是三带对，就是一炸加一单。这时，守门员应该怎么发牌呢？我们应该这样分析：如果散家还有炸，那肯定不能发单牌。因为如果庄家是一炸加一单，这样可能会让庄家顺走单牌，使其炸弹沉底赢牌。如果守门员能够非常明确地判断出自己一方已经没有炸弹了，那就要当庄家没有炸弹打，发散家能回手的牌。因为，如果庄家有炸弹，无论怎么他都会赢；而如果庄家没有炸弹，发散家能回手的牌才最保险。比如，散家手中还有王，就可以考虑发单牌；散家手中有能回手的大对子，就可以发对子。这时，切忌乱发牌。如果乱发牌，很可能让庄家无炸也能赢牌。比如，明明散家已经没有炸弹，而自己手中还有王，却发了一个对子，让庄家对 2 上手，把余牌三个头一手出完了。

第三，用大牌上手后牌就会打明，而牌打明后必输时，那就不要上手，当成输牌打。

残局时，牌手往往会遇到这样的情况：自己有一大炸，但还有两手累赘牌，如果用大炸上手后发牌，无论发出一手什么牌都不能赢，这时，就不要上大炸，只有耐心等待，等过一手牌后再用大炸冲牌。

比如，庄家手中的牌是 88888、K、JJ，散家手中还有大牌，庄家如果用炸上手，还有两手牌，但是，无论是单 K 还是对 J，都不能成功冲牌。这种情况下就只能耐心等待，等散家出单牌或对子，自己过一手牌后，再用大炸冲牌。

八、我以万变应万变——能变化

牌手的牌如果不能变化、变化小，能够应付的情况就少，打法就会死板，赢牌的可能性就小；牌手的牌如果能够变化、变化大，可以应付的情况就多，打法就能灵活，赢牌的可能性就大。

能变化的牌体现在牌型种类和牌的大小两个方面。

从牌型种类上讲，有些牌的牌型好调整、能够组合的种类较多，即牌型组合多样，那么，这就是能变化、变化较大的牌；有些牌的牌型难调整、能够组合的种类较少，即牌型组合单一，那么，这就是不能变化、变化较小的牌。牌手在留牌时，如果余牌的牌型能够调整、可以变化出的牌型种类较多，就能应付更多的情况。

在实战中，我们经常会看到这样的情况：庄家的对子本身就少，而且也不大，散家打对子时，虽然庄家的对子既不能封顶，也起不到阻拦主攻散家过对子的作用，但庄家想迷惑散家，就过起了对子，一直把对子过完了。等到后面散家发三带对时，庄家无对子可带，结果导致失败。在实战中，我们还常常碰到这样的情况：有的牌手手中有飞牌带对，但是，当敌方打对子时没有在意，随意地跟了对子，后面，敌方打出飞牌带对时，自己没有对子带了，造成了所谓“有枪无弹”的状况，令人感到非常惋惜。这两种情况都是因为牌手没有掌握好余牌能变化的技巧。

有时，庄家有三个王，这时如何用王，往往是非常重要的。如果首先把成对的王拆开，就会使牌型单一、没有变化，有时会非常被动。比如，庄家有一个大王、两个小王，第一次管单牌时，有不少人为了迷惑散家，先上小王。但是，这样，庄家余下的两个王就只能管单牌而不能管对子了，如果散家牌整，往往会饿死庄家的王。实战中这样的例子是较多的。所以，有三个王时，除非有其他更好的谋划，一般情况下，不要急于先拆开对王。

无论是庄家还是散家，无论是进攻还是防守，在留牌时，牌手要有意识地注意到使留下的牌型有变化才好。

假设这样的牌：

222、KK、QQ、99、888、77、555、444、33。

当出双飞双带555－444－xx－yy时，带哪两个对子有一定的讲究。

如果带的对子是33和QQ，那么，剩下的牌就是：

222、KK、99、888、77。

这些牌，不但可以打对子、三头、三带对，还可以打封顶可能性很大的三连对。

如果带的是小对子33和77，那么，剩下的牌就是：

222、KK、QQ、99、888。

这样，虽然手中留的对子较大，但只能打对子、三头和三带对，少了三连对的牌型。如果在后面要用到三连对的牌型，牌手只有望洋兴叹的份了，那时，牌手往往会后悔当时没有把77留下来。

从牌的大小上讲，大牌能管牌、拆开易顺走，相对来说，就是能变化的牌；小牌管不了牌、拆开难顺走，相对来说，就是不能变化的牌。牌手在留牌时，还要照顾到余牌的大小，如果留下的牌较大，能应付的情况就多。

比如，222-AA和888-777-JJ-55相比，虽然888-777-JJ-55比222-AA多了两种牌型：双飞和双飞双带，但888-777-JJ-55太小，基本上是没有变化的死牌，而222-AA可以应付的情况很多，因此，222-AA的变化更大。

再如，22和JJJ-101010相比，虽然JJJ-101010比22多了三种牌型：三头、三带对、双飞，但由于JJJ-101010较小，既管不了稍大的牌，拆开又难以顺走，因此，它不如22的变化大。

实战中，能变化的技巧在打牌时经常会用到。跑牌时，如果余牌变化大，别人出牌后，自己顺走、上手的可能性会更大一些。从管牌和送牌的角度讲，变化大的牌也都比变化小的牌要好。因此，牌手一定要重视能变化的打牌技巧，在留牌时，注意使留下的牌变化更大，以便应付更多的情况。

第六章 判断牌情技巧

“知彼知己，百战不殆。”斗地主时，掌握敌我双方的牌情越多，做出的决策就越正确，也就越容易打赢。无论是庄家还是散家，除了充分掌握自己的牌情外，都要尽可能地掌握其他三个人的牌情。而要掌握他人的牌情，就要会科学地分析判断。

对牌手来说，判断其他人的牌相牌力非常重要。如果判断正确，往往能够掌握主动权，甚至能以弱胜强；如果判断失误，往往会陷入被动挨打的局面，甚至会把强牌打输。

既然判断他人的牌情非常重要，那么，能否做到判断正确呢？我认为，虽然不能保证判断得百分之百准确，但只要经过认真分析、科学推理，还是能够在非常大的程度上判断准确的。第一，斗地主用的是两副扑克牌，牌的总数是不变的，这就为判断其他人的牌情提供了一个基本依据。比如，你手中有两个王，其他人手中就一定有另外两个王；已经出了三个2，你手中有一个2，其他人手中就一定还有四个2。第二，任何情况的发生都不是无缘无故的，而是有一定缘由的。比如，某家出2后无人压牌，绝大多数情况下是因为其对手没有小王。再如，某家首发牌出对子，很可能是牌整、对子多。

事实上，牌坛上的高手都具有很强的逻辑推理能力，善于根据各种情况进行深入分析，精确判断有关牌情，并进一步根据判断的结论运筹帷幄，选择对自己最有利的打法。

判断牌情是斗地主常用、不可缺少的重要技巧，牌手必须全面掌握判断牌情这门高级技巧，提高判断牌情的能力。

第一节 判断牌情技巧概述

要提高判断牌情的水平，牌手必须先弄清楚一些基本问题。

一、判断牌情的目标

斗地主时，判断出的牌情越多越好，但是，再高明的牌手，也不可能把所有的牌情都判断清楚，而且，有的牌情也不重要，因此，判断牌情时，关键看能否判断出一些重要的牌情。

（一）判断散家哪位想当主攻，哪位想当助攻

散家在打牌时，合作非常重要，散家合作的重要原则是要分主攻和助攻。对散家来说，进攻时，如果有一位同盟企图当主攻，我就配合；如果两位同盟都企图当助攻，我就主攻，因此，散家判断同盟企图当主攻还是助攻非常重要。

散家的主攻对庄家的威胁最大，主攻散家能否先走成功决定了一盘的胜负。对庄家来说，防守时，重点要防散家的主攻方，主攻不同，诸多的打法也不同，因此，庄家判断散家的主攻和助攻是谁也非常重要。

（二）判断他人的牌力强弱和牌型特点

斗地主时，无论是敌是友，其他人的牌有哪些长项、有哪些短项，需要什么牌、不需要什么牌，对于攻防皆十分重要，所以，牌手要善于判断其他人的牌力强弱和牌型特点。

无论对庄家还是散家来说，敌方的牌力强弱和牌型特点，不仅决定我方的战略，而且还决定我方的战术，因此，判断敌人的牌力强弱和牌型特点非常重要。

另外，对散家来说，同盟的牌力强弱和牌型特点对散家联合作战非常重要。如果同盟主攻，我配合时，就可根据其牌力强弱和牌型特点密切地协同。主攻的牌力强，我就不必过于浪费自己的实力；主攻的牌力弱，我就要勇于牺牲自己的实力。主攻的哪种牌型是长项，我就先送、多送哪种

牌；主攻的哪种牌型是短项，我就先不送哪种牌。如果同盟助攻，我也可以根据其牌力强弱和牌型特点决定进攻节奏和打法。因此，散家判断同盟的牌力强弱和牌型特点非常重要。

（三）判断更加具体的牌情

判断具体牌情是非常重要的基本能力，尤其在残局时，非常关键，往往关系到一盘的胜负。比如，庄家在冲牌前或冲牌时，有两手牌：QQQ－xx和555－444－yy－zz，必须先出封顶牌才能赢，这时，判断哪一手是封顶牌，就非常重要。再如，做顺门时，庄家出了AAA，如果能够准确地判断其大小，就可以正确地做出是否上炸的决策。如果错误地判断其大，自己用炸，而其实同盟还有222，就浪费了一炸；如果错误地判断其小，自己没有上炸，而其实AAA就是封顶牌，就会错失上炸的机会。

判断具体牌情既有利于进攻，也有利于防守。从进攻的角度讲，判断具体牌情主要是判断自己手中的一些牌能否顺走，能否封顶，这对决策自己如何出牌非常重要。从防守的角度讲，判断具体牌情主要是判断某种牌敌人是否会出，这对于决策自己如何留牌非常重要。例如，中门算清楚了庄家有三张3，判断他出三头3的可能性非常大，自己在选择出三头和其他牌型如单牌、对子等时，就可以选择出其他牌型，等待顺走三头或管庄家的三头。

判断具体牌时，一要判断还有哪些牌，二要判断某些牌的大小。

判断他人手中有哪些牌时，可以根据已知的牌判断某种牌形成炸弹和其他牌型的可能性大小。牌手已知的牌包括明牌和自己手中的牌。已知的牌中，自己知道某一点值的牌越多，它成炸、成三头、成对子的可能性就越小，如果已知某一点值的牌超过了四张，就能确定它在他人手中不可能成炸弹。实战中，很多老手常常根据自己手中的断牌和单牌推断出这种牌在他人手中成炸的可能性很大，是非常有道理的。

判断某些牌的大小时，主要是判断特大牌和大牌。比如出了单大王或双大王，双小王或单小王就是大牌。

判断具体牌，最好能判断出关键的牌在谁手中。关键的牌对局势影响最大，因此，牌手要善于判断关键的牌在谁手中。比如，已经出了三个王，另一个王在谁手中？再如，还有三个2没有露头，都在谁手中，是否形成了三个头？

如果能进一步判断出庄家或主攻散家需要顺什么牌，那更好。无论是单牌还是其他牌型，庄家或主攻散家多顺过一手，就多一份危险，有时，庄家或主攻散家甚至就因为只顺了一手我方本可守住的牌而反败为胜，因此，要善于判断庄家或主攻散家需要顺什么牌。比如，庄家是否需要过单A。再如，散家中门在主攻，他的对子多，还是三头多？

随着牌局的进行，牌手要更加精确地判断每一家的牌。在后场，往往一手牌就能够决定输赢，这时，判断其他人的牌型和大小更加重要。从防敌的角度讲，判断出了庄家或主攻散家需要顺过什么牌，就可以有针对性地出牌，不给敌人送牌，防止敌人顺牌。比如，庄家还有七张牌，判断出了庄家是一个四头炸弹、一个对子、一个单张，顺过一个对子或单张后就能用炸冲牌，这时，散家就要防庄家顺走单张或对子。从散家联合进攻的角度讲，如果助攻或主攻判断出了同盟余牌中还有些什么牌，在送牌和留牌时就很容易决策了。比如，中门主攻，上手后还有余牌两手：KK－QQ－JJ、999，自己只有机会发一手牌，留下最后一手牌等有大炸的顺门送自己，中门要根据顺门的余牌选择留哪一手牌，这时，判断顺门是否有三连对或小三头就非常重要，可能会决定一盘的输赢。

残局时，如果准确地判断出了敌方的具体牌情，可以做出非常高明的决策，有时甚至能把一般情况下根本打不赢的弱牌打赢。

某盘，庄家实力非常弱小。残局时，守门员弃门主攻，庄家根据已出明牌和手中的对3判断出了守门员有一个单3未出，因此，庄家始终看住守门员，不让其上手吐3。后来，当守门员打得还剩两张牌时，庄家心中已经有数了，他知道守门员跑不了了，而且，庄家也有两张小单牌需要顺过，因此，在顺门和中门先后上炸后，庄家都没有制止。顺门先上手，用单4送守门员，守门员过单8，庄家过单J。因为守门员只剩有一张牌，所以，顺门和中门都没有要，守门员的牌是单3，当然要不上，结果庄家以单J上手。这时，顺门和中门都还以为守门员的单牌只是比J小一点而已，觉得肯定要比8大，没有想到会是3。庄家上手后发自己的长项牌型——对子，但是，为了不让散家判断出3的情况，庄家没有先打对3。当庄家用对2压住散家的对A后，中门上炸，庄家再次放行。中门觉得守门员的牌怎么也会比上次出的8要大，但为了保险起见，还是给守门员送了一个手中最小的单牌——单5，守门员当然还是要不上，这次庄家连单7也顺了过去。之后，庄家用炸弹上手，发对3，用对A回手，再出最后一手小三带对，赢牌。庄家此盘之所以取胜，就是因为他算定了守门员的单3未发，不能被送走，跑不了牌，所以，两次大胆放行，使自己顺走了两张小单牌，绝处逢生，险中求胜。

二、判断牌情的方法

判断牌情是根据已知的情况，经过推理分析，来判断未知的情况，所以，判断牌情的方法就是：第一步，善于掌握相关情况；第二步，会深入分析。

（一）仔细观察所有情况，深刻记忆重要情况

判断牌情的依据是已知的情况，因此，知道相关的已知情况，是判断牌情的前提。试想，如果你根本不知道他人出了哪些牌，那如何对其牌情进行判断？所以，牌手要仔细观察所有情况，并深刻记忆重要情况。

1．仔细观察所有情况

打牌时，各种情况在不断地出现着，如果不注意观察，就不知道有的情况是怎么发生的，甚至根本不知道有的情况，所以，要判断准牌情，首先必须善于观察。

观察牌场情况时要仔细、全面，要观察与牌情有关的所有情况。

实战中，如果不注意观察，判断牌情时的失误就会很多。有的牌手水平较低，只知道看自己的牌，根本不注意观察或注意不到牌场上的情况，那基本上可以说他根本谈不上判断牌情，其结果当然是输多赢少。

总之，仔细观察是判断牌情的前提，牌手要提高判断牌情水平，必须养成仔细观察的习惯。

2．深刻记忆重要情况

打牌时，如果牌手没有对有的情况刻意记忆，后面可能就没有印象了，或者记不清楚了。而且，在实战中，往往是不能翻海里的牌的，因此，牌手要记住各家的出牌情况。

当然，把牌场上出现的所有情况都记住既不可能，也不很必要，牌手需要记住的是一些与牌情相关的重要情况。这些重要情况对牌手判断牌情帮助很大，牌手要刻意地记。

（二）深入分析掌握的各种情况

斗地主时，牌手的出牌情况和言行态度，必有原因。判断牌情的根据就是他人的出牌情况和言行态度，因此，判断牌情时，一定要深入分析——他人为什么会那样打牌？为什么会有如此表现？如果牌手不善于分

析，那么，他人的出牌情况和言行态度意味着什么，牌手可能就不知道，那这些情况对牌手来说就没有任何意义。如果分析得不深入，那也可能只能判断出部分牌情。只有对出现的情况深入地分析，才可能准确判断出最多、最有用的牌情。

三、判断牌情的注意

判断牌情毕竟是判断，是判断，就会有失误。无论从理论上讲，还是从实践中看，判断牌情结论的准确程度常常只有一定的概率，而难以确保判断牌情绝对正确。我们要明白判断牌情常常不准的道理，不要过于相信自己判断牌情的结论，不要因为判断牌情而误导了自己。

那么，为什么我们有时会判断不准，甚至还会判断错呢？其原因主要有二。

一是，斗地主时，出现的同一情况可能是由不同的原因引起的。一方面，由于牌相牌力的问题，会导致不同的情况牌手采取相同的打法。比如，散家上小王后庄家没有压牌，既有可能是庄家无大王，也有可能庄家为了顺单牌而故意不压，诱导散家误以为大王在其同盟手中，再出单牌。另一方面，由于牌手个性和当时所处的情形不同，不同牌手的相同外在表现甚至同一牌手的相同外在表现可能是由不同的原因引起的。比如，有人显得特别着急，既有可能是因为他的牌特别差，也有可能是因为他的牌特别好。由于存在以上两个方面的原因，我们在判断牌情时，其结果不但不会总正确，而且常常会出现错误。即使再高明的牌手，也不可能每次都能判断准确。

二是，斗地主时，一些牌手常常会借口头语言甚至态势语言骗人。实战中，有的高手非常善于通过自己的外在表现对别人进行欺骗，诱导别人判断错误。这样，我们在判断牌情时，就要注意鉴别，善于通过他人的外在的表现看穿其假象，谨防被骗，避免上当。

虽然判断牌情必然出现一定的失误，但是我们还是必须学习如何判断牌情。因为，判断有可能失误，但如果不判断，失误会更多。而且，判断牌情结果的准确率与我们判断牌情水平的高低直接相关，水平越高，判断的准确率越高，所以，斗地主时，我们必须提高判断牌情的水平。

要提高判断牌情的准确率，牌手必须注意以下几点。

（一）注意综合分析

斗地主时，出现的同一种情况往往可能是由多种不同的原因引起的，因此，判断牌情时，要综合分析，不可只看一点。如果仅凭某一情况来判断，判断不准的可能性就较大。如果我们能把各方面的情况联系起来，结合起来，综合分析，那判断准确的可能性就会较大。例如：某家发三带对时所带的对子很大，是对子很少呢？还是对子成连牌了，这就要结合其他情况判断。如果牌手已经出过连对了，那多半是手中的对子较少；如果牌手没有出过连对，那很可能他手中有连对。所以，仅凭别人出三带对时所带对子很大进行判断不如结合其他出牌情况判断得更准。

事实上，牌手在处理具体牌的同时，常常会有各种表现，因此，其可供判断牌情的情况往往不会只有一种。比如出牌时，牌手不只是出了某些具体牌，还会有动作的变化及相关的表情，有时甚至还在说话。例如，中局前期，如果牌好，牌手出的牌就较整较大，动作多强劲有力，其表情也往往会显得轻快；如果牌差，牌手出的牌就较散较小，动作多柔弱无力，其表情也往往会显得凝重。所以，把牌手打牌时的一些情况结合起来分析，无疑会分析得更加准确。

（二）注意判断牌情最有效的阶段

在不同的行牌阶段，判断牌情的准确率不一样。在一盘的开始，明牌出现得很少，各家的表现难以形成系统性，牌手处理牌时的情况可能会有很多原因，因此，判断牌情的准确率最低。随着行牌的推进，明牌出现得越来越多，各家的表现越来越有系统性，牌手处理牌时的情况可能的原因越来越集中，因此，判断牌情的准确率会越来越高。到中局后期和残局时，水平较高的牌手对牌情的判断会相当准确。由于越到一盘的后面，判断牌情越准，因此，牌手要更加重视后场的判断。

判断某一家的牌情时，还要注意其余牌多少。余牌越多，牌情越复杂，判断的准确率越低。余牌越少，牌情越简单，判断的准确率越高。

（三）注意结合牌手的打牌特点和个性特征进行判断

不同的人，打牌特点和个性特征往往不同，因此，一方面，不同的人在相同情况下的打法可能不一样，表现出来的动作、神情也可能不一样；另一方面，相同的打法和相似的表现出现在不同人的身上时，其原因也可能不同。比如，牌较好时，有的人会显得轻松愉快，而有的人会显得紧张激动。再如，有的人在牌好时笑，有的人在牌差时笑。

由于人的打牌特点和个性特征不同，因此，我们在分析牌情时，要根据牌手的水平、习惯、风格等打牌特点，并结合其性格脾气、气质修养等个性特征进行判断，既要分析牌，又要分析人。俗话说“看牌看人，看人看牌”，讲的就是这个道理。判断牌情时，只有把人和牌结合起来分析判断，判断牌情的准确率才会更高。

（四）注意判断牌手说话内容的真假和态势语言的诚伪

打牌时，有的人为了欺骗对手，往往会说假话，甚至高明的牌手还会借用假装的态势语言进行欺骗。这就要求我们在判断牌情时要注意鉴别他人说话内容的真假和态势语言的诚伪。

他人在说话时，我们要注意分辨其说话内容的真假。一般来说，无意说的话往往是真实的，刻意说的话欺骗的可能性大。

态势语言一般是人内心真情实感的外在流露，但少数情况下，有的人也会专门用假装的态势语言进行欺骗。一般来说，自然、协调的表情和动作基本是真诚的，做作、别扭的表情和动作常常是伪装的。

第二节 判断牌情技巧详论

科学判断牌情，必须依据大量而准确的信息。牌场上的一举一动都是信息，比如，已出明牌、出牌特点、所剩牌数，等等。作为牌手，要眼观六路、耳听八方，对牌场上的所有情况都要注意，不要放过任何影响牌局的信息。通过对信息的全面搜集整理、精确推理分析，牌手可以较好地判断出各家手中的牌相牌力，做出更加正确的决策。

判断牌情依据的信息有多个方面，牌手主要可以根据以下几个方面进行判断。

一、根据自己牌面进行判断

牌起好后，牌手首先能够看见自己的牌，虽然除自己的牌外，其余三家的牌可有千万种组合方式，但是，组合方式的概率大不一样，所以，精明的牌手往往可以根据自己的牌面对其他三家的牌进行一定的分析、判断。

比如，某些点值的牌在自己手中成三头或炸弹了，在他人手中成炸弹或三头的可能性就小。自己有2222或222，别人有222或2222的可能性相对就较小。自己有KKK－QQQ，其他三家有KKK－QQQ的可能性就不大。

再如，自己断牌较多，其他人起到炸的可能性就很大。在实战中我们常常会发现这样的情况：有时庄家的炸多，但散家的炸也多。其原因就是，庄家炸多时往往断牌也多，断牌越多，散家起到这些牌形成炸弹的可能性就越大。

根据自己的牌面进行判断有利于决策如何出牌。比如，守门员守单牌时，如果自己有一个A、三个K，那么，庄家有单K的可能性较大，守门员就应该用A和K守门，不要保留三个K。再如，中门有222、AAA，庄家出三带对时，一般情况下，中门基本上可以考虑暂不要用222封顶，因为中门有三个2，庄家有三个2的可能性相对较小，三个A能封顶的可能性很大。

当然，根据自己牌面进行判断只能判断一个大概情况，不可能百分之百准确，这一点需要特别注意。根据自己牌面进行判断，只是判断了可能性，而不是必然性，出牌时还要结合其他情况进一步判断。

二、根据已显明牌进行判断

玩斗地主游戏时，会出现一些明牌。明牌主要是在行牌过程中牌手打出去的牌。其余还会有一些也是明牌：切牌时翻出的那张牌是明牌；有的地方规定，庄家叫牌的分值不是最高时，底牌要翻开让大家看看，这也是明牌；有时，一些牌手还会因为意外暴露一些牌，这些牌也算明牌。

如果底牌翻开，对散家来说，这八张底牌就是非常重要的信息，散家可以据此并结合出牌情况更加准确地判断出庄家的其他牌和二位同盟手中的牌。对守门员来说，还能够帮助他更加准确地判断出庄家的哪些大牌不是单张，有利于正确决策用什么牌守门。

在牌局进展中，打出去的明牌渐渐增多，根据明牌和自己手中牌的情况，可进一步判断出其他三家的牌。

比如，某盘，庄家有三个A。第一轮出单牌时，守门员用K守门，顺门用A接牌；第二轮出单牌时，中门直接上A；第三轮出单牌时，守门员再次用K守门，顺门不接牌，中门用2接。一般情况下，庄家可据此判断出另外三个A都在守门员手中。

再如，某盘，守门员自己有三个2。第一轮用单A守门时，顺门接了一个2；后面守门时，中门接牌用了两个2，庄家一直没有上2，这基本上就可以断定：庄家手中有两个2。这样，守门员就不要轻易发对子，因为一发对子，庄家的对2就可能上手；而一旦庄家拆了对2，守门员就要注意拆开三个2拦庄家剩余的单2。

三、根据出牌情况进行判断

无论是庄家还是散家，出牌时，都会结合牌局的进展，根据自己手中的牌和当前的情况做出对己方有利的决策，因此，各家出牌的情况在一定程度上总会暴露出一定的信息。牌手要善于通过各家出牌的情况，并结合其他情况来判断各家更加具体的情况。看各家的出牌，既要看出牌的大小，又要看出牌的特点，还要看出牌的次序。

（一）出牌的大小

所出牌的大小在很大程度上能够反映牌手的情况，因此，通过观察分析各家出牌的大小，常常能判断出各家的重要情况。

比如，开局阶段，庄家出单牌后，顺门不但不顺牌，反而在两次上手后都用单3送中门，这基本上能说明顺门是在下定决心送中门，自己并不打算主攻跑牌。如果顺门在顺牌，那说明顺门在一定程度上有主攻的打算。如果顺门顺的单牌非常大，那基本上可以断定顺门打算主攻。在可以顺小单牌的情况下，中门上大单牌，说明其单牌不多。

再如，守门员正常守门上手后，发连牌，很有可能守门员在试着弃门。守门员用单2甚至小王守门，也往往意味着有弃门的打算。

又如，中门用五个2炸后手中还余八张牌，结果被庄家用六个头定住。根据中门上五个2的情况可以分析出他很可能是在冲牌，如果真是这样，中门手中就必然只剩一手牌，而八张牌是一手的情况必是四连对。

再又如，庄家第一次出单2后，如果顺门毫不犹豫地上大王，往往说明顺门不是有两个大王，就是有一个大王和两个小王；如果顺门犹豫半天后放过，往往说明顺门有且只有一个大王，没有小王。

（二）出牌的特点

各人出牌的特点往往能在很大程度上反映他手中牌的情况，因此，注意各家出牌的特点，可以判断出各家的重要情况。

比如，第一轮出小单牌时，中门先过K，最后用大王上手，之后发整牌，往往说明他的牌整，并已开始进攻了。

再如，当全场还剩一个王时，守门员用炸上手后，毫不犹豫地发出了一张守门牌，往往说明最后一个王在他手上。

又如，庄家总是出三头，往往说明其三头多；总是出对子，往往说明其缺三头。

再又如，庄家在拆大对子顺单，往往说明庄家对子多。

（三）出牌的次序

出牌的先后顺序往往能说明各家的情况和企图，我们可以通过各家出牌的先后顺序判断其具体情况。

比如，庄家先上大王，后上小王，往往说明庄家手中有两个小王。再如，守门员先上2，被庄家制止后下次守A，很可能守门员企图用2上手弃门，但没有成功，又害怕庄家过小牌，因此，只好拆A守门。

正常的出牌次序我们应该注意，反常的出牌次序更应该注意，因为，之所以牌手会按反常次序出牌，多是由于他的手牌情况反常。这时，我们须深入思考，通过这一反常现象看出其实质问题。

比如，散家打对子时庄家一开始不过对子，两三轮后，突然上了对2，这是什么原因？庄家为什么在前面不上对2呢？稍一分析，我们基本上可以得出这样的结论，庄家在拆多个2。

再如，一开始守门员守单K时，庄家不过单A，后来中门上单K，庄家过了单A，这很可能是庄家在拆多个A。

又如，某盘，在第一轮走单牌时，庄家就上大王，这可能意味着庄家王多，或者庄家牌整、牌好。但随着行牌的进展，庄家又先后上了一个大王、一个小王。根据庄家出牌的这一反常顺序，基本上能说明庄家有四个王。这一点有些牌手看不明白，等炸了庄家的小王后以为庄家再无王了，仍然发单牌。其实道理很简单，如果庄家有两个大王、一个小王，一般情况下，他至少会在第二轮出小王，而留着最后一个大王预备着压散家的小王。

再又如，中门先过大单牌，后来上手后又出了很小的单牌，这可能意味着他为了调配牌型而在拆小牌。

结合出牌的大小和顺序，还有一种情况需要牌手用心分析：在开局阶段，各家第一次出的较大的单牌说明了什么问题？除守门员和特殊情况外，在一开始，各家第一次果断地出的较大的单牌一般只有一种情况——这张牌本来就是单张，对于散家的顺门和中门来说更是如此。比如，庄家前两次出单牌时中门在顺小牌，第三次出单牌时，中门果断出 A，这基本上可以断定中门的 A 本身就是单牌。再如，我们经常看到守门员用 A 守门，顺门和中门不接的情况，那是因为他们手中的 2 不是单牌，试想，如果顺门或中门手中的 2 只有一个，他会不用这个 2 接牌吗?

四、根据余牌数量进行判断

每一盘开始时，各家牌的数量是确定的，庄家有 33 张，每位散家有 25 张，因此，各家手中所剩牌的数量可以通过出牌的数量计算出来。在十张以内，各家还要报张，各家余牌的数量更是明确而肯定的。

牌的数量与牌型关系密切，余牌的多少能够决定牌型的组成情况，特别是当余牌的数量非常少时，牌型组成的可能性会很少。当余牌数量较少时，有的牌型就不会有了，有些牌型就不会同时有了。因此，牌手可以根据各家余牌的数量，结合其他情况，对其牌型情况进行一定的判断。

大家都知道一张牌不吃除单牌外的任何牌型、四张以下的牌不吃三带对和连牌的道理，这最明显，谁都能判断出来。如果牌更多些，就要进一步判断了。其实，牌多的道理和牌少的道理是一样的，只是牌型情况的可能性更多一些，需要进行更多的推理而已。比如，当牌手余牌是六至八张时，除了是一炸或两炸的情况外，要么有三带对没有炸弹，要么有炸弹没有三带对。再如，牌手余牌是十张，手中还有一大一小两个王，那么，在剩余的八张牌中，也是要么有三带对没有炸弹，要么有炸弹没有三带对。

五、根据言行态度进行判断

从一开始起牌，到一盘结束，每位牌手都会有一定的言行，并表现出一定的态度。细心的牌手可据此对他人的牌情进行一定的判断。

正规比赛时，除了唱牌和报牌，不允许牌手说话，但唱牌和报牌时牌手的语气可以变化。日常游戏中，有的牌局要求不是太严，一些牌手会说话，甚至会说许多话，有的人在起牌过程一边揭牌一边说着自己的牌，有的人在叫牌时会说到自己手牌的情况，有的人在要牌、发牌时会说一些相关的话，有的人在唱牌报牌时的口气有明显的意思倾向，等等。因此，可以通过牌手的说话内容和口气判断出一些牌情。比如，某家一边起牌一边说“来一张4!”这很可能是他手中有55、4、33，希望4上成对子，组成连对。再如，某家在叫牌时说：“这牌挑八张也打不赢，不叫、不叫!”这多表明他的手牌不但牌力弱，而且牌相差。又如，守门员发了一个对子后，庄家一边顺牌一边说：“缺什么发什么，水平真高!”这很可能是庄家要对子，他故意说反话呢！再又如，庄家问顺门还有几张牌后，顺门立即声音宏亮、语气果断地回答道：“五张!”这基本上说明他的牌是三带对。

虽然可以通过他人说话判断出一些牌情，但是，通过这个途径判断出来的牌情相对较少，因为，正规比赛对说话要求很严，甚至有的牌局不允许牌手说话；日常游戏时，有的牌局也对说话要求比较严，有的牌手也能够比较好地控制自己说话。而无论是正规比赛还是日常游戏，对人的表情态度和动作要求都不会非常严，而且，人在打牌时也必然会有一定的表情态度和动作，所以，跟通过说话相比，通过他人的表情态度和动作判断出来的牌情更多。

在起牌过程中，如果起到好牌，一些人往往会喜形于色，而有些人则会因为已在考虑是否叫牌而显得严肃。结合各人的习惯，可以据此大致判断一二。

在理牌出牌时，牌手必然会做出一些动作，伴随一些表情，花费一些时间，通过这些表现，可以对他的手牌进行一定的判断。牌手在理牌出牌时做的动作与所理牌型关系直接，往往会透露一些牌型方面的信息。比如，有的人在理牌时会把单张挑出来放在一边、把三带对搭配好放在一边、把炸弹取出来放在一边，甚至把这些牌型往牌面一边放的时候，会一次抓一手牌，动作非常明显，他人往往能通过这些动作大致甚至准确判断出其相关牌型的多少。再如，有的人在欲出连对或双飞双带时连续挑牌的动作很明显，他人一眼就能看出他有这类牌型。牌手理牌出牌时伴随的表情与牌力强弱关系密切，往往能说明一些问题。理牌出牌时表情轻松，多是牌很好；理牌出牌时表情沉重，多是牌很差。牌手理牌出牌时花费的时间与牌情复杂程度关系很大，往往能反映一些情况。理牌出牌时间较长，可能牌情复杂，在考虑组连牌；理牌出牌时间较短，可能牌情简单，手数较少，牌型比较固定，变化余地不大。

在叫牌时，各家的态度会进一步显示出来，据此可以更加准确地判断各家的牌相牌力。比如，第一家抬了一档，说明牌较强；前家抬了之后，后家叫满分，说明后家牌很好，或者是必打牌；三家不叫牌，末家只是抬了一档，说明末家牌的实力一般化。

在行牌过程中，可根据牌手的表现进一步判断他的实力。比如，轮到出牌时一时半会决策不好，说明牌力不是太强，或者牌型有缺点，比较为难。再如，上手后迟迟不发牌，往往是手数较多，可回手的牌不多，发出去后难以回手。又如，上家出了单牌后，下家犹豫了半天才顺了一个单牌，往往说明下家不喜欢单牌。再又如，中门犹豫很久后发了个对子，可能是自己牌力不强，在送同盟。

斗地主时，炸弹的多少大小非常重要，根据各家出炸的情况，可以判断出一些情况。比如，庄家出封顶牌或炸弹后，三位散家都一忍再忍，往往说明散家的炸很少，甚至没有，或者只有一两个相当大甚至特别大的炸弹，散家的实力不强。再如，散家出封顶牌或炸弹后，庄家勇于管牌，见谁都管，出炸比较豪爽，那说明庄家的炸弹相当多，实力非常强。又如，庄家出炸利索，但炸弹不大，往往说明庄家的炸弹多，大炸很少。再又如，第一轮庄家上大王后，顺门就上了四头 K，这往往说明顺门不止一个炸弹，而且余下的炸弹不小。

需要注意的是，每个人都知道敌方会根据自己的言行态度判断牌情，因此，高明的牌手会故意表现出一些与本该有的言行态度相反的言行态度进行欺骗，让你判断错误，所以，进行判断时不仅要看各家的外在表现“什么时候犹豫不决，什么时候痛快利索”，更重要的是还要看各家是否在表演“什么时候在假装，什么时候是真相”。

总之，斗地主时，凡是各家的言行和态度，都是有原因的。通过他人的言行和态度进行判断，往往能够得到一些有用甚至是至关重要的信息，有时还能得到通过其他途径得不到的信息。如果判断得准确，可能会对一盘的成功起到关键性的作用。当然，也要注意，打牌如打仗，虚虚实实、真真假假，你在骗别人，别人也在骗你，其中较量的就是各家透过现象看本质的能力，所谓“魔高一尺，道高一丈”。

第七章　欺骗敌人技巧

在军事对抗中，要想打胜仗，除了拼实力外，最重要的就是要善于用谋，用谋是避免失败、战胜敌人的重要手段。用谋的核心是欺骗，欺骗是用谋的重要内容和精彩所在。兵法上讲，“兵不厌诈”“兵以诈立”，这“诈”就是欺骗、欺诈的意思。牌场如战场，玩斗地主游戏时，要战胜对手，仅靠实力的大小往往是不够的，还需要用计谋，而用计谋最重要的就是欺骗。实战中，如果自己的牌力不是很强，想取得胜利，就需要借助计谋。而如果自己的牌力处于明显的弱势，想取得胜利，就必须依靠计谋。人们常说，“牌不离骗”“牌以骗胜”，其道理就在于此。而且，斗地主时，别人肯定在猜我们的牌，为了不让对手猜到自己的牌情，牌手也必须善于运用欺骗技巧。所以，在斗地主时欺骗对手，是非常必要的，牌手必须学会欺骗这一重要技巧。

运用欺诈手段的目的是为了让敌人犯错误，使其做出有利于我、不利于敌的决策。

虚实变化是欺诈的原则，欺诈采用的就是虚实变化的手段。在战争中，为了欺骗敌人，有时，虚示之以实，实示之以虚；有时，利用敌人的疑心，虚故意示之以虚，实故意示之以实。用兵虚虚实实、真真假假，斗地主也要会虚实变化，制造假象，设置疑阵，让敌真假难分，判断错误，钻入圈套。

第一节　兵以诈立——欺骗的理论

玩斗地主游戏，欺骗非常重要，尤其是牌较弱时。欺骗是以弱胜强、扩大战绩的重要手段。但是，欺骗是一门高级艺术，其中的奥妙很多，因此，要提高欺骗水平，牌手必须先弄清楚关于欺骗的一些理论问题。

一、欺骗的级别

斗地主的欺骗从级别的角度可以分为战略欺骗和战术欺骗。

在战略上，从庄家的角度讲，主要是骗散家弄不清楚我是以进攻为主还是以防守为主。从散家的角度讲，主要是骗庄家分不清我是主攻还是助攻。

在战术上，主要是骗敌对我的牌型情况猜不透或猜错。不让敌搞清楚我有没有某种牌型，有多大的牌；不让敌知道我某种牌型的多少，需要顺过什么牌。

二、欺骗的层次

欺骗从低级到高级，有三个层次，即隐藏、迷惑和假装。欺骗的三个层次是相辅相成的，在实战中运用时也常常是相互交织的。

打牌时，很多牌手都能意识到隐藏的重要性，不会主动暴露牌情，懂得一定的掩盖方法，但迷惑和假装是高级技巧，有的人在这两个层次上可能没有充分的意识和足够的能力。欺骗敌人，主要还是靠迷惑和假装。

（一）隐藏

隐藏即不让敌人知道自己的牌情。“天机不可泄露”，斗地主时，自己的牌情就是机密，因此，在打牌过程中，要尽量少暴露自己的牌情，并注意用一些办法来掩藏、遮盖真实情况，让别人难以推测出自己的牌情。这要求牌手要做到以下几点。

第一，在打牌过程中不动声色。我不动声色，敌人对我的牌情就不好判断。比如，庄家表现强势时，守门员守门会比较紧，但庄家在比较强大时不动声色，没有表现出强势，守门员可能会认为庄家的牌弱，放过了本可守住的一手牌，导致庄家跑牌成功。再如，守门员弃门时，如果庄家严加制止，守门员不会跑牌成功，但守门员不动声色，没有表现出想跑牌的样子，庄家可能会认为守门员不想弃门，没有严加制止，导致守门员突然发起进攻，跑牌成功。

第二，不要在揭牌、理牌、出牌时把牌露明。有的牌手动作不谨慎，会在操牌过程中出现掉牌露牌情况，被别人看到自己手中的一些牌。如果被敌人看到了关键的牌，可能会造成重大损失，甚至输牌。

第三，在理牌和取牌时，牌手要注意，不要让敌通过我的理牌和取牌动作判断出一些牌情。比如，理炸弹或单牌时，不要很明显地一手一手地拿到牌面的一边，让人看出来你有几个炸弹或单牌。再如，取对子或单牌时，不要很明显地从三头或对子中拿出，让人看出来你是在拆牌。

第四，如果手中有切牌时翻出的明牌，在需要出该点值牌时，要先出这张牌，以免让敌知道我手中至少还有一张这一点值的牌。比如，我手中有切牌时翻出的明牌方块2，我在出2时如果不先出方块2，敌就知道我手中至少还有一张2；我在出2时如果先出了方块2，敌就不知道我手中还有没有2了。

（二）迷惑

迷惑即让敌对我的牌情疑惑不解、判断不清。为了不让敌人判断清楚我的牌情，有时，需要故意设置一些雾障，巧设迷局，巧布疑阵，利用各种手段故意掩人耳目、迷惑敌人。比如，庄家手中有两个大王，一个小王，出单牌时，如果庄家先出小王，小王封顶，散家就知道他们一方手中没有大王；而如果庄家先出大王，散家对庄家手中王的情况就不好判断了。再如，庄家不吃单牌，而散家一直在攻单。庄家手数不够，想骗散家送牌，因此，故意从五头A的炸弹中拆出一张A过单，这时，散家可能就糊涂了——不知道庄家有几个A。散家很可能为了不让庄家再过A而不再打单牌，改打其他牌型，这就有可能会让庄家顺牌甚至封顶。

有一次，某家起完牌后，觉得自己的炸弹多，牌又整，因此决定抢牌明打，配完底牌后，全牌是：22、AA、QQQQQ、JJJJJ、1010、999、8888、777、666、5、44。这样的牌，如果不拆四个8，只能如下组织：

单牌一组1张：5；
对子一组2张：22；
三带对一组5张：999－AA；
双飞双带一组10张：777－666－1010－44；

炸弹三组15张：JJJJJ、QQQQQ、8888。

在散家炸弹稍有实力的情况下，庄家都打不赢牌。因此，庄家决定拆开四个8，如下组织牌：

单牌二组2张：8、5；

四飞四带一组20张：999－888－777－666－22－AA－1010－44；

炸弹二组11张：JJJJJ、QQQQQ。

但由于庄家有断牌3和K，又有单5，他担心散家有大过QQQQQ的炸弹，因此，非常希望顺过单8。为了不让散家看出庄家的企图，庄家把牌如此明放在桌面上：

22、8888、QQQQQ、JJJJJ、999－AA、777－666－1010－44、5。

果然，散家看到庄家除了单5再没有单牌了，觉得不用守门，就等庄家拆A或2之后再用大牌守门。

庄家先出单5，顺门出单6，中门出单9，守门员不要，庄家也不要。中门出单3，守门员出单7，庄家出单8。这时，三位散家才恍然大悟，但为时已晚。当盘，顺门有四个K，能够管住庄家的四飞四带，守门员有六个3，能够管住庄家的五个Q。要不是庄家把8888与999、777、666分开两处放，迷惑了散家尤其是守门员，庄家是不可能打赢这把明牌的。

（三）假装

假装即制造假象，装作是或不是某种情况。隐藏和迷惑是为了不让敌人判断出我的牌情，如果更进一步，用欲擒故纵、示弱示强、声东击西、暗渡陈仓等办法，制造假象，使对手猜错牌情，判断错误，敌可能会更容易做出错误的决策，对我更有利。比如，我明明有某一牌型的封顶牌，却在可以封顶时假装没有，故意不封顶，这会让敌错误地判断我没有这种牌型的封顶牌，敌上手后可能还会发这种牌型，给我送牌。

三、欺骗的注意事项

为了取得良好的欺骗效果，牌手在对敌欺骗时要注意以下几个问题。

（一）欺骗方法不能始终如一，要注意变化

俗话说："吃一堑，长一智。"斗地主时，用有的办法欺骗别人一两次，别人可能就懂得你的欺骗技巧了，如果下一次还用老办法试图欺骗别人，可能就会被别人识破，因此，牌手要注意，在打牌时，如果想欺骗敌

人，尤其在与老牌友打牌时，要注意变换欺骗方法，交替使用，虚虚实实，真真假假，不让敌方摸清你的招数，以免失效甚至适得其反。

（二）要注意欺骗手段最灵的阶段

相同的欺骗手段，在不同的阶段实施，效果往往不一样，因此，牌手在欺骗时，要注意各种欺骗手段最灵的阶段，用好欺骗技巧。

大多数欺骗手段需要在中局以前实施。因为在开局阶段，各家的牌出得很少，很多情况还没有暴露出来或者只露出了端倪，敌人判断牌情依据的信息很有限，这时候欺骗，容易成功。到了中局以后，暴露出的信息越来越多，这时进行欺骗，效果往往不是很好。比如，开局阶段王的情况不明，散家出小王后，庄家没有用大王压，散家可能会错误地以为大王在其他散家手中；随着牌局的进行，牌情越来越明朗，散家对王的情况会判断得越来越准确，那时散家出小王后，即使庄家没有用大王压，散家也可能知道大王不在其他散家手中。再如，某散家想当主攻，但需要顺过一些牌，在前半场，他可能会忍耐、等待，庄家可能还看不出来他是主攻；到了后半场，他必然会出大牌、上炸、发自己要走的牌，这时庄家往往能看出来他是主攻。

少数手段在后场效果较好，因为在后场，牌手会非常注意敌人的情况。比如，散家用余牌较少的手段进行佯攻，只有在后场效果才更好。

（三）注意根据敌人的水平设计骗局

水平不同的人，对骗术的分析和防守能力不同，因此，对敌进行欺骗时，要根据其水平高低设计骗局。

水平高的人能分析出简单浅显的欺骗技巧，如果你设计的欺骗技巧水平太低，他可能就会识破并进一步防守，那样不但骗不了他，而且还会让他猜出你的牌情，反而不好。比如，敌人封顶后，你本来想用炸上手，害怕敌人回炸，你犹豫了很长时间，假装只有一炸，想让敌放过你，结果被水平高的牌手看出了你的牌力和意图，反而会对你严加控制。

水平低的人常常不注意复杂高深的欺骗技巧，如果你设计的欺骗技巧水平太高，他可能看不出来、不知道你是在欺骗他，甚至根本没有注意到你在干什么或根本看不懂，那就起不到欺骗的作用了。比如，庄家有大王，故意没有压散家的小王，本来是想让散家错误地以为大王在他的同盟手中，诱敌上手后继续发单牌，但是，水平低的牌手可能根本没有注意这个问题，该怎么打还怎么打。

(四) 散家在欺骗庄家时注意不要让同盟上当

斗地主时，三位散家是同盟，因此，散家在欺骗庄家时，要注意防止同盟上当，尤其是不要没有骗了庄家，反而骗了同盟，结果对自己不利。

例如，守门员为了浪费庄家的实力，在佯攻，强硬地用 2 守门，庄家没有压牌，守门员上手。这时，如果守门员发其他牌型，尤其是连牌或三带对，就会让人判断出他在主攻，顺门和中门可能会配合他主攻，给他送牌。这种情况下，守门员就要注意，如果自己没有能力先跑成功，就要降级，用单 A 或单 K 守门，不要发进攻的牌型，以免让同盟上当。

第二节 兵不厌诈——欺骗的实践

对敌进行欺骗就是使其判断不清或错误地判断我的牌情。欺骗敌人时，要利用判断牌情的理论，反其道而行之。从一定意义上可以说，欺骗就是诱敌判断错牌情，欺骗技巧就是反判断牌情技巧。

敌判断牌情时，要依据一定的信息，因此，凡是敌判断牌情时依据的信息，只要我可以运用，就都可以用来对敌进行欺骗。下面，我们比较详细地讲述一下在实战中经常用到的一些欺骗技巧，牌手可以举一反三，根据当时的具体形势设计骗局。

一、利用出牌情况进行欺骗

欺骗敌人的主要途径是利用出牌情况进行的，可以利用所出牌的大小、特点、次序等方法欺骗敌人。

(一) 出牌的大小

牌手出牌的大小是实力的重要体现，他人往往会根据牌手所出牌的大小来判断其实力，因此，牌手可以利用出牌的大小进行欺骗。

斗地主时，牌手如果有封顶牌，一般都会在该封顶时上封顶牌。如果自己有封顶牌，但故意不出，会骗得敌人以为我没有大牌，他们在上手后为了下轮能够回手，往往还会发同类牌型。比如，庄家单牌多时，为了顺单牌，有大王，就是不上，让散家的小王封顶，散家多会以为大王在其同盟手中，因而继续出单。

散家当主攻时，会急于跑牌，而庄家往往会进行强有力的遏制，因此，助攻散家可以故意频频出大牌和封顶牌，表现出急切跑牌的样子，把庄家的注意力吸引过来，诱其下炸。等自己的实力消耗完时，庄家也可能已经元气大伤，实力消耗得差不多了，这会让作为主攻的同盟在后面跑牌时减少很大阻力。

（二）出牌的特点

打牌时，牌手所出的牌往往有一些特点，根据这些特点，人们可以判断出一定的牌情。反过来，为了欺骗敌人，我们可以故意显示出一些特点。

牌手所出牌型是一个明显特点，是他人进行判断牌型情况的重要依据，因此，牌手可以借牌型特点欺骗。

庄家的某种牌型少时，可以故意先发这种牌型或顺这种牌型，这往往会让散家以为庄家的这种牌型多，使散家不敢再发这种牌型。散家发别的牌型，不仅有可能正好出到庄家的长项牌型上，让庄家顺牌或甚至封顶，而且还可能会打乱散家的计划。例如，庄家的三头牌少，但首发牌就出三个头或三带对，让散家误以为庄家的三头牌多，散家上手后不敢轻易发三个头或三带对，只好发其他牌型。

（三）出牌的次序

同一类型的牌中，如果牌手既有大牌，也有小牌，一般情况下，应该先出小牌，留着大牌。但是，有时，为了误导敌人，牌手要反其道而行之，偏偏先出大牌，留着小牌。

先出大牌，敌往往会误以为我手中这种牌型很少或者没有，能够误导敌给我送牌。比如，庄家有两个皆可封顶的对子：小王小王、22，散家发对子后，庄家直接用对小王封顶，散家一般情况下都会误以为庄家没有对2，上手后很可能会再次发对子，庄家还能用对2再次封顶。

庄家或主攻散家出单牌时，如果先出较大的单牌，后出较小的单牌，很可能会让敌误以为较小的单牌是拆出来的，敌很有可能为了不让庄家或主攻散家再过单牌而改发其他牌型，使庄家或主攻散家可能有机会顺走其他牌型。

二、利用余牌数量进行欺骗

余牌数量不多时，容易先走成功，因此，当庄家或主攻散家的余牌不多时，敌方往往会不惜消耗实力，进行遏制。根据这一情况，如果为了消耗敌方实力尤其是炸弹，那就可以利用余牌数量，让敌方认为我能快速跑完牌，来欺骗敌人。

如果余牌数量在十张以内，敌方往往会严加防范，用炸制止，因此，为了消耗敌方的炸弹，可以快速出牌，使余牌数量迅速变少到十张以内。

当余牌数量较少，疑似一手时，敌更会严加防范，欺骗效果会更好。

在以下三种情况下，如果余牌数量疑似一手，敌上当的可能性更大，多会浪费炸弹或出错牌。

一是，出封顶牌或炸弹后，剩余的牌数刚好是一手牌的数量，尤其是余牌为五张和三张以内时，很可能让敌方误以为我是在冲牌，这常常能迫使敌方下炸对我进行制止，浪费敌人的实力。作为散家的中门或顺门，当余牌在十张以内时，如果守门员或中门送上与我余牌数量相同的牌型，庄家为了防止我跑掉，极有可能不敢顺牌，而选择封顶或开炸，浪费实力。例如，顺门助攻，手中的牌是：44444、Q、J、99、88、7，这种牌自己难以主攻成功，为了使自己上炸后余牌为一手牌的数量，欺骗庄家下炸制止，顺门在庄家出对子后，顺走了99。然后用44444炸了庄家的22，余牌五张。庄家害怕顺门是用44444冲牌、余牌是三带对，只好用大炸回炸顺门。之后，如果中门或守门员出三带对，庄家还有可能害怕顺门被送走继续上炸。

二是，发牌后，余牌数量与发牌数量相同。如果发出一手牌后余牌数量与所发之牌数量相同，敌方有可能会怀疑我有可回手的大牌，在敌企图顺牌时会有所顾忌，还有可能会被迫用很大的牌管甚至上炸。例如，庄家余牌十二张，是一个四头炸弹、两个三头和一个对子，中门上封顶牌后余牌为六张，是一个三带对和一张单牌，庄家冲牌不够条件，只好允许中门发牌。这时，中门应该发三头，发三头后，余牌为三张，庄家有可能会担心中门余牌为一个大的三头而不敢顺牌，很可能会被迫用炸弹制止中门，空耗实力。

三是，留下与敌想出牌型数量相同的牌。如果主攻散家留下与庄家想出牌型的牌数相同的牌，或者庄家留下与主攻散家想出牌型的牌数相同的牌，会让庄家或主攻散家不敢轻易发这种牌，在最后有可能会被迫用炸冲牌。例如，庄家余牌九张，基本上可以判断出是一个三带对和一炸，顺门上手后余牌七张，是三个对子和一个单张，庄家允许顺门发牌。这时，顺门应该出对子。顺门出对子后余牌五张，庄家发三带对时必有所顾忌，最后很可能被迫冲牌，而如果中门或守门员有大炸，庄家失败的可能性是非常大的。而且，对庄家来说，如果庄家留下与主攻的中门或顺门想出牌型牌数相同的牌，还会让散家助攻的守门员或中门不敢轻易送牌，因为他们给同盟送牌时要经过庄家，害怕先把庄家送走。庄家的余牌数量与主攻的中门或顺门相同时，如果中门或顺门过牌拆牌，庄家也可以跟着过牌拆牌，始终保持与中门或顺门相同数量的牌，让守门员或中门不敢轻易送牌。例如，中门余牌为一张，庄家把牌出得也只剩下一张，守门员就不敢轻易送单牌了。有时，庄家用这种办法能把本来打不赢一把散牌打赢。例如，顺门主攻，余牌五张，是一个三带对，庄家余牌也是五张，是两个较大的对子和一个封顶单牌。为了控制守门员和中门送三带对，庄家始终不过单牌和对子，让他们不敢轻易送三带对。当守门员或中门被迫送对子、顺门被迫过对子后余牌三张时，庄家也过一个对子，余牌也是三张。这样打牌，有可能最后会把牌打赢。

三、利用言行态度进行欺骗

斗地主时，人们会根据牌手的言行和态度分析判断牌情，因此，牌手就可以借助言行态度进行欺骗。在实战中，正规的牌场会禁止说牌，所以，利用口头语言欺骗的可操作性很弱。即使日常打牌时允许说一些话，利用口头语言欺骗时，稍有经验的对手也不会轻易上当。态势语言比较丰富，很难禁止，而且，大家都知道，态势语言原本是真情的自然外现，对手往往会信以为真，因此，利用语言及态度欺骗对手时，更多地表现在态势语言方面。用态势语言欺骗实质上就是表演，牌手如果需要借用态势语言欺骗对手，就要善于表演给敌人看。当然，有的情况下可能来不及表演，比如，明显出牌有难度，需要较长时间考虑，不能快速出牌，要想假装快就很难。在这种情况下如果确实需要用态势语言骗敌，就需要预先设想，做好充分准备，那样才能表演得当，达到骗敌的目的。或者，想办法让对手觉得你是故意在用计，使其错误地认为你真实的情况是假装的，也能达到骗敌的目的。比如，我对子少，不用顺过，但上家发出对子后，我显得非常高兴，快速出了一个不大的对子，这有可能让敌人以为我对子多，敌下次有可能就不发对子了。再如，我没有炸弹，但在敌出封顶牌后故意犹豫，让敌以为我有炸弹，这使敌在冲牌时会有所顾忌，很可能不敢冲牌而造成错误。

牌的背面结构和出牌时的有关动作能反映出一定的牌情，因此，牌手也可以借此来欺骗敌人。比如，出连对时，本来不需要拆牌，但故意左一抽、右一挪，让敌误以为我拆出了一些单牌。再如，出牌后余牌为三头，预先把这三张牌放于两处，让敌误以为我的余牌不止一手。

第八章　守门打牌技巧

斗地主游戏中，散家的守门员位于庄家的上风，位置非常特殊，作用极其重要。守门员是庄家能否顺牌和顺什么牌的关键关口，是散家的门神。无论是庄家发牌，还是同盟发牌，守门员都能用大牌把关；前两位同盟没有封住庄家的牌时守门员可以封；前两位同盟有错误时守门员有机会纠正；前两位同盟跑不了牌时守门员还可以主攻。另外，守门员弃门主攻时利弊都十分明显，这也是由其特殊的位置决定的。如果守门员跑牌，其上两家都是自己的同盟，给自己送牌不用经过庄家，对散家十分有利；但是，守门员的下风就是庄家，与顺门和中门相比，其跑牌时最容易让庄家顺牌，这对散家非常不利。

在实战中，守门员打牌时常常会左右为难，不好决断。因为，一方面，守门员守门时需要考虑的因素很多：如果守得硬，常常要拆自己的整牌，而且还使同盟因为接牌浪费了实力；如果守得软，万一庄家顺走了关键的牌怎么办？另一方面，守门员决策是否跑牌时承担的风险也很大：如果决定跑牌，万一让庄家顺走了一手或几手关键牌就可能导致散家输牌；而如果牌好不跑，又可能失去了赢牌的机会。可以说，守门员不好当——打牌时间较长、水平较高的牌手都应该有这样的体会。

无论对于庄家还是散家来说，守门员的打牌水平都非常重要。实战中，守门员打牌水平的高低往往是影响一盘牌胜负的最大因素，甚至常常决定了一盘牌的输赢。

我认为，在三位散家中，守门员最不好当。散家打牌时，对守门员的技巧要求也最高。我甚至还认为，牌手的水平集中体现在当守门员时。当不好守门员的人，其总体水平即使不低，也高不到哪里去！能当好守门员的人，其总体水平即使不高，也低不到哪里去！可以说，牌手当守门员时打牌的水平正是牌手的水平。

总之，牌手当守门员时，要充分利用自己的独特位置，在战略上做出是否主攻的正确决策，在战术上与同盟高度协同、紧密配合，为打败庄家做出自己最大的贡献。

第一节 以宁硬勿软为要的守门

斗地主时，庄家往往需要过一些牌，或者顺小牌或者上大牌。这些牌能否顺过或上去，对战局的胜负影响极大，甚至最终造成了战局的胜负易位。守门的目的就是不让庄家称心如意地过牌，尤其是顺小牌。

守门员的第一职责是守门。当然，由于牌相和实力情况，一般地，守门员不让庄家过牌是不可能的。但是，好的守门员与差的守门员相比，就在于如何让庄家尽可能少地有效顺牌，让庄家能少过一手就少过一手。

要守好门，首先要认识到守门的必要性和重要性。有的初学者对守门员守门的必要性和重要性认识不足、重视不够，甚至很不以为然。有人当守门员时热衷于自己跑牌，往往把守门的责任抛到了一边。实战中，在很多牌局，庄家只需要过一两手牌就能够手，如果守门员不守门，让庄家过够了牌，庄家就会轻松获胜。所以，除非特殊情况，守门员最好不要弃门跑牌。无论从理论上讲，还是从实践中看，一般情况下，守门员如果能弃门成功，中门或顺门将跑得更快。守门员应该有这样一个认识：守门是守门员的本分，一般情况下，老老实实守门即为上策。

庄家叫牌成功后，守门员也就确定了。作为守门员，在未开战之前，就要先分析自己的牌相，确定自己守门的态度。在一开始，守门员可能会遇到这么三种情况：一是牌太差，只能守门；二是牌很好，想弃门；三是牌优中有劣，不排除跑的想法，但须根据整个局势再进一步确定。因为弃门有很大风险，所以，一般情况下，守门员最好是先把门守好再说。可以说，喜欢自己跑牌的守门员不是好守门员。守门员最好确立这样的思想：我的主要职责是守门，是助攻，只有在两位同盟无力进攻、放弃主攻时，或者我确实具有主攻的条件、弃门的把握很大时，我才弃门主攻。

一个优秀的守门员会根据各家牌的情况决策如何守门，守得越让庄家头疼说明守门员的水平越高。在牌场实战中，我们常常看到忠于职守的守门员为了守门，把满把的牌打得七零八落、乱七八糟。但最终，正是由于守门员忠于职守，不惜拆乱自己的牌、牺牲自己的所有实力，终于导致了庄家的失败。牌场上，庄家往往会因守门员的高明与否而败、而胜。许多人坐在守门技巧高超的牌手的下风，往往会心有余悸，不敢轻易叫牌。因为他知道，高明的守门员正是庄家的天敌。一场牌结束后，他往往会感叹：今天牌打输了，因为是某某在给我守门。

从庄家的角度讲，绝大多数情况下，庄家都需要过上几手牌，有时，庄家甚至只需要过一手牌就可获胜。从散家的角度讲，很多时候，守门员只要能守好庄家的牌，甚至只要能守住一手牌，散家就能把庄家打败。因此，守门员守门时，要尽量不使庄家过对战局影响至关重要的牌。

再说，如果顺门和中门在辛辛苦苦地经营，但守门员一不小心放过了庄家一手牌，导致了庄家成功、散家失败，那么，顺门和中门即使再多的努力也会付诸东流，所以，有时，我们甚至可以说，散家的命运其实就掌握在守门员手里。由此也可见，守好门是多么地重要！

守门员的天职是守门。为了实现守好门这一目标，守好关键的几手牌甚至最关键的一手牌，我主张，无论是守单牌，还是守其他牌型，都要坚持宁硬勿软的守门原则。实战中，往往，就是因为守门员守门稍硬了一点，庄家的一手牌过不去，输了；也常常会因为守门员守门稍软了一点，庄家的一手牌过去了，赢了。所以，守门，相对来说，还是偏硬一点好。

当然，守门偏硬并不是盲目地偏硬，更不是用手中最大的牌守，而要根据自己的牌相、庄家的出牌情况以及另两位散家的情况综合决定，相对偏硬。

守门员守门时，不只是守单牌，还包括守其他所有的牌型，但是，守单牌最普遍、最经常，相对来说也最重要。下面，我们分守单张牌和其他牌两类情况讲解一下守门员如何才能把门守好。守单牌和守其他牌的目的是相同的，道理也是相通的，因此，下面在讲到守单牌时的有些技巧，守其他牌时也可以参考；守其他牌时的有些技巧，守单牌时也可以参考。

一、守单张牌

守单牌是守门员遇到最多的情况，同时，守单牌也是守门员最重要的任务。守其他牌型有时也显得很重要，但守单牌更容易出错。而且，庄家的单牌比其他牌型容易判断，可以守得相当准。可以说，能否守好单牌，是区别一个合格守门员与不合格守门员的标志，是守门水平的直接反映。

一般地，守住庄家的 2 和大小王这些特大牌没有必要，也难以守住，而且守特大牌会浪费散家很多特大牌，消耗实力过大，反而对散家不利，因此，只有在一些特殊情况下才有必要守住特大牌。而只要守门员不想弃门，J 之下的中等牌和小牌自然会守住。所以，守单牌，一般情况下就是守庄家的单 A、单 K。有时，经过多次守门，守门员的大牌已经出完，无力守住单 A、单 K，这时，也需要守单 Q、单 J。极少数情况下，甚至需要守 J 以下的单牌。一般而言，守门员守单牌时要用花牌来守，也就是说，守单牌通常以单 J 为限，没有特殊情况，不宜再降低。有人把这一界限叫做“夺命单 J”，是有一定道理的。

为了守好单牌，要注意以下几点。

（一）善于判断庄家要过的单牌

在出牌前，守门员要先看看自己手中的牌，尤其是大牌，据此初步判断一下庄家可能要过什么单牌，以决策自己用什么牌守门。

如果守门员的 A、K 为单张或者四张以上，守门员很容易决策是否用单张牌守门，也容易做出是否拆炸弹守门的决定，需要考虑的不会太多。问题是当守门员的 A、K，尤其是 A 为两个或三个时如何守门，拆不拆牌？这是守门员需要决策的关键问题所在。

排除庄家叫牌时会参考 A 的多少这一因素，当守门员有单 A 时，庄家有单 A 的概率是：

$$\frac{C_7^1 \times C_{76}^{32}}{C_{83}^{33}} = \frac{1324225}{10484643} = \frac{1}{7.92} = 12.63\%$$

所以，如果守门员的 A 只有一张，那么，庄家 A 多、不是单牌的可能性很大，在判断不清散家单牌是否多的情况下可以先用 A 守一次。有时，如果估计到需要多次守门，为了防备庄家拆 A 后无 A 再守，也可以先用 K 守门，后面再根据情况决定是否用 A 守门。如果守门员无 A，而 K 不是炸弹时，就应该考虑用 K 守门，不宜在一开始就用 Q 以下的牌守门。

如果守门员的 A 有四个以上，即 A 形成了炸弹，那么，一般情况下，不要为了守单 A 而拆开 A 形成的炸弹。因为，虽然守门员手中 A 多，可以判断出庄家是单 A 的可能性很大，但毕竟只是一种可能，并不能确定庄家真的就有单 A，所以，不能为了并不确定的情况而轻易牺牲炸弹。而且，即使真的庄家有单A，但守门员为了守单A而拆开了A形成的炸弹，损失也很大。所以，除情况确实特殊外，不要在一开始就拆A形成的炸弹守门。

如果守门员手中的A是两个或者三个，那么，庄家A是单牌的可能性较大，我主张，只要不是想弃门跑牌或者留三头A压庄家，一般情况下，守门员应该拆A守门。

假如牌是随机分布的，那么，我们可以计算出当守门员手中有两个A和三个A时，庄家手中A的各种情况的概率。

先看守门员手中有两个A时庄家A的各种情况的概率。

庄家手中有六个A的概率是：

$$\frac{C_6^6 \times C_{77}^{27}}{C_{83}^{33}} = \frac{276892}{94361787} = \frac{1}{340.79} = 0.29\%$$

庄家手中有五个A的概率是：

$$\frac{C_6^5 \times C_{77}^{28}}{C_{83}^{33}} = \frac{988900}{31453929} = \frac{1}{31.81} = 3.14\%$$

庄家手中有四个A的概率是：

$$\frac{C_6^4 \times C_{77}^{29}}{C_{83}^{33}} = \frac{4177250}{31453929} = \frac{1}{7.53} = 13.28\%$$

庄家手中有三个A的概率是：

$$\frac{C_6^3 \times C_{77}^{30}}{C_{83}^{33}} = \frac{26734400}{94361787} = \frac{1}{3.53} = 28.33\%$$

庄家手中有两个A的概率是：

$$\frac{C_6^2 \times C_{77}^{31}}{C_{83}^{33}} = \frac{10133200}{31453929} = \frac{1}{3.10} = 32.22\%$$

庄家手中有一个A的概率是：

$$\frac{C_6^1 \times C_{77}^{32}}{C_{83}^{33}} = \frac{5826590}{31453929} = \frac{1}{5.40} = 18.52\%$$

庄家手中没有A的概率是：

$$\frac{C_6^0 \times C_{77}^{33}}{C_{83}^{33}} = \frac{1324225}{31453929} = \frac{1}{23.75} = 4.21\%$$

列表如下：

表8-1：守门员有两个A时，庄家手中A的概率分布

庄家手中A的个数	6	5	4	3	2	1	0
概率（%）	0.29	3.14	13.28	28.33	32.22	18.52	4.21

从表8-1可以看出，庄家最大可能的情况是有两个A，其次是有三个A，下来就是单A了，庄家有单A的可能性接近五分之一。

再看守门员手中有三个A时庄家A的各种情况的概率。

庄家手中有五个A的概率是：

$$\frac{C_5^5 \times C_{78}^{28}}{C_{83}^{33}} = \frac{19778}{2419533} = \frac{1}{122.33} = 0.82\%$$

庄家手中有四个A的概率是：

$$\frac{C_5^4 \times C_{78}^{29}}{C_{83}^{33}} = \frac{170500}{2419533} = \frac{1}{14.19} = 7.05\%$$

庄家手中有三个A的概率是：

$$\frac{C_5^3 \times C_{78}^{30}}{C_{83}^{33}} = \frac{1670900}{7258599} = \frac{1}{4.34} = 23.02\%$$

庄家手中有两个A的概率是：

$$\frac{C_5^2 \times C_{78}^{31}}{C_{83}^{33}} = \frac{862400}{2419533} = \frac{1}{2.81} = 35.64\%$$

庄家手中有一个A的概率是：

$$\frac{C_5^1 \times C_{78}^{32}}{C_{83}^{33}} = \frac{633325}{2419533} = \frac{1}{3.82} = 26.18\%$$

庄家手中没有A的概率是：

$$\frac{C_5^0 \times C_{78}^{33}}{C_{83}^{33}} = \frac{529690}{7258599} = \frac{1}{13.70} = 7.30\%$$

列表如下：

表8-2：守门员有三个A时，庄家手中A的概率分布

庄家手中A的个数	5	4	3	2	1	0
概率（%）	0.82	7.05	23.02	35.64	26.18	7.30

从表8－2可以看出，庄家手中最有可能的是两个A，其次就是一个A了，庄家有单A的可能性大于四分之一。

所以，当守门员有两个或三个A时，庄家的A是单张的可能性是非常大的。

如果庄家手中的A是一个，那么，守住这个单A的必要性自不用说。如果庄家手中的A是两个，也须防止庄家拆A，分成两次顺牌。所以，如果守门员手中起到了两个A或三个A，在一开始，就要考虑用A守单牌。

当守门员用完A后，如果K也是两个或三个，为了防止庄家过单K，也须注意拆K守单牌。

初步判断庄家要过什么单牌，其结果只是一种可能，并不能肯定庄家必然有某个单牌，要更加准确地进行判断，还须根据牌局进行的情况进一步分析。

进一步准确判断庄家是否有某个单牌依据的信息主要来自两个方面。

一是，根据某一点值牌的已出数量和自己手中的数量，计算出外面还有多少张，再进一步分析出庄家手中还有多少张。比如，自己有两个K，顺门出了三个K，中门出了单K，无疑，庄家有两个K。

二是，根据庄家出牌的情况进行分析。比如，庄家在出三带对时出过了三个K，那么，他几乎再无单K的可能了。再如，庄家的大牌中，A、Q、J等牌都已现身，且都是整牌，就是不见K，那么，庄家有单K的可能性是比较大的。

对守门员来说，判断庄家的单牌非常重要，这决定了用什么牌守门。虽然守门要宁硬勿软，但是，守门过硬会使同盟接牌耗费实力过大，伤牌，因此，守门最高的水平就是守得恰到好处——刚好把庄家的单牌守住。

一次，一贯坚持强硬守门的守门员一反常态，用单J守门，庄家没有过单牌，同盟轻松接牌。第三次守单牌时，守门员又进一步降低到用单10守门，很奇怪的是，庄家仍然没有单牌可过，同盟接牌更加轻松。原来，守门员手中较大的牌是AAAAA、K、Q、JJJ、1010。明显守不住单A，而由于自己有单K、单Q，庄家有单K、单Q的概率非常小，因此，用单J守门恰到好处。后来，顺门出三带对时带出了一对J，中门又出了一个单J，守门员自己有三个J，据此，他判断出庄家有两个J，因此，他决定用10守门。当然，这时，他想，一旦庄家拆开对J过了一个，再守门时，就用J以上的牌，挡住庄家余下的那个单J。可以说，这样守门，水平高超之至，庄家遇到这样的守门员，绝对不是好事。

当然，判断庄家的单牌并不会百分之百的正确，因此，在情况不明时，守门仍然要注意坚持宁硬勿软的原则。

（二）守住庄家拆牌后剩余的单牌

在守门时，除判断庄家原有单牌的情况外，还要注意庄家拆牌的情况。比如，先守单K时庄家没有过A，再出单K时庄家过了A，这就要结合具体情况进行判断：庄家是在拆牌呢，还是在诱骗散家用大单牌守门并送整牌呢？再如，庄家前面主动发过对子，这一轮出单牌时，守门员用K守门，庄家过单A。因为庄家对子多，很可能是在拆对A，这种情况下，下一轮守门时就要注意用单A守门。如果确定庄家是在拆牌，守门员要做到“拆啥堵啥”，争取把庄家拆剩下的那张单牌坚强地守住。

（三）守门要舍得拆牌

当守门员手中有单A和单K时，守门员一般不会舍不得用它们守门，往往会很痛快地打出单A或单K。但是，当A或K是整牌时，一些守门员觉得拆开了浪费，往往舍不得拆牌，甚至有人在自己有一大堆A和K时会说没有牌守门。我认为，不愿意拆整牌守门的原因是守门员的守门观念没有树立好。试想，如果庄家过了一张单牌而成功了，守门员手中的A和K不就都成了废牌了吗？所以，守门员不要吝惜整牌，要舍得拆牌守门，尽好守门员的职责。

当然，说守门员要舍得拆牌守门并不是说见牌就拆，而且还要反对随便拆牌。到底拆不拆牌，守门员要根据情况灵活处置。比如，守门员手中有三个A或三个K，庄家前面出三个头或三带对时，其余两家明显管不住牌，这种情况下，与其拆A或K去守庄家并不一定有的单A或单K，还不如留下三个A或三个K等着管庄家的三头类牌。

（四）残局守门时仍然要坚持偏硬的原则

守门员守门的职责贯穿于整盘牌的始终，守门不仅在开始时重要，在残局时仍然很重要。

残局时，庄家的牌比较少，而且往往比较整，而这时守门员的大牌也少了，因此，守门员往往会忽视残局的守门。这时，守门员稍一松懈、略一大意，就可能“晚节不保”，前功尽弃。守门员应该意识到：残局时的守门和前面的守门同样重要。而且，前面如果守门员没有守好某一张牌，因为庄家往往还需要过其他牌，所以，散家还有机会弥补。到残局时，庄家的牌往往变化很小，甚至没有变化，一旦守门出现失误，散家可能就没有机会再弥补守门员因为大门失守带来的损失了。残局时，如果庄家需要顺一张牌才能赢，那么，牌局的结果关键就看守门员能否守住庄家要过的那张牌了：守住了，散家就赢；守不住，散家就输。所以，从这个意义上甚至可以说，残局时的守门比前面的守门还要重要些。

作为守门员，在残局时要一如既往地认真守门，坚持好偏硬的守门原则，切不可松懈大意，不要在最后关头放走了庄家要过的单牌。某盘残局，顺门已无实力且有不少单牌，中门有四张单牌：2、K、J、3，庄家上手后有三张单牌：大王、K、9，守门员有一大炸。庄家考虑到外面可能还有一炸，因此，发单9，企图过单K。顺门因为一开始就没有顺单，单牌较多，而且因为一直在配合中门打牌，这时已无多大实力，看到中门牌已经很少，所以，他不要。中门因为单牌很多，又觉得庄家手中有大王，过大牌也无用，所以，过单J。如果这时守门员以为自己还有一炸，可以炸掉庄家的大王而不守门，那就坏了。因为，庄家一旦过了单K，在任何一位散家的单牌都有两张以上的情况下，庄家的大王势不可挡，散家必败无疑。所以，这时，守门员正确的打法仍然是守大单牌，不让庄家过K，这样才能确保中门先走成功，打败庄家。

在残局时守门坚持偏硬的原则，需要特别注意两种情况。

一是，当我方二位同盟手中有王，而庄家没有王，我方要过的单牌可能已经不多时。在这种情况下，如果守门员没有较大的牌守门，为了防止庄家过小单牌，可以考虑用2守门，让我方用王接过去；或者甚至用小王守门，让我方用大王接过去。千万不可小看这时用大牌守门的技巧。这时，庄家往往就只需要过一张单牌，而我方也往往只需要再接一手牌。所以，在此关键时刻，守门员是否用大牌守门直接决定了双方的胜负，非常重要。

二是，守门员已无A、K等牌，大牌也没有了，或者有大牌，但其余二位同盟都接不过去，其他牌型也发不出来，四家大牌都用了很多，实力都变得较差时。在这种情况下，守门仍然要像一开始那样，还须坚持偏硬的守门原则。除去炸或其他特殊情况，守门时，有Q不用J，有J不用10，有10不用9……残局时，当四家的力量都变小时，庄家的胜利可能就在过一张小单牌上，这种情况在实战中已是屡见不鲜。

（五）特殊情况下绝对硬的守门

在特殊情况下，守门要绝对地硬，就是说，要彻底排除庄家过牌的可能性，不让庄家过一张牌，或者说不让庄家过关键的一张牌。在这种情况下，一般需要用2守门，或用小王，甚至用大王和炸弹守门。比如下面一些情况：

一是，庄家敞牌明打，散家必须把庄家的大单牌守住才有可能赢时。这时，守门员要舍得用大牌守门，一定要把庄家的大单牌守住。这个道理很好理解，守门员一般都能做到。

二是，在残局，当庄家需要过一个单牌，而我方也再只需要上一手牌，但是庄家没有大牌，而我方仍有大牌可以接牌时。这时，守门员可以用很大的牌守门，比如2或小王守门，让我方用更大的牌接。

三是，庄家有明显缺项，我方其余二位的牌较整时。这时，即使不能肯定庄家是否要过单牌，但用大牌守住门后，守门员有牌可传给二位同盟，因此，应当用大牌守门，宁可信其有，不可信其无，使庄家没有任何过牌的可能。

四是，守门员A以下的牌确实比较整，只有个别单张，准备弃门时。这时，用大牌守门既可防止庄家过牌，也可以上手发牌或消耗庄家的实力。守门员用大牌守死后，如果庄家不管，守门员就能上手发牌，开始进攻；而如果庄家管守门员，就要与守门员一再拼实力，庄家会消耗实力过多。这时，采取绝对硬的守门方法往往会让庄家左右为难，庄家一不小心，就会犯错误。

五是，守门员无A、K等合适的守门牌，为了骗庄家，使庄家认为守门员要弃门时。这时，如果守门员一再用大牌守门，一发就是很多张牌，庄家往往会上当。如果能把庄家的注意力成功地吸引到守门员身上，庄家的实力就会被守门员消耗过多，之后，其余二位同盟就可以战胜庄家了。

六是，如果守门员不上大牌，庄家就会用大牌封顶时。为了阻止庄家用大牌封顶，这时，守门员可以先行封顶，然后再发对庄家不利的其他牌型。比如，庄家第一次发小三带对后，用222－xx回手，下一轮，庄家再出小单牌时，中门直接上小王，如果守门员本身有大王和小王，则可以做出这样的分析：中门直接上小王，说明中门牌整，而另一个大王很可能在庄家手中，又由于庄家已经出了三个2，因此，守门员的大王已经没有压庄家2的必要了，其唯一的作用就是阻止庄家上大王封顶，这种情况下，守门员就可以直接用大王封门，然后再发对子给中门传牌。因为庄家手中再有对2的可能性极小，而中门的牌整的可能性很大，所以，这时，守门员用大王封顶而传对子给中门的打法应该是异常高明的。

（六）守不住门时先上2

如果守门员的A和K已经用完，又该守门了，这时要么降低守门，用Q或更小的牌守；要么抬高守门，用2守。怎么办呢？我认为，如果用2守门不会给散家造成太大的损失，可以先上2。这样有两个好处：一是肯定能守住门，二是也许会使庄家误以为守门员要上手弃门，庄家会用大牌压2，这样，无疑也就等于把门守住了。而如果自己上了2后庄家不管，同盟又不接，变化牌型也没有把握，那也可以重新考虑降低守门，用Q或更小的牌守。当然，在真正降低到用Q或更小的牌守门之前，如果自己还有一个2，还可以考虑再出一个2，进一步误导庄家，实在不行，再往下降。

二、守其他牌

守单牌固然非常重要，守其他牌也是守门员的职责，有时，守好其他牌也直接决定了一盘的胜负。因此，在守好单牌的同时，优秀的守门员还要注意守好其他牌型。

一般情况下，守门员不存在守连牌的问题。因为连牌较难管上，所以，庄家出连牌时，散家如果有能力管牌，必然会管。如果前两家管不上庄家的连牌，而守门员能管上，那么，一般地，守门员自然会管牌。对守门员来说，这种情况属于管牌，不是守门。只有在两种情况下，守门员才存在守连牌的问题。一是，庄家出了连牌后，散家已经有人管上，而守门员手中还有更大的同类牌。二是，前面两家没有管牌，守门员能管上庄家的连牌有两个以上。遇到这两种情况时，守门员首先要断定一个情况：如果自己没有用更大的连牌管，庄家能否回手或再顺一次连牌。如果庄家有可能回手或再顺一次连牌，守门员就要用更大的连牌守门，防止庄家连牌回手或再顺一次连牌；如果庄家没有回手或再顺一次连牌的可能，守门员就不必上更大的连牌。这种情况不但相对很少遇到，而且，判断庄家回手的难度往往也很大，判断结果也常常有相当大的偶然性，因此，相对来说很难处理。

守连牌的情况很少遇到，也很难守，因此，说守单牌外的其他牌，主要就是守对子、三头、三带对等整牌。与单牌相比，守这些牌时，较难判断庄家要过多大的牌。另外，守单牌一般指守 A、K 等不是特大牌的单牌，而守这几种牌往往还需要注意要守住庄家的封顶牌。举一个例子来说明：假如自己和庄家手中都有封顶牌，比如都有三个 2，如果自己用大牌守住，那么，庄家想上手就需要耗费一炸；反之，庄家不但能过一手牌，而且封顶后造成了要炸的局面。

那么，如何能把这几种整牌守好呢？我认为，仍然要坚持偏硬的原则，同时注意适当保存实力。具体地，要根据情况灵活决定用多大的牌守门。

（一）庄家发牌时的守门

在开局之初，当庄家出了这几类牌时，因为很不了解庄家手中牌的情况，也不大了解二位同盟的情况，所以，在二位同盟没有上大牌时，守门员要用大牌封门。一般地，除过对大王太浪费外，一开始用封门的办法守门都错不了。我们可以从两个角度说明这时封门的正确性。

第一，虽然不了解庄家的真实情况，但在多数情况下，庄家出某种整牌，要么这种牌特别多，要么出这种牌可以回手，所以，无论如何，不让庄家过牌都是对的。虽然少数情况下庄家出某种整牌是在用计，但由于守门员不能断定是真是假，因此，一开始还是守住为好。而且，守住后也不一定就上当。比如，庄家发三头，企图引诱守门员发对子，但守门员守住后不一定就发对子。所以，封门一般没有错。

第二，其余二位同盟没有上大牌，有两种合理的情况。一是某家有跑牌的想法，想过小牌，便把管牌的责任推给了后面的同盟；二是某家确实没有这种牌型的大牌，没有能力封顶。在这两种情况下，守门员封门都是对的。

二位同盟没有上大牌时，如果守门员也没有大牌，那就要上手中最大的牌，争取尽力守住庄家更多的牌。

在一开始，守门员守整牌时还要注意区别不同的牌型。

当庄家出三头或三带对时，如果守门员手中有三个 2，要根据情况看是否需要用三个 2 封门。在同盟或守门员自己能用较大的三头管上的情况下，可以考虑先不用三个 2 封门。如果同盟已经上了较大的三个头，自己可以先不管；如果同盟没有上较大的三个头，当自己有较大的三头时，自己可以先上较大的三头，比如用三个 A 或三个 K 管上一手。因为，如果自己手中有三个2，庄家再有三个2的可能性就较小，直接上三个2容易打超伤牌，留着三个2管庄家较大的牌更加划算。如果同盟只上了很小的三头，而自己也没有较大的三头，一般情况下，为了不让庄家顺过小的三头，守门员应该直接上三个2。当然，如果自己要这三个2的作用不是太大，或者企图上手弃门，或者庄家明显有三个2能封顶，那么，无论同盟是否已上了较大的三头，守门员都可以用三个2封门。

当庄家出对子时，一般情况下，守门员必须用除对大王外能封顶的对子封门，如果没有能封顶的大对子，也要尽最大力量守门。因为，庄家主动打对子，一般地，可以得出庄家对子多的结论，并且，庄家常常有大牌可以接上、回手。而同盟中封顶的对子可能还会有，不必担心伤牌。因此，这时，为了不让庄家过牌，一定要用能封顶的对子封门或上最大的对子。当然，也有可能庄家三个头较多，出对子是为了骗得守门员错误地判断情况，企图让守门员发三个头。即使有这种可能，但在判断不清楚的情况下，守门员也应该用大牌封死。如果不敢肯定庄家是否故意骗人，守门员上手后可以暂时不发三个头。

（二）同盟发牌时的守门

同盟在进攻时发整牌，守门员守门要灵活一些。

如果同盟发对子，在弄不清楚庄家是否需要过对子时，守门员怎么守门呢？这需要看在牌局的哪个阶段和发牌的同盟手中牌的多少，要害是要看发牌的同盟需要过多少对子。如果同盟手中的牌很多，在发对子，那往往说明同盟的对子很多，需要出相当多的对子，这时，守门员不能守得太高，更不能把门封死。因为，既然同盟牌多，需要出很多对子，那么，即使庄家这一次没有过成大对子，后面还有机会过，也就是说，庄家必有上大对子的机会，所以，即使守门员守得很高或把门封死，也起不到阻挡庄家顺大对子的作用。而且，这种情况下守门过高，还有可能造成两种对己方不利的后果。一是，守得过高不但会浪费自己的大牌，而且使同盟接牌时必须用更大的牌接，使散家严重伤牌。二是，守得过高甚至还有可能出现同盟无法接上手的情况，那更糟糕。因为，这会让庄家看到同盟大对子有弱点的情况，使其敢于利用这一情况为难我方，比如，本来庄家觉得过较大的对子无用，不敢拆开连对过牌，但看到散家接不了牌，庄家就有可能拆开较大的连对为难我方。因此，如果同盟在牌很多时发对子，守门员可以适当抬高一些，这样，既可避免庄家过小对子，又方便同盟接牌。如果同盟手中的牌很少，这时，很有可能发对子的同盟只需要出这一个对子便可成功冲锋。这时，守门员就可以用大对子守门，确保不让庄家过小对子，甚至可以用大对子把门封死，不让庄家过任何对子。如果同盟手中的牌较多，判断不清同盟还需要出几次对子，那么，就要根据牌局的进展情况看如何守门。如果用大对子封门上手后能给同盟传出庄家要不上的其他牌型，就可以先用大对子封门；如果用大对子封门后不能传出庄家要不上的其他牌型，就可以用较大的对子守门，以防庄家顺小对子。

如果同盟发三个头，在弄不清楚庄家是否多三个头时，守门员应该怎么守门呢？一般地，如果不是在残局，同盟发三个头，往往说明同盟这样的牌较多，守门员可适当抬高，避免庄家过很小的三个头。守三个头时，守门员一般不要拦得过高，以免同盟接牌困难。如果自己有很大的三个头，一般也不要封死，因为三个头相对较少，如果这次用了大的三个头封门，后面，庄家出较大的三个头时，散家就可能管不上了。在残局时，如果同盟的牌已经很少了，可能只需要出一次三个头，为了避免庄家过三个头，守门员可以用大牌守门，甚至可以封门。

庄家往往有三带对的牌型，因此，如果同盟发三带对，对守门员来说，比较难办。这时，守门员要根据牌局的进展情况，灵活守门。在进入残局前，同盟如果发三带对，往往是在试攻或已经在进攻了，这时，可能同盟还要过三带对，守门员应该用较大的三带对守门。这样，一可避免庄家顺小三带对，二也使同盟较易接牌。如果在残局，一般地，应该用大牌封门，避免庄家过牌。尤其是，如果在开局之初庄家发三带对时同盟曾经用大的三带对封顶，残局时又主动发三带对，这往往能说明同盟已经到了冲刺阶段，但必须打出这一手三带对，这时，守门员就应该把门守死，不让庄家过牌。

如果同盟发连牌，在弄不清楚庄家的情况时，只要不是自己想弃门，就不要管。因为，第一，连牌庄家管住的可能性相对较小；第二，发牌的一家回手的可能性较大；第三，发牌的散家很可能已经够冲锋条件了。所以，不要轻易管同盟发出的连牌。

（三）庄家和主攻同盟某种牌型都多时的守门

在后半场，如果庄家和己方主攻都需要过某一种牌型，而守门员也无其他牌打时，对于守门员来说，守到什么程度最恰当，判断起来非常困难。这时，一般地，可以这么处理：

如果己方主攻已经剩有同种类型的一手牌，而且较大时，可以不守门，因为这时庄家不敢过小牌。

如果发现己方主攻信心十足，能够控制住牌势，那么，也可以适当守一守，既不让庄家过太小的牌，也给自己一方留有接牌的余地。

如果发现己方主攻只是某种牌较多，但无法判断其控制牌的能力，那么，还是偏硬一点守门为好，免得让庄家过够了牌而获胜。

这种情况下到底如何守门，牌手要在较长时间的实战中摸索规律，更需要了解庄家与己方主攻的打牌水平和习惯。总之，这时的守门很难，需要根据情况灵活处置，即使守不好门，也很正常。

（四）特殊情况下可以用炸弹守门

实战中有时会遇到这样的情况：守门员没有大牌可以守门或封门，而庄家很可能只需要过一手牌，而且，这时，我方的炸弹比较多。在这样的情况下，守门员可以考虑用炸弹守门，然后发庄家接不上的其他牌型。而且，如果必要，守门员既可以在庄家发牌时炸门，也可以在同盟发牌时炸门。

某盘残局，庄家不吃大单牌，牌够报时，刚好有十张：AAAA、222－77、9。散家的中门在主攻，上手后，还有十四张牌：KKKK、QQQ－88、999－55。顺门没有炸弹，但还有不少牌，能够接牌送牌。守门员有一小炸，但没有222。中门因为主攻，发牌的选择余地很少，为了快速跑牌，中门虽然判断庄家有大三带对的可能性很大，但还是发了999－55。这时，守门员如何守门就直接决定了这一盘牌的胜负。为了防止庄家过222－77后形成冲牌态势，守门员用小炸封门，然后，发庄家要不上的单牌。顺门接单牌上手后，再给中门送三带对，中门先走成功。庄家的封顶牌222－77被守门员用炸守在了手中，即使输牌，也不得不佩服守门员用炸弹守门的打法高明。

守门员在弃门时往往也会炸门。弃门时，如果二位同盟对守门员所剩的牌判断不清，不知道该如何送守门员，因而没有要庄家的牌，或者送守门员时发错了牌，守门员往往要炸门。因为，如果守门员不上炸，很可能庄家要上手或顺牌；而如果守门员用炸，不但封住了大门，而且有时还能把所剩的牌打明，能让二位同盟清楚自己的余牌，好为自己正确送牌。比如，守门员手中还有五张牌，是一个单张和一个炸弹。中门上手后发小三带对，守门员害怕庄家过牌，同时也为了把牌打明，果断用炸。守门员上炸后，手中就只剩下了一张牌，如果庄家不管，守门员就能先走成功；如果庄家管，就需要花费更大的炸弹。而且，守门员用炸后，余牌只有一张，如果同盟上手，自然会正确送牌。

第二节 以刁难庄家为高的打法

守门员处在庄家的上风，适宜做助攻。而做助攻，就要勇于牺牲自己。只要使庄家不能得利，哪怕自己牺牲再大都是值得的。所以，守门员在打法上，要处处刁难庄家。只要守门员能把这一点掌握好，那么，就可以说是一个合格的守门员。

一、守门员的管牌

守门员是散家，因此，他既担负着守门的任务，同时，也和其他两位散家一样，担负着管牌的任务。

庄家发牌时，所发的牌型多为有回手能力的长项牌型，散家如果管不住牌，庄家往往会多走几手。中门或顺门主攻时常常要出小牌，如果守门员管不住，庄家也很可能顺势过牌。因此，守门员的管牌很重要。

守门员的管牌和守门是相辅相成的。能把牌管住，也就守好了门。所以，打牌时，守门员如果没有A、K等大小合适的牌守门，就可以用2甚至王管牌，把门守死。

比如，庄家出了三个头后，前两家只是过了不大的牌，这时，守门员如果有大的三头，就要管牌。如果守门员没有很大的牌，也要尽最大力量管牌。

由于守门员是散家的最后一个关口，因此，当庄家或者其他两位散家出了牌后，为了不让庄家过牌，该管牌时，守门员要敢于用大牌管。

守门员管牌后如果能上手，就发使庄家为难的牌型。这样打牌，对庄家十分不利，庄家很多时候就输在这样的守门员手里。

二、守门员的用炸

守门员用炸，大多时候是为了管庄家的封顶牌或炸弹，特殊情况下是为了把门守死。

有时，前两家由于想跑牌或者其他原因，手中的炸不想在当时用掉，因而没有管住牌，当轮到守门员出牌时，在这最后的关口，守门员如果没有大牌管，就要用炸弹把牌管住，不让庄家顺利走牌。

一般情况下，守门员是助攻，当助攻就要舍得用炸，不要怕耗费自己的实力。有的守门员舍不得用炸，结果往往到最后炸弹被饿死。这在实战中的例子太多了。

某盘中局，当庄家手中还有二十余张牌时，中门因为想跑牌，发出了一个小三带对，结果庄家用 AAA－xx 封顶。顺门没有炸，让过去了，中门考虑到自己只有一炸，又要跑牌，同时考虑到守门员还有炸弹，因而，想等一等再用炸，也没有炸。这时，该守门员出牌了。守门员手中有一炸，因为搞不清自己的上两家是否还有实力，看到庄家手中还有十好几张牌，所以，守门员也想等一等再炸。庄家上手后，发了一个双飞双带，报牌：还有七张。看到庄家还有七张，中门等不及了，用炸把庄家的双飞双带炸掉。结果，庄家手中还有四个 K 和三个 5，庄家用四个 K 上手，出掉三个 5，赢牌。这时，守门员手中虽然还有一炸，但比四个 K 小，饿死了，没有派上任何用场。如果守门员在庄家出 AAA－xx 时用炸，那么，庄家手中有一炸和两手牌，散家的中门有一炸，只要散家不送庄家双飞双带或者非常小的三头，庄家必输无疑。

可以说，只要守门员的炸不是过于大，如果没有其他特殊情况，守门员一定要舍得用炸，以制止庄家出牌。根据实战经验，守门员用炸，十有八九用不错。如果守门员总是舍不得用炸，往往会把本来能打赢的牌打输，而且还常常会饿死炸弹，甚至和其他两家一起，一共饿死好几炸，非常可惜。

三、守门员的发牌

守门员上手后，要发牌。庄家在守门员的下风，因此，守门员的发牌与庄家顺牌关系很大，一旦守门员发错了牌，就可能让庄家把本不该顺走的牌顺走甚至封顶。很多时候，就是因为守门员错发了一手牌，导致了散家败北。所以，守门员发牌的技巧非常重要。

守门员发牌时，要坚持对庄家不利、刁难庄家的原则。

（一）发庄家的缺项牌型

在打牌过程中，经过几轮的较量，很多时候，就可以发现庄家的缺项是什么了。如果发现了庄家的缺项，守门员发牌时，就应该发庄家要不上的缺项牌型。

庄家要不上的牌，由于自己一方还有两个人，因此，同盟往往能够接上庄家的缺项牌型。同盟接上牌后，既可以再发庄家要不上的牌，还可以发其他必须出掉的小牌。如果守门员一直把门守死，每次都发庄家要不上的牌型，庄家会非常难受，往往不得不用炸上手，消耗实力。或者庄家因为实力不够，一再忍耐，只好眼睁睁地看着我方把牌走得越来越少，最终失败。

比如，庄家接不上对子，守门员就发对子。如果守门员手中的对子少，还要舍得把三个头拆成对子，给自己人送牌。如果守门员的炸多，特殊情况下，甚至可以把某一小炸拆成两个对子，给同盟送牌。下面看一个非常典型的真实战例。

有一盘，庄家不要对子，中门主攻，单牌和对子较多。守门员一再用大牌把门守得死死的，然后总是发对子。当庄家手中还有七张牌时，守门员手中还有不少牌，其中包括两炸，一炸是KKKK，一炸是3333。因为庄家不要对子，可以断定，庄家手中的牌是一个五个头的炸弹和两个单牌，而且，其中有一个单牌比较大，可能是一个A。后来，中门再剩七张牌了，明显都是整牌。这时，又轮到守门员发牌了。但是，守门员的对子已经出完，连三个头也拆成对子出完了，大单牌也已用完，手中仅剩若干小单牌和两个炸弹。这时，守门员想，如果把四个K拆成单牌，那么，很可能就会让庄家过单A，于是，他没有拆四个K守单，而是把四个3拆成了两个对子，继续给中门送对子。中门接住对3后，还剩五张牌，是三带对。这时，庄家无论用不用炸，都注定逃不了必败的命运了。试想，如果在关键的时候守门员舍不得拆炸弹送庄家的缺项牌型——对子，而抱着侥幸心理发一个小单牌，或者把四个K拆成单牌发，那么，庄家就赢了。

判断庄家的缺项有一定的技巧，除了庄家接不上的情况比较明显外，还要注意根据庄家出牌和拆牌的情况进行分析判断。比如，庄家主动打三头，一般可以说明对子少，特殊情况下有可能庄家是在用计，其实想过对子，或者想用对2封顶。再如，如果你用比A小的牌守门，庄家拆了对A过牌，一般也可以说明，庄家的对子较多。

需要注意的是，判断庄家的缺项一定要判断准确，特别要注意防止庄家在用计欺骗。如果判断错误，反而会让庄家顺牌，甚至顺很多牌。

（二）发庄家的短项牌型

如果发现不了庄家的缺项牌型，或者庄家没有缺项牌型，或者守门员发不出来庄家的缺项牌型，那也可以发庄家的短项牌型。

发庄家的短项牌型，很有可能虽然庄家过了牌，但属于无效出牌，那等于庄家没有过牌。即使庄家过牌属于有效出牌，但由于过的牌型是短项，因此，只能过个别手，后面再发这种牌，庄家就要不上了。

所以，如果守门员发不了庄家的缺项牌型，那就退而求其次，发庄家的短项牌型。

（三）发大一些的牌

有时，守门员手中某种牌型的牌较多，而且，这种牌型庄家已经几次没有过牌了，但是，在这种情况下，守门员也不可大意，不要以为庄家绝对没有这种牌型、根本不需要过这种牌。

庄家已经几次没有过某种牌型，很可能前几次散家出的牌大，庄家过不了，并不能说明庄家绝对没有这种牌型。而且，还有可能因为种种情况庄家在前面没有要牌，但现在想要了。因此，即使在自己已经知道某种牌庄家极可能是缺项时，守门员也不能忘乎所以，随便发过小的牌。

这种情况下，守门员还是应该发比较大的牌。如果发小牌，庄家可能过一手牌就够手了。而且，有时，只要守门员能再发一次大一点的牌，主攻的中门或顺门接上后就可以形成散家必胜的牌势。

比如，某盘，散家发 6 以上的对子，庄家一直没有要牌，残局时，守门员手中的对子牌还有 66、44、33，中门手中的牌是：88、77，庄家手中的牌是：99999、Q、55。这时，该手门员上手发牌，很明显，守门员如果发 66，庄家就必败；如果发 44 或 33，庄家就必胜。

实战中，庄家因为没有过小对子或三头而落败、因为过了小对子或三头而获胜的例子很多。所以，守门员一定不要随意发过小的牌。

有时，为了给自己一方传递某种牌型，如果避免不了让庄家过牌，也须发大一些的牌，不要让庄家的小牌顺过。

牌场上常有人说“对子无大小”，那是错误的，有时，庄家就需要过一两手小对子。守门员应该记住，不光对子有大小，三头和其他所有牌型都有大小。

（四）注意发整牌的技巧

当再发单牌明显对庄家有利，或者自己已经没有大一些的单牌时，守门员就需要变招。那么，这时，发什么牌好呢？由于单牌不能发，因此，守门员只能发整牌。在弄不清庄家要过什么牌时，可以选择发三头或对子，尽量不要发三带对。

一般情况下，庄家手中总会有一些三带对，发三带对庄家往往能有效顺牌。而如果发三头或对子，就有可能庄家不吃。或者因为庄家这种牌型少，即使过了一手，也属于无效顺牌，需要发牌的手数并没有减少。

比如，庄家的整牌是：KK、QQ、101010、99、77、666、44。这样的牌庄家实际上需要过五手：

对子三手：KK、QQ、99；

三带对二手：101010－77、666－44。

如果庄家能过三带对，余牌的手数就会变少。而如果守门员发三头，庄家即使过了666、101010，还是需要过五手：

对子五手：KK、QQ、99、77、44。

当然，也有可能不巧的是，守门员在情况不很明确时发出的对子或三头正好是庄家的长项，甚至庄家不但过了牌，而且还封了顶，因此造成了庄家赢牌。但这属于少数不巧的情况，并不能因此否定这种打法的正确性。

当庄家的情况尚不明朗，没有别的更好的办法时，多数情况下，发三头是比较正确的选择。因为三头形成的可能性比对子小，所以，相对于对子来说，庄家三头多的可能性也较小。而且，即使庄家用三头封顶，也会耗费很多大牌。试想，庄家有两个2的可能性大还是有三个2的可能性大？即使有三个2，也可以拆出对2；而如果只有两个2，怎么也变不出三个2来。而且，如果庄家一手出了三个2，其实力消耗也是非常大的。人们常说："要想庄家坏，就发三不带。"是有一定道理的。

（五）发自己或同盟封顶可能性大的牌型

当情况不甚明了时，守门员还要注意这么一点：如果发出去的牌让庄家过一手可能难以避免，那最好避免庄家封顶。也就是说，不能让庄家既过了牌，又封了顶。当庄家既过了牌，又封了顶时，如果散家不管，庄家就能再发一手牌；如果散家制止庄家，就会浪费散家一炸。这几乎等于帮庄家出了两手牌。牌场上差一手牌都很关键，何况差两手牌呢！因此，在弄不清楚庄家的缺项时，可以考虑发庄家不能封顶或封顶可能性小而自己有能力收回来的牌。如果自己没有封顶牌，那么，就要考虑另外两位散家的能力和庄家的能力，发庄家不能封顶或封顶可能性小、同盟必能封顶或封顶可能性大的牌。

（六）没有把握时不要乱变牌型

到中后场时，往往会出现这种情况：守门员的 A、K 等守门牌已经耗尽，如果用更大的牌守门，同盟接不住，庄家也不会管，守门员就会上手。在这种情况下，当打单牌时，守门员是降低守门呢，还是抬高守门上手？如果上手，是出较小的单牌呢，还是改发别的牌型？如果用较小的单牌守门或用大牌守门上手后出较小的单牌，很有可能会让庄家顺较小的单牌；而如果用大牌守门上手后改出其他牌型，也有可能让庄家过其他牌甚至封顶。因此，如果情况不明，自己没有把握时，宁可降低守单牌或发单牌，也不要改发其他牌型。这样做至少有两个好处：一是，庄家在一开始常常主动打过不少单牌，有可能到后场已经不需要过单牌了。二是，虽然有可能庄家会过一手单牌，但不能封顶。如果发其他牌型，很有可能会让庄家过其他牌，甚至会因一轮有多个回合而让庄家过多手牌，而且还有可能让庄家封顶，那还不如让庄家过一手单牌呢！而且，如果后面还出单牌，当守门员只能高守一次时，即使这一次用大牌守死了大门，下一次还是守不住，还会让庄家过较小的单牌，那样的话，庄家就不但过了单牌，而且还过了其他牌甚至封了顶，情况更糟。

当然，如果能够明确判断庄家只需要过一张单牌，那就要死守单牌，改发庄家要牌可能性最小的其他牌型。因为，既然发单牌必然会输，那就不如杀开一条血路，看看有无一线生机。如果发其他牌型庄家不吃，散家因此获胜，那最好。而如果恰好庄家也要过守门员改发的那种牌型，那最坏也和庄家过了单张的后果一样，遇到这样的情况也没有更好的办法，即使输了，散家也不会感到遗憾。

（七）注意慎发连牌

连牌一手会出很多张，而且连牌的接牌较难，如果守门员不想自己跑，而引庄家下炸的可能性也不大，而且还不能肯定庄家手中有无连牌，一般地，守门员不要发连牌。

第一，如果守门员不想跑，那么，发这样的牌不但对自己没有任何意义，还很可能会引起同盟的误会，以为你要跑牌呢。

第二，如果庄家的炸并不多，想借此引庄家下炸的可能性就不大，那么，发这样的牌也没有意义。

第三，如果弄不清楚庄家手中到底有无这种牌型，万一让庄家顺了牌，即使我方能再管上庄家，也会让庄家过一手牌；如果庄家顺牌后我方管不上庄家的牌，就不但让庄家过了一手牌，而且还让庄家封了顶。这对庄家有利，甚至能让庄家起死回生。

第四，当守门员发出的连牌较大、较多时，就会把守门的牌、能给同盟送牌的牌、甚至能管牌的牌出掉，当后面需要守门员守门、送牌、管牌时，守门员就会很困难。

所以，守门员如果不想主攻跑牌，就不要随便发连牌。如果确实想借发连牌佯攻引炸，也须非常谨慎，以防弄巧成拙。

（八）残局时注意不要发数量多的牌型

在残局阶段，如果守门员和同盟单牌较多，而庄家余牌仅为一两个大牌，这时，很有可能守门员守不住门，造成散家虽有一定实力，但却必会送走庄家的局面。尤其是在敌我双方拼杀得比较残酷的残局，由于双方的大牌基本已经拼光，庄家剩余的牌如果是一两个大牌，必能在散家走完牌前先顺完，甚至庄家剩余的牌不是太大，也有可能因为散家守不住门而能先把牌顺完。为了防止出现这种情况，在残局时，守门员就要注意不要发数量多的牌型，以免庄家过一手牌后，余牌过少，必会在散家走完牌之前把牌顺完。

比如，残局时，庄家手中有六张牌：大王、KKK、99。如果守门员发三带对使庄家过了 KKK－99，当散家牌不整时，庄家的大王就成了必过的牌，有时，即使散家有炸弹，也阻挡不了庄家的大王。而如果守门员发单牌，庄家上大王后，只要被散家炸停，一般情况下，散家就会稳操胜券。

再如，残局时，庄家手中的牌是：AA、KKK、QQ。同样的道理，如果守门员发三带对或三连对，庄家过一手牌后余牌数量很少，一旦守门员守不住门，庄家就有可能会先走完牌。

（九）残局送牌时要注意留小牌

残局时，各家的牌都很少了，而守门员的同盟接牌的能力往往也会变得越来越弱。而且，庄家肯定会阻挡主攻散家接牌，并会在主攻散家接牌后进行控制，这会进一步使守门员的同盟的接牌能力降低。这种情况下，守门员可能需要多次送牌，而且，往往需要送小牌甚至相当小的牌才能把同盟送走，因此，这就需要守门员注意留小牌。

有一盘，顺门主攻，一直在发对子，庄家不断制止。到后来，顺门还有五张牌：AA、444。庄家出三个头后也还有五张，而且，庄家的五张牌已经打明，是一个大王和一炸。中门由于一直配合顺门进攻，实力已经消耗殆尽。因为同盟一直在积极用炸，此时，守门员的两炸还没有派上用场。庄家出三头后，守门员用小炸上手，因为庄家不吃对子，所以，守门员上手后应该送对子。因为牌已经打得差不多了，守门员手中的整牌非常有限，只有 QQQ、33 两手整牌。这时，守门员应该怎样送牌呢？应该发 QQ。因为，无论守门员送什么牌，顺门都会接，而庄家都会限制。所以，第一次送 QQ 不会使牌局结束，下面还需要再送一次牌。而如果先送 33，顺门需要上手跑牌，因此，很可能会用 AA 接牌，这样，下次要送牌时，即使守门员拆开三个 Q 送对子，顺门也接不上手，而中门的实力已经消耗殆尽，不能接牌上手给顺门转传更小的对子，最后，庄家的大王就会被散家送走。所以，守门员送 QQ 是正确的选择。守门员送 QQ 后，顺门用 AA 接牌，庄家必然下炸，然后，守门员回炸庄家，再发 33，顺门用 44 接牌上手，最后出单 4，散家获胜。

第三节　以出人意料为上的主攻

我们说守门员的主要职责是守门，是助攻，但并不是说，守门员只能守门。当其余二位同盟没有能力主攻，或者守门员的牌整并且有相当强大的实力时，守门员也可以根据情况，决定自己先走，弃门主攻。实战中，不乏守门员成功弃门的奇战，打得庄家措手不及，叫苦不迭。

一、慎之又慎做决定

守门员的下风是庄家，守门员出一手小牌，庄家就有可能过一手牌。

斗地主时，往往可能就是因为一手牌之差使庄家赢了牌，所以，守门员先走对散家来说风险极大。因此，对于是否弃门，守门员一定要非常谨慎地对待。

（一）守门员在做弃门的决定时一定要谨慎

守门员应该知道自己位置的特殊性，不能搞个人英雄主义，不能总是喜欢自己先把牌出完。须知，斗地主时，散家是联合作战，无论哪位散家先走完都算己方赢牌，并不需要过于表现自己。联合作战是散家的最佳打法，各自为战必然十打九败。尤其是守门员，由于处在跑牌对庄家顺牌最为有利的位置，因此，守门员一定不要过于热衷于自己先走。好的守门员是不喜欢自己先走的守门员。

当然，如果迫不得已，或者确实先走有利，守门员也要敢于弃门，自己先走。实战中也有不少守门员弃门成功的战例。但是，守门员要始终掌握住这个原则：只要不是迫于无奈，弃门一定要有相当大的把握，把握不大，最好不要弃门。弃门最高的境界是：一旦守门员决定了弃门主攻，就等于直接宣告了庄家的失败。

有把握的弃门应该是：第一，守门员的牌相当整，需要出牌的次数很少；第二，守门员有相当强的实力，大牌多，尤其是炸弹多、而且大。

有时，虽然守门员没有把握，但牌的进展使守门员认识到：自己守不住门了，但有一定实力，并且牌较整，而且同盟已经因主攻难度大而表现出不想先走了。在这种情况下，守门员也可以弃门。但是，这是一种被迫无奈的弃门，并非高明的招数。做出这样的决定时守门员要更加谨慎，看是不是真的同盟不想先走了，一定要确保自己走牌比同盟走牌对己方更有利才行。

实战中，有的人在当守门员时非常喜欢弃门，只要牌稍微整一点，哪怕没有上手牌，甚至没有一炸也敢弃门；或者有一些大牌和炸弹，但单牌和小牌过多，也在弃门。这样的弃门很难成功。实战中，我们会看到有的守门员本来远不够弃门的条件，但却在跑牌，结果害得同盟放弃了主攻，在全力配合着守门员进攻，但守门员并没有能力先把牌跑完，最后，当守门员确实走不了时，同盟的牌也往往因为配合守门员而成了一把废牌，结果散家谁也走不了了。当庄家把牌走完后，一看守门员的牌，还有一把小牌，需要好几手才能走完呢！

总之，爱好跑牌，喜欢自己弃门主攻的守门员不是好守门员。守门员决定弃门主攻时一定要慎之又慎，切不可随意跑牌、动辄弃门。

（二）守门员在弃门后的态度上要坚定

战争中，最忌指挥员犹豫不决，主意不定。打牌时，也是如此。既然守门员经过了深思熟虑，谨慎地做出了弃门主攻的决定，那么，在没有发现错误前就不要随便改变。

有时，守门员既想弃门，又想守门。如果守门员在决策时犹豫不决，出牌时就会忽高忽低，忽东忽西，让同盟不能领会其意图。最终，很可能自己既没有弃门成功，也没有守好门，还没有配合好同盟。甚至还有可能误导同盟，使其力量发挥不出来。有时散家的实力相当强大，甚至守门员的实力就足够强大，无论谁主攻都能打败庄家，但就是因为守门员跑跑停停，守门不坚定，弃门不彻底，最后吃了败仗。所以，既然下了决心要弃门，只要没有发现重新守门更有利，就要坚定、坚决，不要随便改变。守门员弃门时最忌走走停停，摇摆不定。

（三）弃门明显、确实不再有利时要重新转化为守门

如果守门员经过深思熟虑之后决定弃门，那么，他应该是有一定把握的。但是，有时，经过几轮较量后，发现情况并不像自己当初判断的那样，弃门并非最好的选择，这时，就要注意转化，放弃主攻，重新守门。守门员切不可有一旦弃门就非要弃到底不可的思想。打牌要灵活，要能够随着情况的不断变化而变化，怎么打对己方更有利，就怎么打。守门员在决策弃门的问题上千万不可执迷不悟，错上加错，一错再错，错误到底。

实战中经常有这样的情况：即使因为守门员弃门已经放庄家过了一些牌，但转回来守门庄家仍然不能成功；而如果继续放下去，庄家就会成功。所以，如果发现情况不妙，守门员要抱着“亡羊补牢，为时不晚”的想法，千万不能顽固到底，自寻死路。

一句话，如果守门员继续弃门意味着失败的话，就要转回来重新守门。

二、出人意料易成功

实战中，成功的弃门虽然也有在很早就明显表现出来的，但更高妙、更易成功的弃门多是这样的：守门员一开始像是在兢兢业业地守门，庄家对守门员根本没有任何防备，等某一轮守门员上手后，他突然开始弃门，

打得庄家措手不及，大呼上当，后悔已晚。

军事上，出人意料是克敌制胜的重要策略，玩牌也一样。守门员弃门时，如果能够使庄家没有防备，预料不到，那么，弃门的成功率会非常高。

所以，弃门最好能突然，出人意料，让庄家没有任何防备。

要达到出人意料的目的，必须学会伪装，也就是说，要装作并不想弃门的样子。那么，怎样才能装得像不弃门的样子呢？

一般情况下，守门员要韬光养晦，不要让庄家注意上你是在弃门。这要求守门员要做到两点。

首先，在弃门前，要先守门。守门是守门员的职责，如果你在守门，庄家并不会很害怕，对你也就不会防备了。这样的好处不仅仅是在弃门时能够出人意料，而且还可以把自己的 A、K、2 等牌顺利出完。

其次，不要表现出急于上手发牌的样子。如果你急于上手，必然会引起庄家的怀疑。“不怕贼偷，就怕贼惦记。”如果庄家注意上你了，要形成突然弃门就难了。

特殊情况下，守门员也可以专门吸引庄家的注意，让庄家认为你是在佯攻。守门员如果故意显得想跑牌的样子，往往会让庄家错误地以为你只是在骗他下大牌和炸弹，想耗费他的实力，并不是真的想弃门主攻。这样打牌，其表象是吸引了庄家的注意，本质却是在麻痹庄家，让庄家放松防备。这种打法多用在守门员牌整，实力不是很强，尤其是想偷袭时。

守门员弃门主攻，很多时候都会用大牌高守，以图上手发牌；上手后，多会发大牌、整牌。这些都是异常现象，一定会引起庄家的注意，而庄家要是对守门员的意图有所警觉，就会进行制止。所以，这时，要想不让庄家制止，只有一个办法，那就是让庄家认为守门员只是在骗他耗费实力，其实并不想走牌。当守门员已经在明显弃门时，要想让庄家认为守门员并不想先走，就不能用韬光养晦的办法，因为守门员已经在出大牌、整牌了，这时，用韬光养晦的办法不但不行，反而更像“此地无银三百两”一样，会引起庄家的高度重视。而如果以实示实，明明真的是在跑牌，表面上也显得像跑牌的样子，庄家反而可能会认为你是为了欺骗他消耗实力，其实并不想甚至不能跑牌。这样，庄家往往会放过你。尤其是当庄家的实力不是很强时，即使有所警惕，但由于实力不够，常常会等一等，观察观察。特别是在守门员尚未出过单牌和小牌，而庄家又想过一两手牌时，庄家会一再允许守门员出牌。而一旦守门员出得差不多了，露出真相时，虽然这时庄家醒悟了，但想要制止往往可能已经来不及了。运用这种手段，越张扬越好，露出的“破绽”越多越好。比如，当你上手后，假装不知怎么打牌，无可奈何，这样，反而会让庄家觉得你确实只是在消耗他的实力，从而他会更放心地让你出牌。

牌手必须注意并切记的是，以实示实的办法只有在特殊情况下才可使用。比如庄家疑心过重，会认为你是在用计，这种情况下，你越是显得要跑牌，他越是不相信你是在弃门主攻。但是，以实示实的办法引起庄家警觉的可能性很大，一般情况下，如果能用老老实实守门的办法伪装，最好就用那样的办法，特殊情况下用这种办法才会有效。

我们看一个非常经典的弃门真实战例。

某盘，守门员的牌特别整，还有炸弹，全牌如下：

AA、KKK、QQ、10101010、777、666、555、444、33。

庄家叫牌成功后，守门员就已经想好了要找机会弃门。他想：如果庄家打单牌，自己便拆出一个 K 守门，然后，当庄家用大牌封顶或上小炸后，自己就上四个 10 的炸弹，这时，庄家一般不会想到自己能一手把牌走完，多会允许自己上手发牌。但是，只恐怕庄家一开始并不打单牌，而是打其他牌型，那样，就要灵活调配了。事实上，庄家的实力非常强大，有两个大王，一个小王，还有若干炸弹。走牌时，庄家果然先走了单牌，守门员用单 K 守门，庄家过单 A，顺门上 2，庄家上小王。其他散家没有大王，都没有要牌，当轮到守门员时，守门员轻轻地上了四个 10。很自然地，庄家让守门员发牌，这时，守门员一手扔出了剩下的二十张牌：777－666－555－444－AA－KK－QQ－33。结果，不但庄家惊得目瞪口呆，而且，其他两位散家也都感到非常惊讶，连在旁边看牌的人也觉得太出人意料了。

下面这个战例，也算是弃门的一个典型例子。

某盘，守门员的牌非常整：

单张二组 2 张：小王、2；

三头一组 3 张：444；

连对一组 20 张：AA－KK－QQ－JJ－1010－99－88－77－66－55。

一开始，庄家发了一张单牌，守门员用 2 守门，庄家不管，让守门员发牌，守门员发出了三个 4，庄家过了一手牌，并且，其余二位散家没有把三头封死，让庄家再次上了三头并封顶，顺门和中门没有用炸。庄家上手后，又发了一张单牌，这次，守门员用小王守门。尝到了刚才守门员送牌的甜头，看到守门员并没有走几张牌，庄家还以为守门员用那么大的牌守门是故意吸引庄家的注意力呢，于是，庄家再次让守门员发牌。结果，守门员一手把余牌十连对打了出去。

三、边弃边守应兼顾

守门员弃门时的打法与守门当然不同，但是，由于守门员在庄家的上风，弃门对庄家顺牌非常有利，因此，即使弃门，也须注意与守门相结合。

守门员弃门时，常常会让庄家过一手或几手牌，这往往是难免的，有时甚至是必须的。但是，这并不意味着守门员一旦决定弃门，就根本不用管大门了。而且，弃门时的守门也是弃门最终成功必不可少的重要保证。弃门时，只有兼顾了守门，没有让庄家顺走过多的牌，才易成功；如果弃门时不顾守门，让庄家过了不该过的牌，使庄家先于守门员把牌跑完了，那守门员的弃门也就失败了。所以，弃门时，正确而高明的打法应该是与守门结合起来。

（一）在弃门的时间上，不要急于过早弃门

弃门的时间选择很重要，这直接关系到对庄家是否过于有利。

如果守门员一开始是在不声不响地守门，好处会很多。既可以使庄家懈于防备，容易形成出人意料的弃门；又能把自己一些大小属于正常守门的牌出掉；还因为守门员出的是正常的守门牌而不会让庄家过早地顺走小牌；甚至有时，守了几轮后，庄家自己已经主动把小牌打完了，守门员这时弃门，即使放很小的牌，庄家也可能无牌可过，或者勉强拆牌在过，那样的话，多数情况下过牌对庄家已经不是十分必要了，甚至还可能使庄家拆错牌。

一般情况下，在开局之初，守门员可以先把单 A、K、2 等正常守门的牌出掉，既可以守门，又可以走牌。甚至还可以把对 A、对 K、对 2 等牌拆开，守门并走牌。

（二）在弃门的出牌上，尽量出对庄家最不利的牌

因为庄家往往可能只需要过一手小牌就能成功，所以，弃门时，要坚

持自己跑牌与不利庄家顺牌相结合的原则，尽量发庄家要不上或不能封顶的牌，避免对庄家过于有利。

很多情况下的弃门必使庄家顺牌，这时，在不影响跑牌的情况下，守门员仍然要以对庄家最不利的打法为上策，先打对庄家最不利的牌。如果需要选择不同的牌型，守门员要发对庄家最不利的牌型。比如，发庄家顺过可能性小的牌，或者发庄家顺过后但不能封顶的牌。当发同种牌型时，还要注意留砣牌技巧，不要让庄家顺走过小的牌。比如同是单牌，当小牌能被同盟送走时，就可以考虑先不要发小牌。也就是说，即使弃门，在可能的情况下，也要适当、甚至尽可能地照顾守门。

在实战中，守门员最后几次出牌时最容易出现失误。这时守门员怎样出牌非常关键，能直接决定弃门成功与否。很多时候，守门员弃门都会遇到这样的情况：需要走两手或者除炸外还有两手才能把手中的牌出完。在这种情况下，应该先走哪个，后走哪个？其选择十分重要，往往直接决定了弃门的成败。

我们通过以下两种情况，来看一下最后几次出牌时正确选择的重要性。

一是，当除了炸弹外还剩有两三手牌时，一般地，只要小牌同盟能够送走，守门员就应该先走大牌或较大的牌，以免庄家顺过了手中的一手小牌，导致散家失败。

比如，当守门员有三张单牌时，如何走牌呢？只要最小的单牌能被同盟送走，一般而言，走中间的那张单牌较好，有时甚至可以先走最大的那张。举个例子就可以说明问题。假设守门员的三张单牌是：2、Q、7，散家手中已经无炸；庄家的单牌是：9、6，并且庄家还有一炸。这时该守门员出牌，守门员应该出什么？如果守门员先出Q，庄家顺不走牌，必输无疑。如果先出单7，庄家顺走单9，即使守门员可以顺走Q，但庄家用炸上手就能把牌打完。这样，守门员会空留一个2输牌。

二是，如果自己手中仅有两手同种牌型的牌，其中一手是很小的牌，另一手是全场唯一的封顶牌，那么，就出小牌。因为在这种情况下，庄家无论过什么，自己都能把最后一手牌顺掉。如果不出小牌而出大牌，大牌被庄家炸停后，有可能守门员就再没有机会走小牌了，那样的话，反而有可能使庄家死里逃生，意外获胜。

需要注意的是，如果守门员手中除了有两手一大一小的牌外，还有一小炸，那么，一般情况下，还是应该先出大牌，把小牌留作砣牌。如果先出小牌，有可能会像前一种情况一样，虽然守门员的大牌必然能过去，但是，会让庄家过一手牌。当庄家只剩一大炸和其他一手牌时，就能用炸上手，把牌出完。最后，守门员手中的小炸会因为来不及出而被活活饿死。

四、弃门原则须牢记

如果守门员通过分析，已经下定了弃门的决心，那么，这时，如何出牌就成了最重要的问题。同样的牌，出得好，可能弃门成功；出得不好，有可能导致弃门失败。所以，弃门时如何出牌非常重要。

守门员打牌时，弃门的目标与守门不同。守门的目标是尽可能地让庄家少顺牌；弃门的目标是守门员先把牌跑完。因此，守门员弃门时的打法与守门大不相同。

为了先于庄家把牌跑完、弃门成功，守门员在弃门的打法上，要特别注意牢记下面这些原则。

第一，守门员在弃门的打法上要坚定果断，不能犹犹豫豫，飘浮不定。我们知道，弃门时，守门员一般都要发小牌和自己的长项，这样，往往会让庄家顺一手甚至几手牌。也就是说，守门员弃门必定要冒庄家可能顺牌的风险。既然发小牌和自己的长项牌型会让庄家多顺一些牌，那么，就要避免庄家再顺其他牌了，因此，守门员弃门时，在打法上要坚定，不要因为庄家顺过了这种牌型，后面因为害怕庄家再顺而不敢再打，又变化为打其他的牌型了。有时，无论选择哪种打法，一直打哪种牌都能成功，但由于守门员打法不坚定，让庄家既顺走了这类牌，又顺走了那类牌，结果因为庄家顺牌过多，最终导致散家失败。所以，决定弃门后，就不要在打法上来回摇摆，而要果断坚定，要敢于冒一定的风险。

第二，弃门时，守门员如果需要上家帮助送牌，那么，要把自己的牌打明，让同盟便于判断。如果万一上家送错了牌，而这手牌可能会让庄家顺牌，对庄家十分有利，必要时，守门员要敢于用炸弹把同盟错送的牌炸掉，把门封死。比如，自己手中还有六张牌，是两个单张和一个小炸，但是，中门上手后，送来了一对3。假如这种情况下自己不管，庄家就会因为顺掉小对子而赢牌，那么，对守门员来说，与其让庄家顺一手牌，还不如自己把对3炸掉。守门员上炸后，如果庄家不回炸，守门员就能出一个单牌，使余牌只剩一张，彻底清楚；如果庄家回炸，也须耗费一个大炸，而且，守门员的余牌也就明朗化了。

第三，弃门时，手中的小牌如果上家送不走，在适当的时候，就有必要先把小牌走掉。否则，当自己力量用完时，手中剩了一手谁都送不掉的牌，反而会让庄家赢牌，甚至起死回生。在实战中不乏这样的例子：守门员手中只剩了一张单牌，顺门或中门兴冲冲地用最后一个大炸上手，发最小的单牌送守门员，但是，由于守门员手中留的单牌过小，要不上。结果，正是由于这个情况，使本已绝望的庄家起死回生，最后获得了胜利；使本可获胜的散家功败垂成，最终遭到了失败。

第九章　中门打牌技巧

斗地主游戏以是否先出完牌论胜负，所以，散家要打败庄家，就必须有一个人先于庄家把牌出完。中门上下各有一个同盟，处在散家的中心位置，上有顺门保护、送牌，下有守门员守门、救牌，因此，在散家中，若论跑牌，中门具有得天独厚的优越条件，能够充分得到同盟的全力支持和最大帮助。在三位散家中，中门处于最佳的跑牌位置，是天然的主攻人选。一般而言，散家主攻的第一选择就是中门，而中门的第一使命就是跑牌。

由于中门是天然的主攻散家，因此，中门的打牌水平往往是双方成败的关键因素。如果中门善于跑牌，同盟会很容易判断出中门的牌型情况，送牌会送得准确，守门员守门也会比较轻松；而如果中门不善于跑牌，同盟往往很难摸清中门的牌路，判断不清中门的牌型情况，不知道该如何送牌，守门员也常常会累得疲惫不堪，不知所措。

牌手如果处在中门的位置，最好立足于自己跑牌，看怎样能够快速地把自己手中的牌先出完，做好急先锋。但是，如果顺门或守门员在主攻跑牌，中门也要注意调整角色，配合同盟，打助攻。事实上，在三位散家中，中门的位置不但有利于主攻，而且也特别有利于配合同盟助攻。当顺门主攻时，中门因为在顺门的下家，能和守门员一起为顺门守门；当守门员主攻时，中门因为在守门员的上家，能和顺门一起给守门员送牌。而顺门和守门员由于只有一边有同盟，因此，不但他们主攻时受到同盟的支持不如中门，而且做助攻时配合同盟的能力也不如中门。

中门处在散家的中心位置，既特别有利于自己跑牌，又非常有利于配合同盟，所以，对庄家来说，从散家位置的角度看，威胁最大的就是中门。实战中，蹩脚的中门既不会跑牌，又不知道转化角色，庄家特别喜欢；而如果中门技术较高，既善于跑牌，又会配合同盟，那么，庄家是比较发憷的。甚至，在实战中，当四位牌手的风向确定后，如果对面坐的人打牌水平很高，精明的牌手往往连叫牌都会小心三分。由此我们也可以看出，中门打牌水平的高低对于双方来说多么重要！

当然，无论中门是决定自己跑牌还是配合同盟，都要注意阻止庄家跑牌，只有不让庄家先跑掉，散家才能获胜。因此，作为散家的一员，打击庄家也是中门义不容辞的责任。

第一节　攻守结合，跑为上策

因为中门的位置特别有利于先把牌走完，所以，一般地，如果中门的牌力差不多，而上下两家都有保护、支持、帮助、配合中门跑牌的意思，中门就应该把精力放在如何尽快地把自己的牌跑完上面，勇担主攻重任。当然，作为散家的一员，中门也必须时时注意防止庄家跑牌，因此，即使主攻，中门也要注意攻守兼顾，把自己跑牌与打击庄家很好地结合起来。

一、中门的顺牌与管牌

在中门决定了自己要主攻之后，就要想办法使自己的牌容易出完。如果条件允许，顺势过牌自然是最好不过的了，因为顺势过牌既节省了大牌，又在一定程度上隐蔽了跑牌的意图。

一般情况下，中门不可能把手中所有的牌全部顺完，而只能顺势过一部分牌。为了跑牌，中门还常常要用大牌和炸弹上手，自己发牌。而且，中门手中的小牌和连牌可能谁也送不走，或者有的牌虽然同盟能够送走，但很难判断。所以，中门常常要管牌上手，然后发别人送不走或难送走的牌。

中门是散家的成员，因此，除跑牌外，他还必须同时担负起阻拦庄家的责任，而且，只有成功地把庄家拦住，不让庄家先走完牌，中门才有机会自己先走成功。为了阻止庄家出牌，中门也必须管牌。

在敌我双方战斗的每一回合中，当轮到中门出牌时，尤其是中门既有小牌可顺，也有大牌可管时，中门是顺牌呢，还是管牌？通过理论分析和实战经验的总结，我认为，中门在决策顺牌和管牌时应该注意这么几个问题。

第一，如果中门的小牌较多，那么，可以考虑顺小牌。自己的小牌较多，往往守门员有大牌的可能性大，因此，无论从自己跑牌的角度考虑，还是从是否能够挡住庄家过牌的角度考虑，都可以先过一手小牌。

第二，如果自己某一手牌很难被同盟送掉，而自己又必须过这一手牌才能保证先走成功，那么，可以过牌。有时，庄家发出了一手非常小的牌，自己正好有小牌要过，而且，这手小牌以后可能再也没有机会被送走了，如果自己要跑牌，最终还是必须走这一手小牌，现在不过，将来就必须靠上手才能把它打出去，因此，当自己的大牌和炸弹数量不多时，就应该过这一手牌。例如，中门的牌是：99999、222－77、444－66、J，如果庄家出333－xx，中门就应该顺444－66，而不应该用222－66管牌。中门顺过444－66后，很可能还有机会上222－77，然后，余牌为一大炸和一单，极易先走成功。如果先上222－66管牌，被庄家制止后，虽然有一大炸，但还有两手小牌，而且余牌中的444－77很难被同盟送走，要先走成功，困难会很大。

第三，如果自己没有大牌，用手中较大的牌拦，也拦不住，那么，就不如过一手。这是在情况比较艰难时的选择，因为反正阻拦不了庄家顺牌，那就不如过一手小牌，以降低跑牌的难度。

第四，如果中门的大牌较多，而且实力较强，那么，可以管牌。因为自己的大牌较多，实力较强，所以，虽然这次没有走小牌，但后面还有机会。更重要的是，管牌可以起到有效的阻挡作用，使庄家不能顺利过牌。如果自己这一次没有管庄家，万一守门员没有大牌，就可能让庄家顺过本可挡住的小牌。

第五，如果庄家出的牌型自己很少，又没有小牌可过，那么，可以管牌，甚至可以为了管牌不惜把整牌拆成多手，多次管牌。比如，中门的牌已经整了，但庄家发了一个单牌，如果中门手中有三个2，而这时的2已经是封顶牌了，那么，中门就可以用2管牌，这样既能阻止庄家再出牌，也可以上手自己发牌。

第六，如果发现庄家的实力很强，必须采用偏硬的打法，那么，就不必顾及先走不先走的问题，而要勇于管牌，先把庄家的计划打乱再说。之后，再图谋自己如何先走。

另外，如果中门先走的希望已经不大，或者不想跑牌，在配合同盟主攻时，管牌要更加坚决有力，以达到打击庄家、协助同盟的目的，当好助攻。

二、中门的用炸与留炸

多数情况下，中门如果决心跑牌，手中总是有炸弹的。但是，为了确保跑牌成功，中门往往想把炸弹用在最关键的时候。然而，中门同时还担负着阻止庄家跑牌的任务，因此，又不能过于保守地留炸弹。那么，到底什么时候该用炸，什么时候可以适当留一留炸弹呢？

一般情况下，中门决策用炸与留炸时，应该注意这么几点。

一是，如果中门的炸弹较多，那么，可以在保留一炸的情况下，把其余的炸弹先用掉。这样既能及时控制庄家，确保不让庄家为所欲为，又能保存一炸的实力，确保在关键时候还有能力控制局势。

二是，如果中门的炸较小，可以先用掉。因为小炸不浪费，用掉了可以阻止庄家出牌。如果不用，有可能造成同盟对中门的实力和牌型情况判断失误，甚至还有可能最后把小炸饿死。

三是，如果中门的炸比庄家出的炸刚好大一点，一般情况下，中门应该把庄家的炸弹炸掉。因为庄家出的这一炸往往是手中最小的炸弹，如果这时中门不炸，那么，这一炸被饿死的可能性会相当大。

四是，如果其他两家的力量太小，已经没有炸或者某家可能有一大炸没有舍得用，这时，中门应该上炸。因为，如果其他两家没有炸弹，要阻止庄家，就只能靠中门。中门如果舍不得用炸，就有可能让庄家的计划得逞。有的中门总想等到最后关头再下炸制止庄家冲牌，因而一等再等。实战中，这样往往会把炸弹饿死，或者即使用上了炸弹，但因为庄家的炸弹大，起不到作用了。如果同盟某家还有一大炸，那么，同盟的一大炸可以在关键时候把庄家管住，破坏庄家的计划，打败庄家，这种情况下，中门更应该先把自己的炸弹用掉。

五是，如果中门手中只有一炸，而且必须靠这一炸才能跑牌，那么，可以考虑先把炸留一留。留有一个炸弹，当其他同盟和庄家把炸拼光后，中门就可以凭借这个炸弹比较自由地发挥了。

六是，如果中门手中的炸特别大，那么，也可以留一留。有一个特别大的炸弹，不但可以保证最后冲牌必能成功，而且还可以管住庄家的冲牌，所以，特别大的炸可以留一留，根据下一步的情况再决定是否用。

七是，如果中门炸了以后出牌对庄家有利，或有利的可能性很大，那也可以考虑适当留一留。这个道理很简单，虽然用炸上手后自己可以出牌，但出牌对庄家有利，又等于在帮助庄家。耗费自己的炸弹去帮庄家，那还不如不炸呢！

总之，中门除了在适当的时候可以留一留炸弹外，手中的炸弹还是要舍得出的。中门应该懂得这个道理：只有把庄家的牌阻拦住了，使庄家不能先把牌出完，中门的跑牌才有价值。如果阻挡不住庄家，哪怕中门跑得再剩一手，只要庄家先把牌跑完了，散家还是失败。所以，一般地，中门用炸不要过于保守，不要总是留着炸弹舍不得用，以免使炸弹失去应有的作用，甚至到后面想用却来不及了，把炸弹饿死。而且，中门有炸不用，往往使同盟难以判断准确中门的实力，对散家配合不利。我们说守门员用炸时基本上不用顾虑，中门虽然用炸时要考虑得多一些，但千万不可顾虑太多，一再持炸忍让。实战中可以发现，中门的炸弹用出去后，其结果也是错误的次数少，正确的次数多。

三、中门的发牌与引路

中门要跑牌，除了在庄家出牌后能顺走一些牌外，主要还要依靠发牌和同盟送牌，因此，中门要会发牌和引路。

（一）发牌

中门上手发牌时，一定要有目的地发牌，要善于发牌。

一是，发别人送不走的牌。因为有的牌既不能在庄家出牌时顺过，同盟又送不走，如果不及时发这样的牌，等到最后冲牌时被庄家遏制住，就跑不了了。比如，单 3，如果不及时发，剩到最后，谁也送不走。

二是，发庄家要不上的牌。发庄家要不上的牌，既能够达到自己跑牌的目的，又可以迫使庄家下炸。发庄家要不上的牌时，要特别注意这么两点：

第一，某种牌型的大牌庄家要不上，不等于同种牌型的小牌庄家要不上。比如，有的庄家要不上大对子，但却非常想过小对子。

第二，一开始庄家不要某种牌型，并不等于到后面庄家仍然不要这种牌型。庄家决策出牌时会根据情况的变化和当前的形势设计打法，决定如何出牌，因此，虽然前面庄家没有要某种牌型，但到后面，当情况和形势发生了变化时，庄家可能会要这种牌型。比如，有时，庄家虽然有222，但在一开始，庄家没有用222压散家的大三头，那往往是庄家当时想保存实力，为持久作战做准备。有的散家看到庄家连QQQ都不要，本来发其他牌型更保险，就简单地以为庄家要不上大的三个头，结果一出AAA，正好被庄家封顶。有时，庄家在前面认为不用顺某种牌型，到后面，形势发生了变化，又需要顺这种牌型了。甚至还会出现此前因为决策错误而没有要牌，到后面发现了错误而要牌的情况。另外，有的庄家还可能在前面故意示少而没有要某种牌型，其实非常想顺这种牌。

以上两种情况需要中门特别注意，发庄家不要的牌型时看怎么发最保险。

三是，发自己能够回手的牌。如果搞不清楚庄家是否需要某种牌，或者庄家很可能要过某种牌，在同等情况下，要发自己能够收回来的牌。比如，中门的牌是：大王、1010、888、77、5，无论发单牌、对子、三头、三带对，庄家都有可能要过牌，但是发单5中门能收回来，这时，可以考虑发单5。发单5后，大王可以回手，如果庄家不炸，再出一次就还剩一手牌了，顺门上手后，一次就能送走自己；如果庄家炸掉大王，那也耗费了庄家的实力。所以，一般情况下，发自己能够回手的牌比发不能回手的牌更好一些。

四是，发同盟能够收回来或者收回来可能性大的牌。如果可发的几种牌型自己都收不回来，那么，可以考虑发同盟能够收回来或者收回来可能性大的牌。随着牌局的进展，中门往往能够准确判断出或基本能判断出有的大牌在哪一方手中，如果某种牌型的封顶牌肯定在同盟手中或者在同盟手中的可能性大，中门就可以考虑发这种牌型，使发牌权仍然掌握在己方手中。

五是，发能引庄家下炸的牌。一般情况下，中门发牌不希望庄家下炸制止，但是，如果发别的牌对庄家顺牌很有利，或者甚至还能让庄家封顶，那么，在没有更好的办法的情况下，也可以先诱逼庄家下炸，消耗庄家的实力，为最终跑牌创造条件。比如，发庄家接不上的连牌，并虚张声势，把庄家的炸弹诱逼下来。庄家的实力消耗掉了，掌握主动权的能力就降低了，散家就容易控制局面了。

（二）引路

一般地，中门要成功地先把牌跑完，仅仅依靠自己的力量是不够的。

中门常常需要同盟特别是顺门给自己送牌。同盟送牌时，越准确越好，这就需要同盟知道自己牌的情况。如何使同盟尽快、更准确地知道自己的情况呢？这就需要中门通过出牌为同盟通报信息了。

通常情况下，通过对牌局的进程以及中门出牌情况的观察，顺门和守门员可以渐渐了解到中门的实力和牌型情况，但是，如果中门能够有意识主动而明确地把自己的牌情借出牌传递给同盟，那顺门和守门员就更容易判断准确了，散家配合得会更好。

通过出牌向同盟传递信息，求得同盟准确送牌，是引导式发牌，实质上就是给同盟引牌路。掌握这一发牌技巧对中门跑牌非常重要。有时，虽然其他牌可能必须由自己发，但是，为了把情况通报给同盟，表明自己某种牌型多，需要同盟送这种牌，就可以先发一次这种牌型，等下次上手后再出必须由自己发的其他牌。如果同盟注意到了中门的引路发牌，之后，他们任一家上手后就都会送中门所需要的长项牌型。人们把这种打法叫“发信号”，把打出的信号牌叫“信号弹”，说发这一手牌是“发信号弹”，这个比喻十分恰当而形象，充分说明了中门引路的重要性。中门如果需要同盟送牌配合，一定要善于发信号。

发牌与引路相辅相成。发牌可以引路，引路需要发牌。发牌的目的是为了跑牌，引路的目的是为了更多地跑牌。在实战中，这一招很管用，当中门决定要跑牌时，一定要注意利用有利位置，与同盟紧密配合，取得他们的支持、帮助，实现先走、同时也是散家获胜的目标。

四、中门的守门与不守

一般而言，中门在主攻时，主要考虑跑牌，不用考虑守门，但是，如果守门员守不住门，或者不知道该守到什么程度时，为了防止庄家顺牌，中门就要考虑守门的问题了。那么，什么情况下中门不用管守门的事，什么情况下中门应该守门呢？

（一）走单牌时

一般来说，最先走单牌时，如果中门的单牌较多，需要过单牌，那么，中门就只管自己顺单牌，不要管守门的事，让守门员来守门。但是，随着牌局的推进，守门员的大牌数量不断在减少，守门时又担心守得太高同盟接不上，因此，到一定程度时，守门员就有可能无力守门，或者不知所措，这时，虽然中门仍需要顺单牌，但更应该先守门。下面按比较典型的三种情况分析虽然中门还需要走单牌，但是应该先守门的情形。

一是，守门员守不住门时。这时如果中门不守门，庄家就可能过小牌，有时，一张小牌过了就能让庄家把输牌打赢，因此，即使中门还有两三张单牌，也须先用大单牌把门守住，等待机会甚至等待冲牌时再出较小的单牌。比如，中门的单牌还有：A、Q、9，为防止守门员守不住门，再走单牌时，中门先上A，守门。在残局冲锋时，用一炸上手，出单9，最后剩下单Q，等顺门送。有时，甚至中门本身也没有大的单牌可守，但为了防止庄家过关键的牌，哪怕拆开大的整牌，也要守门。

二是，中门需要用守门牌上手时。有时，庄家需要过小一点的牌，当散家出守门牌时，庄家由于希望散家继续出单牌并用小一点的牌守门，好让自己顺过小牌，因此，往往不压散家。这种情况下，中门也可以先出较大的单牌，以求上手发牌，为最后冲锋创造条件、奠定基础。

三是，中门示意守门员把门守好时。有的牌局，打单牌的次数较多，当守门员的A、K已经出完后，再打单牌时，守门员往往不知道是应该用更大的牌高守，还是应该用更小的牌低守。如果中门认为应该高守，那么，自己可以先用大牌高守，以此向守门员示意。比如，中门的单牌还有两张：小王、单Q，大牌还有一对2。为了防止守门员降低守门，让庄家顺过小牌，在走单牌时，中门没有先过单Q，而是拆了对2，上单2封门。下次出单牌时，中门仍然不出单Q，继续出单2。这样，后面再走单牌时，中门出Q，守门员一般都会心领神会，能够意识到必须把门守死，会果断用2高守。

另外，如果庄家有四个王的炸弹，往往需要中门配合守门员共同用2守门，不使庄家上2封顶。

（二）走其他牌时

如果庄家走其他牌型，基本上说明庄家的这种牌型较多。如果主攻的中门也需要过这种牌型，尤其是有一手非常小的牌恰好需要过时，中门可以过牌。而如果中门这种牌型不太多，不很需要过牌，就可以考虑守门，甚至封门。

庄家出三带对，往往可能庄家的三带对多，需要顺牌，而且，还有可能庄家有大的三带对能够回手，因此，如果中门仅有两三个三带对，就可以考虑首先用大的三带对守门甚至封门，使庄家不能过小牌或甚至不能过牌。当然，如果中门本身需要过三带对，或者最大的三带对是222－xx

时，也可以考虑先过一个小的三带对。比如，中门的三带对是：JJJ－xx、777－yy、444－zz，庄家出333－55后，中门应该出什么呢？中门即使上自己最大的三带对JJJ－xx也起不到阻挡庄家的作用；而且，自己要跑牌，迟早还是要走444－zz的，如果现在不顺，到最后有可能顺门想送也送不走，那样的话，中门就必须依靠自己上手出，而自己的实力又不是很强，因此，这时，中门顺444－zz比较恰当。再如，中门的三带对是：222－xx、KKK－yy、JJJ－zz，庄家出小三带对，中门上哪个三带对好呢？上JJJ－zz有可能让庄家顺牌，而如果上222－xx，假设庄家有AAA，就可能导致下轮庄家的AAA封顶，而KKK也不小了，所以，这种情况下，一般地说，中门出KKK－yy比较合适。

庄家出三个头，基本上说明庄家的三个头很多，这时，中门的处理方法要灵活。一般地说，中门要考虑用大牌守门甚至封门。因为牌局中，三个头的整体数量少，守门员有可能没有大的三个头，如果放过，庄家很可能会顺牌甚至封顶。自己管上后，可以出别的对庄家不利的牌型，即使自己三个头较多，还可以拆成对子和单牌出。如果中门过三头对跑牌有利，比如，中门确实需要过一手小的三头，或者过一手三头后可以冲锋，那么，中门也可以考虑顺牌。

庄家出对子，往往意味着对子很多，这种情况下，一般地，中门首先要考虑上对2，如果没有对2，也要用对2以下尽可能大的对子守门，预防万一守门员不能用对2封门时让庄家过牌甚至封顶。而且，相对来说，在牌局中，散家的对子要比庄家多，三头还可以拆出对子，因此，不需要过多考虑保存对子上的实力。中门封门后，可以先打其他牌型，如果自己对子也多，可以调整成单牌进攻，也可以等庄家不需要过对子或者庄家没有控制能力时自己再进攻对子。

庄家若出连牌，不论庄家能否再回手，各位散家都要义不容辞地用大牌压甚至封顶，这既是管牌，同时也是守门。中门如果能够管上，当然也必须管牌守门。

五、中门的冲牌与留牌

中门主攻打到最后阶段时，经常需要从两三手牌中选择冲牌。如果有一手牌不能封顶，当然要用封顶的牌冲，留不能封顶的牌。但如果还有两三手都能封顶的牌，应该冲哪一手牌，留哪一手牌呢？

第一，留庄家必发的封顶牌。留下庄家必发的封顶牌，既有可能控制住庄家不敢发这种牌，使庄家被迫用别的封顶牌或炸弹冲牌，也有可能在庄家有两手以上的牌时被迫先送走自己。例如，中门上手后，余牌还有四张，是一张大王和三个2，由于庄家从来没有打过单牌，估计有单牌的可能性很大，因此，就宜用三个2冲牌。这样，只要庄家有除大王外两张以上的单牌，就必然会先送走中门。即使庄家只有一张单牌，但由于他不敢先出单牌，最后会被迫冲牌，这也会增大庄家失败的可能性。

第二，留与同盟不同类型的封顶牌。如果同盟手中有一些封顶牌很明确，在判断不清楚庄家的牌情时，为了增大管住庄家的可能性，要留与同盟不同类型的封顶牌。例如，中门上手后，余牌六张，是一张大王和三个2带对，另一张大王明显在自己人手中，这时，中门就应该用大王冲牌。这样，散家既能管住庄家的单牌，又能管住三头类牌。

第三，冲牌后留四张牌。四张牌如果不是炸弹，一手走不掉，冲牌后余牌四张时，庄家只要不是在用炸冲牌，多不会管，尤其是实力不很强时。这样的话中门常常还能再发一手牌，再发牌后，不但使顺门送走的可能性增大，而且如果再发对子，庄家仍然有可能担心中门余牌为大对子而不敢顺牌或者被迫封顶或用炸。例如，庄家余牌七张，中门上炸后余牌有十二张牌，是一个四连对、一个三头2和一张单牌，庄家不要。中门既可以用四连对冲牌，也可以用三头2冲牌，为了使余牌留成四张，中门要发四连对。发四连对后余牌为四张，庄家不要。中门再发三头，余牌一张。中门余牌只有一张，对庄家威胁很大。

第二节　转化角色，配合同盟

与顺门和守门员相比，中门的位置非常有利于跑牌，但是，当中门的实力相对弱小，或者顺门、守门员实力明显强大并想跑牌时，中门就要及时转化角色，做助攻，配合顺门或者守门员出牌。中门应该有这样的认识：顺门或者守门员先把牌出完也是赢牌，并不必非要自己亲自先把牌出完不可。

一、转化角色的时机

中门的位置有利于主攻，但是，当中门主攻受挫，或者一开始就觉得自己不能主攻时，要转化角色，当好助攻。在中门助攻时，如果条件发生变化，中门主攻才对散家更有利，中门还要再重新转为主攻。无论是转为助攻还是转为主攻，其时机的把握和转化的技巧都很重要。

（一）一开始就决定助攻时要注意向同盟示意

有时，中门把牌起完后，就可以看出自己主攻很困难，在这种情况下，中门就要趁早向两位同盟示意，使他们看出自己的意思，提醒顺门或守门员跑牌。

如果中门实力很弱，但仍在兢兢业业地跑牌，或者没有向同盟示意不能主攻，同盟就不知道中门的情况。如果同盟不了解中门的情况，在决策是否主攻时会非常为难。对顺门来说，即使他的实力不错，但也不敢肯定比中门更容易跑牌，再加上顺门所处的位置跑牌不如中门好，顺门可能会在决策主攻还是助攻时感到很为难，不知如何是好，往往是考虑再三后，最终还是决定配合中门跑牌，自己做助攻。如果中门能够及时把信息传递给顺门，那么，顺门就很容易做出正确的决策，下定决心跑牌，做好先走的部署。对于守门员来说也是同样的道理。如果守门员正处于弃门与守门的艰难抉择之间，这时能够得到中门的信息，就很容易定下弃门的决心。所以，当中门的牌不好，主攻条件较差时，如果中门未明确示意自己不能主攻，那么，同盟往往会以为中门在跑牌，这样，配合意识强的散家即使在牌力较强时，也往往不会主攻，这对散家整体非常不利。

中门难以先走时应该向同盟示意，但中门首先要能够准确分析自己的牌是不是不易先走成功。那么，中门什么样的牌先走很难呢？笼统地说，如果大牌和炸弹少，小牌多，牌面过乱，需要走的次数太多，中门就很难跑牌。有时，中门的牌太乱，自己不好先走，但由于有大炸，或者大牌多，能够多次控制庄家的牌，而且牌型又齐全，送牌容易，这样的牌打配合倒很好。

如果中门决定自己不先走，那么，他该如何向其他两位同盟示意呢？要向同盟示意自己不能跑牌、跑牌困难，中门可以把握这么一条原则：表现得与中门容易跑牌时应有的表现相反。具体办法很多。比如，可以在出牌时考虑的时间比平时长一些，让同盟看到自己出牌非常为难，跑牌不易。再如，当顺门出了某种牌时，该中门发牌时就发这种牌型，让他们看到自己已经是在主动配合顺门了。又如，当顺门向自己送牌时可以不要，让他们觉得中门的牌太差，很难跑。总之，中门要用牌场允许的规则向顺门和守门员表明自己不能先走的想法，让同盟意识到这一盘自己已经决定不跑了，是在打配合。

（二）同盟也不想主攻时，主攻责任还应由中门来担当

有时，中门在一开始就想当助攻，而且也已经向两位同盟表明自己不能先走了，但是，同盟没有理解，或者他们也不能先走，这时，中门就要利用自己的有利位置，担当起主攻的责任，运筹如何跑牌。

（三）自己主攻时，如果同盟抢先跑牌，要注意转化为助攻，配合同盟

假如在一盘的开始，中门是抱着先走牌的想法在部署战斗，但在战斗进行中，发现顺门或者守门员明显有急于先走的想法，那么，只要自己的牌不是过于强，就要注意转化角色，配合顺门或守门员，做助攻。

在自己想跑的情况下，顺门或守门员还要先走，那么，只要他们的水平不是过差，一般情况下，他们的牌肯定更有利于先走，他们认为自己跑牌成功的把握比中门要大，不然，在中门已经运筹跑牌的情况下他们是不会抢着跑牌的。所以，在这时，中门就要主动转化角色，变成助攻，配合想跑牌的同盟打牌。

（四）当同盟主攻失利不能先走时，中门要再次转化角色，主攻跑牌

有时，虽然顺门或守门员认为自己跑牌更有利，在主攻，但是发生了他们意料之外的情况，他们的计划已经落空，跑牌困难甚至彻底不能跑了。这时，中门就要重新做出跑牌的打算，再回头当主攻。因为，就算是三位散家跑牌都有困难，毕竟，中门的位置对跑牌更有利一些。比如，守门员本来想用五个 K 上手，把手中的三个 3 出掉，不料，五个 K 的炸竟被庄家用六个 4 管上，这样，守门员先走的计划就肯定不能实现了，这时，中门就要主攻跑牌。

所以，在自己做助攻配合同盟时，当情况发生了变化后，中门要注意形势的发展，如果顺门和守门员都不能先跑，中门要勇于挑起主攻的重担，重新部署，争取自己先走，赢得战斗。

二、配合同盟的打法

斗地主时，中门要善于观察同盟是否有主攻的打算。如果顺门或守门

员明显在跑牌，那么，只要自己的实力不是过强，中门就应该主动配合主攻的同盟，甘做助攻，以形成合力，打败庄家。

（一）配合顺门

当中门发现顺门有跑牌的想法时，如果自己的实力不是很强，中门就应该配合顺门主攻。因为，如果中门先走牌的可能性比较小，那么，自然应该把先走的机会与责任让给别人，自己进行配合。而且，如果顺门想主攻跑牌，一般地，就可以说明顺门的牌较整较强，利于先走。所以，如果中门的牌不是过于强，当顺门在主攻时，中门就不要与顺门抢着跑牌，免得各自为战，形不成合力，反而让庄家得利。

那么，如何能够看出顺门有先走的想法，又怎样与顺门配合呢？

1. 观察顺门是否有先走的想法

在实战中，可以通过顺门的一些表现在一定程度上观察出顺门是否有跑牌的想法。比如，顺门以自我为主，出牌非常自信，一般可以肯定顺门有跑牌的想法。再如，顺门出牌时考虑的时间较长，往往能说明顺门已经决定跑牌，正在设计如何跑得更快呢！

在开局之初判断顺门是否在跑牌，主要是通过庄家发单牌后顺门在决策顺单牌时的态度来看。有时，从顺门出的第一张牌上就能够看出他是否有跑牌的想法。比如，庄家出了一个单3，顺门跟了一张较大的单牌。作为成熟的牌手，顺门如果不是很想自己跑牌，总会让中门过一定的牌，试试中门的态度，而不会贸然出一张较大的单牌，把中门的小牌挡住。顺门如果不顾中门，一味自己走牌，一般可以证明顺门的牌比较整，有一定的实力，想跑牌。

2. 紧密配合顺门跑牌

当顺门要跑牌时，中门应该与守门员一起，配合顺门主攻。一般地，中门应该做好这么几个方面的工作：

一是，中门要与守门员一起，把门守好。如果顺门主攻跑牌，那么，中门与守门员给顺门传牌时要经过庄家，庄家往往可以过一定的牌，这对庄家走牌有利。既然顺门跑牌时同盟给顺门送牌有利于庄家顺牌，那么，为了不让庄家顺走过多的牌，在其他牌的守门上，散家就须加强。所以，顺门主攻时，散家应该把门坚决守好，甚至守死大门。由于守门员守门的牌总是有限的，因此，顺门主攻时，中门应该与守门员一起，把门守好。

二是，中门要更加舍得用炸弹。中门主攻时，往往需要在关键时候用炸弹上手，走一手牌，以便实现先走的计划，因此，想留一留炸弹有一定的必要。但如果顺门在跑牌，那么，中门的主要责任就变成了配合。既然是打配合，那就要舍得用炸。而且，中门用炸往往还能够消耗庄家的炸弹，当庄家的炸弹消耗到一定程度时，顺门就可以凭借自己的力量控制住整个局势，成功跑牌了。

三是，中门要善于给顺门送牌。当顺门主攻时，如果中门上手，就要善于给顺门送牌，发顺门需要的牌型，这与中门主攻时守门员要善于给中门送牌的道理是一样的。

（二）配合守门员

很多时候，守门员就算一开始决定了要弃门，也不会在第一次出牌时就表现得非常明显，所以，一开始，中门往往不知道守门员是不是在弃门。但是，如果中门已经看出守门员有弃门的想法，或者守门员已经明显在弃门了，一般地，如果自己的实力不是过强，中门就可以考虑配合守门员，与顺门一起，把守门员送走，取得战斗的胜利。

那么，守门员什么时候是在弃门，有哪些迹象，如何判断呢？如果守门员弃门主攻，中门又应该怎样配合呢？

1．注意守门员弃门的迹象

守门员在弃门时，往往有一定的迹象。比如，守门员出了很小的牌，或者守门员无缘无故地在出整牌，这基本上就能说明守门员已经是在弃门主攻了。但是，这样的弃门十分明显，会引起庄家的注意，难以形成突然袭击，因此，守门员在弃门时，往往会表现得不十分明显，以麻痹庄家。虽然如此，但并不是说守门员在弃门时就没有任何迹象可察。因为守门员弃门时的打法和正常守门不一样，表现也不同，所以，中门如果仔细观察，认真分析，还是能够看出来一定名堂的。

一方面，中门要注意守门员所出守门牌的大小。一般地，守门员用A、K守门是比较正常的。如果守门员守门过于偏硬或过于偏软，那往往说明守门员有弃门的打算。

守门员一再用大牌强硬守门，多是为了把门守死并企图上手发牌，准备弃门。因为，守门员守门即使偏硬，没有特殊情况，一般也不会在一开始就用2守门。如果某盘守门员一开始就用2守门，或者用2守门并且在发其他牌，往往可能是守门员已经做好了弃门的打算，或者甚至已经在弃门了。

本该守门时，守门员却出了较小的牌，这多是守门员本身有小牌，想走掉，很有可能是已经在弃门了。如果在应该还有实力的情况下，守门员用Q或者Q以下的牌守门，那么，可能就有一定的特殊情况，中门要提高警惕，注意这一情况。特别是，如果某位守门员守门一向偏硬，这盘突然用了一个Q或J等相对较小的牌守门，往往说明守门员打算跑牌，并且Q或J本身就是单牌，想趁机把它走掉。

另一方面，中门要注意守门员的表现。守门员弃门时，其表现常和守门不同，会有一些特殊表现。通过守门员的这些特殊表现，往往能够看出守门员有弃门的想法，甚至已经在弃门了。比如，在决策出守门牌时考虑时间过长，出牌表现积极，情绪显得激动，等等。这些特殊情况往往能说明守门员有一定的想法，中门要注意观察这些特殊情况，看守门员是不是真的有弃门跑牌的打算。

需要注意的是，守门员也往往利用人们认为他的打法异常意味着他想弃门这一点来吸引庄家的注意力，欺骗庄家，浪费庄家的精力和实力。比如，虽然守门员的出牌情况和外在表现很像在跑牌，但最后，守门员在还有好几张牌时还没有出过一张单牌，这种情况下，虽然也有可能守门员的牌本身就非常整，但常常也有这种情况——守门员手中剩了一把小单牌。所以，中门还要能够透过现象看到本质，不要错误地把守门员的佯攻骗敌判定为弃门主攻。更不要发生这样的事情：守门员本来是想骗庄家的，结果没有骗了庄家，反而把中门误导了。

2. 守门员弃门时中门的打法

如果中门已经判定守门员是在弃门，那么，中门就要紧密配合守门员主攻，做好助攻。

首先，中门要注意守门。守门员弃门主攻时，要以快速跑牌为目标，因此，守门就成了第二位的事。弃门主攻时，守门员如果能够兼顾守门，自然更好，但由于要快速跑牌，因此，守门员往往顾不上守门。如果有守门的牌，特别是单牌，一般地，守门员会在开始几次把守门的牌用掉。当守门员已经表现出了弃门的意图，特别是已经明显表现出来时，往往那时就没有守门的牌了。这时，如果需要守门，在守门员守不住的可能性较大时，中门就要担负起守门的责任，为守门员分忧解愁。否则，要么会因为守门员守不住门而让庄家顺牌，要么守门员需要拆牌，前者有可能让庄家顺走本不该顺走的牌，后者往往会打乱守门员的跑牌计划，这都对散家不利。

第二，中门要舍得用炸弹。中门主攻时，往往需要保存一定的实力，尤其是炸弹。遇到应该炸庄家时，中门会特别希望顺门上炸，那样，既可保存中门的实力，顺门上手又能给中门送牌。同样的道理，如果守门员在主攻，他也非常希望上家的同盟能先用掉炸弹，这样既能保存守门员的实力，上家的同盟上手后还能给守门员送牌。所以，当守门员弃门主攻时，为了配合守门员，中门要勇于牺牲自己，舍得用掉炸弹，保存守门员的实力。

特殊情况下，如果中门有一个很大的炸弹，能够在守门员剩下最后一手牌时保证送走守门员或送走守门员的可能性很大，也可以适当留一留。

第三，中门要善于给守门员送牌。守门员弃门时，只有少数情况下仅仅依靠自己的实力能够跑掉，多数情况下还需要顺门和中门配合。而且，即使守门员的实力很强，如果有中门和顺门的配合，跑牌也会更加顺利。因此，当守门员弃门主攻时，中门要和顺门一起，给守门员送牌。

为了给守门员送牌，中门还要注意不要过早地把自己的小牌出完。因为，很早时出小牌，守门员顺小牌的条件还不成熟，为了防止庄家过牌，守门员往往不敢顺小牌。如果中门过早地出完了小牌，当最后守门员需要同盟送小牌时，中门将无牌可送，那就糟糕了。比如，守门员有两张单牌：J、4。如果中门在较早的时候出3，那时，守门员往往考虑到，如果自己出了4，万一庄家过一个5或6等小牌就成功了呢？所以，他极有可能不先过4，而过J。这样，等到最后，守门员手中只剩下一个4时，中门将无3可送，那就麻烦了。

第四，中门不要无谓地顺牌。如果守门员形成了弃门的打法，当有人出了牌后，在守门员有可能过牌时，中门千万不要无谓地过牌，那样，很可能会把守门员需要过的一手关键牌挡在手中。

守门员弃门时最后需要走单牌的情况较多。实战中，有的守门员已经在弃门了，很明显手中还有单牌，但是，当庄家出了单牌后，中门在不知道是否会挡住守门员牌的情况下顺了一张单牌，往往，就是这一张牌挡住了守门员，使守门员不能弃门成功，最终导致了散家失败。但有时，庄家出单牌后，守门员可能不需要再过单牌，甚至无法要单牌，这时，如果顺门和中门都不要牌，将对散家十分不利。那么，当中门遇到这种情况时，到底应该怎么处理呢？下面借用一个具体例子讲一下中门应该怎么处理这种情况。

某盘，守门员弃门，当手中还有几张牌时，守门员出了单3，庄家由于牌力较弱，必须过小单牌，因此，只好冒险顺了自己手中的单7。中门不能断定守门员手中是否有7以上的单牌，这时，该中门出牌了，中门应该怎么办呢？

一般情况下，中门不要无谓地顺牌。因为守门员已经在弃门了，发了单3后，手中还有单牌的可能性非常大，如果中门并不想抢着主攻，就应该给守门员留最多的过牌机会，不要阻挡住了守门员过牌。即使中门手中有一个刚好比7大的单8，中门也不要过单8，因为，往往有可能守门员就需要过一个单8。有的中门在过这类牌时有非常强的侥幸心理，认为不会那么巧，觉得自己手中有单8，守门员肯定不会有单8，这是非常错误的。因为，牌的排列组合方式很多，什么情况都有可能出现，中门不能因为自己有单8就断定守门员没有单8。实战中这样出牌把守门员单牌挡住的情况多得不胜枚举。更糟糕的是，有的中门明知自己过了单8毫无意义，还要过。

有时，中门判断不清楚守门员是否有7以上的单牌，这样，中门会有些为难，既害怕守门员要不上牌而让庄家以单7上手，又害怕自己如果要了牌会挡住守门员的单牌。那么，在这种情况下，中门应该如何处理呢？我认为，要按中门的不同情况处理。第一种情况：如果中门没有实力，那还是不要管为好。因为，自己没有实力，出了牌不但没有用处，反而有可能会挡住守门员的牌，那还不如不出牌，把过7以上所有单牌的机会全部留给守门员。第二种情况：如果中门有实力，能上手或上手的可能性很大，那么，可以用大牌封顶。用大牌封顶，就不会让庄家以小牌上手或过任何牌。中门上手后，可以发小牌送守门员。第三种情况：如果中门只有炸弹，但没有封顶牌，那还是不要出牌为好。因为，自己出了牌很有可能会挡住守门员，但挡不住庄家。自己不出牌有两种可能：一是守门员过了牌，那最好；二是守门员要不上，即使这样，守门员能弃门，往往说明他有一定的实力，如果守门员有炸弹，那么，他为了把牌打明，不让庄家上手，常常会用炸弹炸掉庄家的单 7，这时，中门还有炸弹，还可以给守门员送牌。

当然，如果在此时中门的实力非常强大，过了单牌可以保证自己能够先走成功，把庄家打败，而守门员的情况还很不确定，这时，中门当然可以过单牌。但在这种情况下中门过单牌，已经不是在配合守门员当助攻了，而是中门自己在主攻。

总之，守门员弃门时，一般情况下，中门都要密切配合守门员跑牌，不要无谓地顺牌。

第十章　顺门打牌技巧

顺门在庄家的下风，庄家出牌后顺门顺牌容易，但如果顺门主攻，同盟送牌要经过庄家，这对庄家顺牌和控制顺门十分有利，因此，多数情况下，如果自己的实力不是太强，顺门还是应该扮演助攻的角色，配合中门或守门员主攻跑牌。但是，顺门在实力较强，或中门和守门员不能主攻或主攻失利时，也要担负起主攻的任务。

在一盘中，顺门助攻好还是主攻好？什么情况下应该助攻，什么情况下应该主攻？如果助攻，应该怎么打？如果主攻，应该怎么打？助攻与主攻是否需要转换，什么时候转换？助攻与主攻能否结合起来，怎么结合？这一切都需要处在顺门位置的牌手认清自己的位置，结合一盘的具体情况分析自己助攻与主攻的利弊，掌握好顺门打牌的技巧。

第一节　任务的抉择

顺门虽然在庄家出牌后就能顺牌，但顺牌的类型和大小都不是由顺门决定的，而是取决于庄家发什么牌型、发多大的牌。而且，到残局时，同盟给顺门送牌容易被庄家控制，先走的难度很大。所以，从三位散家的位置上讲，顺门主攻利少弊多。但当顺门的牌较好，尤其是同盟的牌差不能主攻时，顺门如果不主攻，散家将难以战胜庄家，甚至顺门决定主攻的时间晚一点，都有可能导致散家最终失败。那么，作为顺门，到底是当助攻，还是当主攻？这一任务的抉择非常重要。

一、顺门的位置与出牌

顺门所处的位置对其打法影响非常大。一般地，顺门应该以配合同盟主攻为主。当然，如果顺门在当助攻时也能照顾到为主攻奠定基础，那最好。这需要顺门对自己所处位置的特点明了于心，在最初出牌时把握好分寸。

（一）顺门的位置不利于主攻

顺门处于庄家的下风，这个位置决定了顺门要先走牌会比较困难。顺门如果要跑牌，在实力不够的情况下，需要中门和守门员送牌，但这必然要经过庄家。经过庄家有两方面的不利，一是容易使庄家顺牌，二是便于庄家控制顺门。

实战中，经常会遇到这样的情况：顺门想跑，但走到最后，剩了一手不大的牌，这时，中门和守门员很难经过庄家而把顺门送走。有时，为了送顺门，会让庄家过很多牌，甚至庄家过了很多牌后，还没能把顺门送走。

鉴于顺门的位置对于先走牌十分不利，因此，一般情况下，如果中门能跑，顺门最好不要与中门抢着跑。如果守门员有跑牌的想法，也可以送守门员走。顺门一定要明白这个道理：作为散家，无论谁先走了都是大家赢，谁先走对散家更有利谁就先走。当然，如果顺门的牌比较好，实力很强，也可以先走。

一般来说，顺门在每盘一开始，就要根据自己的牌相牌力，大体确定是配合其他二位同盟跑牌，还是自己跑。

如果顺门不想走，在一开始庄家出小牌尤其是小单牌时，顺门当然不能顺牌，而要把所有顺牌的机会都留给中门。如果中门不想主攻，而顺门可以主攻，那么，顺门就应该以自己顺牌为主。但问题是，顺门在一开始并不知道中门的想法，当顺门有一定实力时，就会有些为难：如果顺门顺了牌，而中门想先走，就很可能把中门想顺的牌挡住，这会影响中门跑牌；如果顺门没有顺牌，而中门又不想先走，这又会耽误顺门跑牌。怎样才能处理好这个问题呢？我认为，顺门在牌力一般的情况下应该首先考虑让中门顺牌，但是，在不影响中门的情况下，自己能顺牌时也要及时顺牌，这可以为同盟主攻受挫后自己担任主攻打下基础。也就是说，在一盘的开始之初，顺门要边打边看，见机行事，根据情况决定如何打牌。

顺门要先走牌，需要比中门强很多的实力，因此，顺门切忌一看到自己的牌较整，就要自己跑牌。有的顺门炸弹不多，甚至没有炸弹，牌稍好一点，就想先走。如果顺门牌力很弱而在一开始就表现出要跑牌的样子，往往会让同盟放弃主攻的打算，全力为配合顺门而牺牲他们的实力，打乱他们的牌。当同盟把力量耗费殆尽后，顺门由于自己本身没有实力，可能被庄家一炸后就再也无所作为了，即使牌整，也是废牌。这就会造成对散家最不利的局面：顺门自己不但没有走成，反而既耽误了同盟走牌，又破坏了同盟的好牌型，结果谁也没能走成。所以，即使顺门牌较整，也不要急于求成，贸然跑牌。贸然跑牌，十跑九败。

总之，顺门除过自己的牌力非常强，先走成功的可能性非常大之外，一般情况下，还是应该先配合中门看看，也可以边配合中门，边自己跑牌。如果中门已经显露出不想先走的征兆，而守门员也没有想跑的打算时，顺门再下决心自己主攻。

（二）顺门在最初时的出牌

如果顺门的牌较差，或者手中有一定的实力，但只适合配合同盟，那么，顺门就要安心地进行配合；或者，顺门手中的牌很好，跑牌成功的可能性非常大，那么，顺门就能够在一开始做出主攻的决定。但很多时候，顺门的牌比较好，但又没有把握先走，这时到底要不要主攻跑牌，还得根据其他一些情况才能决定，这是最令顺门为难的了。

那么，当顺门的牌力中等或较好，暂时不能做出跑或不跑的决定时，在一盘的开始，应该怎样出牌呢？我认为，在具体打法上，应该坚持这么几条原则：

第一，如果过了单牌不会挡住中门的牌或基本上不会挡住中门的牌，那么，可以过牌，为以后顺门主攻减少麻烦。

比如，庄家首牌发单3，顺门手中有一个单4，一般情况下，就可以顺单4。因为，你手中有一个单4，那么，按照八个4的概率分布，中门有单4的可能性较小。即使中门真的有一个单4，但又不是在残局时中门主攻，挡住了必会使中门跑牌失败，再说，中门如果主攻，总有一定的实力，一般情况下也能上手把单4发掉。而且，顺门顺单4后，中门还可以顺4以上的单牌，多数情况下，中门在有单4时都会同时有4以上的单牌，因此，顺门顺单4不会使中门减少一次顺牌机会。另外，在顺门有3

的情况下，如果后面发现中门确实是在主攻，前面顺门顺单4时也真的挡住了中门的单4，使中门的单4留在了手中，那么，顺门上手后还可以发单3送中门的单4。所以，这时顺门过单4，一般不会出现大问题。

顺门不要因为自己牌差，一味依靠中门跑牌，自己能过的单牌也不过。在不影响中门过牌的前提下顺门应该抓住机会顺牌，这样，如果后面需要顺门主攻的话，顺门便能快速发起进攻，并能使主攻成功的概率大幅提高。如果单纯依靠中门跑牌，自己能顺牌也不顺，那么，当中门不能先走时，顺门要主攻就需要走更多的牌，那时，中门和守门员能守住的牌已经很有限了，往往会让庄家过牌甚至封顶，最后导致散家失败。

某盘，顺门有一个小炸，一个小王，但有四张单牌：Q、9、7、4，而且其他牌也不大，因此，一开始，顺门就做好了助攻的准备。当庄家出第一张单牌3时，顺门不过牌，中门过单8。其实这就能说明，一般情况下，下次中门顺单牌时要比8大，除非中门再没有单牌而且又需要调整牌型拆出小单牌。但是，庄家出第二张单牌6时，顺门因为只想当助攻，所以想都没想，仍然没有过单牌，中门顺单K。当庄家出第三张单牌10时，顺门仍然没有要牌，中门上2。结果到了残局，中门冲牌失败，手中剩了一手很小的牌333－55，跑不了了。守门员也无法跑牌。这时，庄家仅剩下了两个A。如此形势，顺门无可奈何，只好转为主攻。但是，顺门手中还有四张单牌，怎么办呢？只好开始走单牌。庄家这时已无实力，被迫无奈，只好拆开对A过牌。虽然散家明知庄家是在拆对A顺牌，但是，由于中门全是小牌，而守门员也已经守得无牌可守，结果把庄家的两个A全部放了过去，庄家先走赢牌。其实，这一盘散家完全可以打赢，问题就出在顺门明知从第二轮打单牌时就可以在不影响中门顺单牌的情况下顺自己的单牌，但是却没有顺，白白浪费了多次顺单牌的机会。如果第二轮庄家出单牌时顺门顺单7，第三次庄家出单牌时顺门顺单Q，那么，顺门仅有两张单牌，即使让庄家过一个A，顺门也能先把牌走完，打败庄家。

第二，如果顺门顺过不太大的单牌虽然有可能挡住中门一个单牌，但顺门有力量能够确保把挡住的那张牌给中门送走，那么，也可以顺这张单牌。

比如，庄家出了一个3，你有三个4，为了把牌型调整好，你过了一个4，这时，有可能把中门的单4挡住。但是，你手中有一个单3，再加上你有炸和大王，可以上手，当你上手后，再发单3，照样可以让中门过单4，不影响中门走牌。这种情况下，顺门就可以考虑过单4。

需要注意的是，顺门如果顺的牌较大，可能会挡住中门好几张单牌，即使在后面顺门能用小牌送中门一手，也可能会妨碍中门顺单牌。例如，中门的单牌是：Q、7、6、4；庄家的单牌是：9、7、3。假设庄家前三轮分别出单3、单7、单9。如果庄家第一轮出单3时顺门过了单10，那么，中门就只能过单Q；第二轮庄家出单7，即使顺门不要，中门也无牌可过；第三轮庄家出单9，中门也无牌可过。虽然后面顺门上手发单3，中门可以过单4，但这样，中门的单牌还会有7、6两张。如果第一轮庄家出单3时顺门不要牌，中门就能过单4；第二轮庄家出单7时，中门过单Q；第三轮庄家出单9时，顺门看到中门前面已经过了单Q，于是自己顺单10，不影响中门。后面顺门发单3送牌时，中门过单6。这样，中门的单牌就只剩下了7一张。

第三，如果庄家出了单牌外的其他牌型，顺门有大牌甚至封顶牌，多数情况下，顺门要敢于用大牌甚至封顶牌管住庄家，个别情况下，可以让过一手。我们分四种牌型来说明。

其一，庄家出三带对时，一般情况下，顺门应该管牌。管住庄家的三带对至少有三个好处。一是，可以防止万一中门和守门员管不住牌时，让庄家过一手牌。二是，如果你不想跑牌，那么，管住庄家上手后，你可以发小牌，给中门送牌。三是，如果你想跑牌，那么，你管住庄家后可以发牌，也有利。在两种特殊情况下，顺门可以先不管牌。一是，庄家发出的牌是非常小的三带对，尤其是自己做好了助攻的打算，但没有和庄家一样大或者更小的三带对，为了给中门留下顺小牌的机会，顺门可以放过一手，不管牌。如果自己用很大的三带对管牌，中门小的三带对就难走了。二是，当顺门有三个2时，如果觉得出了三个2伤牌，可以把管牌的机会让给同盟，自己等着管庄家更大的三个头。如果同盟没有大的三个头，下一轮出三带对时，顺门就要考虑用三个2管牌了。

其二，庄家出三头时，顺门一般情况下应该管牌。因为庄家出三头，往往说明三头多，散家当然要进行制止。这时，一般不用考虑中门是否需要顺小的三个头，因为庄家三个头多，往往不吃对子，中门可以把三个头拆成单张和对子打出去。少数情况下，如果自己有三个2，为了不伤牌，也可以先不上三个2。

其三，庄家出对子时，如果顺门有能封顶的牌或者相当大的牌，那么，顺门应该用能封顶的对子封顶或上大对子管牌，通常，当顺门有对2时，就应该上对2。因为庄家发对子，说明庄家对子多，而散家的大对子在多数情况下总会占优势，而且还可以把三个头拆成对子，所以，顺门要勇于管住庄家的对子，不让庄家顺牌或封顶。

其四，庄家出连牌时，只要顺门能管住，就应该管。因为连牌少，很难判断出中门或守门员是否有能压住庄家的连牌，所以，顺门要尽力压住庄家。而且，当顺门有两组都能压住庄家的连牌时，当小连牌封顶的可能性较小时，顺门应该用封顶可能性大的大连牌压，以防止庄家再次顺牌或封顶。

第四，如果庄家出的是很小的整牌，但顺门的牌不大，这时怎么办呢？当庄家第一次出整牌时，如果顺门的整牌都过小，就不要管。

当顺门的牌小时，如果过了一手牌，不但对管庄家的牌无济于事，还有可能把中门的牌挡住。比如，庄家出了三个3，你跟了三个8，而中门可能就需要过三个5，但你却把中门的牌挡住了。所以，如果顺门根本不可能管住整牌，那么就不如不管，看看中门和守门员有没有办法，同时还给了中门最大的自由度。第一轮自己放过后，如果中门和守门员的牌力也弱，那么，第二轮以后，顺门就要尽自己最大的力量管牌，以防止庄家顺走很小的牌。

总之，顺门的位置决定了顺门要多做助攻，少做主攻。至于在某盘中，顺门到底是主攻跑牌还是助攻配合，这不能规定死了，具体问题，具体分析，要根据当盘的情况灵活决定。

二、顺门的好牌与主攻

说顺门的位置不利于跑牌，并不是说顺门绝对不可以主攻，实战中，散家也有很多时候是靠顺门主攻取胜的，有时甚至必须靠顺门跑牌才能取胜。

那么，顺门在什么情况下可以主攻，如果想主攻，应该怎么打呢？

（一）顺门主攻的决定

顺门要善于根据具体情况决策自己是否主攻，并在形势变化时在主攻与助攻之间进行转化。一开始，顺门如果觉得自己主攻的把握不是很大，想做助攻配合同盟跑牌，但随着牌局的进展，可以看出，中门和守门员都不能跑，根据情况，相对来说，顺门的实力还要强一些，那么，这时，顺门也要能够挑起主攻的重担，在中门和守门员的配合下完成先走的使命。反过来说，如果顺门已经决定了先走，但随着形势的发展，情况变得不像顺门所预料的那样好，顺门先走成功的可能性已经非常小了，这时，顺门也要善于放弃先走的打算，再改回到配合中门或守门员的打法上来。

某一盘中，根据牌局的进展阶段，顺门决定自己先走的时机也可以相应地分为三种情况。

1. 开局决定先走

如果在牌起好后，顺门觉得自己的实力较强，那么，就可以在一开始决定先走。一般地，实力较强体现在这么几个方面：一是炸弹多，二是大牌多，三是牌整。这三个方面构成了一把牌的综合实力。顺门可以通过这三个方面综合考虑自己的牌是不是强牌，适合不适合先走。

说顺门的实力较强，是相对于中门和守门员以及庄家而言的。有时，顺门的实力虽然看起来挺强，但可能还不如中门，所以，我们只能从一般的情况看。比如，顺门有两炸，有一个大王，有三个2，其他的牌也不是很乱。这种情况就说明顺门的牌比较强，可以主攻。

2. 中局决定先走

顺门在中局决定先走的情况有两种。

一是，在一开始，顺门就觉得自己的实力不错，但并不是很强大，还是希望中门或守门员能跑牌。随着牌局的进展，当看到中门和守门员跑牌有难度，不想跑牌时，顺门就能够判断出自己的牌与中门和守门员相比还是要强一些，那么，顺门就应该转换角色，自己主攻。

二是，在一开始，顺门觉得自己的实力一般化，或者弱一些，不想跑，而中门或守门员表现出来的样子也像他们要先走。但是，随着情况的发展，庄家的实力比较强，要跑牌的中门或守门员的实力已经消耗很多，无力先走了。这时，相对来说，顺门的实力可能还要强一些，在这种情况下，顺门就应该考虑跑牌。

3. 残局决定先走

顺门在残局时决定先走，往往是在这种情况下被迫无奈才会改变主意的：本来，有一位同盟在主攻，但是，经过冲锋，主攻的同盟进攻受挫，先走不成了；而另一位同盟也因为配合主攻同盟打乱了牌相、耗尽了实力，不能主攻。在两位同盟都不可能先走的艰难情况下，顺门只好承担起主攻的重任。

（二）顺门主攻的意图不要暴露过早

顺门的位置毕竟不利于先走牌，因此，顺门在决定了自己要主攻时更要注意不要过分表现出急不可耐的样子，不要过早地把庄家的注意力吸引到自己身上来，以免遭到庄家的有力制止、强烈打击。

但是，顺门主攻时，打法与助攻大不相同，随着牌局的进展，庄家迟早还是会看出来的，尤其在顺门发起进攻后，庄家将会十分清楚。即使这样，顺门仍然要善于利用自己位置的特点，尽量推迟庄家发现的时间。

一般情况下，即使顺门早就定下了主攻的决心，但如果自己的牌力不是过强，在发动冲锋前，最好不要显得过急，不要在一开始就暴露出先走的想法。比如，顺门的单牌只有一个2，当第一轮庄家出单牌时，顺门过不过单2呢？我认为，如果顺门的牌不是特别特别强，第一轮不要过2。因为，顺门第一手出牌就上单2，庄家再笨也必能看出顺门有跑牌的企图，所以，顺门不要着急，一般地，可以等守门员守A时再用2接，那样上2显得自然而然，一般不会引起庄家的注意。

为了欺骗庄家，顺门还可以做出配合同盟打牌的姿态，假装自己没有主攻的企图。如果顺门在一开始显得是在打配合牌，庄家往往会认为顺门是助攻，对顺门多会疏于防范，这样，顺门才容易形成突然袭击，主攻才更容易成功。比如，顺门打算主攻，既有一些单牌，又有一些整牌。在庄家未发现顺门的真实意图前，顺门上手，这时，顺门是应该发单牌呢？还是应该发整牌？我认为，顺门最好是发单牌。因为，顺门发单牌，往往很像是在给中门送牌，这样，庄家多不会防备顺门，能够推迟庄家发现顺门是主攻的时间，有利于顺门最后主攻成功。

为了推迟庄家发现自己是主攻的时间，顺门跑牌时最好不要争于求成，锋芒毕露，而要韬光养晦，不露声色。这需要顺门在打牌时注意把握好分寸。

顺门如果决定主攻，在打牌时，尽量要做到：冲锋条件不成熟时隐藏企图，让庄家以为自己不是主攻；时机成熟时突然发起进攻，最好一旦发起冲锋，就必能形成破竹之势，一举成功。

（三）顺门主攻的打法

顺门进行主攻，其打法与做助攻不同，要重点看如何出牌才有利于自己尽快把牌跑完。这需要顺门掌握以下技巧。

第一，顺门要及时顺牌。通常，庄家出牌后顺门总是能够顺走一些牌的。既然顺门决定了要跑牌，在打法上就不要犹豫，不要害怕挡住中门的牌而在能顺牌时不顺。有时“过了这个村就没有这个店了”，有的牌如果早早不顺，等到后面可能就要靠自己上手才能出掉。因此，当顺门主攻时，要充分利用顺牌优先的有利条件，把自己手中的小牌及时顺掉。

第二，保存一定的实力。顺门要把牌走完，即使一开始庄家没有防备，但到最后，庄家必然会非常清楚，那时，如果顺门没有大牌和炸弹，就必须依靠同盟送牌，但是，同盟送牌需要经过庄家，困难会比较大。有时，甚至同盟耗费了全部的实力，多次送顺门，但因为庄家能次次制约，到最后，也没能把顺门送走。所以，如果顺门想跑牌，就要注意相对保存一定的实力，先让中门和守门员与庄家拼，到一定程度时，自己再用大牌和庄家拼，那时，庄家的实力已经消耗了不少，拼不过顺门的可能性会很大。当然，如果中门和守门员没有大牌，或者他们手中还有一个大炸，但不想用，这时，顺门一定不要为了保存实力而舍不得下炸，而要注意及时阻止庄家出牌，以免把炸弹饿死。

第三，要趁早向同盟传递信息。如果顺门要先走，应该趁早向同盟传递有关信息，以尽早得到同盟的配合，使散家形成合力。传递信息有两个方面目的：一是使中门和守门员能够意识到顺门有先走的打算。比如，顺门在过大牌的同时其实就是向同盟表示，自己没有顾及中门，想主攻跑牌；再如，轮到自己可以用炸时一再犹豫，这也可以向同盟传递一定的信息。二是向两位散家传递自己需要什么牌型的信息。这主要依靠出牌来引导。比如，顺门手中的对子多，当他上手后，在手中的牌还有很多时就出对子，一般地，其他两位散家应该能明白顺门手中的对子很多，需要出对子。

第四，留最后一手牌时要确保必能送掉。由于顺门在庄家的下风，因此，同盟要给顺门送牌，必经庄家之手。有的顺门走到最后，剩了一手牌，但怎么也送不掉，同盟空耗实力而徒劳无功，甚至会让庄家过了很多牌，使同盟的送牌不但无益，反而有害。很多时候，如果同盟不送顺门，中门或守门员自己主攻也能成功，但他们为了打配合牌，放弃了自己主攻的打法，不惜破坏自己的牌型结构和牌势，全力送顺门，但是，到最后，不但没有送走顺门，他们自己也走不成了。本来他们能打败庄家的，结果因为配合顺门而吃了败仗，那是最糟糕的了。所以，如果顺门留了一手牌甚至两手或多手牌，就要确保必能被同盟送走或者被庄家无奈送走。在留牌时，顺门要特别注意以下几点：一是，留牌相对要大。留牌太小，庄家容易制约。尤其是，如果顺门留的是单牌，一定要留非常大的单牌，尽量留比庄家最大牌还要大的牌。因为单牌最容易被庄家控制，如果单牌不是太大，庄家可以阻挡多手。二是，留庄家不要的牌型。比如，庄家不吃对子，自己留了三个大对子。三是，如果能留一手庄家必送的牌，那是最好的了。比如，庄家还有两张小单牌没有走，顺门最后留了一个单2，庄家将在劫难逃、不战自败。四是，不要留谁也送不走的牌型。比如，小连对、小飞类牌，很难被人送走，顺门最好不要留这样的牌。

第二节　助攻的打法

由于顺门的位置不利于先走牌，因此，多数情况下，顺门扮演的是配角，担负的是配合中门或守门员主攻的助攻任务。而且，虽然顺门的位置不利于自己先走牌，但是，顺门的位置特别有利于给同盟送牌。所以，相对于主攻技巧而言，顺门掌握好配合中门或守门员跑牌的助攻技巧更加重要。

顺门配合主攻散家时，要本着怎样让主攻散家更快地把牌跑完、而让庄家更慢地跑牌的原则打牌，因此，顺门在助攻时要特别注意三个问题：第一，注意不要挡住主攻散家过牌；第二，要勇于牺牲自己；第三，要善于给主攻散家送牌。以上三点，送牌的技巧最重要，也最复杂。为了送牌，顺门必须管庄家的牌。当另一助攻同盟给主攻同盟送牌有困难时，顺门还要善于接另一助攻同盟的牌，转送主攻同盟。比如，与守门员一起配合中门主攻时，如果守门员不能直接给中门送牌，顺门就要接守门员的传牌，上手后再给中门送牌。而要送牌、管牌、接牌，就必须使手中留有一定的牌，所以，顺门还要善于留牌。

一、顺门的送牌

当同盟主攻时，顺门为配合同盟，要给其送牌。散家的中门常做主攻，当中门主攻时，顺门由于在中门的上风，送牌十分方便，因此，中门跑牌时如果需要同盟送牌，主要就是依靠顺门。如果守门员跑牌，顺门也要和中门一起，给守门员送牌。

当守门员弃门主攻时，许多情况已经明了，顺门给守门员送牌相对来说简单一些。在顺门做助攻的牌局中，守门员与中门相比，更多的情况下是中门主攻。而且，只要顺门不想主攻，当守门员未显示出跑牌的意图时，顺门一般也会给中门送牌。因此，与给守门员送牌相比，顺门给中门送牌要更复杂一些、更经常一些。下面我以中门跑牌为例，讲一下顺门如何给主攻同盟送牌。顺门会给中门送牌，自然也就会给守门员送牌。

中门跑牌往往希望顺门能够送上几手牌，特别是关键的一两手牌，因此，如果顺门不打算跑牌，中门在主攻时，顺门就要负起送牌的责任。

高明的顺门非常善于送牌，中门需要什么他就送什么，送得中门非常舒服。要达到这个水平，顺门就要善于判断中门的牌型情况。一般情况下，中门总有几张单牌，因此，一开始可以送小单牌。随着形势的发展，顺门要分析情况，判断中门的牌型情况，上手后给中门送最需要顺的牌。

顺门送中门时需要把握这么几点。

（一）顺门送牌时要不惜破坏自己的牌型结构

顺门送牌时，如果能不破坏自己的牌型结构最好，那样既可送中门，自己的牌型又得到了保护，还能走牌。但是，不破坏牌型结构就能送好中门的情况较少。一般地说，如果顺门确定了要专门送中门，那么，送牌就要送彻底，要敢于并不惜破坏自己的牌型结构送中门。这样送牌，虽然会付出一定甚至很大的代价，做出牺牲，但很可能使中门过了关键的一两手牌而跑牌成功，是非常值得的。比如，顺门的小牌是555、444、33，中门有单4和单5的可能性相当大，顺门就要舍得拆开对3，分两次送单3。

（二）顺门送牌时要慎重

在开局阶段，顺门上手后，一般可以送中门单牌。但当中门的单牌已经出完时，顺门送牌就必须慎重了。如果再送单牌，中门不需要，而很可能这时守门员守门已经很困难了，这往往对散家不利；如果送别的牌型，万一中门不需要，而庄家能够顺牌或者甚至封顶，后果就更加严重了。

那么，顺门在弄不清楚中门需要哪种牌型时应该怎么送牌呢？这时，顺门需要注意以下技巧。

第一，送庄家不要的牌型。如果某种牌型庄家不要，即使中门不能顺牌，也对庄家没有好处，不会给散家造成任何损失。比如，庄家不吃对子，在弄不清楚中门牌型的情况下，顺门可以先打一个对子试试。

第二，送自己能够回手的牌型。送这种牌型，万一送得不好，自己还可以重新上手，下一轮仍能送牌。比如，自己有一对小王，并且有三个2，就可以考虑送对子。打出对子后，无论庄家是过小对子还是上对2，顺门都能确保收回来。

第三，送同盟能够回手的牌型。如果自己没有同类牌型的大牌可以回手，但同盟有这种牌型的大牌，那么，也可以送这种牌型，以确保万一送错，发牌权仍能回到己方手中。比如，己方还有全场唯一的一个王，当单牌和其他牌型的利弊优劣同样无法判断时，就可以考虑送单牌。

第四，送中门要的可能性相对大的牌型。顺门送牌的目的就是为了让中门跑牌，因此，如果前三点都做不到，那么，就送中门要的可能性大的牌。这种情况下送牌，需要顺门有很强的判断能力。顺门要根据牌局的进展情况推理分析，进行判断。比如，可以根据这样一些情况进行判断：庄家前面出小三带对时中门没有要，那可能中门有相当多的对子；前一轮庄家发对子时，中门毫不迟疑地用对2管牌，企图上手，但被庄家炸停，那可能中门对子不多，三个头较多；中门接守门员的对子时是从大往小接的，有可能是在拆连对；庄家出三带对后，中门欲接又止，可能中门有不大不小的双飞双带……但是，顺门即使对有关情况进行了深入的推理分析，也不一定就能把中门的牌判断得十分准确，相应地，送牌也不一定就送得正确，因此，在中门牌型情况不明时，送错牌是很正常的，顺门要做好送错牌的思想准备。

第五，送庄家过牌可能性小的牌型。如果以上几点都做不到，那就要送庄家过牌可能性小的牌。比如，一般而言，庄家需要三带对，顺门送牌时就要特别注意，慎送三带对。

第六，当中门最后余牌为两张或三张，但不能判断清楚是一手牌还是两手牌时，要根据己方的实力送牌。如果中门最后剩下了两张牌或三张牌，但是判断不清楚，顺门上手后，是给中门送与余牌数量相同的整牌呢，还是送单牌呢？这很重要，弄不好就会犯错误：如果自己按照中门的余牌数量送了一个小对子或三头，但中门不是一手牌，要不上，就浪费了一次送牌机会；如果自己先送了一张小单牌，而中门的牌本来就是一手，也浪费了一次送牌机会。有时，就会因为顺门送错了一次牌而帮了庄家的大忙，导致散家失败。那么，这时顺门到底应该送什么牌呢？我认为，关键要看己方尤其是自己的实力如何。如果自己还有大牌或大炸，基本能确保上手，或者守门员还有实力上手送牌或让自己上手再次送牌，那么，在弄不清楚中门的牌型时可以先送一张小单牌，这样，即使中门的余牌是整牌，因为自己还有一次送牌机会，仍然可以把中门的余牌送走。如果自己没有实力再上手，守门员也无实力，那么，这次送牌就是最后一次机会了，那就应该赌一次，送整牌。因为，反正只有一次送牌机会，如果不是整牌，怎么也送不走，那还不如赌一次，万一中门的余牌是整牌，就送走了。

（三）顺门送牌时要灵活

顺门送牌时，主要是根据中门的出牌情况送。中门出牌的情况往往能够显示出他的牌型特点和大小，但是也有例外。

有时，中门在牌型的多少上会出现例外情况。中门主动打出的牌型多是自己多的牌型，但随着这种牌型的不断落地，有时，另外的牌型会变成最多的。比如，中门开始进攻时发的是对子，一般情况下，说明中门的对子肯定多，三个头肯定少，但如果中门一直在顺对子，最后有可能把对子打得只剩下了一两个，甚至打完了，三个头反而成了多的牌型。

有时，中门在牌点的大小上也会出现例外情况。一般地，中门前轮顺的牌或发的牌多是较小的牌，手中余的同种牌型多是较大的牌，但在主动守门和调整牌型时，也有可能手中剩下的同种牌型还有更小的。比如，顺门出单 8 后，中门上 A，一般来说，中门就没有 A 以下的单牌了。但是，也有可能中门当时有 A 和 J 两张单牌，那时之所以没有出 J 而出 A，是考虑到守门员守不住 A 了，如果中门过 J，庄家可能会顺牌。这种情况下，如果顺门下次送单牌时出的牌比 J 大，中门就顺不走单 J 了。再如，中门手中的牌是：JJ、99、888、77、55，中门主动先出对 5。下一轮顺门送对 5，中门考虑到使余牌能够调整牌型，没有先上对 7，而是先上了对 J，企图上手后出连对 99－88－77，留单 8，但对 J 没能上手。这时，虽然顺门判断中门还有一个三头、两个对子，但如果发对子送牌时以为前一轮出了对 J，手中的对子怎么也会比对 J 大而送了对 9 以上的牌，那中门就要不上对子了。

中门在前轮出牌时要考虑种种因素，因此，单纯依据中门前轮出牌的情况判断他手中的余牌并不会绝对准确，所以，顺门送牌时要善于根据情况灵活处理，送中门最希望送的牌，使中门的牌走得越快越好。

高明的顺门在送牌时会参考中门出牌的情况和余牌的情况进行综合判断，送得往往相当准确。

比如，中门前面发过两次三个头，剩十张牌。这种情况下，顺门虽然可以送中门的长项牌型三个头，但如果能送三带对，往往会更好。我们分析一下原因。

在中门主攻的牌局，当中门余牌为十张时，下面几种情况最为常见。

一是，一个四个头的炸弹、一个三带对、一个单张。

二是，两个三带对。

三是，一个四个头的炸弹，两个三头。

四是，一个五个头的炸弹，一个三带对。

我们很容易看出，无论中门的牌型属于以上哪种情况，送三带对都是最佳选择。所以，虽然中门发牌时发的是三个头，但当剩十张牌时，如果顺门能送上一个三带对，那就是神送。

（四）顺门送牌时可以兼顾跑牌

顺门一心一意送中门时当然要不惜破坏自己的牌型结构，但是，如果自己的牌相也不错，那么，在基本不影响中门跑牌的情况下也可以适当兼顾自己跑牌。因为，有时，中门主攻会受挫，无望先走，当守门员主攻也对散家不利时，就需要顺门转化为主攻，如果顺门在送牌时兼顾到了自己跑牌，那么，就对顺门转化为主攻十分有利，顺门主攻容易成功。比如，顺门上手后，自己的牌还有：一个大炸、三个三带对、一个大单牌。在判断不清楚中门牌型情况时，顺门可以发一个三带对。这样出牌，即使中门没有被成功送走，但如果顺门自己再能过一次三带对，之后再找机会顺掉一张大单牌，就形成了用大炸冲牌的态势，自己可以主攻成功。

当然，送牌时如果能够兼顾自己跑牌，即边送边跑，那最好；如果不能兼顾，一般情况下，为了配合中门跑牌，顺门还是以全心全意送中门为上策。

二、顺门的管牌

配合主攻散家跑牌时，顺门应该把管庄家牌的责任积极承担起来。当庄家跑牌时，顺门要勇敢地冲在前面，舍得用大牌、尤其是炸弹管庄家的牌。顺门遏制了庄家出牌，可以减轻主攻散家的负担，能够消耗庄家的实力或者上手给主攻散家送牌。

为了有更多的机会管住庄家的牌，顺门应该注意不要贸然把大牌和连牌出完。

如果顺门不想跑牌，就不要无谓地出大牌和连牌。有的顺门在助攻时想借出大牌和连牌佯攻，企图引庄家下炸。虽然这有可能成功，但如果庄家看出了顺门的企图，或者庄家的实力较弱，顺门出了这些牌庄家不炸，那样的话，顺门不但引不下来庄家的大牌和炸弹，还会白白消耗自己的实力，而且，还有可能会误导同盟。顺门出了大牌或连牌后，如果到后面庄家再出大牌或连牌时，顺门就会因为手中没有大牌或连牌而管不上庄家，反而弄巧成拙。所以，顺门不要无谓地出大牌和连牌，尤其是不要随便把大连牌出掉。如果庄家在后场要依靠较小的连牌封顶才能成功，顺门有没有先出大连牌就会直接决定一盘牌的输赢。

顺门手中的牌越多，管住庄家牌的机会就越大。实战中，往往有这样的情况：最后，庄家看大家的牌走得都差不多了，觉得散家应该管不上自己的连牌或较大的整牌，企图用它冲牌，结果被顺门管上，庄家失败。

顺门在管牌时，特别需要注意下面两个问题。

一是，必要时，顺门虽然有能力管牌，但可以让一手，让主攻散家或另一位同盟先管牌。

如果主攻散家需要顺走大牌，顺门可以让主攻散家先管牌。有时，主攻散家手中有一手大牌，但也是必须顺掉的牌，如果顺门上了大牌，反而可能把主攻散家的大牌挡住。这种情况下，顺门要注意给主攻散家让一让上大牌的机会，不要挡住主攻散家的大牌。

如果顺门管上庄家的牌后，不知道如何送主攻散家，那就不如让主攻散家管牌，待其发出牌型信号后，下一轮顺门再管牌送主攻散家。或者，顺门上手后无牌可发，或者发牌对庄家更有利，那也不如把机会留给同盟。实战中，经常会碰到这样的情况：顺门用炸上手，却不知道如何出牌，结果牌一出手，不但主攻散家顺不了牌，反而让庄家过了牌甚至封了顶。

二是，残局时，主攻散家发小牌，庄家顺牌后，慎重考虑管牌与否。

残局时，有的主攻散家小牌较多，跑牌时，必须出小牌。如果守门员跑牌出小牌，或者中门出小牌守门员无力再守，就会给庄家一次顺牌机会。庄家顺小牌后，顺门管不管牌？这个问题既重要，又难处理。

有时，庄家顺小牌后，主攻散家无力管牌，这时，顺门要管牌，上手后再送主攻散家同种牌型或者庄家不要的牌型，如果顺门不管，庄家很可能小牌封顶。比如，中门主攻，由于庄家不吃较大的单牌，因此，中门把较大的牌都拆成单牌走完了，后来，中门手中的牌成了：8888、999、666、444，庄家的牌是：KKKK、7777、QQ、999、J。由于守门员已无力守门，因此，中门不敢再拆单牌，而必须出三头。中门出444后，庄家考虑到一旦自己不要，中门又能发牌，因此，虽然觉得顺小三头意义不大，但还是顺了999。顺门看到中门还有那么多牌，又是他自己主动出的三头，觉得他肯定能管上999这么小的三头，因此，顺门就没有要牌。因为守门员明显已无力管牌，所以，这时，中门怎么办都会导致散家失败：如果不管，庄家封顶上手，出QQ后两炸保一个单J，赢牌；如果中门用8888管上，散家无炸，庄家两炸也刚好保两手牌QQ、J，赢牌。如果说中门主攻时，顺门判断不清，没有管牌，还有可能守门员能管上一手，但当守门员弃门时，如果前两家都没有管牌，就有可能使庄家以小牌上手，因此，这个问题更加重要。守门员弃门时出小牌，庄家顺牌后，如果守门员无牌可顺，这时，顺门和中门一定要注意管庄家的牌，然后再送守门员。实战中，守门员弃门时，庄家以小单牌上手的情况屡见不鲜，究其原因，就是顺门和中门没有负起管牌的责任。比如，守门员最后一次上手后，余牌是：9、5、3，庄家的牌是QQQQ、JJJ-44、9，顺门还有比庄家QQQQ大的炸，并有单张封顶牌2。守门员出单3，庄家顺9，顺门和中门认为9很小，觉得守门员还能顺走一张单牌，他们设想：守门员顺走一张单牌后，余牌只有一张，顺门用大炸上手，必会送走守门员，因此，他们都没有管庄家的单9，结果，庄家以单9上手，出JJJ-44，赢牌。

但有时，庄家顺小牌后，主攻散家能够顺走一手牌并形成必胜的冲刺态势，这时，顺门如果用大牌管庄家的牌，往往会把主攻散家的牌挡住，使主攻散家不能形成冲刺态势，这在庄家大牌或炸弹多的情况下，反而对庄家有利。比如，守门员的牌是：55555、2、4、3，庄家的牌是：KKKK、JJJJ、A、8。守门员弃门出3，庄家过A。看到A较大，顺门以为守门员过不了单牌，于是上小王，企图封顶上手给守门员再送牌，结果恰好把守门员的单2堵住。庄家用JJJJ炸顺门，这时，无论守门员是否用55555炸庄家，庄家都必胜。

那么，当情况不明，顺门判断不清主攻散家能否顺牌时，到底是应当管牌避免庄家小牌封顶呢？还是应当让过以免挡住主攻散家要顺的牌呢？我认为，这要看顺门的具体情况。

如果顺门有炸弹，尤其是有大炸弹，在判断不清情况时可以考虑管牌。因为，一般情况下，如果顺门有炸弹，即使在管牌时没能用大牌上手，也可以用炸弹上手，能确保为主攻散家创造一次顺牌机会。这种情况下管牌，既能避免庄家小牌封顶，又能确保主攻散家有顺牌机会，可谓两全之策。

如果顺门没有炸弹，决策管与不管的难度会非常大，需要考虑很多因素，比如，庄家的牌力强弱和牌型情况怎样，另外一位助攻同盟的实力如何，主攻的同盟是中门还是守门员，等等。其中，庄家的牌力强弱和牌型情况是最重要的因素。我们重点分析两种情况。第一种情况：在另外一位助攻散家没有实力时，顺门如何根据庄家的牌力强弱和牌型情况决策管不管牌。如果庄家的牌弱，必须依赖这一手牌封顶才够手时，顺门要管庄家的牌。顺门管住了庄家的牌，使庄家不能以顺过去的牌封顶，就确保了庄家不够手，使庄家不能赢牌。如果庄家的牌强，顺走这一手牌就可以冲刺时，顺门就不要管庄家的牌。因为此时庄家已经够冲刺条件了，顺门管牌起不到制约庄家的作用，但有可能挡住主攻散家的牌，所以，这时顺门不要管牌，以确保自己不阻挡主攻散家过牌。第二种情况：顺门在配合中门主攻时，如果守门员还有能力管牌，在判断不清中门能否顺牌的情况下，顺门可以让过。顺门让过后，如果中门能要牌，那最好；如果中门要不上，因为守门员还有实力管牌，不会让庄家小牌封顶或再过牌，散家也没有什么损失。所以，这时顺门不要管牌。

在弄不清楚主攻散家是否能顺走牌时，如果某手牌绝对不会挡住主攻散家，为了避免庄家以小牌封顶，顺门也可以上这一手牌。这是一个折衷的办法，也是一个无奈的办法。比如，守门员在弃门，出单3，庄家出单8，因为守门员已经用过9形成的炸弹，所以，虽然其他情况判断不清，但顺门出单9绝对不会挡住守门员的单牌，又可以防止庄家以单8封顶上手，这种情况下，顺门可以考虑出单9。

三、顺门的接牌

为了配合中门主攻，有时，顺门需要从守门员手中接过比较大的守门牌或守门员专门传过来的其他牌，上手后再给中门送牌。比如，中门的单牌多，庄家不要对子，散家就可以形成这样的打法：中门出一张单牌，守门员守死，庄家不要，守门员打对子，顺门接牌，然后，顺门发单牌，中门顺牌……

需要特别注意的是，顺门接牌的直接目的是为了给中门送牌，其最终目的是为了使中门快速跑牌，因此，顺门不能因为接牌而挡住中门的牌。实战中，顺门接牌不当而挡住中门走牌的例子很多。因此，当守门员成功守门后，顺门不要自顾自地一味接牌，而要特别注意看看中门能否接牌。如果中门能接牌，而且接牌是有效顺牌，那让中门接牌的意义就大了。比如，顺门有三个A，两个2，这种情况下中门有单A的可能性相当大，即使没有单 A，也可能有单 2。因此，如果守门员用单 K 守门，顺门就可以考虑让中门接牌。实战中，有的顺门一直在尽心尽力地接牌，把前几手接牌机会全部占去，使中门的单 A、单 2 全憋在了手中，等到中门想接单 A、单 2 时，庄家已经开始控制散家走牌了。这样，就使中门坐失了走牌良机。

新手当顺门时，往往对接牌处理得过于死板，不知道给中门让机会，只觉得自己接守门员的牌就是为了给中门送牌，是在全力配合中门，还会有错？甚至，当中门已经开始发自己的长项牌型时，有的顺门还在不断卖力地用大牌接牌，一次又一次堵中门的牌。如果顺门接牌堵住了中门的小牌，中门会相当为难：上更大的牌吧，会内耗散家的实力；不上大牌吧，又怕失去了难得的一次走牌机会。顺门一定要知道：有时，顺门接牌是多此一举，没有必要，甚至有时，顺门接牌是画蛇添足，费力犯错，因为那样既浪费了顺门的实力，又堵住了中门的牌，还增加了发牌的次数，很有可能导致中门不能形成冲锋态势。比如，中门手中的牌是：22、QQ、99、88、777、55。中门开始进攻，发 55，守门员用 JJ 守门，顺门看到 JJ 不小，便用 QQ 接牌。这时，中门想用对 2 要牌，但觉得太浪费，而且这样出牌会显得走牌的欲望过分迫切，很可能遭到庄家的强烈打击。所以，在类似这样的情况下，如果守门员出的牌不是过大，顺门可以先让一手，看中门能否接住，如果中门无力接牌，一般情况下，下一轮顺门再接也不晚。

当然，顺门也不能说害怕挡住了中门的牌而绝对不接守门员的牌。作为顺门，要善于判断什么时候接牌挡住中门的可能性大，不应该接牌；什么时候接牌挡住中门的可能性小，或者即使挡住了也不会给散家造成损失，应该接牌。前面说了，如果守门员出的牌小，顺门应该把接牌的机会让给中门，这种情况下，顺门一般不要接牌。但是，在下面三种情况下，顺门应该接牌。一是，如果守门牌较大，为了防止中门无力接牌，自己让下去可能会造成下轮守门员无牌可发或庄家顺牌，这时，顺门应当接牌。比如，庄家不吃三个头，守门员传了 KKK，很明显，中门要不上了，这时，顺门就应该接牌。二是，当庄家实力较弱时，即使因为接牌而挡住了中门的牌，也不会给散家造成损失，这时，顺门就可以接牌。比如，残局时，庄家已经没有大单牌了，守门员出 K，因为即使顺门接牌挡住了中门，庄家也不能怎么样，所以，此时，顺门就不必管中门能否要上，大胆接牌。三是，顺门能够判断出自己虽然接了一手牌，但不影响中门接牌，这时，顺门接牌无疑是最正确的。比如，中门上一轮已用QQ接过了守门员的对子，这一轮，中门又在发小对子，守门员用JJ守门，如果顺门有QQ，就可以接牌。顺门用QQ接牌，确保不会挡住中门的对子，如果中门还想走大对子，仍然可以再要，而万一中门接不住守门员的JJ，顺门用QQ接牌的意义就更大了。

守门员跑牌时，少数情况下，当中门没有能送守门员的牌时，顺门还需要接中门传过来的牌，上手后给守门员送牌。守门员跑牌时，往往也需要同盟送牌，当中门上手后因为牌型和大小的原因不能直接送守门员时，高明的中门会给顺门传牌，希望顺门上手送守门员，这时，顺门要能心领神会，接中门的传牌，上手后送守门员。比如，守门员用炸后企图打出最后一张单牌，结果被庄家炸停。当庄家手中还有两张牌时，中门用最后一炸停了庄家。庄家的两张牌是22，这时，四个王已经全部出完。中门上手后想送守门员，但是，中门没有小单牌，他担心一旦发了单牌守门员不能顺过，庄家用2上手必胜，因此，只有寻求顺门帮助，发庄家要不上的三个头，给顺门传牌。顺门接牌后，发单3，送走守门员，散家赢牌。

四、顺门的留牌

顺门既要管牌，又要接牌，还要送牌，因此，顺门手中既要有能够管上庄家、接过助攻同盟的牌，还要有能够送主攻同盟的牌，这样，顺门的留牌就显得很重要了。

因为要管牌，所以，顺门的大牌和连牌不要轻易浪费或拆开，并适当保存一定的实力。

为了接牌，顺门需要留一定的大牌，少数情况下还需要留着连牌。

相对于管牌和接牌来说，在配合主攻散家跑牌时，顺门的送牌最关键。特别是到了最后，中门或守门员往往需要顺门送牌。实战中，有时会出现这样的情况；顺门上手后，想给主攻的中门或守门员送牌，但由于送牌能力太弱，竟然无牌可送。为了避免发生这种问题，助攻要提高送牌能力。

为了给主攻散家送牌，顺门在留牌时既要注意门类齐全，还要注意留小牌和大炸。

第一，顺门留牌时要注意使自己的牌型种类齐全。打到残局时，主攻散家有可能需要顺门送走一些牌，这时，顺门的牌型种类是否齐全非常重要。如果没有主攻散家需要的牌型，哪怕顺门的实力很强，上手的机会很多，也可能送不走主攻散家。因此，顺门要注意尽量使自己的牌型种类齐全。

第二，顺门要注意留小牌。实战中，主攻散家跑牌时，往往不可能到最后剩的牌都是大牌，尤其是守门员弃门时，最后剩的牌常常会很小。比如，庄家不要对子，中门为了使自己余牌手数快速减少，因而，虽然手中有小单牌，但没有先出，打到最后，中门剩下的小单牌就可能需要顺门送走了。为了能够送走中门，顺门就要注意在前场不要把自己的小牌出完了。如果中门就剩了一个小单牌，或者一个小三带对，或一个小对子，而顺门又送不走，那中门可能就先走不成了。再如，守门员弃门主攻，最后剩了一个单 4，这时，顺门和中门如果没有单 3，哪怕实力再强，也送不走守门员。

第三，顺门要注意保留能够上手的实力。实战中还常常会遇到这样的情况：主攻散家还剩最后一手牌时，要依靠顺门把这一手牌送走。因此，为了能够确保送走主攻散家，顺门除了牌型齐全、有小牌外，还要注意留能够上手的牌。在最后关头，庄家常常会强烈遏制主攻散家或处于主攻散家上家的散家上手，因此，顺门除了少数情况下能用其他牌上手外，最后上手的牌往往会是一个大炸弹。因为留着大炸能确保最后上手，所以，顺门在配合中门或守门员时，虽然应该主动地用炸，但当某一炸特别大，而中门和守门员还有一定实力时，顺门也可以考虑把大炸先留在手上，专等中门或守门员走得剩下最后一手牌时用大炸上手送牌。

顺门的留牌与管牌、接牌、送牌构成了既矛盾又统一的关系。牌手要善于处理好这一关系。

一方面，为了管牌和接牌，需要消耗相当大的实力，同时还要注意保存一定的实力，以备后场继续管牌和接牌。比如，是拆开双飞管三个头呢？还是留着双飞准备管小双飞呢？这要看具体情况。如果双飞较大，拆开管上三头的可能性很大，比如，AAA－KKK，就可以拆开。如果双飞较小，拆开管上三头的可能性非常小，比如 999－888，在一开始，这么大的三头基本上起不到管牌的作用，干脆就让下去，不要拆开，保留着连牌备用。

另一方面，前场送牌时需要拆小牌，但又要注意留小牌并使牌型种类齐全。比如，顺门有三个 3，在开局之初，是拆开三个 3 送中门单牌呢，还是保留三个 3 准备最后送三个头呢？这要看具体情况。如果自己有单 4，暂时就不要拆三个 3。因为自己有单 4，中门有单 4 的可能性较小，而且，自己的单4可以送走中门4以上最小的单牌，所以，送单牌时，先不要拆开三个3，而应该先发单4，然后，再根据中门的出牌情况决定是否拆三个3。如果自己还有三个4，就可以考虑拆开三个3送单。因为自己有三个4，中门有单4的可能性较大，发单3可以送走中门3以上的所有单牌；而且，自己有三个4，如果中门有4以上的三个头，顺门也能够送走。

总之，为了配合好同盟主攻，顺门要注意保存一定的实力，留大牌、留连牌、留大炸，还要注意留小牌，并使手中的牌型种类齐全。

第十一章　散家配合技巧

玩斗地主游戏时，绝大多数情况下，任一散家的实力单独与庄家相比，都要弱于庄家，因此，散家不能单打独斗，不能单纯依靠某一家的力量与庄家较量。一般地，散家要想取得胜利，必须把三家的力量集中起来，形成合力，共同对付庄家。这就要求散家在打牌时要有大局观念、全局思想、团队意识、牺牲精神。也就是说，散家的配合是最重要的。在实战中，散家必须精诚团结，紧密配合。做散家，必须会打配合牌。

因为散家是联合起来与庄家作战的，所以，散家配合得越好，他们的牌力就发挥得越好，打败庄家的可能性就越大。作为散家，打牌时，必须掌握紧密配合的技巧。散家只有善于配合、精于配合，才能使配合的失误降到可能的最低——没有失误最好，才能使配合的效能发挥到可能的最高——发挥到极致最好。

需要特别说明的是，前面三章分别专门讲解了处于不同位置散家的打牌技巧，本章讲的是散家配合的技巧，但是，这并不是说在某一盘中，处在某个位置的散家只要会自己位置的技巧和散家配合的技巧就行了，根本不用管在其他位置散家的打牌技巧。因为，虽然各位散家的技巧有所侧重，但是，散家毕竟是一个团队、一个整体。虽然在一盘中，散家的位置关系不会变动，但随着牌局形势的发展变化，散家的角色有可能会发生变化，当某一散家的角色变化后，他就需要运用同盟位置常用的打牌技巧了；而且，散家联合作战时，要想配合得严密、默契，就必须善于分析同盟的出牌思路，这就要学会换位思考，而换位思考就要懂得同盟所处位置的打牌技巧。因此，做散家时，既要掌握自己所在位置的专门技巧，同时，又要掌握其他散家所在位置的技巧。对于每一盘中的每一位散家来说，都需要全面掌握、融会贯通散家所有位置的专门技巧和散家的配合技巧，这样，散家才能配合得严密默契、天衣无缝；散家的牌力才能得到充分发挥、形成合力；散家在与庄家的对抗中才能进退自如、游刃有余。

第一节 散家沟通的方式

斗地主时，不能说牌，更不能讨论，因此，散家各自的牌和各人的思路不能直接告诉同盟，同盟之间判断情况时，也往往不能判断得十分准确，所以，散家不仅常常配合失误，在各自为战，而且还有可能互相牵制，有时，甚至比庄家起到的阻碍作用还要大。庄家获胜，也多是因为散家之间情况不明，配合不好。反过来说，如果散家能够互相通报各自的情况，配合得就会非常严密，庄家将很难获胜。

无论从哪个角度讲，散家配合时，让同盟知道自己的情况、了解同盟的情况都是非常重要的。但是，斗地主游戏要求散家不能说话，因此，要想让同盟了解自己的情况、知道自己的想法，就要善于利用斗地主游戏规则允许的方式进行示意。这就是散家沟通的技巧。

总的来说，合法的沟通方式有两种。一是利用出牌情况通报自己的牌情，人们往往把这一种示意方式叫做“牌语”；一是利用牌手出牌时的外在表现通报自己的情况，人们也把这种示意方式叫态势语。这就要求牌手要善于用出牌情况和态势语言表达自己的意思，也要善于分析同盟的出牌情况和态势语言是什么意思。

信息沟通是同盟密切协同、紧密合作的基础。信息沟通的最高境界是同盟心有灵犀一点通，高山流水，知音会意，一家刚一举手投足，另两家已经心领神会。

传递信息和理解信息是沟通的两个环节，下面我们通过出牌情况和外在表现两种途径分别讲述如何传递信息和理解信息。

一、出牌情况

在出牌时，牌手会根据当前的所有情况进行全面考虑，进而决策如何出牌。倒过来想，这就能说明牌手的出牌情况总会反映牌手的一些情况。打牌时，用出牌来传递信息不违反任何规则，不但合法，而且是判断散家水平高低的一个重要标志。如果牌手既善于利用出牌情况传递信息、主动示意，又善于观察别人的出牌情况，并据此分析判断情况，那他的水平会相当高。因此，对于散家来说，出牌是最好的话语，这也就是人们通常说的：散家要善于用牌说话，要善于听牌说话。

（一）散家示意的目的

通常，散家用出牌进行示意多有以下几个目的。

第一，主攻和助攻的决策示意。散家配合时，越早分出主攻和助攻越好，因此，主攻和助攻都应该及时用牌来表明自己的态度，以便得到同盟的有力配合或让同盟早下主攻的决心。比如，守门员的牌整且强，想主攻，为了让顺门和中门配合他主攻，守门员早早表明了自己的态度——用2等特大牌守门或者封门，或者上手后发整牌或小单牌。同盟得到了这样的信息，往往就不会再想着自己如何主攻了，而会采取助攻打法，全力支持守门员跑牌。再如，庄家首发单3，顺门不想当主攻，那么，即使他有单4，也不顺牌，而把所有顺小牌的机会都让给中门。中门和守门员看到这一情况，就明白顺门想做助攻的意图了。

第二，牌型的长短示意。大家都知道专门出某种牌和不出某种牌能说明这种牌型是长项还是短项。比如，中门主攻，对子多，那就要早早打出对子，让同盟知道自己需要过对子。

第三，思路的纠错示意。如果同盟的思路发生了错误，发展下去后会对庄家有利，这时，散家就要及时用牌来纠正同盟的思路。比如，庄家有一对2，封顶后很可能导致一盘的胜败逆转，顺门因为判断不清2和王的情况，发了一对，这时，中门或守门员就要及时用对2封门。对2一上，顺门便会明白：同盟认为他这样发牌是错误的，不同意他如此发牌。

第四，某个大牌在手的示意。有时，散家希望同盟知道自己手中还余有某个大牌，这就要向同盟示意。大牌在手的示意主要有两种技巧。一是，当都能封顶的最大牌和次大牌都在自己手中时，出次大牌，让同盟知道最大牌也在自己手中。例如，全场所剩的一个大王和一个小王都在守门员手中，庄家出单2后，守门员故意出小王，让大家都知道大王在自己手中。二是，如果当盘切牌时翻明的牌是2、A等很大的牌，被散家揭到了，当散家从揭到的大牌和与其大小相同但花色不同的其他牌中选择出一张时，故意选择出其他牌，让同盟知道揭到的那张明牌仍在自己手中。例如，当盘翻明的牌是黑桃2，如果要上2，当要从黑桃2和方块2中选择时，先打方块2，手中留下大家都知道的黑桃2。

（二）散家运用牌语示意时需要注意的问题

散家在运用牌语向同盟示意时，要注意以下几点。

第一，要有主动通报情况的意识。散家配合时的信息沟通很重要，因此，只要不影响自己的全局谋划，散家要有意识地用牌语把情况主动、及时地通报给同盟。而且，散家通报情况时，要善于从同盟的角度考虑，看同盟希望知道什么情况。比如，庄家先出三带对，顺门出了三个A，而守门员手中也有三个A，下轮出单牌守门时，守门员非常想知道庄家手中A的情况，尤其是庄家是否有单A。如果情况不明，守门员就会非常为难：如果害怕庄家有单A而拆了三个A守门，当庄家没有单A时，守门员拆A不但起不到守庄家单A的作用，反而把能压住庄家三个头的三个A拆掉了；如果为了预备着压庄家的三头而不拆A，当庄家有单A时，守门员就会放走庄家的单A，而且，如果同盟还有大的三个头能压庄家，守门员的三个A还失去了压庄家三头的作用。这种情况下，如果中门有单A，当单牌不多时，中门就要为守门员考虑，首先上A，把A的情况打明，让守门员明白。

第二，通报情况宜早不宜迟。既然要给同盟通报情况，就要尽早通报。如果通报情况过晚，同盟在前面有可能会因为不了解情况而打错牌。

第三，通报情况要明确。同样的牌语表现，可能有不同的意思表示。当牌语意思有多种时，同盟往往不能判断得十分准确，这很可能会引起同盟的误会。比如，守门员用2守门后发三头，是自己想跑牌呢，还是在给同盟传牌呢？为了避免同盟对自己的牌语误会，在通报情况时，散家要注意尽量使牌语的意思明确，不要模棱两可。比如，中门第一次上手后果断地发了一个对子，意思就非常明确，这既表明了他要当主攻，又表明了他的长项牌型是对子。如果确实无法使牌语的意思明确，那么，为了防止给同盟造成误会，散家要不断强化某一意思表示。比如，守门员用2守门后发三头，如果是自己想跑牌，在下一次轮到自己出牌时，就要继续出三头，哪怕同盟接了三头，自己都要坚决地再接过来，让同盟明白发三头是自己在跑牌。如果是给同盟传牌，一旦同盟接上了三头，自己就不要再接了；同盟要是接不上三头，下一次自己就要考虑发别的牌型，让同盟明白自己并不想跑牌，是在传牌。再如，主攻散家最后余牌不多时，如果担心同盟不知道送什么牌，就把牌打明，例如余一张牌，同盟肯定知道是单牌。

第四，注意不要让庄家了解情况太多。在用牌语说话时，散家在观察，同样，庄家也在观察。甚至，有时，散家还没有明白是怎么回事时庄家已经理解了。因此，既要给同盟通报情况，又要防止庄家了解过多的信息，这一点需要散家特别注意。如果用牌语通报情况利大于弊，就可用；如果弊大于利，就不用。

二、外在表现

在出牌时，虽然不能说话，态势语言也不能太过明显，但还是允许有一些合法的表现的，并且，牌手在出牌时必定会伴随着一定的表现。比如，牌手思考的时间可长可短；出牌的力度可大可小……

一般来说，牌手在出牌前的思考时间长，往往说明出牌有困难，或者在运筹如何跑牌。思考时间短，往往说明牌简单。牌手出牌时果断、力度大，往往说明决策容易、牌力较强。出牌时犹豫、力度小，则能说明决策困难、牌力较弱。打牌时，散家可以利用这些表现向同盟通报自己的情况。

在日常游戏中，可以有一定的态势语言。比如在表情上，你很难限制人的脸色变化。因此，也可以适当用态势语言通报自己的情况。例如，中门在接顺门对子时面露喜色，往往说明中门吃对子；如果面露难色，则说明中门不吃对子。

在日常游戏中，报牌时也可以有适当的语气伴随。因此，也可以利用语气上的差异通报情况。如果语气坚定有力，说明牌力强，容易跑牌；如果语气软弱无力，说明牌力差，不好跑牌。比如，中门还剩五张牌时，报牌声音坚定有力，往往意味着手中是一个较大的三带对。

打牌时，散家既要有意识地利用合法的外在表现向同盟示意牌情，而且，还要注意观察同盟的外在表现，通过对同盟外在表现的分析，来判断同盟的相关情况。

需要注意的是，散家不要用外在表现误导同盟。比如，中门在主攻，明明自己多对子，顺门送对子后还要思考半天，这样的话，同盟还以为你不吃对子呢！牌手要知道，自己时时都在打牌，因此，时时都有表现。有的散家不知道自己的表现对同盟来说就是在发布信息，因此，在出牌时根本没有注意到这一点，结果使同盟的判断发生了错误。比如，中门还剩三张牌时，是一个对子和一个单牌，庄家发出单牌后，中门能顺走单牌，根本不用考虑什么，但中门故意犹豫了半天，之后，才出了一张牌。这样，顺门就很可能会误认为，要么中门手中是三张单牌，中门之所以犹豫，是在考虑顺哪张单牌呢；要么中门手中是一对一单，但单牌顺不走，中门之所以犹豫，是在考虑是否拆对子呢。这样，在顺门有一大炸的情况下，本来可以上大炸发对子送走中门的，但顺门很可能会打错牌，要么在等中门再顺走一张单牌后再用炸上手送单牌，这有可能会因为贻误战机而导致失败；要么上炸后送了一张单牌，这有可能会因为浪费了送走中门的机会而导致失败。

第二节 散家打牌的谋划

散家在打牌时，要根据敌我双方的牌情进行谋划，以决策攻防策略和具体打法，看怎样容易把庄家打败。双方的牌情主要包括牌力的强弱，王的多少，牌型的偏全，牌的整散等情况。

一、根据庄家的牌情谋划

庄家的牌情是决定散家打法的重要条件。

庄家的牌强时，散家宜采取守势。主攻散家可以把牌调整成偷袭的牌型：或者自己能一手走掉，或者自己走的只剩一手，上家能用大炸或庄家必会送走自己，让庄家饿死炸弹甚至很多炸弹。

庄家的牌弱时，散家可以采取攻势。主攻散家要及时发起进攻，与庄家拼实力，快速消耗庄家的炸弹。等庄家的实力消耗殆尽时，即使主攻散家不能先走成功，庄家也会失败。

庄家的牌型较偏时，要打庄家的弱项，把庄家打急。

庄家的牌型多样时，要注意守好门，不让庄家的小牌顺过。

庄家的王多时，尽量不要让庄家的王都派上用场，主攻散家要尽早把自己的牌调整成整牌，这样，最后往往会饿死庄家余下的单王甚至大小王各一个。

庄家的王少时，往往牌整，炸多，散家要尽可能地避免庄家过小的整牌，可以多出单牌，并且守好门，尽量让庄家少顺牌。

二、根据自己的牌情谋划

散家的牌情是决定散家打法的根本条件。

散家的整体牌强时，宜采取攻势；整体牌弱时，宜采取守势。实战中，各位散家对己方的整体情况并不好把握，而且散家如何打牌，主要是看主攻方的情况，因此，散家一方在谋划打牌时，关键是看主攻散家。主攻散家要根据自己的牌情，并结合同盟的牌情，进行谋划，设计打法。

如果主攻散家的牌强，那就要尽早发起进攻，这样便于同盟大力配合，如果迟迟不发起进攻，很可能会让庄家乘机过牌。

如果主攻散家的牌弱，那就要后发制人，等顺过一些牌后再乘机发起进攻。或者在自己有大炸时，看可否偷袭，饿死庄家的炸弹。

设计打法时，虽然必须看庄家的牌情，但己方的牌情才是关键。实战中，散家经常会遇到庄家王多的情况，这种情况下，有的散家为了避免出单牌时庄家用王上手，往往不愿意发单牌，会选择打其他牌型。这种打法对不对呢？如果主攻散家牌整，可以这样打。而如果主攻散家牌不整，最后反正必然出单牌，那就不如先出单牌，先让庄家上王甚至让庄家上手，以免前面不敢出单牌时让庄家顺过了其他牌型，到后面又被迫出单牌，仍然让庄家的王封顶。既然主攻散家必须出掉单牌才能打赢，就先出掉单牌，不要害怕庄家上王，这比庄家既上了王又过了其他牌型要好。有的散家不懂得这个道理，在庄家王多的时候本来打单牌能够打败庄家的，结果因为出了其他牌型反而把牌打输了。所以，如果主攻散家要跑牌必须走出单牌这一条路，那就要选择先出单牌，让庄家的王上手，看一下他的出牌情况，然后再采取相应的对策。

第三节　散家进攻的原则

进攻时，为了配合得更加紧密，共同、全力对付庄家，散家要把握好以下两条基本原则。

一、散家不能抢着跑

斗地主时，散家配合最重要的原则就是不能抢着跑牌。散家抢着跑牌固然有可能也会赢，但往往会把各自的强牌都打成弱牌。实战中，如果散家抢着跑牌，很多时候，最后谁也跑不了。散家必须明白这么一个道理：如果散家争相跑牌，必使庄家渔翁得利。

无论哪一位散家跑牌，往往都会让庄家顺走一些牌。散家抢着跑牌时，各家的思路很难完全一致，甚至相差很远，所出牌型常常变化很大，容易使庄家既顺走了这种牌，又顺走了那种牌，对庄家十分有利。而且，散家抢着跑牌往往会使散家的力量用不到一处，不但形不成合力，往往还会同时过于无端消耗几个人的实力，常常会相互掣肘，制约同盟，对散家非常不利。甚至，在有的残局，庄家的力量已经很弱小了，散家中的任意一家仅仅凭自己的力量就能打败庄家，但就是因为三位散家都在抢着跑牌，让庄家过了太多的牌，使庄家根本不够手的牌够手了，最后，三位散家谁也没有跑成，反倒让庄家先跑了。

散家抢着跑牌的情况多发生在两位散家之间，三家抢着跑牌的情况虽然也有，但较少发生。不管散家是几家抢着跑牌，都会削弱三家的总体力量，使合力减小。

实战中，一般地，如果中门的牌强，他会利用自己得天独厚的有利位置，主攻跑牌。而如果顺门或守门员的牌相当强，他们各自也会产生先把牌出完的想法。当两家或三家都有跑牌的想法时，往往互相并不知道谁的牌更强、更有利于主攻。实战中，散家出现争着跑牌的情况也多是因为散家各自都认为自己的牌要强于他人。其实，这时候，都想跑牌的散家之间比谁的牌更强一些、更有利于跑牌既不重要，也不必要，因为，对于任一位散家来说，也许你的牌确实比同盟强，但如果你不抢着跑牌，而是配合同盟主攻，常常也会打赢；如果一味抢着跑牌，必然会造成内耗，最终往往会导致失败。

所以，如果在某一盘中发生了抢着跑牌的现象，作为散家的你一定要智慧地退出竞争，要知道，无论哪位散家先把牌出完，你都是赢家。初入牌坛的人往往“立功”心切，个人英雄主义思想严重，特别喜欢自己跑牌，其实，这恰恰是牌手很不成熟的表现。凡是高手，都特别善于配合同盟，一般情况下，不会与同盟抢着跑牌。可以说，不与同盟抢着跑牌是牌手成熟、水平高超的一个重要标志。

二、主攻助攻要分工

散家打牌必须配合，配合就要分工，因此，散家的主攻和助攻必须分工。散家只有在进攻时有主有次，分工明确，才能使大家配合严密，相得益彰，才能使散家形成最大的合力，起到最大的效用，发挥最大的能量，显现最大的威力。

在确定主攻与助攻分工时，散家既不能争抢，也不能退缩，而要根据情况确定，并且还要善于适时转化。作为散家，在前场，如果有人主攻，你就配合；如果无人主攻，你就出击。在后场，如果有人冲锋，你就助阵；如果冲锋受挫，你就出头。实战中，高手在做散家时，会根据情况，审时度势，灵活进退，正确地选择并适时地转变角色，把主辅地位摆得非常恰当：当同盟跑牌时，自己全力配合；当同盟不跑时，自己勇挑重担；当同盟主攻失败跑牌无望时，自己本来是助攻，但也能适时转化角色，把主攻的任务接过来。

作为主攻散家，要以自己出牌为主，以防备庄家为辅。一般地，要使自己手中所余牌的手数越少越好。

作为助攻散家，要承担起两个方面的责任。

第一，助攻散家要不惜力量防备庄家跑牌。因为不担任主攻任务，所以，助攻散家实力消耗得再多也不必可惜。而且，只要主攻散家先走成功，助攻散家手中剩的牌再好，也和最差的牌是同样的结局——洗牌。所以，一般情况下，助攻散家不要舍不得花费实力，要勇于把力量用在防备庄家跑牌上。

第二，助攻散家要舍得破坏自己的牌型结构送主攻散家。因为主攻散家跑牌成功就意味着自己赢牌，和自己跑牌成功一样，所以，如果自己不能主攻或者已经有同盟开始进攻，助攻散家就要不惜破坏自己的牌型结构，一心一意地送主攻同盟。说散家助攻者送主攻者时，要敢于下定决心破坏自己的牌型结构，用尽全力送主攻者，这主要指在两种情况下。一是，在牌局的开始，顺门往往要把小对子或三头拆成单张送中门。比如，顺门的牌太乱，一开始就不想主攻，而是一心一意地做助攻、送中门，这样，当顺门的3成对或成三头时，高手往往会把它们拆开，分次送中门单3。二是，某一位散家已经开始发起进攻了，其他散家要不惜破坏自己的牌型结构送主攻者。比如，中门对子多，已经开始发对子进攻了，顺门和守门员就都要舍得拆开自己的连对或三个头给中门送对子。再如，顺门攻三带对，守门员虽然有双飞双带，但也要舍得拆成三带对送顺门。又如，守门员已经弃门冲锋了，要过单牌，这时，上两家哪怕小牌不是单张，也都应该拆牌送守门员。如果必要，高明的散家在助攻时甚至会把炸弹拆开，送主攻散家跑牌。

第四节 散家主攻的诀窍

散家联合进攻时，主攻的地位最重要，贡献最大。散家打败庄家，多数情况下，都是主攻进攻成功，先出完了牌，直接打败了庄家；少数情况下，是主攻过度消耗了庄家的实力，使自己与庄家玉石俱焚，为同盟最终先出完牌创造了条件。可以说，主攻对散家的成败影响最大，甚至直接决定了散家的成败。为了能在联合进攻时发挥出散家的最大能量，更好地打败庄家，散家的主攻要掌握以下诀窍。

一、早向同盟发信号

散家打牌，贵在配合。在打牌过程中，各位散家要根据牌局的具体情况确定自己在进攻中的主辅地位。如果散家各自地位确定得恰当，那就能够配合得好，散家就能把他们各自的力量集中起来，形成合力，使散家的总体实力发挥出最大的效能；如果散家各自地位没有确定，甚至混乱，那么，散家不但不能把他们各自的力量集中起来，形不成合力，而且还有可能会形成互相制约、互相掣肘的局面，散家的力量会被自己消耗掉很多。

为了更早地形成分工明确、主辅有序的良好局面，散家确定各自的地位宜早不宜晚，确定得越早越好。

在实战中，会出现很多这样的情况：如果散家有任何一家一直在主攻，都能把庄家打败。但是，散家在打牌时，主助攻分工不明确，好像家家都在主攻，但家家都是走走停停，你东一榔头他西一棒子，打得乱七八糟，没有章法，最后，三位散家谁也没有走成。由此可见，散家及早确定各自在主助攻地位方面的角色有多重要！

散家要确定各自的角色，关键是主攻散家要及早发出信号，以表明态度。主攻早早地表明了态度，其他散家只要不与主攻抢着跑牌，自然就知道他们自己是助攻了。

主攻散家及早发出信号，既可避免有跑牌想法的同盟因运筹自己主攻而没有打好牌的情况出现，也可避免不想跑牌的同盟不知道该配合谁、该怎么配合而一再持炸等待或其他打错牌的情况出现。

有时，有的散家实力一般化，但看到没有人主攻，就以为同盟的牌弱，觉得不如自己跑牌算了。这样的话，他打牌时就主要考虑自己如何跑掉了，结果，往往采取的打法对散家不利而对庄家有利。比如，他即使有炸弹也舍不得用，结果让庄家多上了一次手，使庄家本不够手的牌够手了；再如，他明知庄家要吃单牌，但因为自己有单3而不得不发，让庄家顺了关键的一手单牌，甚至让庄家的大单牌封了顶；又如，他明知自己的牌不能管住庄家，但因为想跑牌而顺了牌，结果挡住了下风想跑牌的散家的关键一手牌……

有时，有的散家虽然有很强的实力，但因为牌散而不能担负主攻的任务，这时，他就非常希望同盟中有人主攻，并且把牌打明，以便牺牲自己的实力，遏制庄家，给主攻的同盟送牌。如果同盟中没有人主攻，或者主攻发牌不明确，实力很强的散家就不知道该给谁送牌，该送什么牌。实战中，如果没有人发出主攻信号，往往会出现两种对散家极为不利的情况：一是，有炸弹的散家很可能被迫抱着观望的态度等待同盟发信号，结果一等再等，一直等到庄家把牌出完，最后把自己的炸弹饿死了。二是，有炸弹的散家制止庄家后，不知道该怎么发牌，结果发出了一手甚至多手对庄家有利的牌，虽然用上了炸弹，但却帮了庄家的大忙，等于没有炸弹，甚至等于自己的炸弹是庄家的，还不如没有炸弹。

为了确定好主攻助攻的地位，让助攻配合好主攻，无论是在一盘的什么阶段，如果某位散家实力较强或者非常强大，觉得自己有相当大的把握或者有完全的把握进行主攻，那么，就要及早向同盟发信号。

一般地，在开局时对于自己能否主攻成功，散家并不会有绝对的把握，但这时，如果某位散家觉得自己的牌较好，主攻成功的可能性大，也要敢于决断。

在有的残局，庄家已经没有什么实力了，好像每个散家都能跑掉一样。但是，残局时大家的牌都很少了，有时敌我的形势还会相当微妙，因此，即使庄家的实力很弱，散家也要有主有次，主次分工。这时，跑牌把握大的散家就要及时向同盟发信号。甚至，有时，有的散家已经具有绝对把握、仅靠自己一个人的实力就能把庄家打败，那么，他就更应该坚定而明确地向同盟发出跑牌信号，必要时要敢于把主攻任务“抢”过来，以免同盟犯错误。

为了向同盟传递信息，表明自己的态度，主攻散家需要发两个方面的信号。

一是要当主攻的信号。因为一开始中门跑牌比较正常，所以，如果是守门员或顺门想当主攻，就要及时向同盟发信号。比如，你是顺门，牌整，当庄家打出一个单牌后，你毫不犹豫地过了单牌尤其是过了大单牌，一般地，同盟会明白你想先走。再如，你是守门员，牌好，当本该正常守门时，你用过大的牌守门，或没有守门而顺了小牌，一般地，同盟也会明白你想先走。

二是长项牌型的信号。如果你的牌整，某种牌型多，你应该早早打出这样的牌型，使另外两家明白你手中的牌。这样，另两位散家就会保护你、配合你。一般来说，主攻发长项牌型的信号越早越好，但是，需要注意两个问题。第一，要避免自己的长项牌型与庄家的长项牌型相同时自己早早打出了长项牌型，让庄家顺牌太多，那样会对庄家过于有利。为了避免庄家和自己的长项牌型相同时让庄家过太多的牌，可以稍等一下，先让庄家暴露一些情况，然后，主攻散家再根据情况决策。如果庄家的长项牌型确实和自己的一样，一般情况下，那就不应该再打这种牌型了，而应该调整打法或者自己放弃主攻。第二，当自己的长项牌型是对子时，为了避免庄家用对 2 封顶，可以适当等一下，看能否等庄家把对 2 或三头 2 拆开打得剩一个 2 时再发对子，以免让庄家对 2 封顶。当然，庄家不拆 2，如果需要攻对子，也要做好牺牲一炸的准备。这样，庄家即使用对 2 封一次牌，但因为散家能把牌打明，对散家也很有利；否则，如果主攻散家不敢发长项牌型，让同盟弄不清主攻散家需要什么牌型，同盟很可能会误送其他牌型，那样，虽然庄家没有机会用对 2 封顶，但反而会得利更多。而且，散家打对子时，只要庄家上的对 2 不是从成炸的 2 拆出来的，即使这轮庄家用对 2 封了顶，但庄家就再没有对 2 了，之后，散家再攻对子，就不用怕庄家上对 2 了。

实战中，主攻散家早发信号非常重要。如果主攻散家能早早发出信号，其他二位同盟就会全力配合，使庄家很大的牌可能都顺不过去，甚至连 2 或王都顺不过去；而如果主攻散家的信号发不出来，其他二位散家就不知道该如何打，庄家就会趁机过牌，甚至过很小的牌。有一次，顺门的牌很整，只有 4 和大王两个单牌，而且还有四个 2 的炸弹，其余整牌除一个三头外全是对子，这样的牌，顺门决心自己主攻。庄家首牌发单 6，顺门直接上大王，庄家让过。顺门开始了进攻的步伐——打对子。如此一来，中门和守门员全力配合，不断给顺门送对子，并且在守单牌时用小王或2守门，最后庄家因单2没有顺过而告败。试想，如果顺门没有早发信号，庄家的单2怎么可能顺不过去呢！

可以说，主攻散家发出的信号如同队伍的集合号一样，集合号吹得越早，队伍集合在一起的时间就越早。主攻散家发出的信号还如同黑夜中灯塔上的灯光一样。灯塔上的灯光为黑夜中航行的船只指明了方向，有了它，航船就不会走错路线。灯塔上的灯光点亮的时间越早，航船发现目标就越早，走的弯路就越少。总之，散家打牌时，主攻散家发出的信号越早，三位散家的力量凝聚到一起的时间就越早，散家出错牌的可能性就越小，打败庄家的可能性就越大。所以，散家的主攻方要善于发信号、尽早发信号。

二、该冲牌时勇敢冲

冲牌是主攻散家跑完牌的主要方式，是最常见的打法，因此，主攻散家要有冲牌的勇气，敢于冲牌。

主攻散家如果实力强大，满足了冲牌条件：能够确保够手，甚至最后炸弹沉底，那是最好的，主攻散家可以发起冲锋，成功冲牌。如果实力不是很强大，必要的时候，即使手数不够，尤其是冲牌很可能被庄家用炸弹制止，也要敢于冲牌。

第一，主攻散家冲牌往往能消耗庄家的炸弹，破坏庄家的计划。即使主攻冲牌受阻，不能先走成功，但很多时候也会让庄家实力消耗过多，能为同盟先走创造条件。如果主攻散家害怕庄家有大炸而一直不敢冲牌，很可能到最后会饿死炸弹和大牌，所以，主攻散家在最后面临危险的时候，宁可出掉炸弹或大牌被庄家打败，也不能因为不敢上炸弹或大牌而眼睁睁地让庄家的计划顺利实施，最终把炸弹或大牌饿死在手中。出掉了炸弹或大牌，即使输牌，主攻散家也没有大的错误，不会后悔；如果因为不敢出炸弹或大牌而导致了失败，那就等于主攻散家因为胆小保守而放弃了赢牌的机会，主攻散家往往会因为自己有错而后悔自责。

第二，主攻散家有两个同盟，在很多情况下，虽然自己还可能不够手或者肯定不够手，但同盟能够帮助自己，可以给自己送牌。主攻散家冲牌后余牌往往不多，这有利于把自己的牌打明，使同盟送牌送得更加准确。

如果主攻散家不敢冲牌，往往会让同盟判断不清他的实力和牌型情况，不知道该如何配合。比如，庄家出大牌或炸弹后，助攻散家本该上炸的，但不知道该怎么送主攻散家，结果未炸，让庄家得以上手，很可能庄家这一次上手就够手了。或者助攻散家用炸上手后，送错了牌，那样不但可能浪费了炸弹，还可能让庄家顺了牌或甚至封了顶，让庄家把不够手的牌打够手了。

有的主攻散家在进攻时总希望顺过足够的牌，等到有十足的把握时才敢冲牌，甚至有的牌手非常保守，根本不敢冲牌，总是想把牌出得只剩下炸弹，要把炸弹打沉底。这种打法对散家非常不利，常常会给庄家很多机会，让庄家把本来打不赢的牌打赢。

所以，无论主攻散家有没有把握冲牌成功，都不能一味忍耐，在适当的时候，就应该冲牌了。

三、余牌要能被送走

主攻散家要先走，往往可能需要同盟尤其是上家送牌，而如果最后自己已经没有实力了，就必须依靠同盟送牌。这样，主攻散家手中的余牌一定要能够被同盟送走才行。如果主攻散家的余牌谁也送不走，不但前面的进攻会白费，而且还可能导致后面同盟为了给主攻散家送牌而出错牌，这很可能会对庄家有利，使庄家把输牌打赢，甚至有时会使庄家已无任何希望的牌绝处逢生，并最终获胜。

主攻散家要想让同盟正确送牌，首先得让同盟知道自己有什么牌。余牌明朗，同盟才容易送牌。在实战中，往往有这样的情况：明明自己的牌能够被送走，但是，由于没有打明，同盟不知道该怎么送，结果最后耽误掉了。比如，主攻散家的余牌是三飞，即使同盟手中恰巧有三飞，但往往也会因为不好判断主攻的牌型而没有送三飞。所以，要想让同盟精准送牌，就要尽量把牌型打明。

把牌型打明要注意两点。一是，牌数越少，牌型变化越小，牌型越明。比如，中门主攻，上手后，要在单牌和对子之间选择出一手牌，这种情况下，就应该选择出对子，留单牌。留下单牌，同盟肯定知道；而留下对子，同盟可能就不敢肯定了。二是，同一数量的牌，牌型种类越单一，牌型越明。比如，主攻上手后，要在三头和三连对中选择，就应该打出三连对，留下三头。在只有一手牌的情况下，留下三头，同盟当然会一清二楚；而如果留下三连对，同盟可能会在三连对和双飞之间犹豫，弄不清楚到底是什么牌型。

有时，虽然主攻散家余牌的牌型已明，但也有可能送不走。什么情况下余牌难被同盟送走，甚至不能被同盟送走呢？作为主攻散家，如何避免这些情况呢？

一是余牌太小。不能被送走的情况多发生在余牌太小时。比如余牌为一个单张，但太小，是单3、单4之类的小牌。这样的情况在牌场上出现的次数不少，往往是要跑的这家以为自己的炸大，想用大炸冲牌时意外被庄家管上，结果剩下了谁也送不走的小牌。所以，主攻散家跑牌时，最好不要把过小的牌留到最后。

二是同盟手中没有相同的牌型。有时，虽然自己手中的牌较大，但是，同盟没有这种牌型，这也会形成余牌难被送走的情况。比如，KKK－44，这种牌一般都能被送走，但有时，可能恰好上家没有或已经出完了这种牌型。所以，为了方便上家送牌，自己的余牌越容易被送走越好。比如，假如自己必须有一手牌被上家送走，如果是在三带对和单牌中选择，当同样有利于庄家或同样不利于庄家时，就应该选择留单牌。当然，万一出现同盟因没有同种牌型送主攻散家的情况时，主攻散家可以考虑破坏牌型结构，分多次出牌，以便能被同盟送走。比如，中门有一手三带对，顺门上手后送牌，由于他没有三头，因此，只好送对子，这时，中门就要考虑用破坏牌型结构的办法，把三带对的牌拆成两个对子和一个单张，分三次走掉。一般地，牌型越常见，牌手越容易有，因此，对主攻散家来说，最好留下更常见的牌型，这样同盟有的可能性就大，自己也就更容易被送走。在所有牌型中，连牌尤其是长连牌最不常见，这就要求主攻散家不要把连牌尤其是长连牌留到最后。

以上两种情况不时会在实战中出现。有时，主攻散家担心庄家过牌，手中的小牌或连牌迟迟不敢打，等到后面想打的时候却被庄家制止住了，结果，余下了谁也送不走的牌。这样打牌往往会让散家感到很窝囊：大家明明知道余牌是什么，助攻散家也有很强的实力上手，但就是送不走主攻散家。所以，除过先逼炸才能打赢庄家的特殊情况外，一般情况下，主攻散家要适时打出手中的小牌和连牌。

三是同盟要经过庄家送主攻散家。顺门跑牌时，同盟送牌要经过庄家，往往会被庄家控制甚至对庄家跑牌有利，这会增大送牌的难度。中门跑牌需要守门员送牌时，送牌也须经过庄家，其道理是一样的。有鉴于此，如果是顺门主攻需要同盟最后送牌，或者中门主攻需要守门员最后送牌，那么，在留牌时，要注意留以下三种牌。

第一，留很大的牌，尤其留单牌时，要非常大。顺门留下的余牌太小，同盟送牌时，庄家很容易控制，尤其是当顺门留的是不很大的单牌时，庄家还可以拆开整牌进行控制。如果最后顺门留的是小单牌，那基本上就可以宣告顺门走不了了。顺门留牌时，留下庄家拦不住的大牌，庄家就不好控制，要控制的话，则必须下炸。比如，顺门有全场唯一的一个大王，同盟发单牌，庄家除过用炸，别无二法。这一点需要主攻的顺门在留牌时慎重考虑。同样的道理，在顺门无力送牌时，中门留牌也须留很大的牌。

第二，留庄家没有的牌型。顺门或中门主攻时，如果守门员或中门给主攻送牌，庄家必定会进行阻拦，因此，如果顺门或中门最后留的牌是庄家没有的牌型，那么，庄家要么无牌可拦，要么被迫用炸，对送走主攻散家非常有利。所以，在明确了庄家的牌型后，主攻的顺门或中门可以留庄家没有的牌型。比如，庄家不吃对子，主攻的顺门或中门留了一个大对子，就非常容易被同盟送走。按照这一原则，还须注意一点，主攻的顺门或中门留了庄家没有的牌型后，不要无谓地拆牌，以避免拆成庄家可拦的牌型。实战中，就有一些牌手本来留的牌型庄家无牌可拦，同盟也有牌可送，但他却把牌拆开了，使庄家变得有牌可拦，最终导致失败，非常可惜。一次，顺门主攻，手中仅余一对 2，庄家的特大牌有两张，是全场唯一的一个王和一个 2。守门员上手送对子后，庄家用最后一炸制止，上手。庄家发单 9，顺门想了一下，觉得庄家可能单牌较多，就拆出了一张 2，结果被庄家的王封顶上手。其实，庄家手中 2 之下的单牌原本就只有一张 9。这时，虽然中门还有全场最后一个炸弹，但送不走顺门了。庄家把整牌出完后，最后剩了一个单 2，中门被迫上全场最后一炸，之后把自己手中最大的牌对 A 拆开送顺门，结果被庄家顺走了单 2 获胜。

第三，特殊情况下，如果主攻散家能判断出庄家必会出不大的单牌，那么，也可以留下必能顺走的大单牌，让庄家在出完牌前先送走自己，那样最好。比如，庄家还有两个小单牌没有走，顺门最后留了一个 2，庄家在出完牌前必将在劫难逃、送走顺门。

第五节　散家破敌的打法

在双方的对抗中，散家有三个人，只要其中一个人能先于庄家把牌出完，散家就可获胜；而庄家是一个人奋力拼搏，要想取胜，必须先于所有散家把牌出完。因此，对于散家来说，从防御的角度讲，他们的目标非常明确，只要把力量集中在破敌上就行了。在战斗中，散家应该千方百计地使庄家的计划不能实现，目的不能达到。散家人多，只要保证庄家不能先走成功，在争斗过程中，总会有散家能先于庄家把牌出完。所以，与庄家对抗时，散家要善于采取破敌的打法，打败庄家。

一、舍得用掉实力

庄家要取得胜利，唯一的希望就是靠自己把牌出完，没有配合，没有依靠，没有退路。因此，如果能够把庄家的计划打乱，使庄家的意图落空，那么，即使三位散家某一家或两家甚至三家的实力都消耗了很多，但他们配合起来也比庄家要强。而要打乱庄家的计划，散家就必须及时用大牌和炸弹制止庄家出牌。

一般情况下，庄家要赢牌，必然需要出多次牌才能把牌全部走完，因此，散家如果能及时用大牌把庄家的牌拦住、管住，或者用炸弹把庄家的大牌或炸弹炸掉，那么，庄家过牌和上手发牌的次数就会变少，就难以先走成功。反过来说，如果散家舍不得用大牌和炸弹，让庄家过牌和上手发牌的次数多了，就可能使庄家把本不够手的牌打够手，从而让庄家把本来打不赢的牌打赢。

实战中经常出现这两种情况。一是，庄家只要发一手牌，就能形成成功冲牌态势。二是，有时关键的一炸可以把庄家打得再无先走的可能。所以，阻击庄家时，散家一定要舍得用大牌、用炸弹，尤其是庄家上封顶牌和上炸后企图发牌时，要勇于阻击庄家，不让其发牌。

在以下几种情况下，如果因为散家舍不得用实力尤其是炸弹管牌而使庄家获胜，散家会感到非常可惜。

第一种情况是：如果散家舍不得用炸，当庄家的炸弹大时，庄家可以用大炸冲牌成功。有时，散家甚至只忍了一手，就会导致庄家形成势不可挡的冲牌态势。当庄家形成了用大炸能成功冲牌的态势时，散家若再想用炸，就来不及了。如果庄家用大炸冲牌成功，那么，散家的炸弹即使再多、再大，也会被活活饿死，或者虽然能用上，但也失去了作用，等于被饿死了。

比如，庄家手中的牌是：KKKKK、大王、JJJ、77、444。庄家上大王后，如果散家不炸，庄家上手，发444－77，只要散家的炸没有庄家的KKKKK大，庄家就可用炸冲牌成功。这时，散家所有比KKKKK小的炸弹都会饿死，无论有多少个。

有时，如果庄家走得余牌过少，会使散家在最后发牌时出现困难，在中门和顺门主攻需要同盟经过庄家传牌时甚至会出现散家必送庄家一手牌的情况，而往往就是因为这一手牌，使庄家最后能用炸成功冲牌。当庄家用大炸冲牌成功时，散家的小炸就饿死了。

某盘后场，庄家用大王封顶后，余牌为：JJJJ、KKK、QQ、888、5。散家的守门员还有一个炸弹9999，但他看到庄家的牌较多，就没有上炸，庄家上手。庄家的牌并不好打，想来想去，庄家出了三个8。顺门上三个Q，中门不要。守门员手中有三个2，但他看到顺门上的三个头不小了，而且庄家手中不可能有三个2，他觉得自己必能管住庄家的三头，因此，在这一圈，他没有上手中的三个2。庄家上三个K后，守门员用三个2封顶。但是，守门员封顶后，却发现自己的牌型只有对子或单牌，由于自己的单牌较小，害怕庄家过单牌，再加上庄家主动发的是三头，因此，守门员发了一对10。结果，庄家过了一对Q，之后，用JJJJ冲牌成功。守门员饿死一炸。试想，如果守门员在前些轮早上炸弹，最后根本不会发生饿死炸弹的情况。或者，在庄家出三个8后守门员用三个2封门，之后，即使发对10时庄家可以过一对Q，但绝对不会使庄家形成用炸弹成功冲牌的态势。

第二种情况是：如果散家一直舍不得用炸管牌，最后有可能造成庄家只余一张大单牌，而散家手中都还有两张以上的小单牌并且无人能守、必送庄家先走的情况。这时，散家的大牌和炸弹都将作废失效，明明知道要送走庄家，但散家也无可奈何。有时，如果庄家剩的大牌多于一张，而所有散家手中的单牌也都更多时，道理也是一样的。

某盘，各家的牌如图11－1所示：

A
A QJ 9 7
A QJ109 7 4
2AK QJ10987654
中门

守门
2
2 10
2 10
2 10987654
2AK J109876543

顺门
3
3
K 8 3
小 KQJ10 8 6 3
王 2AKQJ1098 6543

庄家
大 5
王 KQ 7654
大小 AKQJ 9876543
王王 2AKQJ 9876543

图 11－1

庄家虽然有三个王，但只有一个小炸弹。相对来说，散家的实力很强，顺门和中门各有一个炸弹，守门员有两个炸弹。此盘，前几轮出牌的过程是这样的：

第一轮：庄家出 444－33，顺门上 KKK－66，庄家不要。

第二轮：顺门出单 4，中门顺单 5。守门员因为有两个炸，而且牌较整，想弃门，所以，出单 J。虽然守门员出的单 J 很小，但是庄家没有更小的牌过，只有过单 2。顺门上小王，庄家上大王。顺门因为炸弹较大，没有用炸；中门只有一炸，看到守门员在弃门，想先让守门员炸；守门员有两炸，因此出了小炸 10101010。庄家要不上。

第三轮：守门员因为要弃门，单 3 必出，而且还想着庄家过一张小单牌后他还能再过一个单 K 或单 A，所以，发了单 3。庄家没有小牌可过，上小王。顺门判断不清楚大王在谁手中，而且觉得自己的炸弹大，没有用；中门也觉得自己的炸弹不小，并且还觉得也许守门员有大王或者还有一炸，想先让守门员管牌，因此也没有用炸；守门员也觉得自己的 22222 太大，他希望同盟先送自己一个单张，因此也没有用炸。庄家以小王上手。

第四轮：庄家出 777－666－99－88。顺门觉得自己炸大，同时希望同盟能有双飞双带管牌或用小炸，让过。中门恰好有一个双飞双带能管上，于是出了双飞双带 QQQ－JJJ－1010－44。因为中门已经管上了双飞双带，守门员自然不会用炸。结果庄家再上双飞双带 KKK－QQQ－AA－JJ。这时，庄家报牌，还有五张。顺门看到形势不妙，赶紧上炸，庄家要不上。

之后，顺门出整牌，庄家上 5555，余牌再剩一个大王。

这时，其实结果已经出来了。守门员因为有两张单牌，其他两位散家的单牌更多，最后只好把庄家的大王送走，散家落败。

此盘散家之所以输牌，虽然与中门恰好能管上庄家的双飞双带有关系，但是，如果任一位散家在庄家出小王时就用炸，那无论如何也不会出现最后让庄家只剩一个大王、散家被迫送走庄家的局面。

另一盘残局，庄家手中的牌是：7777、小王、AAA、666。已经有两个王和六个 2 落地。中门有一个大炸，顺门有一个大王，散家手中还有两个 2，但是三位散家都没有能封顶的三头。由于庄家吃三头而不吃对子，因此，散家一直在打对子。当中门余牌不多时，庄家害怕散家用大炸冲牌饿死自己的小炸，因此上了 7777，这时庄家报牌——还有七张。中门看到庄家还有七张牌，觉得庄家怎么也不会一手走掉，因此放过未炸。庄家上手后，出 666，顺门上 JJJ，中门看到庄家还有四张牌，觉得一手更走不掉，因此又放过，守门员已没有实力，结果庄家用 AAA 回手。这时，庄家只剩了一张牌——小王，中门没有办法，只好用炸。但是，因为任一位散家手中都有两张以上的小单牌，而大王又在顺门手中，起不到守门的作用，散家最后被迫打单牌时，庄家顺走了小王，先走成功。这一盘牌，如果中门早点用炸，甚至当庄家剩余四张牌时用炸都能打败庄家：中门上炸后打单牌，使庄家被迫拆 AAA，当庄家剩最后一个 A 时，再打整牌，散家就可获胜。但是，由于中门一再舍不得用炸，最后只好眼睁睁地送走庄家，把就要到手的胜利拱手让给了敌人。

第三种情况是：如果散家没有用炸对庄家进行制止，还有可能被庄家偷袭。如果庄家偷袭成功，散家手中的炸弹哪怕再多、再大，也起不到作用，派不上用场，挽不回败局了。

某盘中场，庄家手中的余牌是：3333、AAA－KKK－QQQ－JJ－99－88。散家上大王后，庄家用 3333 炸了大王。这时中门和守门员都各有一炸，但是，中门想自己跑牌，守门员觉得自己的炸太大，他们看到庄家的牌还有很多，就都没有回炸庄家，结果庄家上手出了三飞三带，把余牌十五张一手打完了，中门和守门员各饿死一炸。

一般地，当散家有大牌和炸弹可以用时，很少有人舍不得用大牌，多是舍不得用炸弹。有的散家觉得自己的炸弹不小，总害怕炸超，所以迟迟不炸。散家用炸时，如果能够按照由小到大的顺序用，最不浪费。比如，庄家上大王，中门上四个3；庄家上四个J，守门员上四个K；庄家上四个2，顺门上五个4……这样不会炸超，固然最好，但是，在没有把其他人的牌看到的情况下，散家不可能做到绝对“按级用炸”。实战中，有的散家认为自己的炸大，觉得早上了浪费，总想留在后面，可当到后面再想上炸时往往为时已晚。所以，我主张，只要散家的炸弹比庄家的封顶牌或炸弹大不太多，就不要考虑会形成越级用炸的问题，不要害怕炸弹炸超。比如，庄家上封顶牌，散家用10以下的四头炸根本不算浪费；庄家上小四头炸，散家用大四头炸就不算浪费；庄家上10以上的四头炸，散家用五头炸也不算浪费；庄家上五头以上的炸弹，散家用所有能压住的炸弹都不算浪费。实战中，炸弹炸超导致的错误远远比漏炸导致的错误少。

斗地主时，许多人都有惜炸心理，往往舍不得用炸尤其是大炸弹，这是非常错误的。有人舍不得早用炸弹尤其是较大很大的炸弹，老想在庄家最后冲牌的关键时刻打停他，其实，早用炸的话，庄家根本不够手，就不会冲牌，也就不存在要在后面制止庄家冲牌的问题。尤其是到了中局后期，有的庄家已经开始谋划冲牌了，在这关键时候，一定要舍得用炸。

散家舍不得用炸常常会饿死炸弹或使炸弹失去应有的作用。实战中，有的散家经常干这样的事：庄家的牌已经走完了，而自己的炸弹还留在手中没有舍得用呢！散家一定要明白：有炸不用，最后炸弹只有一个去处——洗牌。散家一定要记住：舍不得用炸往往会使炸弹落一个被饿死的下场。所以，我主张，散家要舍得用炸，要勇于早上炸。

当散家的炸弹多但小时，更要特别注意及时用炸，不要等到庄家的牌快走完时再上炸。那时，如果庄家有大炸弹，散家就控制不住局面了，很有可能会出现庄家用大炸上手成功冲牌的情况。那样的话，往往会饿死炸弹甚至多个炸弹。

有的散家舍不得用炸是因为觉得在前面用炸为时尚早，并非关键时候，显示不出自己炸弹的威力，总想着在后面的关键时候、尤其是庄家最后冲牌时再上炸，觉得那时候用炸制止住了庄家，才算发挥出了炸弹的最大威力，如果因为自己用炸而直接导致了庄家的失败，就等于是自己最终打败了庄家，有一种“立功”的成就感。殊不知，一般情况下，如果最后用炸能够制止庄家发牌，宣告庄家失败，那么，在前面早炸也就可以早宣告庄家失败了。所以，只要不是非常特殊的情况，散家不必非要在最后关键时候“立功”不可，要抱着早炸早“立功”，晚炸难“立功”，甚至晚炸不立功而“立罪”的态度，及时上炸。

实战中，散家手中只要不是特别大的炸，一般很难用错，用错炸的情况远远少于因不用炸而犯错的情况。反过来，散家因为舍不得用炸而饿死炸弹，甚至饿死非常大的炸弹的情况却比比皆是，数不胜数。而且，即使散家因为用炸而导致了失败，常常也不是牌手的水平问题，而多是由客观因素造成的，牌手由于在主观上没有错误，一般不会感到后悔；而如果舍不得用炸，往往会饿死炸弹，由于牌手主观上的不舍造成了胜负逆转，牌手多会感到非常后悔。所以，当庄家上封顶牌后，尤其是庄家企图用炸上手时，散家一定要舍得用炸与庄家拼实力。所谓“炸轰炸，不害怕。”“用炸轰炸不吃亏，不炸敌炸要后悔。”

有的散家，尤其是主攻散家，觉得自己应该保存一定的实力，在关键时候用，其实，如果散家一直在尽力地用大牌和炸弹制止庄家出牌，即使消耗完了实力也不要紧。因为，如果散家舍得用掉自己的实力，一直在用大牌和炸弹制止庄家，使庄家需要出的一些牌总是出不掉，当情况不允许庄家再等或者他不愿意再等时，他就必然要依靠更大的牌或炸弹上手，这就要消耗掉庄家的实力。散家用了大牌和炸弹固然消耗了自己实力，但往往也会迫使庄家消耗实力，试想，当大家的实力都消耗殆尽时，一般地，三位散家形成的联盟比孤立无援的庄家当然要强得多。实战中，如果庄家的实力消耗过多，甚至会使余牌成为废牌，最后，只好任由三位散家随意宰割。而且，庄家出的大牌和炸弹越多，庄家的牌情就暴露得越多，散家对庄家手中的牌型情况判断得也会越准确，散家也就越容易打败庄家。所以，所有的散家都要舍得用大牌和炸弹。

需要注意的是，庄家也知道这个道理，因此，庄家有时也会为了消耗散家的实力而故意骗散家出大牌和炸弹。为了不无谓地浪费牌力，伤牌或上当，在具体技巧上，散家需要灵活地处理好出大牌与保留大牌，出炸弹与保留炸弹的关系。

第一，庄家发不同类型的牌时散家如何下大牌。如果是单牌，一般地，散家应该按照这样的思路处理：守门员守门，让庄家上较大的牌，然后再用更大的牌来压制庄家较大的牌。特殊情况下散家可以把门守死，改发对庄家不利的牌型。如果是连牌，散家应当尽力阻挡，最好能封顶，以免庄家再顺牌或封顶。这两种情况比较容易处理，关键是，当庄家发三个头、三带对或对子时，散家如果有很大的牌，用不用？什么时候用？比如，散家能用2封顶，封也不封？这有一定的学问。如果庄家发三个头或三带对，散家有三个2，上不上？我认为，如果散家的牌好，不希望庄家过较大的三头或用三个2封顶，那散家当然可以先用三个2封顶；如果散家的牌不太好，而且有较大的三个头，为了保存实力，避免打超，也可以缓上三个2，先上较大的三头。之后，再根据情况决定是否上三个2。在庄家也有三个2的情况下，即使因为散家没有先上三个2而让庄家的三个2先封了顶，庄家也只能上一手，后面再发三个头时散家还能用上三个2，一般不会吃亏。如果庄家对子多，在庄家出对子时，一般情况下，散家应该上对2，如果有特殊情况，至少也应该上很大的对子。因为，散家的对子与庄家相比总占优势，而且还可以把三个头拆成对子，不必担心伤牌。

第二，散家助攻时要舍得破坏自己的牌型结构，不惜一切代价管庄家的牌。比如，在中局，庄家出了四连对，顺门有KKK、QQQ、JJ、101010，虽然可以管上牌，但把牌型结构就破坏得很惨了，那么，这时，顺门管不管？我认为，由于顺门是助攻，破坏牌型结构后对散家影响不大，因此，顺门应当舍得破坏牌型结构，敢于用KK－QQ－JJ－1010管庄家的牌，哪怕自己因此多了三个单牌也无所谓。有时，某位散家已经开始主攻，庄家出牌后，如果要管庄家的牌，也会把自己的牌型结构破坏得非常惨，以至于再不能承担主攻任务了，这时，主攻该不该管牌？我认为，一般情况下，主攻拆牌也要管住庄家的牌，除非不拆牌能够确保自己跑牌成功或跑牌成功的可能性非常大。因为，如果自己不管，很可能庄家就会跑牌成功，那样，自己留的牌型再好，也没有用处。而且，散家人多，如果主攻散家因为管牌把牌型结构破坏得过于惨，那也可以把主攻任务交给其他散家，自己做助攻。平常打牌时，我们常听到散家在需要拆牌才能管上庄家的牌时会说“砸锅卖铁也要管”的话，虽然这话传递了自己拆牌的信息，不应该明说，但其道理是对的。

第三，在特殊情况下，散家可以稍晚用炸甚至稍晚用大牌。散家破敌时要舍得用实力，但不是说只要有机会压庄家就必须压，而是说的是在观念上，散家不要有惜牌心理，该下大牌和炸弹时，要舍得下。在一些特殊情况下，散家应该稍晚用炸甚至稍晚用大牌。常见的特殊情况有两种。一是，散家用炸或大牌上手后不知如何发牌，甚至发牌必对庄家有利或对庄家有利的可能性非常大，那就干脆不要上炸，有时也可以不上大牌。这种打法新手往往很难把握，高手把握得较好。二是，散家的大炸企图在特别关键的时候用。或者主攻散家在等待有人送自己一手牌后用大炸冲牌，或者主攻散家的上风散家在等主攻散家剩一手牌时用大炸上手送牌。这种情况下，如果散家早上炸弹，虽然主攻散家能走一手牌，但是走不完，当主攻散家余牌还有一手时，庄家当然不会送他走，并且会严格控制他出牌，使他很难先走成功。如果散家先不上大炸，等有人送得主攻散家只有一手牌时，散家上大炸便可一举成功。举一个经典例子就可以充分说明这个道理。例如，残局时，庄家手中的牌是：9999、小王、22、JJ、88－77－66－55－44，主攻的中门手中的牌是：QQQQQ、大王、KK，其他人手中无王。庄家出88－77－66－55－44后，中门如果上炸，虽然可以上手出一手牌，但庄家必然能先走成功：如果中门出大王冲牌，庄家上炸后分两次用小王和22冲牌，最后出JJ，就能先走成功；如果中门出KK，庄家用22上手，然后再出JJ，之后用炸上手，最后出小王，也能先走成功。而如果中门不炸，庄家无论怎样出牌，都必会送中门一手，之后，中门上QQQQQ就可以成功冲牌了。

总之，散家舍不得用大牌和炸弹常常会把本来能打赢的牌打输，让庄家把本来会打输的牌打赢，而且，往往还会使散家的大牌和炸弹作废，甚至饿死，有时，会饿死散家许多大牌和炸弹，包括很大的炸弹。对散家来说，庄家多出一手牌，就会增加一份危险，因此，一般情况下，除主攻散家可以适当保留一点实力外，散家都要勇于牺牲自己，都应该舍得用大牌和炸弹。甚至为了制止庄家出牌，可以不留任何余力，先拼命把庄家制止住再说。

一言以蔽之，做散家时，一定要舍得用大牌和炸弹。

二、不利庄家要牌

斗地主时，只要庄家的实力不是绝对强，总是希望顺一些牌的。绝大多数情况下，庄家都需要顺过一些牌才能先跑成功。实战中，庄家由于顺过了一些牌后而成功、由于没有顺过一些牌而失败的牌例比比皆是，不胜枚举。当庄家需要顺过一些牌时，如果散家出的牌庄家一直要不上，那么，庄家会非常难受、着急。所以，散家在出牌时，要重点看怎么出牌对庄家要牌不利。

散家要想赢牌，必须先于庄家出完牌，因此，散家主要看如何能够尽快让主攻散家跑完手中的牌。但是，进攻和防守是相辅相成的，如果散家在跑牌时没有注意防庄家，有可能会让庄家先把牌跑完。所以，散家在出牌时，既要看怎么有利于主攻散家尽快把牌出完，同时，又必须尽可能地防止庄家顺牌。也只有在防守好的基础上，才能保证自己先于庄家把牌出完。实战中，很多情况下，庄家过一些牌甚至一手牌后就能先走成功，这就要求散家在出牌时要以不利于庄家要牌为原则，宁可拆牌多走几手，也不能让庄家顺牌尤其是有效顺牌。举一个非常简单的例子：庄家还有五张牌，能够判断出是一个较大的三带对，这时，主攻散家也是满手的三带对，那么，主攻散家该发、或者助攻散家该送什么牌呢？虽然主攻散家出三带对跑牌最快，能使余牌的手数最少，但是，这时，散家绝对不能发三带对。道理再简单不过了，如果散家发了三带对，庄家就会立即把余牌顺完，宣告战斗结束，散家失败。散家已经失败了，即使主攻散家的余牌手数再少，也没有任何意义了。如果主攻散家的长项牌型和庄家的长项牌型一样，那就要考虑拆开自己的长项牌型，不要让庄家过牌。比如，散家的对子多，而庄家也多对子，但是庄家不吃单牌，这时，散家就应该把对子拆成单张出。再如，庄家要三个头，散家也是满手三个头，那散家就应该考虑把三个头拆成单牌和对子出。助攻散家在送牌时也要舍得拆开自己的牌型送庄家不吃的牌型。

在残局，散家出庄家要不上的牌尤为重要。因为，很多时候，庄家只需要过一手牌或者封顶一次就能成功。这时，散家一定不能使庄家过牌或封顶。某盘残局，庄家余牌八张：JJJJJ、大王、AA。五个J是全场最大的炸弹。这时，庄家只要过一手牌，无论是单大王还是对A，都必赢无疑，因此，散家此时发牌非常重要，在可能的情况下，千万不要发单牌或对子。如果实在迫不得已，作为主攻散家的顺门或中门必须发一手单牌或对子时，后面的助攻散家哪怕用炸弹，也要把门守死，不能让庄家过牌。

实战中，有的时候，庄家已经在前轮不要某些牌了，这在多数情况下都能说明庄家确实是没有能力要上这些牌，或者要上这些牌非常不利，这种情况下，庄家不要什么牌是明了的。散家出这些牌，庄家要不上，当然不利庄家要牌。比如，守门员在出33后，庄家不要，就证明庄家不吃对子，之后，散家出对子肯定不利庄家要牌。但在多数情况下，庄家不要什么牌并不明了，需要散家判断。散家按照不利庄家要牌的原则打牌，首先要善于判断庄家不要什么牌。

庄家不要的牌主要体现在牌型上——某种牌型是弱项，少数情况下体现在大小上——要不上大牌。这就要求散家在出庄家的弱项牌型时，还要适当注意一下牌的大小。如果顺门或中门发牌时必须发小牌，下家的散家还可以垫高，以防庄家顺小牌。

判断庄家要不要什么牌型，要根据具体情况分析。但是，有两个情况是相当准确的，散家要注意把握。一是，庄家出什么，往往多什么，尤其在对子和三头两种牌型上，所以，散家一般不要发庄家主动出的牌型。二是，一般地说，庄家的牌只要不是非常特殊，总是有三带对的，庄家顺三带对基本上都是有效顺牌，因此，散家要特别注意慎发三带对。

判断庄家的牌型，要善于分析庄家出牌的情况，不要被表面现象迷惑了，也不要简单地自以为是。比如，看到庄家出三飞三带时带出了对2，有的散家就以为庄家没有对子了，上手后没有多思考，就发出了三带对。在很多情况下，虽然庄家前面出三带对时带的是对2，但散家发三带对时庄家还能有效顺牌。多数情况下，庄家还能够有效顺三带对的情况是：庄家确实没有对子可带，但由于手中还有两个以上的三个头，如果散家出三带对，庄家过一手牌后，两个三头就只剩下了一个单牌，这样，两手牌就变成了一手牌，等于顺了一手牌。少数情况下，庄家会故意带对2，诱导散家发三带对。极少数情况下，庄家因为有六个头的炸弹，可以从炸弹上拆出对子带，而且还能保留下来四个头的炸弹，不减少炸弹的数量。所以，如果庄家打三带对时带的是对2，散家要注意判断庄家的余牌，这时，如果没有其他牌型出，只能在对子和三带对之间选择，那么，散家要优先出对子，而不要急着发三带对。

关于庄家出三头或对子，散家要注意一个问题。虽然出三头一般来说对子少，出对子一般来说三头少，但三头和对子并不完全一样，因为三头可以带对子，而对子不能带三头。庄家打三头，有可能手中有大对子，这样出牌对庄家是有意义的，可以诱骗散家发对子，庄家用大对子上手。例如：庄家有22、AA、777、444。庄家打444，能够诱骗散家打对了，然后用22甚至AA上手。庄家打对子，即使有大三头，也没有意义，因为，即使用三头上手，也等于带了对子上手。例如：222、AAA、77、44。打三带对本身就能封顶，何必发对子呢？因此，如果庄家打三头，散家要注意防着庄家有大对子在等着；如果庄家打对子，散家可以放心，庄家应该不会有大的三头。也就是说，如果庄家打对子，我们可以放心地打三头；如果庄家打三头，我们要注意慎打对子。

在判断庄家不吃什么牌时，人们容易犯两个错误。

第一，有很多人想当然地把对子和三头对立起来，认为庄家出三头就不要对子、出对子就不要三头。这是不对的。人们之所以会这么认为，是因为，三带对的牌型中既有对子又有三头，如果对子和三头数量相当，牌手往往会打三带对，如果其中一种牌少，牌手往往会打另一种牌。人们据此分析得出结论：如果牌手发其中一种牌型，往往能说明另一种牌型较少。虽然这样分析有道理，但是，如果庄家的对子大或者在用发牌诱骗散家，那么，散家针对庄家发对子或三头而相应地发三头或对子，就会上当。例如，庄家的对子大，他希望对子能封顶，这种情况下，庄家发三头后散家上手发对子，就刚好上当。事实上，在各种牌型中，并非只有对子和三头是对立关系。我们要全面地看牌型的对立关系，要有这个观点：一种牌型与其他所有牌型都是对立关系。这样，才能更加准确地判断出庄家不需要什么牌型。比如，庄家已经显示出不吃单牌了，后来，庄家上手发三头，散家管牌上手，这时，散家不要想当然地发对子，因为很有可能庄家的大对子正等着封顶呢！散家应当发庄家绝对不会要的牌型——单牌，这样才最保险。

第二，有的散家看到庄家前面没有要某种牌型，就以为庄家永远不要这种牌型。庄家前面没要某种牌型，往往说明庄家的这种牌型是短项甚至缺项，一般来说，庄家后面也不会要这种牌型，但在以下特殊情况下，庄家后面却会要这种牌型。一是，前面散家发的那种牌型的牌大，庄家的小牌过不去，后面再发这种牌型的小牌时，庄家当然会要。二是，庄家的牌发生了变化。比如，前面庄家考虑到出三带对时三头与对子要搭配，没有要对子，但是后来过了三头，多出了对子，这样，散家再出对子时庄家当然会要了。再如，前面庄家没有要对子是因为对子形成了连对，庄家不想拆连对，如果后面想拆开连对或已经拆开了连对，当然就需要过对子了。三是，前面庄家没有要这种牌型，是因为这种牌型的牌太大，庄家舍不得下。比如，散家出单 A，庄家虽然有大王，但是觉得用大王压 A 太可惜，就没有要。再如，出三带对或三头时，散家上了三个 K，庄家手中虽然有三个 2，但是考虑到一次出三个 2 太浪费，想留着打单牌时拆开 2 出，以图多次封顶，所以没有压。随着牌局的进展，如果庄家觉得一次上三个 2 能够手，那么，散家再出三带对或三头时，庄家就会上三个 2。打牌时，庄家因为散家出的牌太小而不用大牌压是经常性的，散家不要简单地以为庄家前面没压就真的没有这种牌型。四是，有的庄家前面在用计，能要也没有要，其实这种牌型多的是。五是，有时，庄家还会因为大意或看错牌出现失误，其实在前面本来就需要过这种牌，但是没有过，后面庄家发现了失误，再出这种牌时，庄家当然会要了。

实战中，如果庄家的某种牌型能够封顶或者可以顺过，在有可能的情况下，散家要等庄家拆开后再出，甚至要善于诱导或逼迫庄家先拆开，不让庄家封顶或顺牌。比如，庄家有两个2，如果条件允许，可以不急着先发对子，而先发单牌，等庄家把对2拆开后再发对子。

一般情况下，庄家主动出什么牌型就说明他什么牌型多，散家不要发这种牌型。特殊情况下，虽然前面庄家一直在走某种牌型，但到后面，这种牌型反而成了庄家的短项，或者这种牌型的大牌庄家不吃。这一点特别需要散家注意。散家在处理这个问题时不能过于死板，不能因为庄家一直出的是这种牌型，就绝对不敢出这种牌型，而要能够随着牌局的变化而变化。在以下两种情况下，庄家往往会不要前面一直出的牌型。一是，庄家把长项牌型打完了。例如，某盘刚开始，由于散家没有大的三带对，庄家一直在打三带对，打飞牌带对，当还剩十几张牌时，某位散家由于牌整，上手后也开始出三带对，但这时，即使很小的三带对，庄家也管不上。庄家曾经的长项牌型已经打完，变成了缺项牌型。二是，虽然庄家一直在打某种牌型，但大的牌却没有。例如，某盘残局，庄家主动出对4。顺门在主攻，手中仅余了一个三带对，为了避免破坏三带对的牌型，而且他觉得自己的对子也不大，起不到什么作用，因此就没有要；中门的对子都小，觉得反正也封不了门，就只上了一对9；守门员的整牌只有对2和对9了，因此，也没有管。但这时，庄家并没有过小对子，而是上的对A。顺门和中门要不上，守门员只好上对2。庄家不要，守门员上手。这时，守门员如何发牌非常重要：如果发单牌，庄家必上单2封顶，但别的牌型守门员只有一个对9了，怎么办呢？守门员突然发现，当中门上对9时庄家就已经上对A了，说明9以上的对子庄家要不上。于是，守门员果断地发了对9。结果，庄家真的不要，顺门用对J接牌。这时，顺门只剩下三张牌了，明显是三头，庄家没有办法，只好上炸。虽然庄家用炸上了手，但是，他手中的两个小对子根本无法冲牌。最后，散家获胜。

为了不让庄家顺牌，散家往往需要调整自己的牌型，经常要拆牌，有时甚至要破坏自己的牌型结构。如果牌型结构破坏后，对自己来说余牌带来的麻烦不是太大，但能使庄家无法顺牌，那么，即使自己原来好的牌型结构被破坏了，也是划算的。比如，庄家的三头特别多，既不吃对子，单牌又不大，这时，散家便可以把自己的三个头拆成对子和单牌打。为了不让庄家顺牌，主攻散家拆牌，破坏牌型结构，分多次走牌时，助攻散家要与主攻散家密切配合，给主攻散家送牌，守好门以防庄家顺牌。例如，某盘后场，庄家和顺门各有一炸。庄家不吃对子，只需要顺一次三头或三带对就可成功。而主攻散家中门既有对子，又有三头，余牌是：22、AA、

QQQ、101010、777、555。这时，中门如何出牌直接决定了双方的胜负。虽然中门的三头特别多，但为了不让庄家过牌，在守门员和顺门的配合下，中门应该把部分三头拆成单牌和对子打。当时的行牌情况是：中门先出单5，守门员用2守门，然后发对子，中门用对A接牌，庄家不要，中门打出对5，庄家仍不要。这时，中门余牌是：22、QQQ、101010、777。为了不让庄家过牌，中门再出单7，同样，守门员用2守门，然后再发对子，中门用对2接牌。庄家看到中门已没有什么对子了，而且八张牌应该一手跑不了，就再次让中门发牌。这时，中门的余牌是：QQQ、101010、77。中门再出单10，守门员用王守门，然后再发对子。看到中门已经用对2接牌了，又一直在拆三头，顺门用大对子接牌，然后再送小对子，中门顺对7。这时，中门手中还剩五张牌：QQQ、1010。庄家败局已定。

散家为了不让庄家顺牌拆牌出是对的，但是，在拆牌时，散家须注意两个问题：一是，不要把大牌拆完了，或者拆得所剩不多。实战中，有时，由于散家拆牌过多，大牌所剩无几，最后，庄家不大的牌都能封顶。二是，不要把牌型拆得过于单一。如果散家的牌型过少，庄家最后打的有些牌型可能散家根本要不了。庄家牌弱时，散家最好的打法是：其中一个人拆牌，最多两个人配合起来拆牌，一家拆一家守门或送牌，有两家或至少一家保留下大牌和多种牌型，这样，庄家最后的小牌大不了，各种牌型散家也能管上。

助攻散家上手后，如果主攻散家的牌尚未打明，甚至谁在主攻还不明朗，这时，助攻散家该如何发牌呢？在尚不清楚另两位散家谁在主攻、需要什么牌型时，助攻散家更要本着不利于庄家要牌的原则，发庄家不能顺走或者顺走可能性最小的牌，千万不能随便发牌，否则，一旦让庄家顺过了一两手牌，就极有可能导致散家失败。比如这样一种情况：庄家不要对子，手中没有王。我方的中门明显有先走的想法，中门的单牌已经出完。顺门手中还有一个王。当守门员上手发牌时，该如何发呢？很简单，先发庄家不要的对子。但是，如果发出对子后，由于对子偏大，我方的两位同盟接不住，这时，又该如何发牌呢？一般地，错误非常容易发生在这种情况下：守门员一看对子没人要，就以为我方的三个头多，便开始打三个头。这种情况下，最保险的办法是发单2。发单2后，顺门用王上手，然后，顺门可以发小对子给中门送牌，很可能中门就需要过小一点的对子，甚至，有时，中门只需要过一个对子就行了。如果盲目地发三个头，让庄家过一两手牌，就可能犯下致命的错误。

有时，散家确实判断不清楚庄家到底能否能要上某种牌，但能确定如果庄家要上了这种牌，后面的形势必然会对其不利，甚至能确保打败庄家，那也可以就发这种牌。比如，庄家余牌为六七八张时，不敢肯定有没有炸弹，但我方手中还有一炸，这时，我方应该发什么牌型？显然，一般情况下，我方应该发三带对。如果庄家手中有炸，就要不上三带对；如果庄家能要上三带对，手中就无炸，在散家有炸弹能控制住庄家时，必然会把庄家打败。这样出牌无论庄家要不要都对其不利、对我有利。再如，残局时，庄家还剩五张牌。两个大王已经落地，散家中门主攻失败，守门员已无实力，顺门由助攻变成主攻，其手中的余牌是：小王小王、KK、Q、JJJ、88、55555、44、333。该顺门发牌，他应该发什么呢？庄家余牌五张，只有一炸一单和三带对才会对顺门形成威胁。顺门肯定不能发单牌或三带对，而要先发对子或三头，例如发 44。发 44 后，当庄家的牌型是一炸一单时，他无牌可顺。当庄家的牌型是三带对时，如果他不顺牌，顺门就接着按对子、三头的顺序依次发牌；一旦他顺了牌，顺门用大对子、三头或炸弹上手，接着发三带对或单牌，便可轻松取胜。

需要注意的是，虽然散家要按照不利庄家要牌的原则出牌，但是，不利庄家要牌只是赢牌的手段，而不是目的，散家要赢牌，还须已方有人先出完牌，所以，散家在坚定这一原则的同时，还要注意照顾两点。一是照顾同盟。如果自己不想跑，只属于递牌，那么，就要考虑另两家是否可以接上。如果另两家接不上，那就要考虑这样出是否能引出庄家的炸弹。如果也引不出庄家的炸弹，那出这种牌就没有任何意义，就不要出了。二是要照顾自己手中的牌。如果自己还有先走或为了管牌而留大牌的打算，那么，也不要把自己手中的牌拆得太乱，以免得不偿失。

三、消耗庄家炸弹

在实战中，炸弹的控制能力最强，因此，散家要想掌握战场的主动权，就一定要想办法先消耗庄家的炸弹。当庄家的炸弹变得很少或者用完时，散家就可以凭借手中的炸弹或大牌很好地控制局面了。但庄家的实力是有限的，往往不会轻易下炸，这时，就需要欺骗庄家，使其认为不出炸弹不行，从而达到消耗庄家炸弹的目的。甚至，在有的牌局，诱骗庄家下炸非常重要，是战胜庄家的关键所在，能否先诱骗下来庄家的炸弹会直接决定成败——引下来了庄家的炸弹，就能获取胜利；引不下来庄家的炸弹，就要面临失败。

下面讲一种只有高手才能处理好的情况，由此也可以看出消耗庄家炸弹的打法有多么重要。在最后冲刺时，主攻散家要选择发手中的两手牌，一手是小牌，非常非常小，很可能就是谁也送不走的牌；一手是大牌，能够引庄家下炸。如果出小牌，余牌被送走的希望大，但庄家会过一手牌甚至还能封顶；如果出大牌，能够引庄家下炸，但被庄家制止后，小牌就再也走不了了。这时，到底是发小牌呢，还是发大牌？如果上家同盟有大炸，能确保送自己最后一手，那么，主攻散家可以发小牌。发小牌后，有大炸的同盟上手，就能送走自己。但是当不能肯定上家的同盟有大炸，而庄家过一手牌就能赢时，为了不让庄家封顶或顺牌，高明的散家宁可冒险留着谁也送不走的小牌，哪怕自己不能先走成功，也不让庄家过牌，会毅然选择出大牌。出大牌后，庄家不得不下炸。这样，虽然主攻散家因为余牌过小而先走不了了，但却消耗了庄家的炸弹，使庄家元气大伤，再也无力与其他散家抗衡了。其他散家转为主攻之后，很容易先走成功。对前面主攻但未能先走成功的散家来说，其他散家是自己的同盟，他们先走成功，也就等于自己赢了。比如，中门主攻，还剩四张牌：222、3。顺门有一炸，并且因为前面走过了不少牌，余牌也比较整了。庄家手中有七张牌：AAAAA、小王、K。如果中门出单3，庄家必过一手牌，用AAAAA上手就能先走成功。而如果中门出222逼炸，就会迫使庄家下炸。庄家下炸后，虽然中门因为只剩下了一个3而永远跑不了了，但消耗掉了庄家最后唯一的炸弹，为顺门跑牌创造了条件，最终还是散家获胜。这种打法其实是一种“拖后腿”的打法，主攻散家宁可自己走不了，也要拖住庄家的后腿。采用这种打法，虽然主攻散家与庄家同归于尽了，但主攻散家还有两个同盟，只要他们任一家能先走成功，散家也是赢牌。

如果主攻散家害怕遭到庄家的强烈打击，想隐藏自己的意图，在不够手时，可以不引庄家下炸，那么，做助攻散家时，一般情况下，要善于消耗庄家的炸弹。因为助攻散家担负着配合主攻散家的重大责任，消耗庄家的炸弹能为主攻散家进攻减少阻力，铺平道路，所以，消耗庄家的炸弹是助攻散家的本分职责。比如，助攻可以佯攻骗炸：假装要跑牌，把自己手中的整牌发出去，把庄家的注意力吸引到自己身上来，故意引火烧身，引庄家下炸。等把庄家的炸弹消耗得差不多时，再向同盟表示自己不想跑牌，这就为同盟先走扫清了障碍、创造了条件。

散家骗庄家下炸主要有以下几种办法。

一是表现出急于跑牌的样子，让庄家认为你是主攻。

急于跑牌时，庄家往往会进行强有力的遏制，因此，散家做助攻时，如果手上的大牌较多，但小牌也多，牌面又很乱，无法先走时，可以故意表现出急切跑牌的样子，诱骗庄家下炸对你进行遏制。比如，用自己的大牌频频封顶，表现出急于出掉手中牌的样子，把庄家的注意力吸引过来，等自己的实力消耗完时，庄家的实力也消耗得差不多了。这时，庄家已经元气大伤，其他两位散家的实力超过了庄家，散家就能打败庄家了。

在实战中，有的守门员为了消耗庄家的实力，装作自己要跑牌，一再用大牌守门，并且果断用炸，手中的牌越出越少，如果庄家受骗，害怕守门员弃门成功，就会把注意力转移到守员门身上，与守门员拼实力，而实际上，守门员手中的余牌很烂，根本跑不了，甚至连单 3 还没有走掉呢。

如果庄家实力较弱，守门员和顺门用这种办法还有可能效果不明显，但如果是中门用这种办法，往往效果立现。中门主攻时，既有上家送牌，又有下家守门，对散家来说最有利，所以，当中门表现出急于跑牌的样子时，一般情况下，庄家都会用炸制止中门。实战中，中门用这种办法欺骗庄家下炸，基本上都会见效，一用就灵，屡试不爽。

二是一手牌出得非常多，让庄家认为你很快就能跑掉。

如果散家一手牌出得过多，往往会引起庄家的警觉，庄家很可能会担心散家的余牌将够冲刺条件，因而下炸遏制。

做助攻散家时，为了掩护同盟，可以一手出非常多的牌，让庄家认为你是在跑牌，从而骗得庄家为了制止你而消耗炸弹。因为主攻散家进攻时常常会在一定的时机一手出掉很多牌，既可引炸，又可使自己手中的牌剩得很少，便于先走，所以，助攻散家一手出掉很多张牌时，庄家往往会认为你要先走，只要不是实力过弱，一般情况都会下炸控制。

三是余牌疑似一手，让庄家认为你是在冲牌。

为了消耗庄家炸弹，残局时，如果散家并不能冲牌，但出封顶牌或炸弹后，余牌疑似一手，就很可能让庄家误以为散家是在冲牌，这常常会迫使庄家下炸对散家进行制止。

某盘残局，顺门管上庄家的连对后，余牌还有四张：22、Q、9。这时，四个王已经全部落地，散家的中门在主攻，牌已经整了，还有一炸，顺门和守门员无炸，中门和守门员各出了一张 2；庄家有一大炸，出过了三个 2，还剩一个 2，另有一手累赘牌。由于顺门的四张牌一手走不完，因此，庄家允许他发牌。顺门判断出了炸弹和 2 的情况，由于他有两张小于 2 的单牌，因此，他知道自己无论如何都不能先把牌走完，而且也知道只要自己出单Q或单9，庄家就会上2，之后，便能用大炸上手，把牌出完。这种情况下散家要赢牌，关键就看能否诱骗下来庄家的炸弹。那么，为了诱骗庄家下炸，顺门能否出对2呢？也不能！如果顺门出对2，庄家肯定能判断出剩下的两张牌是单张，因为，如果剩下的两张牌是小对子，顺门出小对子后手中余一对2，庄家还是必上炸，但顺门没有出小对子而出的是对2，所以，剩下的两张牌必是单张。这样，庄家肯定会允许顺门再次发牌，那时，顺门只有发单Q或单9了。因此，为了诱骗庄家下炸，顺门只能出单2。顺门出单2后，还有三张牌：2、Q、9，但庄家担心是三个头，经过长时间的考虑后，庄家把仅有的一个大炸用了上去。之后，庄家出单2企图冲牌时，被中门用炸制止，最终庄家失败。

第十二章　庄家打牌技巧

斗地主游戏中，庄家独自为战。从牌力上讲，与三位散家的综合实力相比，庄家的力量往往相对弱小；从人员上讲，出现失误时，没有同盟帮助补救，常常必然会导致损失。因此，庄家的牌比较难打，技巧性显得更强。也正因为如此，庄家打牌更能展现出牌手的水平。

与散家相比，虽然庄家是孤军奋战，但庄家的思路一致，可以不受别人的影响。反过来说，散家虽然有三个人，但由于他们配合意识和打牌水平不同，往往思路难以统一，协调比较困难，配合有失密切，合作并不顺利，有时还会互相牵制掣肘，发生内部冲突。我们经常能看到由于散家某一位牌手打错了牌而导致整盘形势逆转的战例。所以，庄家的牌力即使相对较弱，也往往有成功的希望。实战中，常常会出现这样的情况：虽然庄家的牌力难以与三位散家的总体牌力匹敌，但由于散家不能密切配合，最终，庄家以弱胜强，打败了散家。

高明的庄家在打牌时总会信心百倍，以胜券在握的心态，认真地对待每一盘牌，运用谋略，仔细运筹，精心设计，周详规划，依靠自己的智慧和胆略，巧妙地利用散家力量不集中、水平有差异、思路难统一等现实情况，调兵遣将、纵横捭阖、叱咤风云、呼风唤雨，使散家的力量难以发挥出整体优势，甚至故意造成散家配合失误。这样，庄家不但在牌力强大时必能打赢，而且在牌力一般时常能打赢，甚至在牌力很弱时也能打赢。

在此，要特别说明一个问题。在一盘中，无论牌手是做散家还是做庄家，不但要掌握自己一方的技巧，而且还要掌握敌方的技巧。庄家打牌的技巧，散家需要掌握。第一，散家在主攻时，与庄家打牌的道理很多是一样的，主攻散家可以参考运用这些技巧。第二，散家对付庄家，知彼知己，胜算才大，知彼就内在地包含了知其打牌技巧的意思，也就是说，散家要清楚庄家的打牌技巧。同样的道理，散家打牌的技巧，庄家也需要掌握。庄家掌握散家的技巧，一来可以参考运用，二来可以了解对手。总之，散家的技巧和庄家的技巧不是孤单独立、彼此割裂的，而是有机统一、相互联系的。无论在一盘中是做庄家还是做散家，只有全面掌握了庄家的技巧和散家的技巧，牌手才能善于判断、分析、解决遇到的各种新老问题，才能做到左右逢源、游刃有余。

第一节 庄家总体谋划

牌相牌力不同，打法就不一样。想打胜仗，就要根据敌我双方的力量、特点等进行总体谋划，把自己手中牌的力量发挥到极致。因此，庄家在把牌整理好后，发首牌前，要根据不同的牌相牌力进行设计、运筹。

与散家相比，虽然庄家很孤单，但是庄家的意志不存在不统一的问题，因此，庄家的总体谋划所受到的干扰会更少一些，也可以说，庄家进行总体谋划，其实现的可能性会更大一些。

实战中，很多时候，庄家的输赢并不是确定的，如果打得好，庄家能赢；打得不好，庄家会输。而要打好牌，就必须进行总体谋划。所以，庄家进行总体谋划至关重要。

总体谋划并非单指一开始的谋划，而是指在任何阶段，庄家都要根据形势的发展变化，从总体上进行谋划。

总体谋划的根据主要有两个方面：一是自己牌相的特点，二是自己牌力的强弱。在此基础上，庄家要结合牌局实际的进展情况，进行总体谋划，设计出正确的打法。

一、分析牌情

“知彼知己，百战不殆。”斗地主时，首先要观察、分析自己的牌情，做到“知己”。

分析牌情主要是看以下几点，并以此为依据制定策略。

一看手牌的特点。是单牌多，还是对子多、三头多；炸弹多不多，有没有大炸弹；大牌多不多。比如，对子多，那就要在出牌过程中想办法过一些对子。再如，单牌不多但王多，就不必先出单牌，可以考虑先出小三带对。

二看全牌一共有多少手。分析手数时，有的牌型没有变化或者基本没有变化，这样的手数是确定的。有的牌需要根据牌局的进展调整变化，庄家也要看一下这些牌有哪些调整的可能，做到心中有数。比如，庄家的全牌是：大王大王、222、AA、KKK、QQ、JJJJ、10、9999、888、77、6、5555、44。这把牌，单牌没有变化，10、6必是两手牌。炸弹基本上不存在拆开的可能，因此，JJJJ、9999、5555是三手牌。一般情况下要拆开大王，因此，两个大王要考虑出成两手。这样，剩下的牌就是：222、AA、KKK、QQ、888、77、44，这些牌基本上就是四手牌到六手牌的样子。

三看什么牌必能顺过，什么牌有可能顺过，什么牌不能顺过、必须靠自己上手发出。比如，2和王一般必能顺过；单A一般可以顺过，单K有可能顺过；单3、三头3则必须依靠自己上手才能走掉。

四看什么牌自己出后能回手，什么牌出后回不了手。比如，自己手中有两个大王，出单牌必能回手。再如，如果自己没有大的三带对，小三带对出去后一般是回不了手的。

二、预测结果

通过对牌相牌力的分析，精明的庄家应该初步得出一个结论：在散家有几炸、在自己过了什么牌、在什么牌上手……等等的情况下可以取胜。

在前文，我们曾经分析过手数如何决定输赢，庄家赢牌的基本公式是：

$$\text{发牌次数} - \text{上手次数} \leq 1$$

也就是说，庄家要赢牌，上手次数最少只能比发牌次数少1次。

然而，大牌和炸弹是否能上手，并不敢肯定，因此，上手次数在一开始是不确定的。庄家的上手次数与自己的封顶牌和炸弹以及对手的炸弹有关系，假设自己的封顶牌和炸弹都能压牌出掉，散家的炸弹也都能用上，则：

$$\text{上手次数} = \text{封顶牌手数} + \text{炸弹个数} - \text{对手炸弹个数}$$

特殊情况下，当自己的炸弹大、对手的炸弹压不住时，或者对手出现漏炸时，上手次数会大于上式的数值。

计算封顶牌手数时，需要注意四个问题。

一是，封顶牌必须用掉才能上手。比如，你虽然有三个2，但有可能被散家挡住，用不上。

二是，有的牌有时能封顶，有时不能封顶。比如，22、AAA等牌，如果散家没有同种类型的大牌，或者虽然有但没有压，就能封顶；如果散家有同种类型的大牌并压了牌，就不能封顶。

三是，随着大牌的不断落地，封顶牌会降级。比如，本来散家手中有对2，庄家的对A不能封顶，但随着散家的2不断落地，当散家手中再没有对2时，庄家的对A就能封顶了。

四是，封顶牌手数与封顶牌的出法有关系。比如，三个2，在散家的大小王全部出完后，如果拆成三个单2出，就能封顶三次；如果拆成一对2和一个单2出，就能封顶两次；如果一次出了三头2，就只能封顶一次。再如，AAA-KKK的牌，如果散家再没有比KKK大的三个头，按飞类牌出，就只能封顶一次；按两个三头类牌出，就可以封顶两次。

对比了上手次数与发牌次数的多少，庄家就能够预测出结果了。如果自己能够上手的次数比必须依靠自己出牌的手数只少一手，或者相等，或者还要多，那就能打赢；如果自己能够上手的次数比必须依靠自己出牌的手数少两手以上，那就无论如何也打不赢。比如这样一把牌：

单牌七组7张：大王、小王、2、Q、9、7、6；

三带对三组15张：AAA-JJ、555-1010、333-88；

炸弹二组11张：444444、KKKKK。

这把牌虽然庄家有大王和两个大炸，但最多也只能上手三次。就算AAA-JJ能够过掉，Q也能够过掉，但是还需要出五手牌：555-1010、333-88、9、7、6。除去先出的一手，还需要四次上手机会才能把这些牌出完。因此，正常情况下，即使三位散家都没有炸弹，这把牌也是打不赢的。

通过分析，庄家如果觉得自己的牌无论如何也打不赢，或者打赢的希望太渺茫，那么，可以考虑投降。有的地方规定，庄家投降输分时可以减分，这样，主动投降能够减少失分，也算是给了牌力很差的庄家一条很好的出路。庄家如果觉得自己赢牌的希望较大，或者虽然希望不是很大，但有赢牌的可能，值得一博，那么，就要根据牌相和牌力进行精妙设计，争取把牌打赢。

三、设计打法

同样的牌，打法不同，结果往往不同。打法有高低差异，结果有胜败之分。如果打法高超，可能获胜；如果打法低劣，就会失败。在打牌时，庄家要根据自己的牌相牌力精心设计打法。

庄家在设计打法时，一方面，要使自己的牌力发挥出最大的能量。比如，需要用牌压制敌方时既不浪费也不错过，选择出牌时对己最有利而对敌最不利。另一方面，又要看怎样才能使敌人判断和决策失误，使他们的牌力发挥不好甚至发挥不出来。比如，使散家打超或漏打、互相牵制或给庄家送牌。

因为每位散家的牌和打法都是未知的，所以，庄家在设计打法时，既要有多种预案，又要根据牌局的进展情况不断调整。也就是说，无论在打牌的什么阶段，庄家都要根据不同的牌型特点和牌力强弱在打法上进行精心设计。这样，才能把牌打好、打出最佳效果。

（一）设计打法时需要考虑的问题

庄家在设计打法时主要应当考虑下面一些问题。

一是，先出什么，后出什么。比如，自己的单牌多，王和2也多，就可以考虑先出单牌，这样既可以回手，又能使自己余牌的手数迅速减少。再如，要看先出什么牌不利于暴露自己的牌型情况。

二是，二张以上的相同大牌是否需要拆开出。最常见、最有效的拆牌是拆特大牌王和2。比如，虽然自己的王多，有三个2或2成炸了，但由于自己的单牌过多，就需要早下决心拆掉三个2甚至炸弹2。有时，还需要考虑是否拆A或K，甚至更小一点的牌。比如，庄家有一个大王、一个小王、四个2、三个A，出三带对时顺门上了三个2带对封顶，出单牌时中门用单2接了守门员的单A，这时，散家手中已经无2。再打单牌时，庄家拆A就可以把散家的王顶下来，当散家的王出完后，再打单牌时，庄家的王、2和A就都能封顶了。

三是，决策如何调配牌型更加有利。例如，某盘，庄家的全牌是：大王、小王、22、AAA、KKKKK、QQ、JJ、10、9999、8、7、66、55、4444、33。按自然形成的牌型种类可整理如下：

单牌五组5张：大王、小王、10、8、7；

对子六组12张：22、QQ、JJ、66、55、33；

三头一组3张：AAA；

炸弹三组13张：KKKKK、9999、4444。

这手牌虽然有大小王和三个炸，但是庄家的单牌和对子太多，有明显的缺陷，如果按牌面自然形成的牌型打牌，在散家不送对子的情况下，庄家几乎不可能打赢。通过观察分析牌相，庄家认为，要想取得胜利，必须这样组织牌：

单牌七组7张：大王、小王、2、2、10、8、7；

对子一组2张：66；

连对一组6张：KK－QQ－JJ；

双飞双带一组10张：AAA－KKK－55－33；

炸弹二组8张：9999、4444。

这样，把2拆开，使庄家的单牌可以保证封顶两次，还可以诱使散家出对子，看对6能否顺过。虽然拆开五个K少了一炸，但是，KKK与AAA形成的双飞不但可以带走两个小对子，而且无疑是封顶牌，而KK与QQ和JJ形成的连对虽然不能保证封顶，但由于庄家手中就有五个K和三个A，散家再有AA－KK－QQ的可能性很小，庄家KK－QQ－JJ封顶的可能性极大，因此，拆开五个K是很划算的。这样调配牌型成功的希望就相当大了。

四是，怎样出牌会造成散家打超或漏打。一般情况下，无论散家打超还是漏打，都对庄家有利——打超会浪费散家牌力，漏打会让庄家上手。庄家自己是一家，不存在不了解自己情况的问题，不会出现打超或漏打的失误。散家三人在配合时，各自情况各自了解，对同盟的情况单凭分析不一定能判断得非常准确。庄家要利用散家这一劣势，精心设计出牌，诱导散家打超或漏打。尤其是在庄家手数不够或者非常困难的情况下，让散家漏打或超打是以弱胜强的重要手段。比如，自己有大王、小王，在守门员守单牌后显得很强势地出单2，好像自己有三个王一样，诱导顺门或中门用大王压2，使其打超。再如，庄家的大牌是：大王、小王小王、222，但单牌多。第一轮出单牌时，守门员用A守门，庄家就不要让过，直接上2，这样，如果顺门或中门有大王，往往会漏打。又如，散家手中已经无王，庄家有一个小王和一个大王，在散家炸多的情况下，庄家希望用王先上手一次，出单牌时，就宜先上小王。庄家上小王后，很可能顺门和中门都以为大王在自己同盟手中，因而持炸不用，轮到守门员要牌时，如果守门员无炸或者因为种种原因不想炸，庄家就可以上手了。

五是，需要采取什么样的欺骗技巧。比如，庄家的三头多，在第一轮出单牌时，明明可以过单A，偏偏不过，等到第二轮时再过，以使守门员认为庄家是在拆对A，以为庄家的对子多。守门员上当后，下一轮打单牌时，他就有可能用大牌守门，上手后发三头。

（二）几种典型牌相的打法

牌的组合方式千变万化，所以，我们不可能把所有牌相牌力组合的打法一一说明。而且，有的牌相牌力虽然有变化，但是基本因素比较接近，其打法也基本相同，所以，也没有必要把所有的牌相牌力组合一一说明。在实战中，影响牌局进展和胜负较大的因素分别是王的多少、炸弹的多少和牌型的偏全。我们根据这几个主要因素的变化，说明一下在打牌时如何设计打法。实战中，庄家可以结合自己手中的牌和其他具体情况，参考这些典型打法来设计当盘的打法。

1. 王的多少

由于大牌尤其是王可以直接封顶，因此，它的多少对牌局的影响很大。大牌中，王的地位非常特殊，庄家在决策采取何种打法时，王的多少是非常重要的因素。

首先讲一个问题。无论在一盘的哪个阶段，当牌手有两三个王，而且散家没有大王时，庄家应该先出哪个王？这时，决策出王的顺序主要看庄家的目的如何。如果庄家上手机会非常重要，比如庄家的炸弹较少，而牌很整，或者有大炸能冲牌，那么，为了争取上手发牌的机会，就应该出小王，以使散家误以为另一个大王在自己人手中，漏炸小王。如果庄家的实力不错，但炸弹少，企图引散家下炸，或者为了迷惑散家，让其不能判断出小王在谁手中，那么，就应该直接下大王。

下面，根据庄家王的多少，分别讲一下各情况下的基本打法。

（1）王多

王多一般是指庄家有三个以上的王。由于四个王可以当作喜牌加分，因此，如果有四个王，很多情况下庄家会利用喜牌加分的规则把四个王当成一个炸弹用。如果庄家决定拆开四个王，那么，其打法与三个王的道理是一样的。

如果王多，庄家应该把王的作用充分发挥出来。而且，如果庄家王多，庄家的2往往也能封顶。因此，王多的牌，设计打法时一定要充分发挥王多的优势。

王多时，要根据牌型的其他特点相应地进行谋划。排除其他因素的影响，一般而言，王多时，牌的打法主要考虑发牌类型、用王顺序和是否拆2。

第一，庄家应该先发什么牌。这大体上要根据两种情况决定。

如果王多，但是单牌也较多，一般地，应该先打单牌，使王的封顶作用充分发挥出来。上王后，要么上手，要么引炸，都很划算。

如果王多，单牌不多，但其他牌型小牌较多，就可以先打其他牌型，等待散家上手后出单牌时再用王上手。这对于自己跑牌较为有利。

第二，庄家用王顺序。庄家用王顺序主要决定于单牌数量和牌力强弱。

如果单牌较多，或者牌力较弱，需要打持久战，同时为了迷惑散家，要先出成对的王中的一个。庄家手中是一个大王、两个小王时，如果先出大王，手中没有大王的散家很可能担心庄家还有大王，上手后往往不敢发单牌；如果先出小王，散家会上大王封顶，散家很可能判断不出来庄家王的情况，上手后会发单牌。散家发单牌后，庄家再上大王，散家很可能还判断不出来最后一个王在谁手中，上手后仍然会发单牌。庄家手中是两个大王、一个小王时，如果先出小王，散家无大王压牌，必会知道庄家还有两个大王，他们上手后往往不敢发单牌；如果先出大王，散家难以判断出庄家王的情况，上手后很可能会继续出单牌。

如果单牌不多，牌力较强，不需要打持久战，要先出不成对的单王。这样，对王没有拆开，必要时可以出对王压牌。尤其是当庄家手中是一个大王、两个小王时，这三个王反正只能封顶两次，而先上大王，就可以立即赢得一次封顶机会，而且，这还使余下的两个小王成对，牌型还有变化，后面，庄家既可以拆开对小王，也可以用对小王压对子封顶。如果先出单小王，被散家用大王压住上手，不但庄家没能封上顶，而且，当某位散家牌整，早早就开始出对子进攻时，庄家的单大王和余下的单小王不能成对，会很被动。而且，无论庄家手中的三个王是什么情况，先出不成对的单王，或者会让散家判断出我方有两个大王，或者会让手中没有大王的散家很可能担心庄家还有大王，他们上手后往往不敢发单牌，而庄家单牌不多，散家发别的牌型庄家顺牌的可能性较大。

第三，庄家是否拆2。如果单牌过多，需要打持久战，有两个以上的2时，可以考虑拆2，使单牌封顶次数进一步增多。拆2时还有一个问题需要注意，那就是：如果决定了要拆2，就趁早拆，拆完。比如，庄家有三个王，三个或者两个2，但是有四个小单牌，在这种情况下，如果自己实力一般化，就趁早拆2，拆彻底，把2一口气拆完。庄家要尽量避免出现一开始不想拆2，到最后被迫无奈时不得不拆2的情况。当你被迫无奈时再拆2，就很容易让散家判断出来你在拆2，甚至能判断出来你手中2的多少，这样，散家往往会堵你余下的2，弄得不好，最后会使你手中剩下一个单2，到那时候，余下的那个单2有可能不但不能发挥出特大牌的作用，反而还会成为负担。

（2）双王

有两个大王时，单牌可以两次封顶。因为出2后会被敌方小王管上，所以，一般情况下，即使2成对或更多，也不要拆2，而应该直接上大王。特殊情况下，为了顺走对2少出一手牌，或者2特别多而且自己的单牌也很多时，可以考虑拆2。

如果是两个小王，单出无法封顶。当庄家有2时，为了使小王在压单牌时封顶，要先上2，引出散家的大王。散家的大王出完后，庄家的小王就能封顶了。

如果是一大一小两个王，小王只是过牌，不能封顶。如果仅有一个2，顶不下来散家的大王，这三张特大牌也只能封顶一次。有两个以上的2时，只要散家的牌不是特别整，一般情况下应该考虑拆2，确保特大牌可以多次封顶；如果自己的牌特别强，不需要用特大牌多次封顶，那也可以不拆2。

（3）独王

如果只有一个王，排除其他因素，即使是大王，独王也应该较快出去，这样，既避免了独王被饿死在手，又使散家的牌路未明，不利于散家沟通信息。

如果一再忍让，散家的牌很可能会越打越明，如果某家牌整，很有可能把庄家的独王饿死或虽未饿死但发挥不了应有的作用。比如，主攻散家的牌整，在出单牌时，因为庄家没有用王压，主攻散家用较大的单牌上手后，把余牌走得仅剩下一个炸弹或者一个大炸加上一手牌，这时，庄家的王要么饿死，要么不起作用，等于饿死。所以，早早上王，可以确保王能派上用场，不被饿死。

当庄家的独王是大王时，有的牌手为了顺一张较大的单牌，觉得如果自己先不出大王，散家就会误以为自己手中没有王，这样的话，散家就会一再发单牌，当守门员把大牌守完后，就有可能降低守门，使自己顺走大单牌。其实，在很多情况下，庄家上大王后，有大王或单牌较多的一家更会积极主动地发单牌。而且，看到庄家没有王，控制不了单牌时，散家往往更不想改变牌路，会一再出单牌，这样，守门降低的可能性会更大，庄家更易顺走较大的单牌。极少数情况下，如果庄家出大王可以上手，但发牌对庄家不利时可以缓上。比如庄家的牌特别整，在较大的单牌没有顺过去前，一旦庄家的大王上手，一手要出许多牌，这时，散家的警惕性会提高，再出单牌时，守门员肯定会严防死守，庄家较大的单牌将没有可能顺过。所以，我认为，只有在出现类似上述这种特殊情况时，单独的大王才可以忍耐一下，其他情况下还是先上大王为好。

更重要的是，如果不早上大王，随着牌局的不断推进，庄家和散家的牌会越打越明，这对散家有利而对庄家不利。在一开始，散家的情况尚不明朗，他们之间的信息还没有沟通好，而且，与牌局往后发展相比，这时散家对庄家的情况也最不了解，因此，早早上大王很有可能会使某位散家犯错误。比如，前面的散家认为自己炸弹较大，想等后面的散家下炸，结果后面的散家无炸或者炸更大也没有下，或者有的散家误以为庄家王多，觉得自己上炸后还要出单，干脆不炸，这样，就会导致散家漏炸，使庄家上手，这一次上手机会在庄家有大炸而需要发出的小牌手数较多时十分重要，有时就会因为庄家大王上了一手而使散家的小炸作废，庄家因为炸大而先走成功。再如，早早上大王可能使散家误以为庄家王多，散家上手后，有可能不敢出单牌，而出其他牌型后，那有可能会刚好出到庄家需要顺走或能封顶的牌型上去。

如果自己有一个大王和一个别的单牌，除非炸弹相当多，一般情况下可以考虑先不出单牌，而发自己的长项牌型，看能否多顺一次牌甚至封顶一次。庄家先不出单牌，留着大王可以在散家出单牌时封顶。否则，庄家一旦上大王后被散家炸停，散家再出单牌时庄家就会因为没有封顶牌而非常被动，要想制止散家，就必须上炸。而且，那样的话，庄家单牌的弱势也会完全暴露，散家往往会强力打击庄家，不让庄家上手，即使庄家因为炸大而上手，在发别的牌型时散家也会拼命堵拦，不让庄家顺牌、封顶。散家上手后，会继续发庄家根本不要的单牌。如此一来，庄家将凶多吉少。

（4）无王

无王的牌最好不要先出单牌，而应该出连牌和自己具有绝对优势的牌型，使散家的王发挥不了作用。如果先出单牌，自己就要用炸上手，而耗费炸弹太多极易遭致失败。

2. 炸弹的多少

炸弹可以打击任何牌，牌手出炸后，只有被更大的炸弹回炸时才不能上手，因此，炸弹对牌局的进展和结果影响既非常直接，又十分重要。

（1）炸弹多

炸弹多的牌相对来说实力较强，需要注意的就是不要过于忍让，尤其是当炸弹多但是有很小的炸弹时，要避免炸弹太小被饿死的情况出现。

（2）炸弹少

炸弹少的牌需要适当忍耐，庄家要把炸弹用在制止主攻散家跑牌的关键时刻。

炸弹少的牌宜偷袭。炸弹少但大时，设计成最后用大炸冲牌的打法容易成功。这两种打法最后往往都会饿死散家的小炸弹。采取这两种办法打牌时，庄家要善于骗得散家的炸弹漏打，争取更多的发牌次数。

如果庄家的炸弹少，而且无法偷袭，那就需要想办法先把散家的炸弹引下来，缩小在炸弹对比上的差距，甚至，当散家的炸弹用完时，与散家相比，庄家会因为有一两炸反而成了强牌。某盘，庄家拿了这么一把牌：大王、22、AAA、KKK、QQQ、JJJ、101010、999、77、66、5555、444、3。这样一把牌，根本不算强牌。因为需要出的小牌有单3、三个4，大牌只有一个大王和一对2，炸弹只有一个，而且很小，外面有几炸还不知道。可以说，这样的牌是比较难打的。经过思考，庄家认为，这种牌要想打赢，必须先把外面的炸弹引下来。大王必能引一炸，没有变化，因此，关键就看对2和飞牌带对能否引出散家的炸弹了。根据这个思路，庄家先发了三个4。因为庄家发的是三头，在打牌过程中，真的骗得其中一位散家送了对子，庄家上对2引出了散家一炸。然后，打单牌时庄家又用大王引出了一炸。事实上，当盘散家一共只有两炸，这时散家已经无炸了。后来，散家一直无人送飞牌带对，在情况不允许再等待时，庄家以四个5的小炸上手，用QQQ－JJJ－101010－999和AAA－KKK－77－66分两次成功冲牌，最后出尾牌单3获胜。

（3）无炸弹

庄家没有炸弹，主动权就不掌握在自己手中，这样的牌是非常难打的。实战中，庄家如果无炸弹，往往大牌会较多，否则，既无炸弹，又无大牌，根本就没有办法打。没有炸弹的牌要想取胜，庄家必须把握三个重要技巧。

第一，要善于骗得散家给自己送牌。由于庄家没有炸弹，难以上手，要想成功，只有多顺牌才行，这就需要散家给自己送牌了，而散家是不会轻易给庄家送牌的，因此，庄家要善于用计谋，骗得散家给自己送牌。

第二，注意偷袭。无炸弹的牌偷袭是最妙的打法，往往能够饿死散家的炸弹，甚至能饿死多炸。有一次，庄家拿到了这样一把牌：大王、2、AAA、KKK、QQQ、JJJ、101010、999、888、777、6、55、44、33。这种牌只有靠偷袭才能成功。打牌时，庄家首先出 JJJ－101010－999－888－777，无人用炸。然后，庄家发单6，过2，上大王，还是没有人炸，结果庄家以三飞三带 AAA－KKK－QQQ－55－44－33 成功偷袭，饿死散家两个大炸。

第三，如果不能形成偷袭，自己又有不少大牌，那就要打持久战，先想办法把散家的炸弹引下来。当散家把炸弹出完后，由于庄家大牌多，牌场上的主动权就掌握在庄家手中了。可以说，这样的牌是否能早早把散家的炸弹引下来是成功的关键。如果散家有炸，残局时庄家将非常难打，到最后冲牌时，庄家的大牌再大、再多，也会受到散家的制约，不能冲牌成功；如果散家没有炸，庄家打起来就随心所欲多了，最后冲牌时也会非常轻松。

3. 牌型的偏全

牌型的偏全直接决定了如何发牌，对打法的影响巨大。

(1) 牌型偏

如果牌型偏且强，就可以直接发长项，回手再发。如果牌型偏而且弱，仅靠自己无力走完，那就要想办法骗得散家给自己送牌。

(2) 牌型全

牌型全的牌没有短项，人们通常说这种牌散家“打什么都不怕”——无论散家发什么牌，庄家都可以顺牌或封顶。这样的牌，如果自己不是太强，宜采取守势，先等机会过一些牌，等条件成熟时再进行反攻。

第二节　庄家攻守抉择

斗地主时，牌手要根据己方牌力的强弱和战局进展的情况决定自己是以进攻为主还是以防守为主、还是进攻和防守兼顾；是先进攻再防守还是先防守再进攻、还是边进攻边防守。

庄家在打牌时，从开局到残局，都要仔细观察、认真分析、审时度势，既要掌握好忍耐的限度，又要把握住进攻的时机，科学地确定攻守方针。

对庄家来说，进攻意味着采取强硬的态度，积极主动地打击散家，以自己跑牌为主；防守意味着采取忍耐的态度，必要时才打击散家，以防止散家跑牌为主。一般地说，如果庄家的牌不是特别强，最好还是采取柔中有钢、锦里藏针的态度，把攻与守有机地结合起来。

一、耐心防守

当庄家的牌力弱小时，在一开始，千万不能与散家硬拼，否则，很快就会把实力拼光，把牌情暴露无遗，那样的话，就只有任人摆布，坐以待毙了。

如果庄家的牌力弱小，在一开始，要采取守势，学会忍耐和等待。庄家一定要明白：弱牌只有忍耐和等待才有可能获胜。

庄家忍耐的直接目的主要有三个。

第一，等待守门员不想守门、守不住门、守不好门时顺不太大的牌。

很多时候，庄家需要顺过一些不是很大的单牌或其他牌型，在一开始，守门员能守住门，庄家的这些牌过不去。为了顺过这些不太大的牌，庄家就需要耐心等待，等守门员不想守门、守不住门、守不好门时，庄家就能顺过一些不太大的牌了。当然，为了能够顺利地顺过有些牌，庄家还可以运用一些欺骗技巧。

实战中，这样的例子很多：庄家牌弱不够手，需要顺一手或多手不太大的牌，但在开局之初，守门员能守住门，庄家顺不过去。后面，守门员由于种种原因，终于放过了庄家不太大的牌，庄家因此够手，最后赢牌。

第二，等待敌方送庄家要过的牌型。

一开始，散家出牌时会看庄家不要什么出什么。随着牌局的进展，有的散家可能会出一些别的牌型，尤其是主攻散家跑牌时，必然会出自己手中的长项牌型，散家出的这些牌型，就有可能和庄家要过的牌型相同，当散家守不住门时，庄家就可以过这种牌型了。

主攻散家走自己的长项牌型时，虽然守门员还可能守一下，但常常是守不住的。因为，如果守门员守得太高，其他散家尤其是主攻散家往往无力接牌，这样，守门员就会降低守门；即使守门员一开始在高守，其他散家能接上一两手，但几轮之后，也会因守门员和其他散家的大牌不断落地，守门员会被迫降低守门。

举一个例子来说明。假如某一盘庄家手上的三头多，但是没有大单牌，甚至一个王也没有。敌方看到你不能接住大单牌，往往就会先出单牌，而不出三头或三带对，甚至，他们还会把整牌拆成单牌出。但是，往往还会有这样的情况：当主攻散家出到一定程度时，有可能他觉得拆出的单牌太小，或者他觉得不好再拆牌了，他就会把手上的小三头或三带对发出来，这时，你就可以过三头了。

第三，等待敌方先出或拆开大牌、整牌、连牌。

庄家处于弱势时，很多牌在一开始根本不算大牌，出去后肯定不能回手。这种情况下，庄家需要耐心等待，等敌方把大牌出完或出到一定程度、或把大的整牌、连牌出完或拆到一定程度时，庄家手中有关的牌受到的压制就会变少，甚至有的牌还能封顶，那时，庄家就能比较自如地出这些牌了。

比如，散家的三个头较多，大牌也多。这种情况下，庄家可以先不出三个头，让散家先出。散家出牌时，因为守门员要用大牌守门，顺门和中门要用大牌接，所以，当出到一定程度时，散家的大三头就出得差不多甚至出完了。这时，庄家不太大的三头都有可能封顶。甚至在实战中还会出现这样的情况：打到残局时，由于散家把三个头的牌已经出光，庄家出三个 3 都没有人能压住。甚至在残局时还会有这样的情况：散家除守门员有一把乱牌外，其余两家手中的牌都只剩下了两三张，根本无法抵抗三带对的牌，庄家有十分的把握知道出任意的三带对都是大牌。

实战中，散家如果发现庄家不吃单牌，往往会先出多轮单牌，甚至会一再拆对子和三个头攻单。在不少牌局，由于散家拆牌过度，常常会出现这样的情况：守门员由于害怕用太小的牌守门会放走庄家单牌，把手中的 2 甚至小王和花牌都用掉了，而另两家由于要接牌，也把特大牌和大牌用了很多。到一定程度时，不但散家手中的大单牌在多次守门和接牌中浪费完了，而且大对子和三个头也拆完用光了，甚至中小对子和三个头也所剩无几了。等庄家反攻时，不但庄家出较大甚至不大的对子和三个头散家要不上，而且庄家出较大的单牌散家也无牌可管。

如果庄家手中有小连牌，在开始出的话，往往会被散家管上。为了使自己的连牌封顶，庄家就要忍耐和等待，等散家先把大的连牌出下来或拆开后，那时再出连牌，散家就管不上了。

比如，庄家手中有一个小双飞双带777－666－44－33，一开始，出双飞双带被散家管上的可能性很大，但随着牌局的进展，有的散家可能会先于庄家打出双飞双带，或者拆开双飞双带，到那时，庄家再出777－666－44－33，散家就管不上了。

再如，庄家手中有一个小连对66－55－44，在开局之初，散家能压住这么小的连对的可能性太大了，庄家早出这样的牌，多会被散家管上。如果庄家耐心等待，散家很有可能会出掉连对，或者把能形成连对的一部分牌出掉，那时，庄家再出66－55－44，就能封顶了。

下面再通过一个实例来说明一下庄家采取守势、一忍再忍终于使弱牌获胜的打法。

某盘，庄家的全牌如下：

大王、小王、222、AAA、KKK、QQQQ、J、1010101010、99、8、77、66、5、44、33。

这把牌，庄家虽然王和2较多，还有三个A、三个K，但是单牌和散对子也多，所以，综合实力并不算强，如果散家有两个以上的炸弹，庄家将比较难打。事实上，散家共有四个炸弹。

庄家首牌发单8。为了使特大牌封顶的次数增多，庄家决定拆开三个2单出，因为，如果把大小王和三个2都用上，那么，庄家的这些特大牌可以确保封顶三次。

由于散家有不少单牌，因此，在开局阶段，散家每次上手后，都在发单牌，使庄家如愿把三个2拆成单2全部用上了。可是，由于散家的炸弹较多，庄家每次封顶后散家都炸了庄家，庄家虽然用上了所有的特大牌，但没有能上手。由于害怕剩两张小单牌最后会被迫送走主攻散家，因此，为了上手再出一张单牌，庄家还用四个Q回炸过散家一次，但是，被散家更大的炸弹回炸，也没能上手。也就是说，庄家出完了两个王、并把三个2拆成单牌全部出完，还用了四个Q的炸弹，但一次也没有上手。当然，为了制止庄家发牌，散家也用完了所有的四个炸弹。这时，庄家的余牌成了：

AAA、KKK、J、1010101010、99、77、66、5、44、33。

散家的中门在主攻，这时，他已经走完了小单牌。中门上手后，由于看到四个王已经全部落地，而庄家也已经下了三个2，因此，他判断，特大牌中，剩下的三个2都在散家手中，庄家的单牌和对子肯定不能封顶。

而且，中门的对子比三头多。所以，他决定先发对子。

中门先发了一个小对子，守门员担心庄家顺走太小的对子，就用对9垫高，结果，刚好把庄家的对子守住。中门用更大的对子接牌，庄家不要。看到庄家不吃大对子，中门不敢改变牌路，虽然他有三个头，但因为三头都较小，没有敢出三带对，又打了几个对子。后来，当把对子快打完时，他决定开始把三头拆成对子和单牌打。

这个阶段，散家一直这样走牌：中门出较大的对子时，由于庄家要不上牌，因此，守门员不守门。中门出小对子或从三头上拆下来的小单牌时，守门员用较大的牌守门，之后，或者中门接牌；或者顺门接牌后再给中门送对子。

由于散家还有2，而且庄家想留着三个A和三个K打三带对时带走小对子，因此，庄家不敢拆开三个A和三个K要牌。打单牌时，守门员一直在努力守门，因此，庄家也过不了单J。也就是说，在守门员和顺门的紧密配合下，主攻的中门在不断地走对子和单牌，而庄家过不了任何牌。

虽然庄家过不了任何牌，但由于庄家需要走的牌手数太多，因此，根本不敢乱打牌。这种情况下，庄家要想赢牌，只有采取守势，一再忍耐、等待，才有希望。

由于守门员一直在用较大的牌守门，顺门也在不断接牌和送对子，中门更是一直在出牌，所以，渐渐地，散家的大对子和大单牌快消耗完了。

多轮过后，中门用全场最后一个2接了守门员的守门牌。这时，中门还有五张牌。很明显，中门的五张牌就是三带对，因此，庄家用五个10炸停了中门。

这时，散家的大牌几乎已经用光，中等牌和小牌形成的整牌也很少了。中门虽然有一个三带对，但比较小，是777－55。而顺门因为一直在接牌并给中门送对子，把整牌打得仅剩下了JJJ。守门员由于一直在兢兢业业地守门，此时，他手中J以上的牌已经全部出完，整牌中，只剩下了两个小对子77、44。

由于散家已经没有什么实力了，因此，庄家完全掌握了主动权。庄家用炸上手后，首先发单J，顺门用单K拦住，庄家上单A。由于散家的2和A已经消耗光了，因此，庄家的A和K都成了封顶牌。之后，庄家开始主动进攻对子。庄家打对3，顺门企图让中门过对子，因此让过，中门过对5，守门员用对7守门，庄家上对9，顺门上对J，庄家上对K。然后，庄家打对4，中门拆开三个7过对7，守门员无牌可压，庄家上对A。

这时，庄家手中的对6、对7和单K全成了封顶牌，庄家先打对6，再打对7，然后再打单K，最后出单5，赢牌。

此盘之所以庄家能够以弱胜强，有两个方面的原因。一方面，散家发现庄家不吃对子和单牌后，主攻的中门没有敢用三带对发起冲锋，而是不断地打对子和单牌、并把三头拆成了对子和单牌打，守门员和顺门尽心尽力地配合，结果，散家把大牌消耗光了。更重要的一方面是，庄家正确地采取了忍耐等待的办法，等散家把大牌消耗殆尽时才开始进攻，而这时，无论是出对子还是单牌，散家都没有办法与庄家抗衡了。庄家善于忍耐、等待是这一盘获胜的关键和根本所在。

实战中，有的人打牌性子急，在牌力相对很弱的时候，不愿意忍耐和等待。庄家拿到弱牌时，由于实力不如散家，如果硬拼实力，肯定打不过散家。牌弱时，庄家一定要做好打持久战的准备，在前半场，要避敌锋芒，不与敌人拼实力，先把自己有限的实力保存下来，这就要求庄家要学会忍耐、等待。随着牌局的进展，形势可能会发生对庄家有利的变化，等到敌人的实力消耗得差不多的时候，庄家就有能力与敌人一决雌雄了，那时，庄家再出击，就能打过散家了。

从力量对比的角度说弱牌要忍耐和等待的道理更加简单：如果在一开始庄家的牌弱，实力不如散家，此时，如果交战，庄家肯定打不过散家，要失败。通过忍耐和等待，或者等庄家顺过了要顺的牌，或者等散家把对庄家能构成威胁的大牌出掉、拆开，那时，敌我力量的对比就会发生转化，当初庄家的牌力比散家弱，如今庄家的牌力会变得比散家强，强牌当然能赢。所以，如果有人问：你说弱牌要忍耐和等待，哪要忍到什么时候，等到什么时候呀？我的回答是：一直忍到、等到你的牌成为强牌时。

庄家牌弱时，虽然在前半场采取忍耐、等待的做法显得被动，但是，前半场形势不紧张，不是关键时候，留着实力，可以在后半场的关键时候对散家进行打击、遏制。可以说，庄家忍耐和等待的实质是以非关键时候的被动换取了关键时候的主动。

总之，庄家牌弱时，要采取后发制人的打法：避敌锋芒，保存实力，等待时机，最后决战。

二、积极进攻

一般情况下，庄家不应该从一开始就采取攻势。但是，如果庄家的牌非常强，根本不需要过牌，硬拼就能成功，那么，庄家也可以在一开始就采取攻势。

当然，由于庄家并不完全知道散家的实力，往往不能确保自己的牌绝对强大，因此，庄家最好不要在一开始就采取攻势。事实上，绝大多数情况下，庄家总需要过一些牌，包括大牌。如果庄家在一开始就采取强大的攻势，有可能很大的牌都顺不过去，甚至连大王都过不了，这在实战中是有相当多的教训的。

强弱既是相对的，也是变化着的。有时，随着牌局的进展，与散家相比，庄家的牌力强弱会发生很大变化，甚至逆转。因此，在实战中，有时，虽然庄家在前场不敢采取攻势，但随着形势的发展变化，到了后场，庄家会发现自己的牌力很强，这时，就可以考虑采取攻势了。

当庄家的牌力与散家相比已经变得相当强大时，如果还不采取攻势，还一味地忍耐、等待，就存在被散家打败的危险。强牌被散家打败，是庄家最不愿意看到的事情。因此，如果牌力对比已经转为我强敌弱，那么，庄家就要及时而果断地采取攻势，以防不测。比如，明明庄家不需要过什么牌了，散家打的牌型也要不上，必须用炸上手，但庄家还一再迟疑，一再忍让，结果，让主攻散家出了很多牌，当主攻散家独自或在同盟的配合下已经有能力先于庄家把牌走完时，庄家才想起来应该打击散家、开始进攻了，但为时已晚。再如，某位散家的牌特别整，一手能出掉手中的十几张牌，如果庄家一味忍让，就很可能会被其偷袭。实战中，实力很强的庄家因为忍耐过度而让散家战胜的例子很多，而且，还常常会使庄家的炸弹起不到应有的作用，甚至被饿死。这种情况下，庄家往往会悔恨万分。所以，庄家牌强时，“该出手时就出手”，千万不要犹豫不决，优柔寡断，否则，当散家把牌出得够手后，庄家再想进攻就来不及了，甚至还有可能被散家偷袭，到那时，庄家只有后悔的份了。

那么，在什么情况下庄家的弱牌会转变为强牌呢？总体来说，如果庄家牌的弱点消失、散家牌的强点消退，那么，相对于散家的牌，庄家的弱牌就会转化为强牌。常见的情况有以下几种。

一是庄家过了一些小牌后。有时，庄家手中有一些小牌必须顺掉，在这些小牌没有顺走之前，庄家的牌不够手。过了这些小牌后，庄家就够手了，这时，庄家的弱牌就会转化为强牌。

二是庄家过了一定数量的长项牌型后。有时，庄家某种牌型很多，需要过多手，在这些牌没有走掉前，庄家往往不够手。当庄家过了一些自己的长项牌型后，余牌就够手了，这时，庄家的弱牌就会转化为强牌。

三是散家的大牌出得所剩不多或出完后。有的牌局，散家的大牌较多，如果庄家早出牌，散家会非常容易管上庄家，使庄家不够手。如果庄家忍让，散家有可能会主动出掉一些大牌，当散家把某些大牌出得所剩不多或出完后，庄家再出牌，散家往往就不好管了，这时，庄家的弱牌就会转化为强牌。

四是散家的炸弹用得所剩无几或用完后。有时，庄家手中的大牌较多，而炸弹却特别少，甚至没有，控制不住局面。经过一定的战斗后，当庄家用大牌把散家的炸弹已经引出很多甚至全部引完后，凭借手中剩下的大牌或再加上一两炸，就能很好地控制住局面了，这时，庄家的弱牌就会转化为强牌。

总之，如果庄家的牌力确实强大，就宜采取攻势，打得相对急一些，以防散家出牌过多而够手，尤其要防散家偷袭。

三、攻守结合

庄家牌弱时，要采取守势，但是，只守不攻会过于被动。反过来说，即使庄家的牌力很强，也要知道天外有天的道理，一般情况下，最好不要全面采取攻势，见谁都打、见什么牌都压。

如果庄家的牌弱，就需要忍耐，但是，忍耐也要把握一定的限度，不能对散家无限忍让，当敌方某家明显快要跑完时，就要注意进行坚决的打击，制止其跑牌。有时，虽然庄家的牌不是特别强，而是强中有弱，还想等一等，等把握更大的时候再还击、进攻，但是，如果敌方某一家的牌所剩不多，或者某一家的实力较强，或者某一家的牌较整时，就需要还击了。实战中，有很多庄家忍耐过度，一忍再忍，一直等到敌方已经把牌走得形成了必胜的态势时才想起该进行打击了，但是，那时已经为时已晚，即使庄家发动的攻击再强烈，也来不及了。所以，即使牌弱，庄家也不能对散家无限忍让，当情势变得非常危险时，庄家一定要坚决有力地对散家进行打击、遏制，先把主攻散家打停、不让他先走成功再说。把主攻散家打停后，庄家就还有机会赢牌；否则，再让一手，主攻散家就可能先走成功了，那时，庄家即使实力再强，也无济于事，没有任何赢牌的机会了。

如果庄家的牌较强，宜采取攻势，但也不能见谁都打，空耗实力。常打牌的人都懂得这么一个技巧：做庄家时，一般情况下，不要急着与守门员拼实力。为什么呢？就是因为打击守门员往往会空耗实力，不打击守门员还有可能会对自己有利。守门员上了封顶牌或炸弹后，只要不是怕守门员主攻跑牌，一手走得太多，庄家先不要炸守门员。因为守门员上手发牌，先轮庄家要牌，如果守门员发牌对自己有利，那最好；如果对自己不利，再用炸往往也不迟。当守门员用很大的牌守门时，一般情况下，庄家也可以先让一手。守门员用大牌守门后，如果其同盟接牌，就会耗费更大的实力，其同盟接牌后，庄家再根据情况决策是否对散家进行压制；如果其同盟不接牌，守门员就要发牌，守门员发牌后，庄家再根据守门员发牌的情况进行处理。所以，当情势不是很危险时，庄家一般不要与守门员拼实力。

牌场上的高手会恰当地处理攻与守的关系，能恰到好处地把攻与守结合起来，新手往往没有耐心或者判断不准情势，常常不能正确决策攻守。

牌手一定要牢记，攻守有机结合才是庄家取胜的上上之策，一般情况下，庄家都应该把攻与守结合起来，既守又攻，既攻也守，攻中有守，守中见攻。在实战中，庄家要根据具体情势决策攻守，当形势发生变化后，要能够适时地灵活转化攻守，在整个打牌过程中，使攻与守完美地结合起来。

第三节　庄家打牌原则

庄家以一人之力面对三个对手，既要考虑自己怎么跑牌，还要考虑如何防御三位散家的进攻。在决策时，庄家必须考虑到各个方面的情况，要彼此兼顾，不能顾此失彼。牌场上情况千变万化，纷乱复杂，庄家怎样做才能够恰当地进退攻防，立于不败之地呢？我认为，庄家在打牌时，要把握住以下几个基本原则。

一、我主沉浮——牢牢掌握主动权

庄家一对三孤军奋战，因此，掌握牌场的主动权非常重要。庄家掌握了主动权，就能稳操胜券；掌握不了主动权，就会一败涂地。如果一切都在庄家的掌控之中，那庄家必然会轻松获胜。可以说，庄家作战首要的原则便是要善于对牌场进行强有力的控制，牢牢掌握牌场的主动权。

斗地主时，及时上炸能很好地控制住局面，但是，炸弹毕竟往往有限，除过用炸，牌手还可以通过以下打法很好地掌握主动权。

（一）通过回手掌握主动权

庄家出牌后若能用封顶牌回手，就能掌握主动权。用封顶牌回手后，如果对手制止，会耗费一炸；如果对手不制止，就会重新拥有发牌权。比如，庄家有两个大王，出单牌就可以确保回手。

（二）通过留散家必会送上手的封顶牌掌握主动权

留下散家必会送上手的封顶牌，当散家出这类牌时，庄家就能封顶，或者上手，或者逼炸。

庄家往往既会有一些能够回手的牌，也会有一些不能回手的牌。为了跑牌，有时必须出掉不能回手的牌。出这些牌虽然当轮不能回手，但由于留有其他类型的大牌，当散家打其他牌型时庄家就能够回手，所以，庄家可以通过留大牌的办法掌握主动权。比如，庄家有两个大王、一个小王、还有一对2，而自己手中的单牌并不多，但小三带对较多，这时，就可以打小三带对。虽然小三带对出去后不能回手，但是，庄家手中有三个王和两个2，当散家打单牌或对子时，庄家能封顶。

如果庄家的两种牌型都有封顶牌，在选择出牌和留牌时，就要注意先出散家不易送上手的牌，而留下散家必会送上手或送上手可能性大的牌。例如，庄家上手后，余牌是：大王、22、KKKKK、J、44。散家的特大牌只有一个小王和一个2，主攻散家有两个较小的单牌，其他散家的单牌更多，这时，无论庄家是出对4还是单J，都必能回手。在散家有两炸的情况下，庄家应该怎么出牌？庄家应该出对4，之后，用对2回手。因为主攻散家的牌不整，必出单牌，庄家的大王能确保压敌封顶。所以，如果先出对4，一般地，在散家有两炸的情况下，庄家能够获胜。否则，庄家出单J后虽然也能用大王回手，但散家上炸后如果不主动出对子，即使主攻散家有两张以上的单牌，必须先打单牌，一般情况下，庄家也会失败：如果庄家不拆对2，散家打完单牌后逐次拆开整牌打单，庄家必然失败；如果庄家拆开对2过单，散家就会用小王管上，之后，主攻散家一直进攻整牌，先逼庄家下炸，或者主攻散家出单牌时同盟用2守门，使庄家的单2用不上，再打整牌，庄家也必然失败。

如果庄家的两种牌型都有一手小牌，其中一种当时没有封顶牌，只有在出了一手，把散家的封顶牌引下来后，余下的一手牌才能封顶，而且散家不易送上手，另一种当时有封顶牌，而且散家容易或必然送上手，那么，在选择发牌时，就应该发散家不易送上手的那种牌型的小牌，留下散家必会送上手或送上手可能性大的那种牌型的小牌。例如，庄家上手后，余牌是：小王、AAA、QQQ、9999、8、66、4444、33。这时，小王是全场唯一最大的单牌，散家A以上的三个头只有一手222。散家手中有两个大炸，但每位散家的单牌都不止一张。这种情况下，庄家应该如何发牌？第一种打法是，庄家发单8。虽然庄家出单8后小王必可回手，但是，这时，庄家手中只有两个炸弹，散家不但有两个炸弹，而且还有可以封顶的三带对，在散家不出三带对或三个头的情况下，庄家的上手次数不够，必然失败。我们推演一下：庄家出单8后，用小王回手。这时，散家可炸可不炸。若散家不炸小王，庄家出QQQ－33，散家用222－xx封顶。只要散家不出三带对或三个头，庄家想再发牌，必须用炸，但庄家和散家都有两个炸弹，庄家的炸弹不够用。若散家炸了小王上手，庄家想再发牌，必须用炸，在散家不出三带对或三个头的情况下，庄家不能把牌出完。第二种打法是，庄家发QQQ－33。庄家出QQQ－33，虽然这一轮不能封顶，但由于散家都有两张以上的单牌，因此，庄家的小王必然有封顶的机会。庄家必然可以用上封顶牌小王和两个炸弹，还有封顶牌AAA－66，只有一手累赘牌单8；散家有两个炸弹。庄家由于多了一次上手机会，在最后出单8的情况下，必能获胜。我们推演一下：庄家出QQQ－33后，散家用222－xx封顶，庄家上炸，散家回炸。之后，散家出其他牌型时庄家再用炸，散家再次回炸。但由于任一位散家的单牌都有两张以上，因此，庄家必然能用小王上手。庄家上手后，用AAA－66冲牌，最后出单8，就能成功。

（三）通过可以变化的牌掌握主动权

庄家的牌型如果变化小，要不上的牌型就较多，就很容易失去主动权，因此，庄家留牌时，要留牌型富于变化的牌，尽量不要把牌打成没有变化、尤其是牌型过于单一的牌。实战中，我们经常会遇到这样的情况：某散家打对子，庄家的对子不是太多，也不能封顶，但还要跟着过，一直把对子跟完。后面，当散家再打三带对时庄家竟然要不上了，后悔莫及。所以，当庄家的对子远远少于三头时，庄家应当留下一两个对子，这样，牌型就有变化，无论散家再打三个头还是打三带对，都可以有效顺牌。还有这样的情况：当三个王落地后，庄家还有一个小王和一对2，由于这时已经出了多轮单牌，主攻散家的单牌可能已经很少了，但守门员守单 A 后，庄家由于担心后面散家再出单 2 时自己无王可管，因此留下了小王，拆开了对 2，用单 2 管了守门员的单 A，结果弄得小王和 2 都成了单牌，失去了控制对子的主动权。散家炸了庄家的单 2 后一直发对子，庄家虽然有小王和 2，但由于不成对，管不住散家的牌，最后，庄家就因为在对子上失去了封顶能力而败北。

如果庄家有两手以上的封顶牌，一手是没有变化的死牌，一手是有变化的活牌，在选择出牌和留牌时，就应该出没有变化的死牌，而留下有变化的活牌。如果先出没有变化的死牌，即使散家上炸，因为留下的牌还有变化，庄家仍有赢牌的可能；而如果先出有变化的活牌，万一被散家炸掉，庄家留下的死牌没有变化，应付不了很多情况，庄家赢牌的可能性会很小。比如，当散家还有一个小王时，庄家的牌是：22、999、888、5555。22 和 999－888 都是封顶牌，在散家还有两炸的情况下，庄家应该先出什么呢？应该先出 999－888。出 999－888 后，散家上炸，但由于庄家手中还有两个 2，牌型可以变化，既能应付对子，也能应付单牌，还有赢牌的可能：如果散家出对子，庄家上对 2 就能赢牌；如果散家出单牌，庄家拆开对 2 顺单，只要能上两次单 2，也能赢牌。如果庄家不先出 999－888 而先出 22，一旦被炸，很难有散家会送双飞，而 999－888 的牌基本上没有变化，既应付不了单牌，也应付不了对子，即使有人送上三头，也难以封顶，当散家还有一个比 5555 大的炸弹时，庄家不能用 5555 冲牌，必输无疑。

（四）通过逼大牌掌握主动权

把散家的封顶牌逼得出完，或者把大的整牌逼得拆开，庄家较大的牌就能封顶了。比如，庄家有三个王，出单牌时，庄家用 2 把散家的王逼下来后，庄家的 2 就能封顶了。再如，当散家已经没有三头 A 时，庄家用 A 把散家的三个 2 逼得拆开，等打三头时，庄家的三个 K 就能封顶了。

（五）通过逼炸掌握主动权

如果庄家的炸少或者较小，不能控制住局势，就可以用逼炸的办法让散家先把炸弹出下来。把散家的炸弹逼下来后，庄家的小炸或者大牌就能够左右局势了，庄家也就掌握住了主动权。

一般而言，庄家要逼炸的话有三种办法：一是出大牌逼小炸。比如，出大王、三个2往往可以逼出外面的小炸。二是出连牌尤其是长连牌逼炸。出连牌显得庄家走牌很急，如果害怕庄家走牌过多，散家就会用炸。三是出小炸逼大炸。散家天然会控制庄家出牌，因此，庄家用炸后，如果散家有更大的炸弹，往往就会用大炸回炸庄家。牌场上有话："炸轰炸，不吃亏"，说的就是一般情况下散家不能眼看着庄家用炸上手发牌而自己不回炸庄家，所以，庄家要逼大炸，通过先上小炸的办法最灵验。

二、主次有别——重点防控主攻方

对庄家来说，虽然三位散家都是自己的敌人，但是，最终直接打败他的人是先走完的那个散家，即主攻散家，因此，在三个敌人中，主攻散家才是庄家真正的心腹大患。由于三位散家对庄家构成的威胁程度不同，因此，庄家对散家的防控也应该分主次。而且，庄家的实力往往有限，这也要求庄家在防控散家时要分主次。由以上分析我们可以得出庄家打牌必须坚持的一个原则——防备和控制散家时要主次有别：对助攻散家可以相对放松，而对主攻散家要时刻警惕，严防死守。也就是说，在打牌时，庄家要重点防控散家的主攻方：要紧紧盯住主攻散家的动向，牢牢控制住主攻散家跑牌的进度。

（一）判断谁在主攻

庄家要防控主攻散家，首先得知道谁是主攻散家，只有知道了谁是主攻散家，才能有针对性地防备和打击，因此，庄家要善于根据有关情况判断谁在主攻。

一般情况下，中门主攻占多数，但顺门也常常会主攻，有时，守门员也在弃门主攻，有的情况下甚至有两个散家同时在主攻，也还有三个散家都在主攻的情况。

对于通常情况下的中门主攻，庄家比较好判断。中门在走了几手牌后，开始出整牌甚至连牌，一般就标志着中门已经试着进攻或已经开始进攻了。

顺门主攻与助攻时的表现大不一样。如果顺门一开始就不管是否能挡住中门的牌，只顾自己在顺牌，尤其在顺较大的牌，往往说明顺门有主攻的打算。当顺门上手后，只顾打自己的牌，不像是在送中门，这时，基本上就可以认定顺门是在主攻了。尤其是当庄家封顶或上炸后，顺门欲炸又止，那多是顺门在计算是否够手，庄家要重点防备。

守门员主攻也常有征兆。比如，在开局阶段，守门员用2甚至用王守门，可能是不愿意拆整牌，企图上手主攻；或者守门忽小忽大，例如先用Q守，再用2守，往往说明Q是单牌，用2守门企图上手发牌。再如，在开局不久，情况尚不明朗时，守门员上手后就出整牌，多是在弃门主攻，因为守门员发整牌庄家基本上都能过牌，而守门员不会无缘无故地让庄家过牌，所以，这只能说明守门员是在弃门主攻。

有时，也可能某位散家为了消耗庄家的实力在进行佯攻。这种情况庄家要注意鉴别。比如，守门员发连牌，既有可能是在弃门，也有可能是在佯攻骗炸，庄家要根据牌手的水平和出牌习惯等因素准确判断，谨慎处置。

（二）对不同位置散家主攻的不同态度

不同位置的散家主攻，条件不同，对庄家的威胁和好处也不一样。庄家要会分析不同位置散家主攻时的利弊，充分利用其有利因素，重点防备其不利因素，使牌局向着对自己最有利的方向发展。

一般来说，中门主攻最危险。他上有顺门送牌，下有守门员站岗，其跑牌对庄家最不利。比如，中门跑得还有两手牌时，出了一手小牌，守门员用大牌守门，庄家过不了牌，而一旦顺门用大牌或炸弹上手，就可以送中门最后一手牌了。因此，当中门主攻时，庄家要牢牢控制，不要让中门跑牌过多。而且，中门主攻的情况较多，所以，在没有弄清谁是主攻散家时，庄家宜以预防中门主攻为主。

相对来说，顺门跑牌的危险性就降低了许多。顺门跑牌往往是因为顺门的实力较为强大，牌相较整。但是，如果顺门的大牌被庄家管住，不能形成用大炸冲牌时，往往中门和守门员会送顺门，而送顺门必须经过庄家，庄家正好可以利用这一机会过牌或用大牌封顶、并控制顺门最后走牌。甚至有时顺门留在手上的牌太小，庄家还可以拆牌拦截，使顺门到最后也走不完牌。所以，对于顺门主攻，如果庄家企图过牌，可以先浪费顺门的炸弹，确保不使其冲牌成功，然后，再利用中门和守门员给顺门送牌的机会过牌或封顶。庄家实在不需要过牌时，还可以通过拆牌拦截的办法对顺门进行控制，使其不能先把牌走完。

守门员主攻有弊有利，皆较明显。守门员主攻时，前面有两位同盟送牌，如果守门员余牌的手数较少，对庄家极为不利。但是，守门员主攻时，往往会出小牌，这样，庄家很可能把很小的牌顺掉，这在守门员通常守门时是根本想像不到的。如果庄家顺了一两手牌就能把打不赢的牌打赢，这便是守门员跑牌时对庄家的最大好处。所以，当守门员弃门时，如果庄家需要顺牌，就可以充分利用守门员弃门往往会出小牌的特点，在必要时等一等，让守门员送送牌。虽然守门员跑牌有利于庄家顺牌，但是，庄家必须明白：一般情况下，守门员决定跑牌，必然牌整，而且比较强大，这一定要引起庄家的高度重视。有时，虽然守门员出的牌很小，庄家能顺小牌，但如果庄家顺的牌较小，守门员还能再顺一次牌，而守门员有可能再出一手牌就够手了，因此，庄家在顺牌时必须高度警惕，注意顺牌次序。如果庄家有大炸，能够在最后关头对散家进行控制，那么，可以充分利用守门员弃门时放小牌的机会，过一两手牌；如果庄家没有大炸，无法在最后关头控制散家，那么，就要注意避免出现这样的情况：虽然自己顺了牌，但由于顺的牌小，之后，守门员还可以再顺牌，当守门员的牌出得只剩一两手时，或者守门员有大炸，能用大炸冲牌成功，或者顺门和中门有大炸，上手后能把守门员送走，那时，庄家即使炸弹再多，也没有了任何意义，会被全部饿死。

（三）慎防某一散家走牌过多

散家进攻时，有可能是主攻散家在真攻，也有可能是助攻散家在佯攻。对庄家而言，并不一定每盘都能够准确判断出哪位散家是真正的主攻。但无论如何，主攻散家必然会进攻，而佯攻散家在一定情况下也可以转为真正的主攻。另外，有一些散家一直在边走边看，一直没有放弃跑牌的打算。因此，一般情况下，庄家还是要重点关注跑牌较快的那位散家。对走牌较多的散家，要适时打击，及时制止。我认为，只要庄家的实力不是太弱，即使进攻的散家佯攻的可能较大，庄家对其进行打击也不算大错。这也就是人们通常说的："谁跑打谁。"

实战中，如果某位散家明显在主攻，急于出牌先走，庄家就要紧紧盯住他，不能让他把牌出得太多。千万不要以为自己有大炸，只要主攻散家余牌不在够报的十张以内就安全。想跑的那家，即使有十几张牌时，也是非常危险的。如果某位散家把牌走得太多，很有可能到最后庄家控制不了局面，散家的牌很可能因为自己有大炸能冲牌成功，或者余牌能被同盟送走，甚至有可能被庄家必出的小牌送走。尤其是当发现主攻散家在修牌时，庄家一定要及时遏制，否则，待其把调整好的连牌出掉后，庄家再想控制往往就来不及了。

当然，重点防控主攻散家并不是说对其必须次次打击，如果自己牌力偏弱，就要学会在关键时候打击主攻散家。很有可能在关键时候的一次打击，就使主攻散家的牌成了废牌，其对庄家的威胁顿时会变得非常弱小，而庄家也就高枕无忧了。

比如，庄家不吃单牌，主攻的中门虽然有三带对和小双飞双带，但由于害怕庄家要三带对、双飞双带，因此，中门不敢发，而把较大的三带对拆成单牌出。中门出单牌后，庄家一直不要。这样，中门更加坚定地认为庄家在等散家送牌，更不敢出双飞双带。看到庄家迟迟不下炸，中门认为庄家的炸弹不够用，于是在还剩十一张牌时，中门仍然出了一个大单牌，这时报牌："还有十张"。在这关键时刻，庄家必须下炸。很有可能这一炸，中门的小双飞双带十张牌就成了废牌，再也走不掉了。

庄家防守时，制止走牌过多的散家非常重要，要随时防备某个散家把牌走得太多。对于先跑的散家，庄家要牢牢盯住，不能等他的余牌已经很少时再制止，那往往就来不及了。哪怕自己的牌很弱，哪怕消耗实力很大，在关键时候，尤其是当散家余牌很少时，庄家都一定要停住其出牌的步伐。

在实战中，有一种现象非常有意思。在开局阶段，同样是散家上手，但有的庄家对待顺门和中门封顶时的态度不一样，宁可让中门上手发牌，也不让顺门上手发牌。这种处理方式是有一定道理的。因为，"顺门一走走三家"，顺门发了牌，中门顺了牌，守门员也出了牌，所以，顺门上手发牌，无论是顺门主攻还是中门主攻，都对庄家非常不利，如果顺门主攻，可以走一手牌；如果中门主攻，顺门可以给中门送一手牌。这样，有的庄家就想了，既然需要用炸弹制止一次散家，制止顺门当然比制止中门更不利于散家走牌了。这种想法不能说绝对正确，因为庄家还须根据很多具体情况看更应该控制哪位散家上手，但如果排除其他因素，仅从不让散家多走牌的角度考虑，应该还是很有道理的。

（四）正确判断散家余牌够报时的情况

当散家的余牌在十张以内时，数量已经很少了，如果是主攻散家，往往说明他的牌已经够冲锋条件或者接近冲锋条件了，其对庄家的威胁明显很大，庄家应该高度警惕。有时，主攻散家的牌虽然在十张以内，但是，庄家的实力还是很弱，仍然想在最关键的时刻再进行打击。这时，庄家就要分析主攻散家够报的情况，看何种情况必打，何种情况还可以再次忍让。

主攻散家够报后，按照对庄家的威胁程度大致可以分为四种情况。

一是，余牌是一两个炸弹，或绝对大的炸和一手牌。这种情况基本上就宣告庄家失败了，庄家也就不用考虑了。比如，剩四张牌时，是一个炸。再如，剩七张牌时，是一个六个头的炸和一张单牌。

二是，余牌为一个不是绝对大的炸和一手牌，或者一手容易被送走的牌。这种情况非常危险，庄家往往会输牌。但如果庄家有很强的实力，能够控制，也有可能会制止住主攻散家。比如，剩九张牌时，是一个炸弹、一个三带对。再如，剩两张牌时是一个对子。

三是，余牌为一炸和两手牌，或者两手牌，或者一手不易被送走的牌。这种情况最多，既对庄家有相当大的威胁，又有一定的回旋余地，这是最微妙的情况。在主攻散家还有两手牌时，庄家出牌的种类及大小往往会影响到最后结局的胜负，因此，庄家一定要掌握这种情况下主攻散家余牌的牌型情况。比如，剩十张牌时，是一个四个头的炸，一个三带对和一个单牌。再如，剩八张牌时，是一个三带对，一个三头。当主攻散家还有一手不易被人送走的牌时，要慎防被别人甚至被自己送走。比如，剩六张牌时，是连对；剩十张牌时，是双飞双带。

四是，余牌手数较多，难以冲锋。

以上四种情况，第一种情况庄家基本已经告败。第二种和第三种情况最常见，而且，这两种情况虽然对庄家构成了相当大的威胁，但是，仍然有一定的回旋余地。当庄家具有一定实力时，这两种情况往往非常微妙：如果庄家发挥出色，散家配合不力，可能庄家会赢；相反，如果庄家发挥一般，散家配合严密，可能庄家会输。第四种情况对庄家构成的威胁很小。

主攻散家够报时，可能有各种牌型情况，但有的牌型情况不常见，比如，剩十张牌时，是一个六个头的炸和两个对子；剩九张牌时，是一个四连对和一个单牌。这些不常见的牌型情况庄家很难判断，不好防备。因此，当主攻散家的牌够报时，作为庄家，需要重点分析和研究的就是既对庄家有相当大的威胁、又非常微妙的第二种情况和第三种情况中常见的牌型情况。当敌牌够报时，如果认为敌牌属于第二种和第三种情况，只要庄家牌力不是太弱，都要进行坚决制止。

1．十张牌

十张牌可能出现的情况非常多，能对庄家构成相当威胁的有以下几种情况。

（1）一个五个头的炸弹、一个三带对。

（2）一个五个头的炸弹、一个四个头的炸弹、一个单牌。

（3）两个四个头的炸弹、一个对子。

这三种情况最常见，散家已经形成了冲牌态势，非常危险。

（4）一个四个头的炸弹、一个三带对、一个单牌。

（5）两个四个头的炸弹，两个单牌。

这两种情况很常见，对庄家有相当大的威胁，散家一旦再走一手牌，就形成了冲牌态势。

（6）两个三带对。

（7）一个双飞双带。

这两种情况也很常见，但威胁要小不少。

（8）一个四个头的炸弹、一个双飞。

（9）一个四个头的炸弹、一个三连对。

这两种情况相对少见，但却非常危险，散家已经形成了冲牌态势。

（10）一个五连对。

这种情况相对更少见。

十张牌可以一手走掉，因此，如果判断不清楚敌牌型，尽量不要发双飞双带，发五连对也须慎重，以免自己亲手把敌送走。双飞双带被送走有一定的可能，对散家送的双飞双带，如果庄家有很大的双飞双带，可以管上，如果没有很大的双飞双带，在力量较大时，可以考虑炸掉，在力量不是很大时，可以不用管；五连对被送走的可能性相当小，对散家送的五连对，如果力量不是很强大，可以不用管。敌余牌为十张时，要防止其再出一手牌空余炸弹或形成冲牌态势，庄家注意慎发三带对、三连对和双飞，并严防其他散家送三带对、三连对和双飞。也须注意不要发单牌和对子，以免敌是一张单牌或一个对子外加两个炸弹。发三头比较安全。

2. 九张牌

九张牌出现的情况也非常多，能对庄家构成相当威胁的有以下几种情况。

（1）一个四个头的炸弹、一个三带对。

（2）两个四个头的炸弹、一个单牌。

这两种情况最常见，散家已经形成了冲牌态势，非常危险。

（3）一个五个头的炸弹、一个三头、一个单牌。

(4) 一个五个头的炸弹、两个对子。

这两种情况很常见，对庄家有相当大的威胁，散家一旦顺走一手牌，就形成了冲牌态势。

(5) 一个三头、一个三连对。

(6) 一个三头、一个双飞。

这两种情况相对少见。

(7) 一个三飞。

这种情况相对更少见。

九张牌可以一手走掉，因此，如果判断不清楚敌牌型，发三飞须慎重，以免自己亲手把敌送走。三飞被送走有可能，但可能性很小，对散家送的三飞，如果力量不是很大，可以不用管。敌余牌为九张时，要防止其再出一手牌空余炸弹或形成冲牌态势，庄家注意慎发三带对，并严防其他散家送三带对。也须注意不要发单牌，以免敌是一张单牌外加两个炸弹。可以发对子、三头，发连对、除三飞外的飞类牌安全。

3. 八张牌

八张牌可能出现的情况也很多，能对庄家构成相当威胁的有以下几种情况。

(1) 一个五个头的炸弹、一个三头。

这种情况很常见，散家已经形成了冲牌态势，非常危险。

(2) 一个四个头的炸弹、一个单牌、一个三头。

(3) 一个四个头的炸弹、两个对子。

(4) 一个五个头的炸弹、一个单牌、一个对子。

这三种情况也很常见，散家一旦再走一手牌，就形成了冲牌态势。

(5) 一个三带对、一个三头。

这种情况也很常见。

(6) 一个四连对。

这种情况相对少见。

八张牌可以一手走掉，因此，如果判断不清楚敌牌型，尽量不要发四连对，以免自己亲手把敌送走。四连对被送走有一定的可能，对散家送的四连对，如果有很大的四连对，可以管上；如果没有很大的四连对，在力量较大时，可以考虑炸掉，在力量不是很大时，可以不用管。敌余牌为八张时，要防止其再出一手牌空余炸弹或形成冲牌态势，庄家注意慎发单牌、对子和三头，并严防其他散家送单牌、对子和三头。如果敌有炸弹，炸后余牌不足五张，因此，发除四连之外的连对、飞类牌、三带对安全。

4. 七张牌

七张牌只要不是炸，肯定不止一手牌。因此，当散家剩七张牌时，庄家不用害怕散家一手把牌出完，如果庄家的牌力不足，可以再让散家走一手。当然，如果担心散家再走一手后很危险，能管时也要管，必要时要上炸。

七张牌可能出现的情况较多，能对庄家构成相当威胁的有以下几种情况。

（1）一个四个头的炸弹、一个三头。

（2）一个五个头的炸弹、一个对子。

这两种情况最常见，散家已经形成了冲牌态势，非常危险。

（3）一个四个头的炸弹、一个单牌、一个对子。

（4）一个五个头的炸弹、两个单牌。

这两种情况很常见，散家一旦再走一手牌，就形成了冲牌态势。

（5）一个三带对、一个对子。

这种情况也很常见。

（6）一个三带对、两个单牌。

这种情况相对少见，对庄家的威胁较小。

敌余牌为七张时，要防止其再出一手牌空余炸弹或形成冲牌态势，庄家注意慎发单牌、对子和三头，并严防其他散家送单牌、对子和三头。如果敌有炸弹，炸后余牌不足五张，因此，发连对、飞类牌都、三带对安全。

5. 六张牌

六张牌可能出现的情况也较多，能对庄家构成相当威胁的有以下几种情况。

（1）一个四个头的炸弹、一个对子。

（2）一个五个头的炸弹、一个单牌。

这两种情况最常见，散家已经形成了冲牌态势，非常危险。

（3）一个三带对、一个单牌。

这种情况较常见。

（4）一个四个头的炸弹、两个单牌。

这种情况也较常见，散家一旦再走一手牌，就形成了冲牌态势。

（5）一个三连对。

（6）一个双飞。

这两种情况相对少见。

六张牌可以一手走掉，因此，如果判断不清楚敌牌型，尽量不要发三连对、双飞，以免自己亲手把敌送走。三连对被送走的可能性大一些，对散家送的三连对，在力量较大时，要考虑用从大到小的牌来管或炸掉；双飞被送走的可能性相当小，对散家送的双飞，如果力量不是很强大，可以不用管。敌余牌为六张时，要防止其再出一手牌空余炸弹或形成冲牌态势，庄家注意慎发单牌和对子，并严防其他散家送单牌和对子。如果敌有炸弹且不是六个头，炸后余牌不足三张，因此，发四连以上的连对、多飞、飞牌带对、三带对、三头安全。

6. 五张牌

五张牌可能出现的情况就很有限了，除一个五个头的炸外，再只有六种情况，能对庄家构成相当威胁的有四种情况。

（1）一个四个头的炸弹、一个单牌。

（2）一个三带对。

这两种情况最常见。在（1）的情况下，散家已经形成了冲牌态势，非常危险。

（3）两个对子、一个单牌。

（4）两个单牌、一个三头。

这两种情况相对少见，对庄家的威胁较小。

五张牌可以一手走掉，而且三带对很常见，因此，如果判断不清楚敌牌型，最好不要发三带对，以免自己亲手把敌送走。对其他散家送的三带对，要用从大到小的牌来管或炸掉。敌余牌为五张时，要防止其再出一张单牌后空余炸弹，庄家注意慎发单牌，并严防其他散家送单牌。如果敌有炸弹且不是五个头，炸后余牌只剩一张，因此，发连对、飞类牌都绝对安全，发三头、对子比较安全。

7. 四张牌

四张牌只要不是炸，无论如何也不会一手出完。因此，当散家剩四张牌时，对庄家来说处理起来倒显得简单。如果是炸弹，除非庄家能用大炸冲牌，最后拼一下，否则，庄家已经输牌，根本不用处理了。如果不是炸弹，不但一手走不完，而且余牌也不可能再有炸弹。所以，当散家剩四张牌时，如果庄家不能确保冲牌成功，或者实力弱，可以先不炸甚至先不管，放心地让散家再走一手。也正因为如此，我们常常会在实战中看到当散家余牌为四张时庄家允许其发牌的情况，人们常说“炸不打四”也正是这个道理。但是，如果担心散家再走一手后容易被其同盟送走或自己被迫送敌走时，那就要管，必要时要上炸。

四张牌除炸弹外，出现的情况只有四种，能对庄家构成相当威胁的有三种情况。

（1）一个三头、一个单牌。

（2）两个对子。

这两种情况最常见。

（3）两个单牌、一个对子。

这种情况相对少见，对庄家的威胁较小。

敌余牌为四张时，发连对、飞类牌、三带对都绝对安全，发三头、对子、单牌比较安全。

8．三张牌

三张牌只有三种情况。

（1）一个三头。

这种情况最常见。

（2）一个对子、一个单牌。

这种情况也常见。

（3）三个单牌。

这种情况相对少见，对庄家的威胁较小。

三张牌可以一手走掉，当判断不清敌三张牌是否为三头时，最好不要发三头。对散家送的三头，要用从大到小的牌来管或炸掉。敌余牌为三张时，发连对、飞类牌、三带对都绝对安全，发对子、单牌比较安全。

9．两张牌

两张牌只有两种情况。

（1）一个对子。

这种情况最常见。

（2）两个单牌。

这种情况也常见，但对庄家的威胁相对较小。

两张牌可以一手走掉，当判断不清敌两张牌是否为对子时，最好不要发对子。对散家送的对子，要用从大到小的牌来管或炸掉。敌余牌为两张时，发连对、飞类牌、三带对、三头都绝对安全，发单牌比较安全。

10. 一张牌

一张牌自然只有一种情况。

如果是顺门留着一张不太大的牌，庄家控制起来相对容易。

如果是中门或守门员只有一张牌，其同盟有实力上手，那对庄家来说非常危险，一般情况下，庄家必会输牌。只有一种情况是例外，那就是，当余牌是谁也送不走的小牌时，不但不会对庄家构成威胁，反而还会误导其他散家——不但会使其他散家浪费实力上手，还有可能使其拆牌送单，这对庄家倒是难得的有利情况，只是相对较少遇到。实战中，中门和守门员主攻时留一张单牌但不能被同盟送走，往往有三种情况：一是，主攻散家以为用炸弹可以冲牌成功，本来想最后走小单牌的，结果冲牌失败，小单牌被留在了手中，由于这张单牌太小，上风散家无法送走。这种情况较多。二是，主攻散家的上风同盟把小牌出完了，虽然主攻散家留的单牌不算很小，但由于上风散家手中没有更小的牌，所以无法送走。这种情况较少。三是，主攻散家原本以为有机会走小牌的，但由于庄家控制过紧，后面再没有机会走小牌了，最后留下了小单牌。这种情况也时有发生。在中门和守门员之间，守门员弃门时更容易发生这种情况。

当判断不准敌主攻所余单牌的大小时，庄家一般情况下就不要发单牌，以免自己亲手把敌送走。对散家送的单牌，要用从大到小的牌来管或炸掉。敌余牌为一张时，发单牌以外的所有牌型都是绝对安全的。在判断不清敌牌大小的情况下，如果自己被迫必须发单牌，要注意发牌顺序。

（五）后场时注意兼顾不利主攻散家要牌

散家破坏庄家的打法中有一条是“不利庄家要牌”，因为在很多情况下，庄家顺过几手牌甚至一手牌就能把牌打赢，所以，散家要尽力不使庄家顺牌或甚至封顶。反过来，对庄家来说，敌主攻散家也可能顺过几手牌甚至一手牌就能把牌打赢，因此，庄家在自己跑牌时，也要注意兼顾不利主攻散家要牌。庄家兼顾不利主攻散家要牌，主要是指在后场。因为，在前场，一则，既不好判断哪位是主攻散家，也不好判断主攻散家需要顺什么牌；二则，前场形势不那么紧张，主攻散家顺过一些牌后对庄家的威胁不那么大。而在后场，主攻散家有可能过几手甚至一两手牌就能先跑成功，所以，到了后场，庄家特别要注意在自己进攻时兼顾不利主攻散家要牌，尽可能不让主攻散家顺牌。

牌局后场时，庄家经常会遇到这类情况：上手后，有一小炸和若干牌，而主攻散家有一大炸，但不够冲牌条件，需要过一手牌才能冲牌成功。这种情况下，庄家必须按照不使主攻散家顺牌的原则发牌，才能战胜对手。比如，我是庄家，散家的中门在主攻。当中门出了一手五连对88-77-66-55-44后，手中再剩七张牌。为了防止中门跑掉，我上了四个4的炸弹，中门犹豫了一会，允许我发牌。我手中的牌是：大王、AA、KK、9、8888。这时，敌方的中门只剩七张牌了，其余两家没有什么力量，不足为虑。通过战斗的进行情况可以做出如下判断：（1）中门的这七张牌只可能是一个单牌、一个对子和一个四头炸。（2）中门的炸肯定比我的炸大。（3）中门手中的对子是2。（4）因为中门一开始就出掉了很多单牌，所以，这时中门的单牌肯定是上一手出连牌时拆剩下的小单牌，这张单牌肯定没有8大。（5）顺门和守门员没有K以上的牌。事实上，中门手中的牌是：22、10101010、6。中门之所以此时没有上炸，是希望过一手牌后再用炸弹冲牌。这时，我应该怎么出牌呢？其余两家没有力量，中门希望能过对2，中门明知我有一个大王，因此，一般情况下不敢拆2。因为中门一旦拆2，手中就会有两张单牌和一个炸弹，我再出对子，中门就没有办法了。这时，我只能耐心地出单牌，让中门无法顺牌。正确的出牌顺序是：先发一个9。因为中门有两个2，所以，我手中2以下的单牌不能超过一张，出单9后，我手中的牌变整，仅有一张封顶的单牌大王。出了9之后可能会遇到两种情况：一种情况是，中门拆一个2过，那么，我用大王上手，再出对K、对A，就能打赢。另一种情况是，9被另外的一个散家用较小的牌管上，那么，我用单A接过来。这时，我手中的牌还有：大王、A、KK、4444。如果中门这时拆开对2，用单2压我的单A，那么，我就用大王封顶。余牌中，对K能封顶，还有一个炸弹和一个A，先出对K，就必能赢牌；如果中门不拆对2压A，我就再出单A，接着出大王，也必能赢牌。如果不按照这个原则发牌，在手中除炸弹外还有两手以上的牌时，只要出上一对，中门就会顺走对2，把我打败。所以，这种情况下，只要我不出对子，使中门顺不走对2，就一定能够打败散家。

到了残局阶段，主攻散家往往顺过一两手牌就能冲锋成功。如果这时庄家能送上主攻散家一两手牌，那对散家来说无异于是雪中送炭，主攻散家求之不得。所以，庄家在残局时要善于判断主攻散家的余牌情况，注意慎送主攻散家。

在残局时，庄家一定要注意主攻散家需要顺什么牌，切忌以下几种情况出现。

一是，庄家不能送甚至助攻散家也送不走的牌。比如，中门手中的牌是J、444－33，这时，庄家出333－xx。残局时，顺门手中也往往没有这么小的三带对了，庄家这时打出333－xx，甚至胜过赠送散家一炸。中门顺走444－33后，余牌仅剩一张，只要顺门上手，就会送走中门。

二是，庄家不能送得主攻散家够冲牌条件。比如，中门手中的牌是KKKKK、AAA－99、J，如果庄家打出三带对，中门顺过AAA－99后，就能一举冲牌成功。

三是，庄家不能送得主攻散家空留一炸。在主攻散家还有炸时，一般情况下，庄家一定不能送得主攻散家就剩下了一个炸弹，那样基本上是自求败局。

四是，庄家不能在散家还剩一手牌时把散家一次送走。当主攻散家只有一手牌时，如果庄家发牌恰好送走了主攻散家，那无异于无灾自杀，有福求死。所以，当主攻散家手中的余牌有可能是一手时，庄家要特别注意慎发与主攻散家余牌数量相同的牌型，以免自己把散家的余牌一手送完。比如，散家还有十张牌时注意是双飞双带或五连对，散家还有九张牌时注意是三飞，散家还有八张牌时注意是四连对，散家还有六张牌时注意是三连对或双飞。庄家自己一手送走主攻散家的情况虽然少见，但并非绝无仅有，在实战中不止一次出现过。

三、群龙无首——不容主攻发信号

散家在进攻时，发信号很关键。一般情况下，如果主攻散家明确地发出了信号，散家就会立即把分散的力量聚集到一起，形成强大的合力。散家铁板一块，严密配合，会对庄家十分不利。比如，当守门员知道了顺门或中门的牌较整后，往往会死守大门，庄家的单2、甚至单王都有可能顺不走。因此，作为庄家，就要反其道而行之，尽量让主攻散家的信号发不出来。

主攻散家的信号发不出来，他们之间就既不知道谁在主攻，也不知道谁的长项牌型是什么，这样，散家就会群龙无首，各自为战。这不但会分散散家的力量，使其不能对庄家构成大的威胁，而且，有的散家还会因此一再持炸不用，有时，庄家还能趁机顺走一些牌、甚至顺走很小的牌。在实战中，有的散家其实牌力很强，甚至炸弹很多，还有大炸，但因为群龙无首，都在观望等待，结果到最后，庄家已经把牌走完时，散家还没有分出谁在主攻呢！所以，不让主攻散家发信号，使散家处于群龙无首的状态，对庄家是最有利的。

庄家不让主攻散家发信号，就要及时管主攻散家的牌，不让其上手发牌。从三位散家的位置上看，中门主攻的可能性大，因此，在散家没有人明显发出企图主攻的信号之前，要重点制止中门上手。如果散家已经有人暴露出了主攻的倾向，那就要重点对其进行遏制，不让他上手发出明确的主攻信号和牌型信号。

如果庄家的牌型有短项，在打牌时，更要注意这一点。有时，庄家的王多，但不吃对子或三头，这时，一定要注意及时管单牌，因为，一旦主攻散家上手发出了信号，庄家有可能连王都成了累赘牌。

四、混水摸鱼——牌情不要早暴露

庄家如果想让散家送牌，就不要把自己的情况早早暴露出来，这样才有可能混水摸鱼，顺走一些牌。

不暴露牌情主要体现在两个方面。

一是不要把牌型的长短项暴露出来。庄家往往有一定的长项和短项，如果想顺长项牌型，就不要使短项暴露出来。但是，由于庄家牌型的限制，短项迟早还是会暴露出来的，因此，庄家要尽量推迟暴露短项牌型的时间。首先，庄家在开局之初出牌时，不要过早地暴露短项，一旦暴露，散家就会专打庄家的短项，使庄家陷于被动局面。所以，即使庄家有短项，需要先打长项时，也应该注意尽量缓打，以图混水摸鱼，在散家没有判断清楚庄家的牌型时能过上一些牌。这就要求庄家在开局之初，一般情况下，不要先出牌型多的牌，而宜出单牌。如果单牌较少，不必早发，就宜出三带对。在开局之初，除非确实迫不得已，庄家尽量不要出三头或对子。这样，散家就很难判断出庄家的哪种牌型是短项了。其次，庄家在最后冲刺前尽量不要使余牌过少。牌少自然明，比如八张牌，散家有一炸时攻三带对，庄家会多显败迹。

二是不要把实力暴露出来。当自己要从两手牌中选一手牌出时，如果这两手牌都可以起到同样的作用，庄家要向对手故意隐藏实力，宜出大牌。比如全场只有一个大王和一个小王，都在自己手中，如果对手出单，一般情况下，庄家都要出大王。出大王后，散家可能判断不出来小王在谁手中；而如果出小王，散家必然能判断出来大王在庄家手中。

庄家不仅要借混水而摸鱼，有时，还要故意把水搅混，让散家判断不清楚情况。比如，明明自己有封顶牌，就是不用，使散家以为庄家的这种牌型是短项。再比如，自己有五个A，前面多轮没有出A，后面突然出了一个A，让散家弄不清楚庄家是几个A拆的牌，为了防止庄家再过A，散家就很可能改变牌型，打出对庄家有利的牌来。

五、顺水推舟——手数不够拆牌过

有时，庄家需要顺走一些大的整牌才能够手。如果散家出的牌型恰好是庄家需要顺走的整牌，那最好，但往往，散家出的牌型不是庄家需要的整牌。当散家出的牌型不是庄家需要顺走的整牌时，如果庄家能拆牌多次顺走，那么，庄家就可以考虑把整牌拆开，多次顺走。这样打牌，虽然道路曲折，但最终需要自己走的手数还是减少了，同样可以达到有效顺牌的目的。

我们常常看到庄家拆对A、对2顺牌的情况，有时，还需要拆对K甚至更小的对子顺走。如果是三个头，有时需要拆成单牌和对子顺走，甚至有时需要把三个头拆成三个单牌顺走。

某盘实战中，庄家拿了这么一把牌：222、KK、QQQQQ、JJ、1010、99、888、777、666、555、44、333。庄家虽然牌整，没有单牌，但只有一炸，如果硬拼，散家只要有两炸，庄家就不够手。这种牌，庄家怎样打才能赢呢？经过研究，庄家设计出了看似非同寻常实则高明的打牌思路。事实上，牌局正是按照庄家的设想进行的。庄家首牌发333－44，中门用AAA－xx管上，庄家不要。中门发单牌，守门员用A守门，庄家过2，顺门上小王，庄家不要。看到庄家连小王都压不住，顺门继续发单牌，守门员降为用K守门，庄家再过单2，散家再次用王上手。这时，所有散家都以为庄家的2只有两个，否则，为什么庄家不用三个2压三个A呢？他们都以为庄家故意拆2是为了骗散家送对子或三头呢，于是大家一致认为打单牌是最好的选择，必能打败庄家。第三轮出单牌时，守门员继续用K守门，庄家又过了一个2。虽然散家再次用王管住了庄家的2，但他们对庄家拆三个2感到很奇怪。正当所有散家都疑惑不解时，庄家用五个头的炸弹QQQQQ上手，打出了四飞四带888－777－666－555－KK－JJ－1010－99，一手把剩下的二十张牌出完了。散家饿死了五个炸弹落败。庄家这一盘牌之所以能够成功，就是因为正确地分析到自己手数不够的现实，打破了常规，在222－xx能封顶时故意不要，而是分三次把三个2静静地滑掉了，等于顺了一手牌，使手中的牌除过一个大炸外只剩下了一手牌，最后用大炸冲牌成功。庄家在自己没有王的情况下，用三次顺单2的办法顺走了三个2，使散家几乎无法防备，打得散家非常意外，虽败而服。

需要特别注意的是，如果庄家同种牌型较多，需要用大牌封顶回手，那么，就不要拆开大牌，以免破坏大牌的封顶功能。比如，庄家的对子特别多，到残局时，散家还有一个2，庄家手中的牌是AA、KK、JJ、9999。出单牌时，守门员用Q守门，庄家是该拆对A呢？还是该拆对K？一般情况下，应该拆对K，保留对A，因为一旦庄家被迫用炸，出JJ后还可以用AA回手。再如，庄家手中的牌是：AAA、QQQ、JJ、777、4444。当AAA能够封顶时，最好不要为了使自己少一手牌而过一个单A。那样的话，如果散家还有三个K，庄家就不能成功冲牌，必败。如果不拆AAA，被迫无奈时，庄家上炸，打出777（－JJ）后用AAA（－QQ）回手，就能成功冲牌，打败散家。

在残局时的拆牌还有一个小技巧。在散家一直出单牌或对子的情况下，庄家如果必须拆整牌和连牌，要早拆。早拆的话，如果散家单牌或对子多，庄家有可能会控制住散家；如果不早拆，散家一直打单牌或对子，尤其是散家还可以把整牌和连牌拆成单牌或对子打，庄家不拆的话，只能眼睁睁地看着散家不断出牌，最后还是得被迫拆牌，但那时可能会来不及控制住散家，导致输牌。例如，庄家的余牌是22、333－44，散家有一个王。如果散家出单牌，庄家要早拆2。早拆2，虽然散家可以用王管上庄家的2，但如果散家还有单牌必须再出，那时，庄家可以用余下的2上手，出完牌；如果一直不拆，散家始终打单牌，到最后再余一张单牌时，庄家再拆2就来不及了。

六、不做嫁衣——单牌最多留一张

在残局时，常常会出现这样的情况：某位散家打完牌后还有一张大单牌，而这时庄家还有两张小单牌，庄家无论怎么走、无论实力有多强、甚至炸弹有多少，自己都必会把散家送走。这种情况下庄家会被迫为散家做嫁衣。如果庄家在还有实力、本可打赢时出现这种情况，庄家会认为自己没有早打单牌是严重错误，会强烈自责为什么不早打单牌，使单牌最多只留一张呢？这样输牌，庄家会感到输得非常窝囊。

虽然说庄家可能送走散家的情况不只是单牌，比如，散家留了一个大对子，庄家满手都是小对子。但别的牌型有这样的情况相对较少，也较难防备。更重要的，当主攻散家所留的其他牌型和庄家的牌型相同时，庄家还可以通过调整变化牌型进行挽救。而一旦出现了单张必送散家的情况，庄家没有任何办法挽救。

为了不给散家做嫁衣，庄家要切忌单牌过多必会送走主攻散家的情况发生，在留单张牌时注意不要超过一张。

庄家有两张以上的单牌时，一般地，应该在开局阶段出掉一些单牌，使单牌的数量只剩一张或者没有单牌。当然，如果有其他特殊情况，也可以考虑在一开始不出单牌，但一定要时时注意防止某位散家出牌后只剩一张牌、或者一张牌和一两个炸弹，必会被庄家送走的情况出现，在适当的时候，庄家要出掉一些单牌，把单牌打得最多只剩一张。

七、绝不后悔——不把大牌饿在手

有时，因为庄家打牌过于保守，散家跑牌成功后，庄家手中还有很多大牌，甚至还有好几炸。这样的结果往往会让庄家非常后悔，而庄家也常常会说，如果早上一手大牌或炸弹就包赢了。为了避免出现这种情况，庄家需要注意及时出大牌，用炸弹，而不要把自己的大牌、尤其是炸弹饿死了。

在大牌多、王多，而且牌力较强的情况下，庄家要防止某位散家牌整，不要舍不得压制守门员的单 2 或者给散家别的机会，否则，一旦散家上手打出了主攻牌型，很有可能会把庄家的王饿死。而且，如果自己发牌，也要注意考虑先发单牌，使自己的王派上用场，不要把王饿死了。

如果庄家的炸弹多，但炸弹小，就要注意及时用炸，不要等到散家的牌快走完时再上炸，那时，如果散家有大炸弹，庄家就控制不住局面了，很有可能会出现散家用大炸上手冲牌成功的情况，那样的话，往往会饿死庄家的炸弹甚至多个炸弹。

在残局的最后关头，如果庄家害怕散家有炸而一直不敢冲牌，最后常常会以饿死炸弹或大牌的结果被散家打败。所以，庄家在最后面临危险的时候，宁可出掉炸弹或大牌被散家打败，也不能因为不敢上炸弹或大牌而眼睁睁地让散家把牌出完，最终把炸弹或大牌饿死在手中。出掉了炸弹或大牌，即使输牌，庄家也没有大的错误，不会后悔；如果因为不敢出炸弹或大牌而导致了失败，那就等于庄家因为胆小保守而放弃了赢牌的机会，庄家往往会因为自己有错而后悔不已，自责难过。

第四节 庄家欺骗方法

斗地主时，高手都会用欺骗技巧。从运用成功的可能性上讲，庄家比散家更容易。由于每一位散家都有两个同盟，任何一位散家在用计欺骗庄家时，往往需要同盟配合，其实现的难度会相当大，因此，散家进行欺骗时成功的可能性相对较小；而且，有时散家在用计欺骗庄家，庄家上没上当还不一定，同盟先被误骗了，这反而会使散家的欺骗弄巧成拙。庄家一人就是一方，在欺骗散家时，既不需要有人配合，也不会发生误骗现象，因此，与散家相比，庄家的欺骗既容易操作，又容易成功。在很多牌局，庄家的欺骗技巧运用得怎么样往往是取胜的关键因素，尤其是当庄家实力相对较弱时。所以，作为庄家，一定要学会欺骗方法，掌握欺骗技巧。

下面就是庄家最常用、最有效的一些欺骗方法。

一、常牌示弱，等待时机

常牌示弱即以平常的牌力示弱。

在大多数牌局，庄家的牌力都不会非常强大。庄家的牌常常是强中有弱。在庄家牌力一般的情况下，如果散家不犯错误，庄家与散家硬拼实力，往往难以获胜。庄家牌力一般时要获胜，常常需要散家犯一些错误。实战中，庄家牌力一般时赢牌，也多是由于散家犯了这样或那样的错误。当庄家牌力一般时，如果庄家不会示弱，打牌时硬碰硬，显得很急躁，散家就会谨慎小心，犯错误的可能性就较小甚至不犯错误；而且，如果庄家把实力很快拼光的话，余牌的情况就比较明朗了，散家也会因此而不容易犯错误。而如果庄家示弱，有的散家可能就会真的以为庄家的牌很弱，他们往往就会放松警惕，甚至忘乎所以，一不小心便会打错牌；而且，庄家示弱时会一再忍耐，余牌会较多，牌情不明，因此，这也从客观上使散家容易出错。

所以，做庄家时，在牌力一般的情况下，时机不成熟时不要与散家硬拼实力，不能急于求成，而要善于示弱，学会忍耐、等待。庄家示弱，往往能等来一些对自己有利的机会，使局势朝着对自己有利的方向发展，这样，成功的可能性才会更大。

二、以弱示强，引敌下炸

当庄家的牌比较强时，散家就会非常关注庄家的行动，防守得会更加严密。正因为如此，一般情况下，庄家不能示强。但也正因为如此，特殊情况下，庄家可以示强。

有时，庄家因为害怕外面有大炸，或者当庄家的炸很少时，要用这个办法引出外面的炸弹，为自己以后控制局面创造条件。

当庄家的牌较整、或者大牌较多，而炸弹却较少而且较小、或者没有炸弹时，往往最后需要用大牌或小炸弹冲牌。庄家打这样的牌，很害怕散家把炸弹留到最后。因为散家早用炸弹，庄家仍然有大牌，往往还能够上手，最后能打赢牌；而如果散家一直把炸弹留在手中，等庄家冲牌时再上炸制止，那庄家往往就再没有机会上手了，最后就要输牌。实战中，有的牌局，庄家虽然王和2都很多，并且牌也比较整，但往往只有一个炸弹或者没有炸弹，散家虽然有炸，但看到用炸上手后发牌仍然会送庄家上手，因此一直不用，专门等庄家最后冲牌时再炸，那庄家就凶多吉少了。例如，庄家手中的余牌还有九张：大王、22、AAA、JJJ，或者还有八张：大王、小王、222、AAA，散家有一炸，并且还有一个小王和个别2，主攻散家的余牌已经整了。这时，如果散家上炸，只要发的牌不是连牌，庄家都能上手，必可获胜。但如果散家不炸，庄家没有办法，就要主动打出大牌冲牌，如果散家在庄家还剩一手牌时再上炸弹，那庄家就再也上不了手了，必败无疑。因此，当庄家大牌多而炸弹少或者没有炸弹时，庄家就要想办法让散家的炸弹早早下来。为了引出散家的炸弹，庄家可以采取示强的办法。庄家频频示强，散家往往会因为担心炸弹饿死而早早下炸。当外面没有炸弹时，庄家就能凭借大牌或小炸控制住局面了，可以轻松获胜。

有时，自己的炸多，外面的炸也多。这种情况下，为了引炸，庄家可以先下大炸，让散家错误地以为他们的炸都太小，很难用上了。这样，当自己再出牌时，散家往往会因为担心庄家过牌或封顶而直接用炸弹轰，这正好达到庄家引炸的目的。

需要注意的是，第一，庄家骗敌下炸的目的与散家骗敌下炸的目的不同，庄家只有一个人，因此，庄家骗散家下炸的最终目的仍然是先出完牌，而散家有三个人，某位散家骗庄家下炸的目的往往是佯攻，自己并不想先走完牌，是为同盟先走创造条件的。第二，以弱示强的欺骗技巧与韬光养晦的战略战术是相悖的，而且，用起来难度较大，成功的可能性也相对较小。因此，一般情况下庄家要谨慎用之。建议庄家只有在不用此计难以成功的情况下才可用此计冒险一博。通常，此计就是用在庄家大牌多但无炸或只有一炸，而散家有炸或炸多的情况下，庄家为了避免最后冲牌时被散家用炸制止，需要早早把散家的炸弹引下来。

三、牌多示少，诱敌送牌

某种牌多，要让敌人判断我少，诱使敌人给我送这种牌。

一般情况下，诱敌送牌要采取以多示少的办法，也就是明明我某种牌多，但假装少；特殊情况下，还可以反其道而行之，我牌确实多，还要显示多，让对手以为我是在用显示多的办法来欺骗他，使其误以为我这种牌少，从而达到欺骗的目的。前者是以实示虚，通常运用的就是这个办法；后者是以实示实，在少数情况下，当敌方水平较高，性格多疑，善于看穿别人用计时，用这个办法，反而容易让其上当。以实示实是一场高级的心理战，如果用得好，结果自然很好；如果用得不好，可能会弄巧成拙，反而害了自己，所以，这种欺诈手法需要谨慎使用。运用以实示实的方法必须首先摸清敌方的心理，实战中，这种欺诈方法多用在与熟悉的人打牌时。如果敌方与你很熟悉，知道你很会用计，那么，当你在用以多示多的办法时,. 他就往往会以为你是在用以少示多的计谋在欺骗他，这样他才容易上当。他自以为看破了你的计谋，不料正好中计。尤其是当敌方具有多疑的性格时，这种方法奏效的可能性会更大。就像战争中运用空城计一样，如果敌方性格并不多疑，或者不了解你的用兵特点，那你的计谋将很难成功。

一般情况下，如果庄家的某种牌较多，庄家往往会想办法先把这类牌出掉。但特殊情况下，当自己必须过好几手牌才可能打赢，而单凭自己的力量走不完这些牌时，可以反其道而行之，采取以多示少的办法，故意不出这种牌，甚至上手专发别的牌，以骗取敌人给我送牌。

比如，庄家手中的对子特别多，为了让散家给庄家送对子，庄家可以故意出三头，散家看到庄家没有带对子，往往会认为庄家手中的对子少，因而有可能会专门出对子，这样，庄家手中的多个对子不但会被散家送走，而且大对子还能封顶甚至多次封顶。有时，为了骗散家送对子，庄家出三带对时，还可以故意把大对子甚至对2带走，让散家错误地判断庄家对子稀缺或者已经没有任何对子了。

再如，庄家手中的单牌明明有好几个，如果全靠上手发单牌，根本没有可能取胜，这时，就只有采取特殊手段了。有的庄家为了欺骗散家，出第一张单牌时，故意不出小的单牌，而出一个很大的单牌。散家看到这种情况，很有可能会认为庄家手中的牌比较整，他们很可能不敢出对子、三头、三带对等整牌，甚至不敢出连对、飞牌、飞牌带对等连牌，而只敢出单牌，守门员往往还有可能认为庄家没有单牌要过而不守门，这样，庄家有可能顺走一张甚至几张小单牌。某盘，庄家手中有好几张单牌，但他首牌没有发小单张，而是把单 K 发了出去，结果，真的骗得守门员以为庄家牌整，已无 K 以下的单牌。第二轮中门发牌，出单 3，守门员觉得没有守 A 的必要，再加上他认为庄家没有 K 以下的单牌，就顺便过了一个单 5，庄家假装犹豫半天，出了个单 7。三位散家都感到奇怪，一致认为这是庄家在拆牌。等下一次打单牌时，守门员仍然没有守门，结果又让庄家过了一个单 J。最后，当庄家把牌打完时，三位散家才知道上了庄家的当。

如果庄家的炸弹数量不够，并且炸小不能上手，而散家炸多，用这种技巧效果会更加明显而直接。如果自己的对子和三头都有大牌，为了更多地引炸，庄家应该结合当时的具体情况，选择出其中一种最容易让对手上当的牌。当出其中一种牌后，不但会把散家的炸弹诱骗下来，而且往往还会同时诱骗散家发另一种庄家能封顶的牌型。

比如，残局时，庄家用最后一个王封顶，报牌十张。有两位散家手中各有一个大炸，但他们互相并不知道，各自都害怕自己下炸上手会送庄家过牌，再加上觉得自己有大炸能够控制住庄家，因此，有炸的两个散家都没有上炸。庄家手中的牌是：22、AAA、9、4444，22 和 AAA 皆是大牌。这时，庄家应该怎么发牌呢？因为庄家的炸弹小，而散家还有两个大炸，所以，即使庄家发 AAA－22 引一炸，也不能用 4444 冲牌成功。这时，庄家应该把 AAA 和 22 分开，宜先出 AAA。出 AAA 后，庄家还有七张牌，散家必认为庄家手中的牌是一个炸弹加一个三头，为防止庄家把牌出完，散家必然会用炸制止。又由于庄家打的是三头，因此，散家往往会认为对子是庄家的缺项，便会发对子。而一旦发了对子，庄家用对 2 封顶，就必胜无疑了。

庄家牌多示少时，还要注意一个问题。当自己对子多时，示少后如果散家真的发了对子，庄家在跟对子时注意不要使散家以为你是在拆连对，那样的话，散家有可能会停止发对子。

四、牌少示多，使敌为难

某种牌少，要让敌人判断我多，使敌人在想发这种牌时为难。敌人不敢发这种牌型，就会发别的牌型，那样有可能正好出到我的长项牌型上去。

和牌多示少一样，牌少示多的办法也有两种，一是以实示虚，明明牌少，显得多，让敌不敢出这种牌；一是以实示实，明明牌少，还故意显得少，这往往会让水平高、疑心重的敌人以为我在用计，反而判断我牌多，不敢出这种牌。

当自己手中某种牌较少，而且较小时，可以在一开始就出这种牌。这样不但可以把自己手中的小牌出掉，更重要的是，这样出了以后，常常会让敌方不敢贸然再出此种牌型，从而不仅可能打乱敌人本来的计划，而且还可能让敌方一再给我送牌。

比如，庄家手中的三个头比较少，但一开始专门出三个头或三带对。这时，一般情况下，散家会用大的三个头管上，而且他们往往还会认为庄家手中的三个头比较多，轻易不敢再出。即使顺门或中门出了，守门员也往往会抬高守门甚至把门封死。由于散家不敢出这种牌型，因此，只好出其他牌型。散家出其他牌型后，如果庄家能顺牌或甚至封顶，那就正中庄家下怀。

有时，庄家明明某种牌型少，在散家出这种牌型时却故意顺牌，使散家误以为庄家手中的这种牌型很多，再不敢出这种牌型了。而散家如果改发别的牌型，就很可能发到庄家真正的长项牌型上去。

有时，为了欺骗守门员，庄家还可以故意拆开整牌 A、K，让守门员上当，发错牌。比如，庄家手中明明三头多，对子少，在过单牌时，却故意拆开对 A 滑过。这样，守门员往往会认为庄家的对子多，拆开 A 是为了顺对子。之后，守门员发牌，多会发三头，这样正好中计。

牌少示多和牌多示少的手段相反，但二者的道理想通。这两种计策既相反相成，又相辅相成，如果能同时运用，必然会相得益彰。

五、出大留小，误导散家

同一类型的牌中，如果庄家既有大牌，也有小牌，一般情况下，应该先出小牌，留着大牌。但是，有时，为了误导散家，庄家要反其道而行之，偏偏先出大牌，而留着小牌。

庄家在出牌时故意出大留小，往往会让散家判断错误，以为庄家没有这种牌，从而误导散家给庄家送这种牌。

比如，庄家手中需要过三个对子：22、KK、QQ。守门员发对子后，庄家应该先上对2。守门员一发对子庄家就上对2，这无疑表明了庄家没有对子，散家一般还会再送对子。如果先过对Q，很可能某位散家会认为庄家的对子多，还需要再过对子或者上对2封顶，他就有可能立即上对2封顶，之后，改打其他牌型，这样的话，庄家剩下的对子就不能顺利顺过去了。

如果庄家的大单牌有一大一小，为了让散家给自己送需要过的整牌，在出单牌时，也可以先上较大的单牌，留下较小的单牌后面再过。当庄家后面过较小的单牌时，散家往往会以为较小的单牌是庄家从整牌上拆下来的，庄家还需要过较小的单牌。为了不让庄家再过较小的单牌，散家上手后往往会改发整牌，如果散家发的整牌恰好是庄家需要的，那庄家就能顺牌了。

比如，庄家叫牌时叫了满分，手中有一个大王和一个小王。由于庄家对子较多，为了骗得散家送对子，在出第一轮单牌时，庄家先上大王，第二轮出单牌时，庄家再上小王。庄家上小王后，有大王的散家自然会用大王封顶，庄家让其上手。如果这位散家手中没有小王，那么，他很可能会认为庄家叫牌时叫了满分是因为有三个王，另一个小王在庄家手中，因此，为了不让庄家的小王上手，他就不会发单牌，而不发单牌，就很有可能会发对子。

当庄家有多个特大牌时，为了迷惑散家，让他们判断不清楚庄家有几个特大牌，以误导散家发错牌，也可以采取出大留小的计策。

比如，庄家有两个大王和一个小王，为了使散家送单牌，在第一轮出单牌时，庄家可以先上大王，这样，散家往往会因为弄不清楚庄家有几个王而继续打单牌，庄家可以再次用王封顶。甚至，在第二轮出单牌时，庄家仍然可以上大王，这样出牌，一般地，散家必会认为两个小王都在他们一方手中，因此，散家上手后多会打单牌，庄家可以第三次用王封顶。而且，如果庄家前两次上大王，第三次上小王，当庄家出了小王后，甚至还能骗得无王的散家以为庄家有四个王，后面他们上手，本来打单牌对散家有利，但他们害怕最后一个小王在庄家手中，可能反而不敢打单牌了。庄家如此打牌，必会让散家摸不着头脑，误导得他们连连犯错。

六、单牌后过，骗敌高守

有的守门员守门较死，如果庄家拆牌，守门员就会高守，常常使庄家拆剩下的牌被挡在手中，不能顺走。而庄家也可以正好利用守门员这一特点，在过单牌时，故意在前一两轮先不过，而专门在后面再过，这样，守门员就很可能以为庄家是在拆牌，为了挡住庄家拆剩下的单牌，他在守门时就会高守。守门员用大牌守门，如果顺门或中门接牌，就需要用更大的牌接，这样会浪费散家实力；如果无人接牌，守门员往往会改发别的牌型，这有可能会让庄家顺牌。这两种情况都对庄家有利。

比如，庄家需要过对子，虽然手中只有一个A，但守门员第一次用K守门时庄家故意不过，等下一次再过，这样，守门员往往会以为庄家是在拆A。因为守门员认为庄家手中还有拆剩下的A，所以，之后再出单牌时，为了不让庄家再顺过A，守门员就会用A甚至用2守门。守门员用本不必要那么大的牌守门，如果顺门或中门用更大的牌接，就更会浪费散家的实力；而如果顺门或中门不接大单牌，守门员很可能就会改发对子，让庄家顺牌。

有的牌局，庄家的特大牌是：大王、小王小王、2。为了骗散家送整牌，在打单牌时，庄家在前面并不先上单2，而是先上王。因为庄家出小王后散家一般都会用大王压，所以，第三轮出单牌时，庄家手中的特大牌就会剩下一个王和一个2，庄家上2就能封顶，但是，庄家仍然不上2，而是用王封顶。这时，全场的四个王全部落地，2成了封顶牌。因为前面庄家一直没有出过单2，所以，散家多会认为庄家要么没有2，要么2是整牌，庄家不愿意拆开。之后，再出单牌时，散家往往还会给庄家上2的机会，那时，庄家再上单2。庄家上单2后，散家多会以为庄家是在拆整牌2。这样，等后面再出单牌时，为了防止庄家再上2封顶，散家，尤其是守门员，基本上都会用2守门。当后面单牌出的轮次较多时，为了不让庄家上2封顶，守住庄家根本不存在的2，散家往往还会紧密配合，联合起来，争先恐后，此起彼伏地上2。顺门或中门用2封顶上手，往往会改发别的牌型，而当守门员用2封门后，一般地，必会改发别的牌型。这样，散家不但会浪费特大牌2，而且还有可能发别的牌型让庄家过牌。

当庄家的对子或三头多时，还可以用拆对2后过的办法骗得守门员或其他散家用2高守，不敢发单，改发对子或三头。其方法是：在很早的时候就拆开对2过单，剩下的另一个2在下一次或下几次不过，等到后面再过。当庄家过第二个2后，守门员或其他散家往往会认为庄家原本共有三个2，现在手中还剩了一个单2。为了防止庄家的单2封顶或顺走，再出单牌时，守门员甚至其他散家就会用2封门而改发别的牌型，一旦散家发了庄家需要过的牌型，就正好中了庄家的圈套。

七、故意拆牌，使敌糊涂

有时，庄家的2、A、K等牌是整牌，甚至是炸弹，本来不需要拆牌顺过。但如果不拆开出，随着牌局的进展，散家就会对庄家的牌情判断得非常清楚，将对庄家十分不利。为了使散家判断出错，庄家可以故意拆开大的整牌。

比如，庄家不吃单牌，而散家一直在攻单，为了使散家弄不清楚自己到底是什么牌型，这时，虽然拆开对K或三头K不能少一手牌，但拆K过单后，能误导散家错误地判断庄家的牌型，很有可能某位散家会给庄家送牌。

再如，庄家的A是五个头的炸弹，因为手数不够，为了骗得散家送牌，故意过一个单A，这时，散家就可能糊涂了——不知道庄家有几个A。为了不让庄家再过单A，散家很有可能不再打单牌，而改打其他牌型。如此一来，庄家就有可能顺牌甚至封顶了。

八、违背常理，乱敌思维

如果庄家的牌明显很弱，按通常的打法肯定打不赢，那么，可以试着采取违背常理的打法打。这样，很可能会把对手的思维打乱，使散家的三个人不能形成统一的思想。如果造成了他们之间的想法不同、出牌的路子各异，就会使三位散家形不成合力，甚至还会因其分歧太大而导致他们之间相互牵制，内耗实力。散家把牌打乱了，庄家就能趁散家混乱时得利、甚至得到平常不敢想像的大利，到最后，庄家很可能会获胜。此种办法往往能把极弱的牌打赢，也是庄家在牌力极弱、无奈之时出的最后一个奇招。在牌坛上，只有极少数水平绝高的牌手才善于用这种办法，一般牌手很难想到，当然，能用这种办法，也说明牌手斗地主的水平已经上升到了绝高的境界。

有一盘，某家起完牌后，整理如下：

大王、22、AAA、QQQQ、JJ、99、888、777、555、44。

当盘是其下家揭到的明牌，下家没有叫牌，对门也没有叫，上家抬了一档。这位牌手觉得自己既有大王和一炸，三头又多，前两家没有叫牌，第三家只抬了一档，因此觉得机会不错，叫满当庄。结果，底牌是K、Q、J、10、7、6、6、3，很不理想。配完牌后，庄家的全牌是：

大王、22、AAA、K、QQQQQ、JJJ、10、99、888、7777、66、555、44、3。

整理如下：

单牌四组4张：大王、K、10、3；

对子四组8张：22、99、66、44；

三头四组12张：AAA、JJJ、888、555；

炸弹二组9张：QQQQQ、7777。

按说，这样的牌，小牌多、大牌和炸弹少，牌力相当弱。庄家必须自己发的牌至少有3、10、555－44、888－66、JJJ－99共五手牌，必定能封顶的牌只有QQQQQ、7777、大王共三手，而单K是否能顺过，并不敢保证，就算AAA或22能封顶，如果散家有一两个炸弹，也必是死牌，所以，按常理，庄家拿到这样的牌怎么也打不赢。

庄家通过分析，也觉得自己按常理打不赢，因此，在分析牌情和运筹出牌时，庄家决定采取违背常理的打法打牌，把二位散家的思维搞乱，看能否出现什么奇迹。

庄家估计散家至少有两炸。事实上，散家一共有四炸：顺门和中门各有一炸，守门员有两炸。

各家的牌如图12－1所示：

6

10　765

小　J 10　8765　3

王2 KQJ　109876543

中门

守门

109

AK　109

2AK　J1098　3

2AKQJ109876 3

顺门

4

4

2　K　43

大小 2AK　543

王王2AKQJ　98 6543

庄家

Q

Q　7

A　QJ　87　5

大　2A　QJ　987654

王　2AKQJ109876543

图 12－1

整个打牌过程是这样的：

第一轮：由于单牌较多，而且单3没有任何希望顺过，因此，庄家首牌发单3。庄家想，发单3后，如果守门员守门不高，就有可能顺过单K。顺门虽然大牌较多，但小单牌也多，他希望中门主攻，为了不挡住中门的单牌，因此没有要牌。中门过了小单牌4。守门员用K守门。庄家不要。顺门的A是对子，因此不接。中门有单2，接牌。庄家不要。

第二轮：中门发单9，守门员再次用K守门。顺门看到中门用2接牌很浪费，因此，拆对A，用单A接牌。庄家仍然不要。

第三轮：顺门发单6，中门过单Q，守门员第三次用单K守门。也就是说，守门员拆开了三个K守门，三轮单牌都守住了庄家的单K。守门员不但有三个K，而且还有三个A，他想，如果庄家打三个头，可以用三个A来对付庄家，因此，留下了三个A，拆开了三个K守门，结果，恰好把庄家的单K守住了。顺门自然再用单A接牌。庄家还是不要。

第四轮：顺门再次发单牌8。中门K以下的单牌已经没有了，只有单K和小王，因此，中门上单K，并企图以单K上手发牌。这时，庄家想，如果不管中门，允许中门发牌，很可能中门就会开始进攻，散家将形成合力，因此，必须制止中门。这种情况下，要管敌方的单K，通常的办法是上大王。但如果上大王，还有两张单牌，而且还有其他多手小牌，将很难成功。因此，庄家决定出奇招，用炸直接炸中门的单 K。庄家出了 7777。

就是这一炸，把三位散家的思想炸乱了。他们都认为庄家没有王。顺门觉得，出单 K 庄家就上炸，可见庄家没有大单牌，而且庄家的实力强，炸弹多，不能改牌路，必须攻单牌。中门认为，自己还有一炸，牌已经整了，应该开始进攻了。守门员认为，庄家不吃单牌，自己不能乱发其他牌型，一定要负起责任，把门守好。

顺门由于有一个较大的五头 4 炸，因此让过，中门的炸是四个 6，要不上，也让过，守门员有两炸，皆比四个 7 大，于是，守门员用自己较小的一个炸弹 9999 回炸了庄家的 7777。

这时，庄家的牌是：

单牌三组 3 张：大王、K、10；

对子四组 8 张：22、99、66、44；

三头四组 12 张：AAA、JJJ、888、555；

炸弹一组 5 张：QQQQQ。

庄家再剩最后一炸，从牌力上讲，庄家面临的形势更加严峻了。但是，三位散家的思维已经乱了，各人有各人的思路，各人在打各人的牌，而且，他们都坚信自己的打法是正确的。在后面出牌时，散家根本就没有配合起来，三个人的牌力不但没有形成合力，而且还互相牵制，消耗了他们的实力。这对庄家非常有利，异常难得。

第五轮：守门员不敢变化牌型，只好再发单张。但是，守门员已经守了三个 K，为了不降低守门，再出牌时，就只有出 A 和 2 了，他不想拆开三个 A，同时又认为王都在自己人手中，因此，出了单 2，希望同盟用王接牌。顺门想，如果自己不接 2，守门员就会改发其他牌型或降低守门，那样很可能会让庄家顺牌，因此，顺门用小王接了守门员的单 2。庄家不要。

第六轮：顺门再发单牌 9。这时，中门除了小王外已经没有单牌了，但发现顺门好像在主攻，又为了保存一定的实力，因此没有上小王，让过。守门员再次用 2 守门。顺门觉得王都在散家手中，自己留下大王也没有什么用，因此，这次顺门用大王接了守门员的单 2。庄家不管。

这时，中门出过了一个 2，守门员守了两个 2，庄家手中有两个 2，顺门手中还有三个 2。

第七轮：顺门因为在前面看到散家出单 K 庄家都要用炸，所以早就认准了死理——庄家不吃单牌。虽然上一轮顺门发单牌时中门没有要牌，但顺门仍然认为应该坚持打单牌，再加上他有一个较大的炸弹，因此显得十分自信，所以，顺门又发了一个单牌J。中门看到守门员已经守了两个2了，他觉得守门员已经无牌可守，如果让过，可能会让庄家顺K以下的单牌，同时又估计另外一个大王应该在守门员手中，因此，决定上小王。中门上小王后，庄家估计中门要打整牌，而自己也需要过整牌，因此，允许中门发牌。

第八轮：中门这时的牌除一个小炸外还有三手10以下的三带对，他觉得自己还有一炸，如果顺门送牌，成功的可能性很大，所以，中门决定开始进攻，发了一个最小的三带对555－33。守门员一直在兢兢业业地守门，觉得这时让庄家过三带对不好，因此，用AAA－33守门。庄家没有能顺过三带对。守门员的AAA很大，一般情况下散家不会接牌，守门员能上手，守门员上手后要发牌，可能会对庄家有利，因此，庄家不要。顺门和中门也没有要。

这时，顺门出过了两个A，守门员出过了三个A，其余三个A全部在庄家手中。

第九轮：这时，守门员已经没有K以上的牌了，由于害怕发小的单牌会让庄家顺牌，因此，守门员决定发对8。为了引炸，庄家没有过小对子，而是立即上了对2。顺门觉得是守门员惹的祸，而且自己的炸较大，因此，没有上炸。中门自己想跑牌，只有一炸，因此，也让了一手。守门员看到前面没有人炸，觉得自己炸掉后也不好发牌，因此，也没有管庄家。庄家上手。

这时，庄家的牌是：

单牌三组3张：大王、K、10；

对子三组6张：99、66、44；

三头四组12张：AAA、JJJ、888、555；

炸弹一组5张：QQQQQ。

第十轮：本来庄家企图用对2引炸，但是没有想到散家竟然无人上炸，很出乎庄家的意料。虽然庄家上手，但其实，这时庄家也不好发牌，考虑到中门进攻发的是三带对，庄家担心走三带对会让中门过牌，因此，想来想去，庄家决定出888。这样，庄家手中的66、555、44还有调整的余地，使牌有一定的变化。顺门为了防止庄家再次过牌，因此，用222封死。结果，中门没有顺成牌。

第十一轮：由于顺门认准了庄家不吃单牌的死理，又害怕发别的牌使庄家顺牌，因此，决定继续出单牌。这时的中门早已经没有单牌了，而顺门也还只有一个单Q。但是，顺门不同意打别的牌型，认为只有打单牌才是正确的。顺门非常希望中门能把整牌拆成单张打，因此，他没有发单Q，而是拆了三头3，发小单牌3。中门除炸外还有两个小三带对，没有办法拆牌，所以没有要单牌。守门员已无K可守，只好守Q，终于，庄家过了单K。这时，散家手中已经没有比K大的牌了，庄家的单K封顶。顺门以为最后一个大王在中门或守门员手中，因此，没有上炸。中门以为大王在守门员手中，也让过。守门员以为大王在中门手中，认为中门是害怕大王打超，因而没有舍得用大王才导致了庄家的单K封顶。因为庄家是好不容易过的单K，守门员害怕庄家过单K后够手，发起势不可挡的强大进攻，为了阻止庄家上手发牌，守门员只好用10101010炸掉庄家的单K。这时，守门员余牌仅剩四张。因为守门员已经下了两炸，剩下的四张牌无论发什么，庄家都会顺牌甚至封顶，再加上庄家此时只有一个大炸弹，要保留着这个炸弹到最关键的时候用，所以，庄家没有回炸守门员的炸弹，允许守门员发牌。

因为守门员是用炸弹而不是用大王压的庄家的单K，所以，此时，中门糊涂了，他弄不清楚最后一个大王究竟在谁手中。而直到此时，顺门和守门员都还坚定地认为最后一个大王在中门手中，庄家的单K封顶是由于中门漏打造成的。

这时，庄家的牌是：

单牌二组2张：大王、10；

对子三组6张：99、66、44；

三头三组9张：AAA、JJJ、555；

炸弹一组5张：QQQQQ。

第十二轮：守门员的四张牌是一个对子和两个小单牌，因为不敢发小单牌，只好发了对J。庄家拆开三头A，用对A封顶。顺门根本就不同意发对子，对同盟发其他牌型很不高兴，又觉得自己的炸弹是五个头，比较大，因此，虽然自己有炸，但没有下。中门看到这种局势，害怕庄家跑牌，只好用炸，上6666。由于中门前面发的是三带对，而庄家就需要过三带对，而且庄家还不够手，因此，庄家允许中门发牌。

第十三轮：中门要跑牌，因此，又发了一个三带对777－88。庄家顺JJJ－99。因为留有66、555、44可以调整牌型，所以，庄家用JJJ带的对子是99而没有带最小的对子44。此时，虽然中门手中仅剩了五张牌，明显是一个三带对，但由于J以上的各点值牌要么散家出得仅剩下了一两张，要么中门已经出过了，因此，对中门来说，此时的JJJ已经是大牌了。顺门还有三个K，用KKK－33要牌封顶。庄家不要。

这时，庄家的牌是：

单牌三组3张：大王、A、10；

对子二组4张：66、44；

三头一组3张：555；

炸弹一组5张：QQQQQ。

第十四轮：这时，顺门还有一对5，一个Q和一个五头4的炸弹。如果这时顺门发对子，仍然可以打败庄家。因为他有一炸，如果出整牌，必然会迫使庄家下炸，庄家不能冲牌，必败。或者他把五头4拆开，发444－55，可以直接送走中门。但是，顺门仍然以为大王在中门手中，认为上轮庄家单K之所以封顶，是因为中门漏打了，他仍然坚持庄家不吃单牌的思路。而且，顺门觉得，自己发单Q后，还有一个五个头的炸弹和一个对子，必能打败庄家。因此，顺门没有发对子，而是很自信地发了单Q。这时，庄家上A和大王效果一样，就上了大王。庄家出大王时，顺门愣住了——他根本没有想到大王在庄家手中。这时，他才觉得自己好像上当了，但他很不理解为什么前面庄家一直没有上大王。顺门与庄家有一番对话。

顺门问庄家："你有大王呀?!"

庄家说："是呀，我有一个大王!"

顺门问："那你为什么一开始不用大王压K而用炸呢?"

庄家不好意思直接说出真正的目的，只好故意说："那还不是一样的吗?!"其实这大不一样，庄家自己也知道，如果当时出大王，早就输过了。由于用计成功，此时，庄家胜局已定。

顺门摇头表示不理解。但因为害怕庄家的牌整，又因为是自己判断失误才导致了庄家上大王封顶，再说，自己还有可能用炸冲牌成功，所以，顺门上炸44444。庄家当然不能让顺门跑牌，用QQQQQ回炸了顺门。此时，散家的中门还有五张牌，顺门和守门员的牌更少，各只剩下两张牌了。

这时，庄家的牌是：

A、10、66、555、44。

第十五轮：庄家发单10。顺门只有一个小对子，要不上。中门手中最大的牌是一对J，虽然可以拆开对J要牌，但他觉得要了无用，而且想留着三带对的牌型和对J控制庄家，因此，中门没有要。守门员要不上。散家无人要牌，发牌权仍在庄家手中。

这时，庄家的牌是：

A、66、555、44。

第十六轮：此时，三位散家的牌都不足六张，庄家出三连对66－55－44，散家自然无人能要。

第十七轮：庄家出单A，散家仍然无人能要。

第十八轮：最后，庄家出单5，胜出。

这一盘是实战中非常经典的一个战例。三位散家一共有四个炸、三个王。庄家的三个头多，散家中，守门员有三个A、三个K，顺门有三个2、三个K。可以说，无论从哪个角度讲，庄家的实力都远远不如散家。从理论上说，任何一位散家主攻，都能打败庄家，甚至顺门一人之力就能打败庄家。可惜的是，虽然三位散家的水平都不算很低，但由于庄家用了奇计，使他们的看法产生了严重的分歧。在打牌过程中，散家之间不但没有互相配合，形成合力，反而互相掣肘，严重内耗，最后谁也没有跑成。庄家用计成功，出奇制胜。

分析这一盘经典战例，庄家之所以能化腐朽为神奇，以很弱的牌力打赢三家，关键就在于打破了常规，用炸弹直接炸了中门的单K，使三位散家的思维产生了错觉与混乱，从而赢了他们。

第五节　庄家发牌目的

在一盘的开始，庄家要首先发牌。在行牌的过程中，庄家上手后也要发牌。发牌是庄家出牌的重要方式之一，庄家的很多牌都是以发牌的途径出掉的。因此，庄家的发牌非常重要，发牌水平的高低是庄家成败的重要因素。

庄家打牌就是奔着快速跑牌去的，因此，所有的技巧都只有一个最终目标——先于对手把牌出完。但是，敌我之间的斗争是复杂的，发牌时只想着跑牌往往反而不能先把牌跑完。为了最终能把牌早早跑完，还需要与敌进行各种各样的斗争。所以，庄家发牌的技巧并不简单，如何发牌，大有讲究。有时，发牌主要考虑直接跑牌；有时，发牌要以消耗敌人的实力为目的；有时，发牌还是欺骗的一个手段。庄家应该根据自己的牌型特点，灵活机动地调整部署，全面周到地考虑各种因素，有目的地发牌。

一、以直接跑牌为主要目的

以直接跑牌为主要目的就是看怎样能尽快减少余牌的手数，把手中的牌早早出完。为了快速跑牌，庄家特别要注意发小牌、发自己的长项牌型，并注意在适当的时候发掉连牌。

（一）发小牌

如果庄家有一些较小的牌，即使散家守门员弃门或守不住门时，也很难顺走，那么，为了跑牌，庄家必须发这些小牌。一般地，6 以下的小牌，除非守门员弃门，否则，庄家没有顺走的可能，因此，这些牌一般要靠庄家自己发。7 到 10 的中等牌，庄家顺走的可能性相对也不大，尤其是单牌，因此，这些牌往往也需要庄家发。当然，如果是最小的牌，比如，单 3，三个 3，谁也送不走，这些牌必须由庄家自己发。

为了快速减少手数，当庄家手中的某种牌型有多手时，要发小牌。发小牌后，散家可能为了顺牌或打持久战，有可能管牌不会太大，庄家还有机会再顺走一些牌。如果发较大的牌，散家有可能判断庄家这种牌型不多了，必然会用大牌管甚至封顶，或要管住牌的话被迫用大牌或封顶，那样庄家就顺不走牌了。例如，庄家手中还有三个对子：KK、QQ、44，如果发中间的对子 QQ，散家要拦，必然要用 K 以上的对子拦。而如果发 44，散家判断不清庄家手中对子的情况，很可能会认为庄家有很多小对子，散家有可能为了保存实力打持久战而出 10 左右的对子先试一试，尤其是散家需要过对子时，这样庄家再顺走一个大对子的可能性就大多了。

（二）发长项牌型

如果庄家的某种牌型是长项牌型，就需要出多手这样的牌。

如果长项牌型中有大牌，庄家发出自己的长项牌型后，在同一轮中，还有可能再次甚至多次顺牌，最后还可能封顶。这样的话，庄家能跑得更快。比如，庄家手中多三头，共有六组三头：222、AAA、QQQ、101010、555、333。发 333 后，庄家既有可能顺走 QQQ 和 AAA，又很可能用 222 封顶。

如果自己的长项牌型散家要不上，当散家不用炸弹制止庄家时，发牌权就还在庄家手中，庄家还可以继续发牌，使余牌的手数进一步减少。比如，残局时，庄家手中的牌是：大王、2、JJJJ、777、44。散家已经无王，但还有一炸。这时，庄家就要先发散家要不上的单2、大王，掌握住发牌权，快速减少余牌手数。

很多时候，我们判断不准别人会送什么牌型，这就需要把手牌调整成容易顺走其中一手的情况，而不要把牌打得过死。如果庄家手中有两种牌型，其中一种牌型有一手，另一种牌型有两手，为了容易顺走一手牌，这种情况下，要发长项牌型。发长项牌型后，会留下两种牌型，这样无论散家发两种牌型中的哪一种，庄家都能顺走一手牌。例如，庄家上手后，还有一大炸，但手中有两张单牌、一个对子，这时，就应该发单牌，留下一个单牌和一个对子，这样，无论散家发单牌还是对子，庄家都能顺走一手牌，满足冲牌条件。

（三）发连牌

庄家有连牌时，如果早出连牌，被散家压住的可能性大，因此，有的庄家迟迟不出连牌，企图到最后再出，那时，连牌封顶的可能性会很大。一般情况下，这是对的。但在有的牌局，庄家的炸弹少，却有大炸弹，到最后，庄家往往需要用大炸冲牌。为了避免连牌到最后冲牌时成为累赘，庄家应该在适当的时候把连牌发掉。尤其是当这些连牌较小，没有变化，但封顶的可能性较大时，庄家更应该早早发掉这些连牌。

如果庄家在开局阶段发能封顶的连牌，那时，由于大家的牌都未明，散家往往会漏炸或因其他原因不炸，庄家还能再次发牌，而且，到最后庄家用大炸冲牌时，还会少一手牌，很可能庄家就会因为少这一手牌而够手，能把牌打赢。如果庄家没能早早发掉连牌，到了后面再发，那时，由于大家的牌已经打得相当明朗了，散家有炸弹必然会用，那样，庄家就可能会因为多这一手牌而不够手，不能把牌打赢。庄家一个炸弹只能保一手牌，因此，最后是否少这一手连牌往往就成了庄家冲牌能否成功的决定性因素。从战局结果的角度也可以说，这一手连牌是否早发决定了庄家能否赢牌。例如，由于庄家没有早早出掉连对，残局时，牌成了：KKKKK、J、88-77-66-55-44-33。当散家有一炸时，虽然庄家的连对能封顶，但也成了累赘。庄家用KKKKK上手后，还要出两手牌。当然，庄家必会用连对冲牌。庄家出连对后，散家当然会炸掉庄家。庄家不能成功冲牌，落败。同样的牌，如果庄家很早就出连对，那时，牌局尚不明朗，连对封顶后，散家往往可能不炸，庄家残局时的牌就会成为：KKKKK、J。当散家的炸弹小于 KKKKK 时，由于庄家再只有一手单 J 要出，所以，庄家上 KKKKK 后，无论散家还有多少炸弹，庄家都能成功冲牌，获胜。

为了快速跑牌，庄家不要把连牌拆成多手。有飞牌带对时，只要不是无可奈何，一般情况下，不要随便过三头或对子，因为那样会使自己的手数变多。当然，如果能顺三带对，倒可以适当考虑。同样的道理，有连对时，不要随便顺对子，除非能够顺完或者上手，或者无可奈何时。尤其是三连对，如果只能顺走一个对子，还剩下两个对子，不但多了一手牌，而且还失去了连对封顶的可能性，绝对得不偿失。举一个例子，比如，庄家的余牌是：KKKK、QQ、777、666、33。显然，这是一炸和一个双飞双带。如果散家出一对，如此牌型，切不可跟出 QQ，跟出 QQ 后，余牌除炸外最少也得两手才能走完，会对自己非常不利。

（四）三头和对子不匹配时发三带对

当三个头和对子不匹配，相差不多时，无论是先发三带对还是先发三个头和对子中更多的牌型，余牌的手数都是一样的。但是要注意，一般情况下，这时发三带对对庄家跑牌更有利。

其一，三头多、对子少的牌应该发三带对。比如，AAA、QQQ、999、88、55、444，从跑牌的角度讲，发三头不如三带对有利。如果庄家发三带对，余牌手数不但会减少，而且容易调整牌型，有利于先走。例如，先出 444 - 55，如果再能顺一手牌，以能顺走 QQQ - 88 为例，余牌就成了 AAA、999。这样的牌一般就是两手牌，如果再能顺掉一个 A，余牌就成了一手三带对：999 - AA。如果散家发三头，自然对庄家过牌有利；如果散家出对子，还可以把较大的三头拆成对子和单牌分别顺过，那样也等于过了一手牌。即使出 444 - 55 后被散家管上顺不走牌，也消耗了散家的大三头，对庄家下一步出三头类牌回手有利。

其二，三头少、对子多的牌也应该发三带对。比如，KKK、JJ、99、88、66、444。从跑牌的角度讲，应该发三带对，而不应该发对子。因为一旦庄家发对子，散家必会高位拦截，并且极有可能封顶，使其他对子顺不过去。而且，由于庄家主动发了对子，一般情况下，散家不会主动出对子，庄家不可能顺牌。而发三带对 444 - 66 后，如果 KKK - 88 能顺过，最好；如果被散家封顶，也消耗了散家大的三头，后场时，很有可能

KKK 可以封顶。另外，因为庄家主动出的是三带对，散家发牌时往往不敢发三头，很有可能发对子，打到庄家的长项牌型上来。

而且，从不暴露短项的角度讲，发三带对也对庄家有利。

另外，在残局时，散家有可能对子变少，出三带对时散家如果要牌，可能会破坏其牌型结构，甚至有的散家只有一个三头，没有对子，只能望洋兴叹，干着急没有办法，所以，从这个角度讲，也应该发三带对。

二、以耗敌实力为主要目的

敌我力量是相对的，敌强我就弱，敌弱我就强。如果敌人的力量开始比较强大，但我能够把敌人的力量消耗掉，那敌我力量对比就会发生变化、甚至逆转。因此，庄家打牌时，如果难以形成偷袭、不企图把对手的大牌和炸弹饿死，就要善于发那些能引出敌人大牌或炸弹的牌。

发消耗敌人实力的牌看似主动找打，其实是以前面的挨打换取后面的打人。

（一）发耗敌大牌的牌

如果庄家想用自己较大的牌封顶，就要先把散家手中的封顶大牌顶下来。耗费完散家的封顶大牌后，庄家手中本不能封顶的较大牌便可以封顶了。

庄家耗费散家的大牌时，虽然可以用自己的下一级牌顶下散家的上一级牌，但更重要的是要善于用很小的牌把庄家很大的牌引下来，那样才划算，才有大利可图。

发耗敌大牌以图自己较小的牌封顶的打法多用在需要持久作战时。当庄家的单牌或散对子较多，而特大牌较少，但比特大牌小一两级的牌较多时，为了多次封顶，可以想办法先把散家的特大牌引下来。

比如，庄家手中的大牌有：大王、小王、222、AAAAA，但是，庄家单牌较多，为了使这些牌封顶的次数更多，庄家要拆开 2 甚至 A，顶下散家更大的牌，等把散家的王和 2 全部引下来后，庄家的王、2 和 A 就都可以封顶了。

耗敌大牌最好的办法是发三带对。发三带对时，散家为了管牌，大牌一出就是三个，耗费大牌的数量最多。有时，散家为了管死庄家的牌，还会在同盟管牌的基础上出更大的牌，叠加管牌，这会更多地消耗散家的大牌。用发三带对消耗散家大牌的办法非常有效，往往只需要发两三次三带对，就会消耗掉散家大量的大牌。如果再加上几轮打单牌时散家守门和接牌，散家的大牌就会消耗殆尽，大牌的控制权将尽落庄家之手。

例如，某盘，庄家的牌如下：

大王、小王、222、AA、KK、QQQQ、J、1010、9999、88、77、6、555、44、333。

整理为：

单牌四组4张：大王、小王、J、6；

对子六组12张：AA、KK、1010、88、77、44；

三头三组9张：222、555、333；

炸弹二组8张：QQQQ、9999。

这把牌对子特别多，炸弹较少，拆炸弹也很难调配成更好的牌型。分析一下这把牌，很容易看出，在散家不送牌的情况下，庄家需要自己发的牌有6、J、333－44、555－77、1010、KK、AA共七手，而大牌和炸弹只有大王、222－88、QQQQ、9999共四手，虽然庄家可以先出一手，但还差两手牌，就算AA可以顺过，那还差一手牌。因此，这把牌即使在散家无炸的情况下都很难打成。

要打赢这把牌，最好的办法是先消耗散家的实力，然后再打对子。实战中，前几轮出牌的情况如下：

第一轮：庄家先出333－44，顺门出QQQ－xx，守门认为QQQ太小，用222－yy封死。庄家不要。

第二轮：守门员出单A，庄家不要，顺门用2接牌，庄家上小王，顺门上大王。庄家不要。

第三轮：顺门再出单牌，守门员继续用A守门，庄家不要，中门用2接牌，庄家虽然有大王，但是不要。

第四轮：看到庄家没有管单2，中门继续发单牌，守门员用K守门，庄家不要，顺门虽然有三个A，但为了防止庄家再打三带对时无人能管牌，因此，没有接牌，中门用单A接，庄家上2，中门上小王，庄家上大王。散家没有用炸。

第五轮：庄家再出555－77，顺门用AAA－zz管上。庄家不要。

这时，散家A以上的大牌消耗情况为：

消耗大王共1个：顺门1个；

消耗小王共1个：中门1个；

消耗2共5个：顺门1个，中门1个，守门3个；

消耗A共6个：顺门3个，中门1个，守门2个。

也就是说，散家的王、2和A已经消耗完了。这时，庄家的牌是：

22、AA、KK、QQQQ、J、1010、9999、88、6。

如果后面庄家用炸上手，可以先出两个单牌，之后再打两个小对子，凭借22、AA、KK六张大牌，一般情况下，这四次发牌都能回手。而且，由于庄家两次主动发小三带对，因此，第五轮顺门上手后，他一般不会主动打三带对或三头，往往会发对子或继续发单牌，这样，庄家必能顺牌并封顶。如此一来，在散家有两炸的情况下庄家也必能打赢这一盘牌。

后面几轮，庄家凭借三对封顶的大牌和两个炸弹，轻轻松松地赢了这盘牌。

（二）发引敌下炸的牌

散家如果炸多，就会对庄家构成很大威胁。在散家炸多而庄家炸少的情况下，庄家在打牌时，要注意先逼敌多下炸弹。只有把敌人炸弹耗费掉很多甚至消耗完了，自己的牌才好打。有时，庄家甚至在发首牌时就必须发能引散家下炸的牌。

比如，庄家的牌是：

大王、小王、2、AA、KK、QQ、JJJ、101010、999、88、7777、6、55、4444、33。

整理如下：

单牌四组4张：大王、小王、2、6；

连对一组6张：AA－KK－QQ；

三飞三带一组15张：JJJ－101010－999－88－55－33；

炸弹二组8张：7777、4444。

分析这一把牌，三连对和三飞三带是封顶牌，可以逼炸，单牌除6外可以顺走，但是庄家只有两个小炸。如果散家有三炸，庄家怎么打才能成功呢？庄家要打赢这把牌，必须先用连牌逼炸弹。可按如下办法打牌：先出三飞三带，逼炸。散家上手后发单牌时分别过2和小王，用大王封顶，再逼一炸。然后用炸再逼一炸，再用另一炸上手，出三连对冲牌，最后出单6，赢牌。如果不先逼炸，而先出单6，虽然大王可以上手，但因为散家有三炸，所以，当庄家两炸用完后，发牌权会落在散家手中，如果散家不发三连对或三飞三带送庄家上手，庄家必输无疑。也就是说，这一盘牌，如果庄家首发牌逼炸，就能获胜；如果庄家首发牌不逼炸，就要失败。由此可见，庄家逼炸有多重要！

为了引散家下炸，庄家在发牌时可以用态势语言进行配合。在出牌时要显得强硬迫切，气势凶狠，盛气凌人，让散家不敢放过任何下炸的机会，达到成功引炸的目的。

为了成功引炸，从发牌的技巧上讲，庄家最常用的办法有以下几种。

1. 发能够回手的牌

发牌后又回手，散家为了防止庄家再次发牌，可能就会用炸弹进行制止，这样正好达到引炸的目的。

比如，庄家有两个大王，出单牌后必能回手，当庄家上大王封顶后，散家为了制止庄家发牌，往往就会用炸。

2. 发连牌

连牌一手会出掉许多张，庄家这样跑牌散家会非常害怕，当前手散家不能管住，或者散家害怕后手的同盟不能管住时，为了不让庄家再次出牌，散家就会用炸。所以，为了达到引炸的目的，庄家可以在适当的时候出连牌。

比如，庄家发三飞三带 666－555－444－99－88－33，一手就出了十五张牌，散家多会用炸进行制止。

3. 直接发封顶牌

如果庄家发出的牌是明显的封顶牌，散家往往会以为庄家是在冲刺，为了不让庄家成功冲刺，散家就会用炸进行制止，而这正好达到庄家引炸的目的。

比如，残局时，庄家上手后，余牌为六张：大王、2、AA、JJ。散家有一炸，A 以上的牌还有一个 2，两个 A。虽然庄家大牌较多，但如果散家先不用炸，等庄家最后冲牌时再炸，庄家基本上就败了。这时，是否能把散家的炸弹先引下来，就成了庄家能否赢牌的关键。那么，如何才能把散家的炸弹先引下来呢？由于庄家的大王已明，如果庄家先出对子，余牌为四张，散家肯定不会用炸；如果庄家先出单 2，余牌还有一个大王和四张牌，散家也不会用炸。要引下散家的炸弹，最好的办法是出大王。出大王后，余牌为五张，很像是一手牌，散家多用会炸制止。散家上手后，无论是发单牌还是对子，庄家都能上手，然后，庄家再用另一手封顶牌冲牌，就能胜出。

但是，直接发封顶牌会浪费实力，因此，这种方法多用在残局用炸冲牌前。残局时，当散家还有一个大炸能够控制庄家的小炸时，庄家无法用炸成功冲牌，必须先把散家的大炸引下来，然后才能用自己的小炸成功冲牌。

比如，庄家手中的牌是：大王、KKK、9999。庄家应该先出什么牌呢？如果先出 KKK，被散家管上后，散家一直不打单牌，庄家就必须用 9999 冲牌，当散家还有比 9999 大的炸时，如果散家牌整，庄家就必输无疑了。这时，庄家必须先出大王，逼炸。出大王后，无论散家上不上炸，庄家都必胜无疑。

再如，庄家手中的牌是：222、99、888、66、3333。当散家也有 222 时，庄家如果先出 888 -66，就会被散家的 222 - xx 封顶，之后，如果散家的牌稍好，当庄家不能很好地顺牌或封顶时，就必须用 3333 冲牌，但因为散家有大炸，庄家根本无法成功冲牌。所以，这样的牌，庄家只有先发封顶牌 222 -66，逼散家先下炸，才能打赢。

（三）发破坏守门员大牌的牌

斗地主时，守门员能否守住一手牌，对牌局的胜负关系很大，有时甚至起着决定性的作用。有的情况下，庄家可以在发牌的牌型上做文章，看能否破坏守门员的大牌，最终使守门员没有恰当的牌守，顺过一些牌。

一般情况下，庄家在发牌时，为了不暴露牌型的强弱项，都会选择发单牌或发三带对。但是，即使这两种牌，选择起来也有讲究。

如果庄家的单牌大，是单 A、单 K，为了有更多的机会顺过这些大单牌，就应该先发三带对。庄家发三带对的牌型，守门员如果有三个 A 或三个 K，当前两家没有用大牌压庄家时，守门员很可能就会出三个 A 或三个 K 压牌，这样，后面再守单牌时，可能就会放过庄家的单 A、单 K；当前两家用大牌压了庄家时，守门员在守单牌时，也可能会考虑到后面要压庄家的三带对，舍不得拆三个 A 或三个 K，而用较小的牌守门，让庄家的单 A 或单 K 顺过。

如果庄家的三带对大，想过三带对，就应该先发单牌。庄家发单牌后，守门员如果有三个 A 或三个 K，很可能为了守住庄家的单 A 或单 K 而拆三个 A 或三个 K，这样，后面庄家再出三带对时，守门员就没有三个 A 或三个 K 挡住庄家了，庄家能顺过三带对。

三、以骗敌送牌为主要目的

有时，庄家的牌力不强，必须依靠散家送牌，庄家顺牌甚至封顶后，才能获胜。骗敌送牌的原理是以多示少，这在前面已经谈过，下面再专门从发牌这一重要角度谈一下如何骗敌送牌。对牌手来说，发牌机会弥足珍贵，庄家一人为一方，发牌机会比散家还要珍贵，所以，如果庄家为了顺牌甚至封顶，在发牌时以多示少，那欺骗效果会相当好，散家上当的可能性会非常大。

（一）为了顺牌而骗敌

如果庄家需要顺某些牌，为了骗得散家送牌，就必须让散家觉得庄家不需要顺这些牌。

某盘，散家的炸比较多，庄家只有两个炸弹。为了顺牌，庄家打出了一个非常漂亮的骗局。

中局时，庄家手中的牌是：

22、AA、KK、QQQQQ、JJ、999、88、666、555、3333。

庄家对子较多，9以上的三头要不上，弱项非常明显，当中门上单2后，庄家害怕中门发三带对，把牌打明，因此，决定用炸制止中门。

庄家只有两炸，没有更多的选择，但是，这时用哪一个炸非常重要，讲究很大。因为要通过发牌骗散家，所以，庄家不能用四个3的小炸，而要用五个Q的大炸，以确保上手。当庄家用五个Q上手后，三位散家都没有更大的炸，因此，只好请庄家出牌。

庄家为了骗散家给自己送对子，他出了双飞双带666－555－22－AA。本来，庄家手中有的是小对子，但他考虑到散家的炸弹很多，如果散家不给自己送牌，自己必将失败，因此，他故意带出了对2和对A，希望骗得散家认为自己再没有对子了。

双飞双带出过后，庄家的余牌是：

KK、JJ、999、88、3333。

这样的牌如果散家不送庄家，庄家是绝对跑不掉的。

对2是封顶的对子，对A仅次于对2，看到庄家在打双飞双带时带的是对A和对2，三位散家都认为庄家没有对子了，很可能满手都是三个头。

三位散家手中都没有双飞双带，庄家的双飞双带是封顶牌。顺门已经用过了一个炸弹，他想看看下风的同盟能否管上双飞双带或先上炸，因此，他没有炸庄家；中门没有炸弹，让过。守门员上炸。

守门员炸掉庄家的双飞双带后，出了一个小对子。

庄家当然需要过对子，但他为了进一步迷惑散家，假装进行了一番思考，然后，出了一对J。这时，散家都认为庄家过对J肯定是拆牌了，要么是拆了三个J，要么是拆了包括对J的连对。庄家出对J后，顺门用对K管上，庄家不要。

顺门上手又发了一个对子。为了防止庄家在拆J以下的连对，中门上了一个较大的对子1010。守门员不要。庄家又一次假装很为难，经过了很长时间的"思考"后，出了一对K。这时，庄家报牌九张：

999、88、3333。

庄家的对K比较大，顺门管不上，中门用对A管牌，庄家不要。自然，散家又认为庄家是在拆三个K。按说，庄家余牌为九张时，散家不能发三带对。但是，这时的中门已经上当了，他坚定地认为庄家已经拆了两个三头，觉得庄家手中的牌必定包括刚才拆下来的单J和单K。这样，在庄家的其他七张牌中，如果有炸，必定不吃三带对；如果无炸，那么，由于庄家没有对子，要三带对时还会拆三个头，将必输无疑。同时，中门的三头不少，他觉得如果自己一直出对子，后面全剩下了三头，再打三个头时会送庄家过牌。所以，中门决定开始进攻，发三带对。

这时，三位散家的认识是比较统一的，大家都认为庄家没有对子，前面出的对J和对K都是从三个J和三个K上拆下来的。他们分析，庄家手中有九张牌，除过手中的单J和单K外还有七张，如果有炸弹，肯定不要三带对，中门打三带对绝对没有错。

中门发小三带对后，守门员觉得根本没有必要守门，因此让过。庄家顺走999－88后，手中的牌再剩四张，即四个3的炸弹。

直到这时，三位散家都还以为庄家手中肯定是很差的牌，必定是一把单张，其中肯定包括拆下来的单J、单K、单8以及另一张单牌，而他们手中的大牌还有很多，并且还有炸弹，他们都在笑庄家，以为庄家必输无疑了。结果，当庄家把剩下的四个3翻开后，三位散家满脸得意的笑容顿时变成了目瞪口呆的傻相。之后很久，三位散家又表示非常佩服庄家，一致称赞庄家的打法太高明了。

这一盘庄家之所以能够在牌力非常弱的情况下赢了强大的散家，就在于他成功地欺骗了三位散家，在打双飞双带时，大胆地把对A和对2带了出去，让散家错误地判断他手中不可能再有对子了。结果三位散家都上了他的当，争先恐后地把庄家送走了。

（二）为了封顶而骗敌

有时，庄家虽然没有短项，并不需要仅仅过某一种牌型，但需要依靠大牌封顶上手才能把牌打赢，这就需要骗得散家认为庄家能封顶的牌型是短项，而且没有大牌或大牌不多，诱骗散家送牌。

比如，庄家既有三头，又有对子，本来打三带对走牌更快，但庄家的三头小，需要借对子封顶才能够手，这时，庄家就可以采取专出三头的办法，诱骗散家送对子。

某盘中局，庄家出单牌后顺门直接上2，庄家用大王封顶，散家无人要牌。这时，庄家的牌是：

22、AA、KK、J、10101010、888、555、333。

当时，大牌已经出了很多，散家手中K以上的牌已经很少了。顺门最大的牌是A，有三个。中门主攻，最大的牌是单2，没有A，小牌较整，有一个炸弹。守门员K以上的牌只有一个小王，明显守不住门了。

这时，该庄家发牌。那么，庄家应该怎么出牌呢？由于外面很可能还有炸弹，而且庄家的三个头又很小，如果出三带对，庄家不能回手，必然失败。可以说，这种牌不精心设计，极难打赢。经过思考，庄家决定采取专出三头以骗取散家送对子的办法打牌。

庄家先出最小的三头333。顺门手中的三头还有AAA和999，但是他没有要牌，他这样考虑：第一，AAA太大，出了AAA后可能会让庄家较大的三头封顶，不如留着打庄家的回手牌；第二，999不大不小，管不住牌，还有可能把中门的小三头挡住。因为顺门没有要牌，中门果然顺了小三头444。守门员手中已无大牌，最大的三头是JJJ，就上了JJJ。庄家要不上，守门员上手。

守门员这时没有太多的办法选择，单牌太小，出单牌害怕庄家顺过小牌，庄家发的是三个头，他也不敢发三头或三带对，想来想去，觉得还是发对子好，于是，守门员发了一个小对子。

庄家正希望散家发对子，为了骗散家下次还发对子，庄家没有上对K和对A，而是直接上了对2。顺门没有炸弹，没有办法；中门因为想跑牌，看到庄家的牌还较多，没有用炸；守门员没有炸弹，管不了牌。

这时庄家仍然不够手，为了骗散家送对子，再次发三头555。因为庄家已经是第二次发三头了，这次，顺门不敢再等同盟压牌，自己直接上了AAA。庄家不要。

顺门自己没有单牌，而且他判断中门的牌也应该比较整了，虽然他知道守门员手中有一个小王，但是发单牌自己既要拆牌，还害怕守门员守不住门，又由于庄家出的是三个头，而且，刚才庄家已经上过了对2，因此，顺门也发了一个小对子。中门顺了一个对子。守门员不要。庄家上对K。这时，庄家的余牌还有十张：

AA、J、10101010、888。

顺门要不上对K。守门员明显也要不上对K。因为庄家的余牌不多了，中门害怕自己的炸弹饿死，被迫用炸。中门用炸后，庄家不要。由于这时庄家已经出过了两个封顶的大对子，中门也用了最后一炸，他觉得没有什么好办法了，干脆对子打到底吧，于是，中门也发了一个对子。

庄家当然上对A，对A封顶，无人能管，庄家再次以对子上手。

之后，庄家出888，顺门用999压牌。庄家用炸弹10101010上手，最后出单J，赢牌。

在这一盘中，庄家的牌是很弱的，但之所以能够取胜，就在于他进行了精心设计，专门发弱小的三头，给散家造成假象，让他们认为自己缺对子，结果，三位散家纷纷给庄家送上了对子，使庄家连续三次用大对子封顶，最后终于打败了散家。这盘牌庄家打得是相当高明的。

第六节 庄家要牌策略

在行牌过程中，牌手按逆时针顺序依次轮流要牌。散家发牌或出牌后，如果轮到了庄家，庄家就要决策是否要牌了。决策时，庄家要结合当时的具体情况，考虑到各种因素，看是否要牌。即使决定要牌，也有两种要法，一是立即要牌，一是先让散家接牌，自己回头再要。

一、不要牌

散家发牌或出牌后，如果庄家没有任何能力要牌，那自不用说，庄家不会要牌，而如果庄家可以要牌，但要牌对庄家可能不利或者肯定不利，那庄家也不应该要牌。有能力要牌而庄家决策不要的情况有以下几种。

一是，虽然庄家能够要上牌，但是要牌消耗自己的实力太大，如果这时散家对自己的威胁不大，庄家可以不要。比如散家出对2后，庄家虽然有两个大王，但用对大王要对2太浪费，所以不要。

二是，要牌后会破坏自己的连牌，所以不要。比如，庄家是三连对，如果只能过一对牌，余牌的手数反而会增多，因此，散家打对子时庄家不要。再如，庄家有双飞双带，如果只能顺走一个对子或一个三头，会使余牌的手数变多，因此，散家出对子或三头时庄家不要。

三是，庄家某种牌型多，为了骗得散家多次送这种牌型，在散家第一次甚至前两三次出这种牌型时，庄家故意不要。如果散家第一次打这种牌型时庄家就要，散家很可能会认为庄家需要这种牌型，因而改变牌路，不再打这种牌型，这样，庄家能顺走这种牌型的手数就很有限了。如果庄家开始不要这种牌型，散家很可能会认为庄家的这种牌型是短项，往往会多次打这种牌型。即使后面庄家已经要这种牌型了，散家也很可能会认为庄家的顺牌是无效的甚至是负效的，或者庄家出的封顶牌会给庄家自己带来很大损失，因而，散家还会继续发这种牌型，这样的话，庄家最终会顺多手这种牌型。当然，这种方法必须是在自己的实力相对非常弱，不用示少的战术极难成功时才用。庄家必须注意，在自己某种牌型多的情况下，如果散家开始发这种牌型，在决策不要时一定要谨慎，以防错过机会。因为，在有的牌局，散家打牌的路子会很快变化，这次庄家不要，下次散家并不一定会继续打这种牌型，庄家不要牌有可能会白白浪费一次出牌机会。

四是，对子多时注意不要轻易要三头。如果庄家的对子多，尤其是小对子多，就不能要三头。对子多时，如果要三头，留下了很多小对子，庄家会更难走牌。这种情况下，应该让散家先走一走三头，不断消耗他们的三头。等散家的三头消耗殆尽时，自己再用三头带上对子出牌，即打三带对，那时，三带对往往能够封顶、回手。当然，如果庄家的对子仅比三头多一组，尤其还有必能回手的封顶大对子时，也可以考虑要一两次三头。庄家的对子仅比三头多一组时，也有可能散家先打几次三头后因为种种原因而改打对子，那样的话，虽然庄家在前面顺三头不能形成有效顺牌，但由于在后面可以再顺对子，仍然会使有效顺牌的手数增多，对庄家有利。当庄家有必能回手的大对子时，顺过一次三头后，就多出了两组对子，庄家上手后，自己发一个小对子，能用封顶的大对子回手，也就是说，这两个对子不必依靠三头带走，不会成为累赘，因此，这种情况下，即使后面散家不出对子，庄家顺一次三头也不会有损失。

五是，对子少而三头多时注意不要把对子顺完，一般情况下，应该留下一两个对子。实战中常常会出现这样的情况：有的庄家对子不多三头多，散家发对子时，虽然庄家的对子既不能封顶，也不能把散家的三个头顶开，但庄家却一直在无意义地顺对子，待到自己把对子顺完或只留下了一两个大对子时，散家开始发三带对了。这时，庄家很难办，如果要三带对，要么需要拆三个头，要么只能带上大对子，浪费大牌。因此，在三头多而对子少时，一般情况下，庄家要注意留下一两个对子，防止散家发三带对。当然，如果大的三头能够调整成对子和一个能顺走的单牌，或者有其他有利情况，也可以考虑把对子顺完。

六是，为了耗费散家实力而故意不要牌。比如顺门出三头，守门员用较大的牌守，庄家虽然能要，但故意不要，让顺门用更大的牌接。这样两三轮后，散家的三头可能就耗费得差不多了，此时，庄家再反过来打三头或三带对，散家管牌会相当吃力。

七是，不要守门员的牌，让守门员上手，给守门员创造犯错误的机会。守门员上手往往可能出错牌。如果庄家要守门员的牌，守门员就连出错牌的机会都没有了，怎么能犯错呢？而不要守门员的牌，如果守门员真的出错了牌，就会对庄家有利。

二、即要牌

散家发牌或出牌后，在以下几种情况下，庄家应当立即要牌。

一是，当庄家需要顺牌时。如果庄家有需要顺过的牌，散家发牌后，能顺过牌时，就应该趁机过牌。需要注意的是，庄家如果过的牌小，同时也就给散家提供了过牌的机会，因此，庄家在过牌时需要全面考虑，注意把自己过牌与阻拦敌方过牌相结合起来，尤其要注意主攻散家过牌，在残局时，庄家要特别重视这个问题。

二是，当庄家需要上手或引炸时。如果庄家需要上手或引炸，就必须用封顶牌压敌方。当庄家有两手以上的牌都能压住敌方时，如果判断不清较小的牌是否能封顶，一般情况下，为了确保封顶，还是应该上更大的牌。比如，散家出了一个四连对，庄家手中有六连对，那么，庄家应该用大的四连对要牌呢，还是应该用小的四连对要牌？如果庄家需要连对封顶，在不确定小连对或次小连对能封顶时，就应该用大的四连对要牌，那样才会更保险一些。当散家能管上庄家的小连对而管不上庄家的大连对时，庄家如果用大连对要牌，就能封顶，连对封顶后，或者能上手，或者能引敌一炸；庄家如果用小连对要牌，之后被散家封顶，那么，庄家再想上手，自己就要下一炸。这两种要牌方法带来的后果差异很大，对比非常明显，一颠一倒，得失极大。实战中，在有的牌局，庄家的连对本来可以连到A，但他觉得对A太大，打出去有点可惜，认为用最大对子是K的连对要牌也不小了，照样能封顶，不料却被散家以最大对子是A的连对管上了，结果，庄家不但没有要到敌方的炸弹，反而还把自己的炸弹逼了下来，最后，庄家就因为这一手牌打错而吃了败仗。

三是，当庄家需要制止散家发牌时。当散家上了很大的牌而庄家不管时，散家就能上手发牌，如果庄家觉得散家发牌对自己不利，就要用大牌甚至封顶牌管散家。比如，顺门送单，中门上小王，如果庄家不用大王压中门，中门就会上手发牌，这时，庄家要用大王压牌。

四是，当庄家需要阻挡散家过牌时。当助攻散家隔着庄家给主攻散家送牌时，为了不让主攻散家过牌，庄家要用大牌阻挡。比如，顺门主攻，吃对子，守门员或中门上手后给顺门送对子，为了不让顺门过牌，庄家上大对子进行拦截。

五是，当庄家需要借要牌欺骗散家时。如果想借要牌欺骗散家，那么，庄家要根据欺骗的目的，具体决定用多大的牌要敌方的牌。比如，自己明明对子多，散家发对子时专门先过很大的对子，散家一看庄家没有过小对子，很可能会认为庄家的对子是弱项，往往会继续发对子，而这正是庄家所希望的。

三、缓要牌

有时，庄家虽然有某种牌型的大牌，能立即要牌，但为了消耗散家的大牌，或者为了能给散家制造犯错误的机会，先不要牌，等到关键的时候再要牌，这就是缓要牌。

缓要牌的技巧常用在守门员发牌后。在对待守门员的牌上，缓要牌和不要牌的技巧是相辅相成的。守门员出牌后，庄家不要，会有两种可能。

一是，顺门或中门会要守门员的牌。如果顺门或中门要了守门员的牌，那么，庄家可以再要，这样既控制了散家发牌，又消耗了顺门或中门的实力。比如，发单牌时，守门员用单A守门，自己虽然有小王，但为了消耗散家的2，可以先让过，当顺门或中门用2接了守门员的牌后，庄家再用小王压。再如，守门员发三个头时，庄家故意不要，等到中门和顺门用较大的三个头接牌后，庄家回头再压，这样会更多地消耗散家的三头，当散家的三头消耗殆尽后，庄家打三个头时遇到的阻力就会小得多，甚至能用较大的三个头封顶。

二是，顺门和中门不要。如果顺门和中门不要守门员的牌，就该守门员发牌了，这往往会使守门员为难，一不小心，守门员就会犯错，可能会发出庄家需要顺走的牌，这对庄家当然更加有利，而且非常明显。比如，守门员守 A，庄家不要，顺门和中门也不要，这时，守门员要么降低发单牌，要么发其他牌型。降低发单牌可能会让庄家顺走较小的单牌，发其他牌型也很可能让庄家顺牌。

在后半场时，缓要牌的技巧用在守门员给主攻散家送牌时效果更加奇妙，如果是中门给主攻的顺门送牌，道理也是一样的。当守门员给同盟传牌时，有时，虽然庄家当时就能要这种牌，但是，由于自己的牌并不太多，而且非常需要遏制主攻散家，因此，可以先让过一手，暂不要牌，等其他散家要牌后庄家回头再要，这样，能够牢牢控制住关键的散家。通常，人们把这种要牌的打法叫“谁接打谁”。而且，对关键的散家进行控制的同时还会消耗他们手中的这种牌型，有时，甚至到最后能使主攻散家无牌可接，助攻散家想送也送不走。比如，某盘，中门主攻，用五个头企图冲牌时，被庄家大炸停住，手中留了一个小单牌 6，已经不可能先走成功了。看到中门主攻受挫，顺门只好自己主攻。到了残局，顺门手中的牌是：KK、JJ、99、8。守门员的牌是：22、J、10、9999、88、77、6666、5、44、33。庄家的牌是：22、AA、KK、Q、8888、555。守门员有两炸，并且有多个对子，如果守门员发对子后庄家直接用大对子要牌，拼完实力后，守门员就可以发对子送走顺门了。庄家估计到了这种情况，因此，决定采取缓要牌的技巧，专门控制顺门。其过程是这样的：守门员发对 4，庄家不要，顺门用对 9 接牌，庄家用对 K 压顺门。守门员上对 2 后再发对 7，庄家不要，顺门用对 J 接牌，庄家用对 A 压顺门。守门员用 6666 炸后再发对 8，庄家不要，顺门用对 K 接牌，庄家用对 2 压顺门。这时，顺门手中仅剩了一张牌：单 8，无论守门员是否用炸，庄家都会赢牌：如果守门员用 9999 炸了庄家的对 2，之后，守门员发对子顺门接不上牌，守门员无牌可发，只能发最大的单牌 J，庄家过单 Q，用炸冲牌，最后出 555，就赢了；如果守门员不炸庄家的对 2，庄家出 555 后，余牌成了：Q、8888，单 Q 比顺门和中门的单牌大，而守门员还有三张比 Q 小的单牌，因此，庄家必能先于散家走完牌，也能赢。

第七节　庄家用炸妙诀

炸弹是最机动的大牌，它对每一位牌手都非常重要。庄家孤军作战，与散家相比，炸弹对庄家来说更加重要。打牌时，庄家必须掌握好用炸的技巧。

一、用炸态度

在实战中，庄家的炸弹常常不会很富余，甚至常常数量很少，有时，虽然庄家的炸弹较多，但散家的实力也非常强大，所以，庄家要珍惜炸弹，不能随便下炸。但是，如果牌情危机，庄家不用炸的话，就有可能错过打击散家的有利时机，招致失败，所以，庄家也不能太过珍惜炸弹，不能总是舍不得用炸。也就是说，庄家在用炸的态度上，既要谨慎，又不能过于保守。

如果庄家的炸弹过少，用炸相对要更加谨慎一些，争取把炸弹用在最急需的地方，在关键的时候用一下炸弹。如果庄家有大炸，能够控制住散家冲牌，在关键的时候用炸效果更加奇妙。比如，某盘，庄家不吃单牌，中门一直在调整牌型走单牌。因为庄家有六个9，能够控制住局势，所以，一直允许中门发牌，但庄家始终在盯着他呢！后来，当中门企图用五个2冲牌时，不料却被庄家六个9炸停，结果，中门剩了一手很小的牌，跑不了了。这时，顺门和守门员也因为配合中门而实力大减。之后，庄家发起了反攻，此时，三位散家已经元气大伤，没有能力抵抗庄家了。最终，庄家以弱牌获胜。

如果庄家的炸弹较多，用炸就可以稍微积极一些，尤其是当炸弹又多又小时，用炸还应该更加急一些。因为，小炸弹往往控制不住局势，如果庄家一直舍不得用炸，当某位散家走牌过多形成最后冲牌态势时，很有可能会把庄家的炸弹饿死。在牌场上我们常常会看到这样的现象：当散家用大炸冲牌成功后，庄家连叫后悔，牌摊开一看，有好几个炸都没有用上呢！

二、用炸目的

庄家为什么要用炸呢？一般地说，主要有两个的目的：一是为了遏制散家，二是为了自己发牌。少数情况下，庄家还会借用炸欺骗散家。

庄家在多数情况下用炸，都是为了遏制散家，不让散家走牌过多。在形势危机的时候，如果庄家不及时制止散家，让散家走牌过多，散家很有可能就形成了冲锋甚至冲牌态势，庄家有可能就控制不住局面了。因此，当散家对庄家形成威胁或者有可能对庄家形成威胁时，庄家一定要及时制止散家。

在庄家用炸制止散家的同时，如果散家不回炸庄家，庄家就获得了发牌权，能发牌。

偶尔，庄家为了欺骗散家也会用炸。这种情况虽少，但也有不少庄家擅长此道。比如你吃对子，但中门发稍大的对子时你用了一个炸弹，这样，三位散家往往会认准你不吃对子，他们上手后多会发对子。而且，很多时候，后面你已经在要对子了，他们还会认为你那是在无效顺牌，还会接着打对子。因为一般情况下庄家是不会随意用炸的，通常，如果庄家吃对子，即使要不住散家的大对子，也会等一等，等散家打小一点的对子，而不会上炸。你用炸弹炸了散家的对子，会使散家坚定地相信你不吃任何对子。由于庄家的炸弹很宝贵，因此，如果用炸进行欺骗的话，效果一般都比较明显，基本上都能实现欺骗的目的。

三、用炸顺序

如果庄家的炸弹不止一个，或者很多，庄家还要考虑用炸的顺序问题。

一般地，庄家应该先用小炸，后用大炸。

按从小到大的顺序用炸，自己不会炸超，散家却有可能漏炸，这两个方面对自己都有好处。

一方面，先用小炸，不会因炸超而形成浪费，而且，留着大炸有利于后面在关键时候控制局面，尤其是冲牌时，大炸显然比小炸冲牌成功的可能性要大。如果先用大炸，很可能会炸超，造成浪费，到后面，小炸有可能控制不住局面，在冲牌时，小炸还有可能被散家的大炸遏制，导致冲牌失败。

另一方面，先用小炸，散家有可能觉得自己的炸弹很大而不回炸庄家，庄家能以小炸上手，这有可能使庄家多上一次手。如果庄家先用大炸，当散家有能力回炸时，往往不会放过庄家，使庄家上手的次数不会增多。庄家能否多上一次手，有时非常关键。很多时候，就是因为散家看到庄家的炸小而放过了庄家，使庄家多上了一次手，从而使庄家的牌够手了，最终庄家胜利，散家失败。比如，庄家有三个炸弹：22222、JJJJ、3333，要保两手牌，散家有两个炸弹：99999、AAAA。如果庄家先上四个3，散家很可能觉得自己的四个A和五个9太大，用了浪费，从而放过庄家，这样，庄家必可够手，能赢牌；而如果庄家先上四个J，那么，散家一般不会放过庄家的四个J和四个3，虽然庄家能用五个2上一次手，但还是不够手，要输牌。

在一般情况下，庄家按从小到大的顺序用炸都是正确的，庄家一般也应该坚持按从小到大的顺序来用炸。但是，为了在组牌时留有变化的余地和欺骗散家，庄家可以不按从小到大的顺序用炸。

为了留有变化的余地主要有两种情况。

第一种情况，当庄家有大牌形成的炸弹时，为了避免在形势不好的情况下没有回旋余地，可以先保留着这类炸弹。大牌形成的炸弹容易调整变化，如果遇到不好的情况，大牌形成的小炸比小牌形成的大炸要有用得多，为了给自己留一条退路，庄家在选择用炸时，可以先用小牌形成的大炸，而留着大牌形成的小炸。例如，中局时，庄家还有两个炸弹：88888、2222。如果发现散家实力强，有可能需要拆2，那么，在用炸时，就应该先上五个8。这样，万一形势不好，庄家仅靠用炸不够手时，还可以拆开2形成的炸弹，使牌有所变化，能够调整。如果先用四个2，一旦被散家制止，当牌不够手时，即使五个8能上手，也不能形成冲牌态势，而且，庄家没有大牌可以调整变化，那样的话，就只有死路一条了。

第二种情况，有的炸弹拆开后，可以与附近的牌组成连牌，为了预备调配牌型，可以先不用这样的炸弹。比如，庄家的牌是：AAAA、JJJJ、99、88、666、5555、444、33。如果庄家不能顺走小对子或小三带对，那么，四个5附近的小牌需要多次才能出完，这种情况下，当需要用炸时，就可以考虑先用四个J，而预备着四个5与附近的牌调配牌型。如果四个J能够上手，则可以考虑出666－555－444－99－88－33逼炸，即使散家有一炸，庄家用四个A上手后再出单5，也能成功。

为了欺骗散家也是主要有两种情况。

第一种情况，庄家炸少大牌多，需要诱骗散家尽快下炸，可以先上大炸。有的牌局，庄家的炸少，但大牌较多，如果散家迟迟不下炸，一直留在手中，当庄家最后想用大牌或小炸上手冲牌时，会因为散家有炸弹或大炸而不能成功。为了防止庄家在后场被动，难以控制局势，庄家要用计骗散家迅速下炸。这时，庄家就应该先用大炸。庄家先上大炸，散家很可能会以为自己的炸小，被饿死的危险极大。之后，一旦庄家上大牌封顶，散家就会毫不犹豫地紧紧抓住这个能用上炸弹的机会，把自己的炸弹扔出去，以防止炸弹饿死。有时，庄家出大牌后，即使后面的散家有牌能够封顶，但前面的散家担心同盟不能封顶，同时害怕自己的炸弹饿死，也会用炸。比如，因为庄家前面出过五个头的炸，在庄家出三个 A 时，虽然后面的散家可能有三个 2，但顺门或中门不能肯定，为了防止自己四个头的炸弹被饿死，顺门或中门往往就会直接上炸。甚至，有时，在庄家有可能顺牌时，散家为了防止庄家顺牌后够手，也会用炸阻拦。比如，庄家发小三头，虽然散家有大的三头能拦，但有炸的散家担心庄家有更大的三头，怕庄家过更大的三头后够手，饿死自己的小炸，这种情况下，散家也会用炸直接炸掉庄家的小三头。实战中，如果庄家此计成功，散家的炸弹便会纷纷落地，当散家剩余的炸弹很少或者已经把炸弹用完时，庄家凭借大牌和炸弹就能够轻松地控制局面了。

第二种情况，庄家需要通过发牌来欺骗散家，为了确保上手，在用炸时，要先用大炸。比如，庄家的牌是：88888、10101010、22、JJ、777、444。当散家有一个能压住庄家四个 10 的小炸时，庄家必须用计使对 2 封一次顶才能成功。这时，先上哪个炸就很重要了，它关系到庄家的计谋能否成功，并最终关系到庄家能否获胜。如果庄家先上四个 10，被散家用小炸制止，庄家的五个 8 虽然能上手，但必须先过一手牌才能冲牌成功。但是，在这种情况下，散家往往不会主动给庄家送三带对，送对子的可能性也很小，庄家多会因不够手而输牌。如果庄家先用五个 8 上手，之后发小三头 444，往往能达到欺骗散家的目的。庄家的三个 4 自然会被散家用大的三头封顶，庄家当然不会用炸弹管，而会让散家发牌。因为庄家牌多，散家很难判断出庄家的牌型情况，多会发对子。散家发对子后，庄家用对 2 封顶，就能赢牌。

第八节 庄家冲牌窍门

在很多残局，庄家最后需要冲牌。冲牌就是冲出一手或多手敌人管不上的牌，上手后再发出最后一手牌，把牌打完。绝大多数情况下，庄家的冲牌直接关系到成败：冲牌成功，庄家就赢；冲牌失败，庄家会输。所以，庄家必须掌握好冲牌的技巧。

一、冲牌的类别

冲牌意味着敌方管不上你的牌，那么，你出什么牌敌方才管不上呢？其实，最后庄家形成冲牌态势时，冲牌的类别无非是炸弹和封顶牌两类。

第一类情况：用炸弹、尤其是大炸弹冲牌。当庄家没有希望再顺牌时，为了防止散家把牌走完，庄家往往会用手中仅有的一个炸弹上手，把剩余的最后一手牌走掉。这种情况非常多。实战中，庄家在最后用炸冲牌时往往会留大炸，造成冲牌必能成功的态势。

第二类情况：用封顶牌冲牌。如果庄家没有炸弹，就只能用封顶牌冲牌。出封顶牌后，如果散家没有炸弹，或者极少数情况下散家有炸未用，庄家就能冲牌成功。到最后冲牌时，庄家能冲成功的封顶牌有三种。

一是大牌。封顶的大牌散家管不上，实战中，很多时候，庄家最后都是用封顶的大牌冲牌的。比如，用无人能敌的大王、对2、三个AAA进行冲牌。当然，牌的大小是相对的，有时，庄家手中的牌并不算太大，但由于散家的大牌已经出完，“山中无老虎，猴子称霸王。”庄家较大的牌成了封顶牌，也能够冲牌。

二是连牌。由于连牌比较稀缺，散家常常管不上，尤其在残局时，因此，庄家往往可以用连牌冲牌。

三是散家没有的牌型。有时，虽然庄家的牌很小，看似没有冲牌的可能，但由于在前面的战斗中散家已经把这种牌型消耗完了，因此，有时，庄家也可以用散家没有的牌型冲牌。这种情况往往出现在双方相持时间很长，战斗进行得比较艰难、惨烈的残局时。比如，三位散家中，守门员已经把牌拆得七零八落，顺门还有三张牌，中门还有两张牌，庄家上手后，就可以用任意人小的三带对冲牌了。实战中，庄家最后用最小的三带对333－xx甚至最小的三头333成功冲牌的例子也确实存在，而且，还不是绝无仅有的。

二、冲牌的谋划

冲牌的成功与否直接决定了一盘牌的胜负成败，因此，庄家必须善于冲牌，这要求庄家在冲牌前，要进行一定的谋划，否则，等到最后想冲牌时，有可能就冲不出去了。

而且，庄家并非只有到残局时才谋划如何冲牌，而应该很早就进行谋划，甚至在刚理好牌后、发首牌前就要进行谋划。

那么，庄家如何谋划冲牌呢?

（一）诱敌下大炸，用小炸冲

当散家有大炸时，庄家用小炸就不能成功冲牌，因此，如果庄家最后要用小炸冲牌，就必须想办法先把散家的大炸诱逼下来。

某盘残局，王已经出完，散家应该有一个大炸。庄家的牌是：2、J、4444。这时轮庄家发牌，那么，庄家应该发什么呢？显然，庄家应该发单2，引散家的大炸，然后再用自己的小炸冲牌。否则，庄家出单J，被散家的2管上后，如果散家不送单张，庄家想用四个4的小炸冲牌，就会被散家的大炸管上，不能成功。

很多时候，庄家的牌并不会像上例那么简单，庄家必须进行一番精心设计，把散家的大炸先骗下来。比如，庄家先出很大的炸弹，让散家以为自己的炸弹会饿死，之后，庄家再出牌时，散家往往会轻率用炸。等散家把大炸出完后，庄家就可以用小炸成功冲牌了。

例如，某盘，庄家的牌是：

单牌三组3张：大王、10、4；

连对一组6张：AA－KK－QQ；

双飞双带一组10张：999－888－77－55；

炸弹三组14：66666、33333、JJJJ。

虽然庄家有大王，牌也比较整，但因为顺门在叫牌时曾经抬过一档，庄家再结合自己的全牌分析后，估计散家的炸弹可能较多，比如4、5、7、10、Q、K、A、2等牌，成炸的可能性很大，尤其是自己断2、单4、单10，2、4、10成炸的可能性非常大。事实上，散家共有三炸，其中中门一炸：QQQQQ，顺门两炸：2222、4444。

因为散家的炸弹较多，所以，庄家必须想办法先让散家下炸。如果按照常规打法打牌，庄家出999－888－77－55后，散家很可能不会下炸。当散家有大双飞双带时，如果散家不用炸弹炸庄家的这一手牌，而是用大双飞双带管上，那么，庄家必会输牌。考虑到顺门可能有两炸，而且散家有大炸，为了使散家越级用炸压999－888－77－55，庄家对打法进行了设计。实战中，散家真的按照庄家的设计用炸越级压了庄家的小双飞双带，导致庄家获胜。其行牌过程如下。

庄家先出单10，用大王收回，顺门毫不犹豫地用4444炸了庄家。为了不让散家走牌过多，以免使牌情向明朗化的方向发展，庄家要用炸进行制止。庄家的三个炸都能管上 4444，到底用哪个炸呢？为了诱骗散家的大炸，庄家先用 33333 回炸了散家的 4444。

因为庄家第一次用炸就上的是五个头的炸弹，三位散家皆以为庄家的炸弹都是五个头以上的大炸弹。

看到庄家毫不犹豫地上了 33333，中门有五个头的炸弹 QQQQQ，不敢再等，就再回炸了庄家的 33333，庄家无法上手，中门发牌。

中门发牌后，庄家又用 66666 炸了散家，散家无人能管，庄家上手。因为大连对 AA－KK－QQ 是自然的封顶牌，所以，庄家留着它最后必然能在散家无炸时成功冲牌，为了引诱顺门把比 JJJJ 大的炸弹出下来，庄家出双飞双带 999－888－77－55。看到庄家一出炸就是五个头，顺门担心自己的四个 2 作废，又担心这样的双飞双带不一定有人管上，因此，就没有往下让牌，直接用 2222 炸了庄家。其实，守门员正好有大双飞双带 JJJ－101010－xx－yy，顺门用四个 2 的炸弹越级压牌，浪费了一个大炸。

下一轮出牌时，庄家用 JJJJ 上手，用自然封顶的连对 AA－KK－QQ 冲牌，尾牌出单 4，成功。

（二）诱敌出大牌，用较小的牌冲

如果庄家没有封顶的大牌，但最后还须用较小的牌冲牌，为了在最后冲牌时不让散家的大牌管上，使冲牌成功，庄家需要先把散家的大牌诱逼下来。

某盘残局，庄家手中的牌是：JJJJJ、3333、AAA、QQQ、9。因为散家已经判断清楚了庄家多三头，所以，散家没有人主动打三头或三带对。通过分析，庄家判断出散家已经没有炸弹了，但是顺门有三个 2，中门有三个 A。庄家要想把牌打成，要么散家有人送一手牌，要么庄家最后要用 AAA 冲牌。由于散家无人送庄家过牌，因此，庄家必须靠自己冲牌。而要想 AAA 冲牌成功，必须让顺门先下 222。但是，顺门不会无缘无故地出 222，怎么办呢？只有一个办法，用 QQQ 把顺门的 222 逼下来！庄家一直不吃对子，因此，散家不断在打对子，当中门走牌过多时，庄家决定用炸。用炸上手后，庄家出 QQQ。顺门不敢放过，上 222 封顶，逼庄家下炸。庄家再次上炸后，用 AAA 冲牌，无人能压，最后出单 9，获胜。

（三）诱敌把大连牌拆开，用小连牌冲

如果庄家想用连牌冲牌，也须使散家管不上才行。如果散家恰好有大连牌，那么，庄家就需要在冲牌前先引诱散家把连牌拆开。

某盘中局，庄家上手，余牌是：

单牌一组1张：8；

三带对一组5张：999－44；

双飞双带一组10张：777－666－JJ－55；

炸弹一组4张：QQQQ。

这样的牌，散家很难有人会送牌，因此，庄家必须依靠自己冲牌才能取胜。但是，小三带对999－44和单8是无论如何也不能冲牌的，而散家还有很多牌，有双飞双带的可能性也很大。事实上，中门手中确实有AAA－KKK。为了确保双飞双带能够冲牌成功，庄家先出999－44。中门害怕庄家过三带对，因此，拆开双飞双带，用AAA－xx管上了庄家的999－44。庄家用炸弹QQQQ上手，再用双飞双带777－666－JJ－55冲牌，散家无人能管，庄家冲牌成功，最后出单8，赢牌。

（四）诱敌把牌出得余牌很少，用牌多的牌型冲

如果散家没有某种牌型，庄家冲牌时散家当然就管不上。但是，数量少的牌型散家往往会有，比如说，单牌散家必定会有——没有单牌也可以从整牌中拆出来，对子散家往往也会有。散家没有的牌型往往是一手数量较多的牌型。

如果发现了散家手中没有某种牌型，庄家在冲牌时就可以用这种牌型冲牌。比如，在有的牌局中，残局时，所有散家都没有三带对了，庄家就可以用三带对冲牌。

有时，还会出现散家手中牌数过少，肯定要不上庄家数量多的牌型的情况。比如，某散家手中只有四张牌，庄家发再小的三带对，他都要不上。再如，某散家手中一共只有一两张牌，庄家发三个头，他当然也要不上。所以，如果残局时散家余牌的数量很少，庄家就可以打一手数量较多的牌型，使散家根本没有管牌的可能。

当散家手中的牌较多时，庄家往往不能确定散家能否管上牌多的牌型，为了确保用牌多的牌型冲牌成功，如果散家手中的牌还较多，那么，

庄家要想办法使散家先把手中的牌打少，之后，当散家手中余牌的数量小于牌多的牌型数量时，散家就肯定管不上庄家的牌了，庄家会有绝对的把握确保冲牌成功。例如，某盘，散家的中门主攻，顺门和守门员全力配合。当中门还剩五张牌时，庄家被迫用最后一炸停住中门，这时，庄家还有很多牌：22、AAA、QQQ、JJ、99、88、666、55、33。散家的顺门和守门员为配合中门已经消耗尽了力量，对庄家没有了威胁。中门的五张牌很明显是三带对，事实上，是一个很大的三带对：KKK－1010。庄家有三带对，但怕送走中门，不敢打。怎么办呢？庄家应该先打对子。无论什么时候，一旦中门出过对子，庄家用大对子回手后，就可以用三带对冲牌了。而如果中门一直不要对子，庄家打出一些对子后，再打三个头，中门一旦上 KKK，庄家用 AAA 回手后，也就能用三头或三带对冲牌了。按这种办法打牌，庄家最后必能成功。

三、冲牌的注意

冲牌最直接地关系到庄家的胜负，非常重要，为了提高冲牌的成功率，也为了防止散家有炸，庄家在冲牌时必须注意一些重要问题。

（一）无炸时冲牌要用能确保封顶或封顶可能性最大的牌

没有炸弹时，要成功冲牌，必须依靠封顶牌冲牌，所以，冲牌时，有能确保封顶的牌，就用能确保封顶的牌冲；没有能确保封顶的牌，就用封顶可能性最大的牌冲。

冲牌前，庄家首先要判断哪些牌散家管不上，是封顶牌。判断哪一手牌散家管不上时，有时很好判断，比如，自己有三个 2，三个 2 一起出必是封顶牌。如果没有王，无论是几个 2，都是封顶牌。有时不容易判断，庄家要根据具体情况进行分析，善于判断哪一手牌庄家管不上的可能性更大。比如这样的牌：JJJ、555－444，到底最后用什么冲牌，要看具体情况。如果散家很多小牌都没有动，而 J 以上的大牌基本上走完了，JJJ 封顶的可能性很大，那么，就应该用 JJJ 冲牌；相反，如果许多牌都已现身，而仍有大的三个头，那么，就可以考虑用 555－444 冲牌。再如这样的牌：AAA－77、JJ－1010－99，是用 AAA－77 冲牌呢，还是用 JJ－1010－99 冲牌？学问很大，庄家需要根据具体情况分析判断。

如果庄家最后有两手牌，其中一手是必能封顶的牌，另一手是封顶可能性大的牌，在冲牌时，为了确保冲牌成功，要选用必能封顶的那手牌。

比如，庄家余牌是一个大王和一个小三飞三带，用什么冲牌？这种情况下，虽然三飞三带被散家管住的可能性很小，但也须用能确保封顶的大王冲牌。有的人觉得三飞三带封顶的可能性很大，一般情况下没有人能管上，所以会用三飞三带冲牌，殊不知，实战中，即使在残局阶段，也不乏小三飞三带被人管上的例子，所以，还是用大王冲牌最保险。

如果庄家最后有两手牌，而这两手牌都不能肯定散家是否能管上，冲牌时，就要选用散家管不上可能性更大的那一手牌。

如果在冲牌时手中的牌可以变化，要出封顶可能性更大的牌。例如这样的牌：AAA－KK－QQ，是用AA－KK－QQ冲牌呢，还是用AAA－JJ冲牌？当然，要用能确保封顶的AA－KK－QQ冲牌。

为了确保冲牌能够封顶，当手牌还有变化时，如果顺牌会使余下的牌不能封顶，那就不要顺牌。例如，残局时，庄家的牌是：AA、KK、QQQ、JJ、55555。这时，散家已经没有炸弹了，但守门员有一对2。这种情况下，当对手打三带对时庄家千万不要过QQQ－JJ。因为，顺走QQQ－JJ后，手中的牌是：AA、KK、55555。散家压住QQQ－JJ后，只要不发对子，庄家除炸外还有两手牌：AA、KK，不能形成冲牌态势。这样的牌，庄家要用炸弹上手，之后，再用封顶连对AA－KK－QQ－JJ冲牌。

冲牌时必须封顶的道理告诉我们，如果整的大牌不拆能够封顶，在最后可以成功冲牌，那么，就不要拆；如果不能确定整的大牌是否能封顶，或者虽然能确定整的大牌能封顶，但自己不够手，那么，就要趁早拆开顺牌，以图顺利地分次顺完这些大牌。最忌讳的就是拆了一半，既没能把牌顺完，使需要发牌的次数减少；拆剩下的余牌又失去了封顶的功能，没有办法冲牌。所以，当一些整的大牌本身能封顶而拆开后余牌不能封顶时，在是否拆这些牌的决策上，要坚持一个原则：要么为了减少一手牌早拆开顺牌，使拆开的牌能全部顺完；要么就不要拆，以免破坏牌的封顶能力，最后不能用它冲牌。当然，如果自己的实力较强，不需要靠大牌压牌封顶，只要顺走大牌就能成功时，那么，还是趁早拆牌顺完为妙。比如，庄家的手中有两个2，拆不拆？在自己实力较强，根本不需要靠对2压牌封顶时，为了少发一手牌，应该在一开始有机会顺牌时就拆开为好。如果没有拆，大小王都已经现身时，就在最后等待冲牌时用对2冲牌。如果在一开始决定不拆，后来发现自己手数不够，必须顺走对2时，也可以找机会分两次顺走。或者发现王成对了，冲牌会面临失败，也可以找机会顺走两个2。最害怕的就是一开始不拆对2，到后面又决定拆对2，但拆开后，或者因对手已经发起进攻，使你再没有机会顺走剩下的单2；或者你拆对2时被对手察觉，他们用2堵住了你剩下的单2，使你剩下的单2不能顺走，而对手还有王，你剩下的单2不能封顶，这样，你就把本来能封顶的对2打成了不能封顶的单2，等于使自己多了一手小牌，很多时候，输牌就输在这上面。

有时，庄家一次冲牌就可以把牌出完，而有时，需要连续两次甚至多次冲牌才能把牌出完。例如，庄家的余牌是：22、8，只需要用22一次冲牌，胜败就见分晓。再如，庄家的余牌是：77777、大王、3，当主攻散家只有一张牌时，庄家要用大王和77777两次冲牌。又如，庄家的余牌是：22、AAA、QQ、JJ、1010、99、77、4，就需要用QQ－JJ－1010－99、AAA－77和22三次冲牌。

庄家如果需要两次或多次冲牌，在余牌的牌型可以有多种变化时，那庄家还要考虑如何调配牌型，使每一次冲牌都能确保封顶，保证冲牌成功。比如，残局散家还有王时，庄家的牌是：222、KK、QQ、JJ、999、888、777、55、44。把这些牌打完，最少需要两次冲牌。如何冲牌，有好几种选择。一是用999－888－777－JJ－55－44和222－QQ两次冲牌，最后出KK；二是用999－888－777－22－55－44和KK－QQ－JJ两次冲牌，最后出2；三是用999－888－777、222－44、KK－QQ－JJ三次冲牌，最后出55。那么，到底应该采取哪种办法冲牌呢？显然，后两种情况下，都需要用KK－QQ－JJ冲牌，而这样的三连对并不能确保封顶，万一被散家用AA－KK－QQ管上，庄家冲牌就会遭致失败。所以，庄家应该用第一种办法冲牌。

无论庄家需要连续多少次冲牌，都要用能确保封顶或封顶可能性最大的牌进行冲牌，否则，一旦被散家管上，就很可能导致冲牌失败。

（二）大牌不一次冲完

如果不能判断清楚散家是否有炸弹，或者散家肯定还有炸弹，甚至炸弹数量很多，那么，庄家在冲牌时就要注意不要一次把拆开也能封顶的整牌出完，而要分成多次冲牌。比如，王下完后，庄家有三个2和一个小单牌，因为外面还有2，所以，不敢出小单牌，需要用2冲牌。那么，到底应该怎么冲牌呢？这要用到多次冲牌的技巧：先出单2，看外面有无炸弹；再出单2，进一步看外面有无炸弹；第三次出单2，冲牌。第一次出单2时，余牌还有三张，如果某位散家有炸，当他判断庄家的余牌是三头时，就会下炸。散家下炸后，庄家还有两个2，因此还有机会上手。如果有炸的对手高明一些，在庄家出了第一个2后不炸，庄家再出第二个2时，一般的对手都会下炸。散家下炸后，庄家因为还有一个2，仍然有机会上手。而如果庄家在冲牌时一次就出了三个2，只要外面有一炸，庄家就必输无疑了。

有时，庄家还要把多次冲牌与发牌骗敌的技巧结合起来，以达到骗敌先下炸，后送牌让庄家封顶的目的。例如，某盘庄家上手后，余牌是：22、AAA、J，王已经出完，22和AAA都是封顶牌。如果外面还有一炸，用AAA－22冲牌被炸后，庄家就没有任何回旋余地了。所以，这时只能先出22和AAA中的一手牌。那么，应该先出哪一手牌呢？如果先出22，余牌是四张，散家必不会用炸，不能达到骗敌的目的，庄家会失败。为了把散家的炸弹骗下来并给自己送牌，庄家应该先发AAA。发AAA后，庄家手中只剩下了三张牌。这时，如果散家有炸，往往会因为判断庄家的余牌是三个头而下炸，然后，无论散家打单牌还是对子，庄家都可以封顶上手，成功冲牌。

当散家的炸弹较多并有较大的炸弹时，庄家还要特别注意把多次冲牌、先用大炸和发牌骗敌的技巧结合起来，使散家上炸后又送牌让庄家封顶。某盘残局，庄家手中的牌是：22、AAAAA、J、3333，当时，四个王已经出完，2就是封顶牌了。因为散家还有两炸，庄家仅靠牌面自然形成的牌型打牌，最后不能成功冲牌，所以，庄家要先用大炸AAAAA上手，然后打单2，给散家造成庄家是在用单2冲牌的错觉。这时，一般情况下，散家都会下炸制止。而且，散家往往会认为庄家手中再无2了，在发牌时多会发单张，那样的话，庄家就能用专门留下的单2封顶，散家只剩一炸，庄家必胜。

大牌不一次冲完的打法很高妙，但是庄家必须明白：之所以要用到多次冲牌的技巧，是因为散家的炸弹多，庄家不够手，如果把大牌一次打完，散家一旦用炸，庄家就会输牌。在散家炸弹较多的情况下，庄家最后要取胜，必须把一手大牌分成两手甚至多手，先用部分大牌引出散家的炸弹，散家上手后发牌，庄家再用部分大牌封顶。也就是说，庄家要使封顶的整牌封顶的次数由一次变成两次甚至多次。大牌不一次冲完的目的是为了弥补炸弹的不足，实质上等于使部分大牌发挥出了炸弹的作用。懂得了这个道理，庄家就要注意：如果自己的炸弹大，已经够手，就不必把一手封顶牌分成两次或多次冲牌，以免被散家的小炸控制，那样的话，分成两次或多次冲牌就是画蛇添足，不但多此一举，而且还会犯错。例如，庄家的牌是：22、Q、JJJJJ。如果基本上能够判断出 JJJJJ 是最大的炸弹，必能上手，庄家就应该用对 2 直接引炸，而不要再拆开对 2 分成两次冲牌了。因为，如果散家有两炸，且牌较整的话，庄家打出单 2 后散家上炸，之后，散家不打单牌，当情况危机时，庄家就要用 JJJJJ 炸散家，虽然庄家能上手，但是手中还有单 2 和单 Q 两手牌，在散家还有一炸的情况下，庄家的这两张牌不能一次出完，反而会吃败仗。

（三）在冲牌时留有退路

有的牌局，在最后冲牌时，庄家往往不能肯定散家无炸，这种情况下，庄家就要考虑在冲牌时留有退路。如果没有留退路，一旦冲牌失败，那就只有死路一条了；而如果留有退路，万一冲牌失败，那还有路可走。说冲牌时留有退路，多数情况下是指冲牌时留下的牌还有上手的可能，少数情况下是指留下的牌较大，虽然不能上手，但有可能顺完。如果冲牌时留下的牌没有上手和顺走的可能，万一冲牌失败，庄家只有认输；而如果留下的牌还能上手或顺走，即使冲牌失败了，庄家还有机会赢牌。所以，如果庄家在冲牌时能留下还有上手或顺走可能的牌，就应该考虑留这些牌。

有上手可能的牌主要指的是大牌或者并且牌型有变化的牌。比如，庄家的牌是：小王小王、AAA、KKK、QQQ。在最后需要冲牌时，既可用双飞 KKK－QQQ 冲牌，留三带对 AAA－小王小王；也可用三飞 AAA－KKK－QQQ 冲牌，留对小王；还可用对小王冲牌，留三飞 AAA－KKK－QQQ；还可用双飞双带 AAA－KKK－小王小王－QQ 冲牌，留单 Q。以上这几种冲牌方法，第一种最好，最后一种最差。第一种冲牌方法留有小王小王、AAA，即使被散家用炸制止，冲牌失败，但余牌中有两个小王和三个 A，牌很大，而且牌型变化也较多，庄家能上手的可能性很大，还有很多赢牌的机会。最后一种冲牌方法留了一个单 Q，不但牌型没有变化，而且牌也较小，一旦冲牌失败，庄家就几乎没有任何机会赢牌了。

有顺走可能的牌主要是指大牌尤其是一手大单牌，极少数情况下，散家的牌太差，庄家留有多张大牌也能顺走。比如这样的牌：2、777、666，散家已经无王，当需要冲牌时，虽然 2 和 777－666 都是封顶牌，但庄家宜选用 777－666 冲牌。这样冲牌，万一散家有炸，冲牌失败，留下的单 2

较大，当散家牌不整时，庄家有可能顺走；而如果用单2冲牌，万一被散家炸掉，一般情况下，余下的777－666是不可能顺走的。再如这样的牌：AAA、KK、QQ，当散家还有两个2时，庄家应该用AA－KK－QQ冲牌。这样冲牌，如果被散家炸后，庄家只余下了一个单A，虽然单A不能封顶，但当散家的单牌较多时，或者散家的2都在守门员手中，守门员上手后，没有整牌可送时，庄家的单A有可能顺走；而如果用AAA－QQ冲牌，留下KK，冲牌失败后，由于散家还有两个2和一些A，与单A相比，KK很难顺完。

当需要多次冲牌时，庄家要按照上手希望由小到大的顺序冲牌，使冲牌留下的退路越宽越好。比如，当四个王已经出完、散家的2只有一两个时，庄家的余牌是：2、AAA－1010、K、77－66－55－44，这些牌需要三次冲牌。为了在冲牌时留下宽阔的退路，庄家应该按照先用77－66－55－44，再用AAA－1010，最后用2的顺序冲牌。用77－66－55－44冲牌后，余牌中的AAA－1010和2都能上手，有两条退路；再用AAA－1010冲牌后，余牌中的2还能上手，仍有一条退路；最后用2冲牌后，留下了单K，虽然不能上手，但单K较大，仍有顺走的可能，也算有半条退路。

虽然在冲牌时留有退路可使万一冲牌失败仍有回旋余地，但是，冲牌时，散家有炸的可能性已经很小了，庄家不能因为考虑到要为冲牌失败做准备而降低冲牌时封顶的可能性，如果为了留有退路而用不能确保封顶或封顶可能性不是最大的牌冲牌，万一被散家管上，就会弄巧成拙，很可能会把赢牌打输。例如这么一把牌：AAA、KK、QQ、JJ、1010。冲牌时，既可以用AA－KK－QQ－JJ－1010冲牌，留单A；也可以用KK－QQ－JJ－1010冲牌，留AAA；还可以用QQ－JJ－1010冲牌，留AAA－KK。这三种办法，第一种办法几乎没有退路，第二种办法有些退路，第三种办法退路最多。但是，冲牌时，应该用哪种办法呢？应该坚决用第一种办法冲牌，因为AA－KK－QQ－JJ－1010是自然的封顶连对，只要散家无炸，这样必能冲牌成功。后两种办法虽然留有退路，但也使散家管上连对的可能性增大了，如果真的被散家管上了连对，即使散家无炸，庄家也可能要遭致失败，那简直就是自讨苦吃，自取灭亡。

（四）有封顶单牌时的特殊冲牌法

有时，庄家有一个炸弹、一个全场唯一的封顶单牌，但由于散家手中还有炸弹，因此，不能用炸弹冲牌成功。但如果属于下面两种情况，把握好了冲牌时机，也能把牌打赢。

第一种情况是：庄家有一炸和一个众所周知的封顶单牌，散家有一大炸，这时，虽然明知用炸弹冲牌当时不能成功，但还是必须先用炸弹冲牌。因为，如果主攻散家牌整，庄家无论如何也会失败，先用炸弹冲牌不会犯错；如果主攻散家的单牌比两张还多，或者主攻散家虽然仅有两张单牌，但有大炸的同盟在他的下风，庄家必胜，先用炸弹冲牌也不会犯错；而如果主攻散家的单牌是两张，主攻散家或其上家同盟有一大炸，那么，庄家只有先用炸弹冲牌才能成功，不先用炸弹冲牌就会失败，这种情况下，庄家要想获胜，必须先用炸弹冲牌。我们分析一下主攻散家有两张单牌、主攻散家或其上家同盟有大炸时的情况：无论是主攻散家有一大炸还是其上家的同盟有一大炸，如果等到主攻散家把整牌出完，除炸外只有两张单牌时庄家还不下炸，那么，主攻散家就必会发一张小单牌，这时，无论庄家上封顶的单牌还是炸弹，散家都会用大炸上手，然后出单牌，主攻散家就先走成功了。而如果庄家用炸早早冲牌，虽然会被散家用大炸制止，但由于主攻散家有两张单牌，最后必送庄家过封顶的大单牌。所以，这种情况下，虽然先冲牌时不能成功，但最后却能跑牌成功；而如果不先冲牌，最后就会饿死炸弹或大牌，失败。

第二种情况是：庄家有一个炸弹、一个封顶单牌、一手别的对牌局没有什么影响的牌，顺门主攻，单牌只有一张，其他散家的单牌较多，但其他散家中有一个人手中有散家唯一的炸弹，这种情况下，虽然庄家不能用炸弹和封顶的单牌冲牌成功，但如果把握好了用炸的时机，在适当的时候用炸，仍然能把牌打赢。这种情况下，如果庄家早上炸，因为散家还有炸弹，无论庄家用封顶的单牌冲牌还是先打别的一手牌，都不能赢。我们分析一下：如果庄家先出封顶的大单牌，被散家炸掉后，散家上手送顺门整牌，顺门就能接牌上手；如果庄家先出别的一手牌，散家甚至不用炸就能使顺门上手。顺门上手后，只要一直先出整牌，最后出单牌，就能先走成功，打败庄家。如果庄家不早用炸弹，在关键时候再上炸，那么，庄家就能赢牌。由于顺门还有一张单牌，因此，顺门处理单牌的办法只有两个：一是，顺门在还有其他整牌的时候打单牌，如果散家用炸弹守门，庄家就能用炸上手，然后用封顶的大单牌冲牌，获胜；如果散家不用炸弹守门，庄家的封顶单牌就会用上，余牌为一炸加一手别的牌，这样，一般情况下，无论散家的炸弹是否比庄家的炸弹大，也不管散家是否炸庄家的封顶单牌，庄家都能获胜，其道理很简单。实战中，因为庄家的单张封顶牌是明牌，一般情况下，顺门不会在还有其他整牌时打单牌。二是，顺门为了不让庄家上封顶单牌而一直出整牌，把单牌留到了最后，即顺门最后的余牌会仅剩一张。庄家就是要等到顺门把手中的牌打得只剩下一张单牌时再用炸，这样，庄家才能打赢。当顺门还有一张牌时，庄家用炸，这时，如果散家上炸，散家在给顺门送单牌时必须经过庄家，庄家用封顶的大单牌上手就能冲牌；如果散家不上炸，庄家发别的那手牌，留下一个封顶大牌，散家被迫无奈时还要打单牌，还是必先送走庄家。所以，在这种情况下，庄家只有在顺门出得还剩一张单牌时的最后关头才能用炸，这时庄家用炸，虽然不能冲牌成功，但却能赢牌。有时候，主攻散家是中门，守门员还有一炸，但顺门已经没有整牌，起不到接守门员传过来的整牌再给中门送牌的作用，情况也一样，庄家要采取同样的打法。

上面是在两种特殊情况下的特殊冲牌方法，遇到这两种情况时，庄家需要注意把握好用炸的时机：前一种情况要早炸，后一种情况要晚炸。

第九节　庄家防敌要则

对庄家来说，三位散家都是敌人，庄家需要时时防备每个散家把牌走完，然而，庄家的实力往往是有限的，因此，如何以有限的实力最有效地防止散家先把牌走完，就成了克敌制胜的关键。

防备散家首先要善于判断谁在主攻，重点防谁。中门主攻的可能性最大，但是，如果顺门和守门员在出牌时有跑牌的征兆，庄家也要注意防备。尤其是当某一家出牌时出现异常情况，表现得非同寻常时，庄家更要谨慎防备。当情况危机时，庄家要适时果断地对主攻散家进行遏制，不能坐视不管。如果任其发展，必将纵虎为患，到最后，再想对其进行制止时可能就来不及了。

实战中，往往有两种典型情况让人非常感慨。一是，庄家的牌力相当强，但因为没有想到某位散家的牌非常整，或者因为放过了一两手，或者因为自己送了一两手，结果被其偷袭，最终导致庄家强牌打输。二是，庄家的牌相当弱，但因为在关键的时候对主攻散家进行了制止，使主攻散家的进攻严重受挫，导致散家的部署大乱，最终庄家以弱牌战胜散家。

下面我们专门讲一下庄家在强牌和弱牌两种典型情况下如何防敌。实战中，牌手做庄家时，要根据自己的实力强弱程度，结合牌局进展的具体情况，借鉴强牌和弱牌两种典型情况下的防敌要则，制定出正确恰当的防敌策略，采取及时有效的防敌措施，挫败散家的跑牌计划。散家的跑牌计划不能实现，就不能先走成功，最终就会失败。可以说，善于防敌是庄家立于不败之地的看家本领。

一、强牌防敌

庄家强牌落败，多是由于希望等待机会顺走一些牌而一再忍耐、或者由于过于保守而没有及时用炸弹或大牌制止散家、或者由于没有想到散家的牌特别整而没有引起足够的重视造成的。总的来说，就是为了过分追求稳妥而对散家防备不足。

从牌力上讲，说庄家的牌强，并不是指庄家的牌没有任何弱项，那样的话，庄家敞牌明打也能取胜，根本不会存在过于保守、一再忍耐的问题。所以，庄家的牌强是相对于散家来说，其总体实力比较强，但多有弱项。

在实战中，庄家强牌如果败北，其牌主要表现为两个类型的强以及相应的弱。

第一种类型是：庄家的炸弹多，但炸弹小。在庄家炸弹多但较小时，如果庄家本来能胜，反而失败，多是由于种种原因，庄家忍耐过度，持炸不用，最后，被主攻散家用大炸冲牌成功，或者主攻散家走得还剩一两手牌，被上家同盟大炸送走甚至被庄家自己送走。而且，如果炸弹多，但以作废甚至被饿死的结局落败，庄家往往会非常气恼，强烈自责。所以，当庄家的炸弹多但较小时，要防散家有大炸，不能过于忍耐，要及时用炸。

第二种类型是：庄家的王多，但炸弹较少。实战中，庄家王多本来能胜，反而失败，多是因为庄家没有充分利用好王的封顶功能，很多时候，庄家的王会被饿死，或者最后虽然用上了但却起不到作用了。王多失败常常是因为庄家没有想到某位散家的牌非常整，在庄家的王还没有充分发挥作用时，牌整的散家就主攻成功了。庄家王多获败，往往会让人感到十分可惜。一般地，庄家王多被散家整牌主攻成功多有两种情况。一是，庄家王多，但小单牌也较多，希望顺走一些大的单牌或其他牌，因此一忍再忍，没有出王。而主攻散家的牌整，早早地发起了进攻，当庄家再想上王时已经没有机会了，最后王被饿死，或者虽然出了王但起不到作用了。甚至，有时，散家冲牌后可能就剩下了一个较大的单牌，这时，虽然庄家还有王，但因为还有两个以上的小单牌，自己会被迫把散家送走。二是，庄家的小单牌并不多，甚至只有一个，但其他牌型的牌太小又多，为了使王发挥出封顶作用，庄家先出了一两个单牌，某位散家恰巧牌整，在庄家出单牌时又顺走了个别单牌，使主攻散家很快就形成了进攻甚至冲锋的态势。散家发整牌进攻后，庄家在整牌上没有封顶牌，不能封顶，再上手必须依靠炸弹才行，但是庄家炸弹太少，不够用，结果最后失败。这两种情况告诉我们，庄家王多时，关键要防某位散家牌整。根据自己牌型的特点，庄家王多时防敌的打法应该有所不同。如果庄家的单牌多，别的牌型较大或者需要出的手数很少，就要考虑先出单牌，并用王封顶，把王的封顶回手功能充分发挥出来。如果庄家的单牌很少甚至只有一张，就不宜先出单牌，而应出别的类型的小牌，等待散家被迫打单牌时庄家再用王上手，充分发挥出王控制散家单牌的功能。一句话，王多的牌要防散家牌整，要把王的作用充分发挥出来。

二、弱牌防敌

庄家弱牌获胜，多是由于庄家在关键时候对主攻散家进行了坚决制止，防敌防得好，再加上散家有一定的失误造成的。

从牌力上讲，庄家弱牌胜敌，多是因为相对来说散家的牌也不是特别强。当散家的牌有弱点时，主攻散家进攻就会考虑到种种因素，常常会左右为难，不敢贸然进攻，结果等到想进攻的关键时刻，被庄家坚决制止，失去了进攻良机，导致无力再组织战斗。而此时，其他两位助攻散家也往往会因为一直在配合主攻散家耗尽了自己的实力，他们明知主攻散家进攻受挫，但自己也没有能力主攻了。这时，庄家本来的弱牌相对于散家的现状，反而会成为强牌，强牌当然能赢了。

因此，当庄家牌弱时，如果防敌防得好，能恰到好处地对主攻散家进行打击，很可能会收到奇效。

弱牌防敌的要点是要注意在关键的时候出炸或者用大牌对主攻散家进行控制，打乱甚至彻底打乱主攻散家的部署，使其设计的思路失去成功的可能。庄家控制主攻散家跑牌的关键时刻就是主攻散家将要发最关键的一手牌时，庄家在此时制止住了主攻散家，会使其跑牌的计划落空，不能实现，甚至能直接使其彻底失去主攻能力。所以，庄家弱牌防敌的要害就在于要掌握好主攻散家进攻的节奏，要防止主攻散家出关键的一手牌。很多时候，这个关节点不好把握。实战中，往往以下两种情况是庄家制止主攻散家的关键时机。

第一种情况是：主攻散家一直在攻单，不敢变牌型，主动发封顶的大单牌时。主攻散家主动打封顶的大单牌往往是发动冲锋的信号，有的主攻散家此时甚至连单大王都会主动打出来。庄家这时对主攻散家进行制止有两个好处：一是，散家主动把大单牌发出后，庄家在单牌上受到的压制会减轻，甚至原来不能封顶的牌现在能封顶了。二是，主攻散家在出大单牌后，往往会发连牌或其他牌型。这时制止，会使主攻散家的连牌或其他牌型发不出来，严重打乱主攻散家的跑牌计划。很有可能就是庄家这关键时候的一击，使主攻散家手中的牌成了一把废牌，再也无力组织主攻战斗，绝无再走的可能了。

第二种情况是：主攻散家拆大牌后。主攻散家拆牌，多是为了调整成整牌，或者害怕发别的牌型让庄家顺牌或封顶，因此专门把整牌拆成单牌发。如果主攻散家在拆牌，尤其是在拆大牌，庄家可以待其拆到一半时对其进行制止。这时对其进行制止有两个好处：一是，如果主攻散家拆了大牌，庄家在整牌上受到的压制会减轻，甚至原来不能封顶的牌现在能封顶了。二是，如果主攻散家手中的大牌没有拆完，他的余牌很可能比拆大牌之前还要难跑，庄家这时进行制止，就会造成主攻散家跑牌困难。很有可能就是因为庄家这时对主攻散家进行了及时制止，彻底打乱了其跑牌计划，使其最后未能跑牌成功。

参考资料

1.《新型智力扑克牌游戏——斗地主》，刘祥夫　著，安徽人民出版社，2003 年 3 月第 1 版。

2.《魔法精灵“斗地主”》，励锦明　主编，上海科学普及出版社，2003 年 1 月第 1 版。

3.《巧斗地主——实用牌艺秘笈》，李文壅　袁克强　朱晋　著，上海文化出版社，2006 年 4 月第 1 版。

后 记

斗地主游戏的趣味性和技巧性都很强，对牌手的智力水平和心理素质要求都很高。玩这种游戏既能使人享受快乐，又能提升心智。多年以来，斗地主成了我最大的爱好之一，我很喜欢玩这种游戏。写成并出版一本斗地主技巧的著作，是我的一个心愿。

通过阅读这本书，大家可能会在一定程度上提高玩斗地主游戏的水平，但是，斗地主游戏的技巧非常复杂，打法十分灵活，要想成为真正的高手，还须牌手个人多多努力才行。

我觉得，想快速提高斗地主的水平，全面掌握斗地主的技巧，牌手必须多学习、多思考、多练习、多总结。第一，斗地主是一门高深的智力游戏。再聪明的人，也不可能一接触这种游戏就会成为牌坛高手，因此，要提高斗地主的水平，必须首先学习前人总结的打法和高手打牌的技巧，这是提高打牌水平最快捷的途径。第二，斗地主是一门较复杂的智力游戏。斗地主时，有的情况相当复杂，处理起来难度很大，因此，牌手必须多思考、深入思考，才能提高分析判断和谋划决策的能力，才能深刻理解各种技巧的精髓所在，在打牌时也才会有意识、有目的、有针对性地运用各种技巧。第三，斗地主是一门对抗性很强的智力游戏。对抗性的游戏不能仅仅纸上谈兵，而必须进行实兵操练，因此，只有在实践中经常练习，才能真正掌握并善于灵活运用各种技巧，切实提高实战能力。第四，斗地主是一门有规律的智力游戏。经常打牌的人遇到一些情况时往往会有似曾相识的感觉，事实正是如此，有很多情况常常都会重复出现，有很多打法下次还会用到，因此，牌手要善于总结经验和教训，把吸收的经验和吸取的教训上升为理论，用来指导实战，反复检验、不断总结，深切领会各种打法的微妙之处。

有许多四人玩的牌类游戏是二对二的固定组合对抗，在这种分组方式下，由于两人长期联合作战，配合的密切程度会很高，失误相对较少。也有一些四人玩的牌类游戏是各自为战，各人打各人的，这基本上就不存在配合的问题。所以，以上这两种情况下很少会出现牌手埋怨别人的情况。而玩斗地主游戏的四个人既不是固定组合二打二，也不是四家各自为战，而是变化着的三对一。散家打牌要联合作战，因此，三位散家的配合特别重要。而且，散家的成员也是不断变化着的，这又增加了散家配合的难度。斗地主时，如果三位散家配合不好，常常会出现失误，甚至可能会把很强的牌打输。有的人喜欢把输牌的责任推给别人，老是埋怨同盟，有时，散家之间甚至还会争吵。容易产生埋怨和争吵现象是斗地主游戏最大的弊端。因此，希望牌手在玩斗地主游戏时特别注意避免这种现象，不要埋怨牌友，更不要与牌友争吵。牌手一定要记住玩斗地主游戏的初衷：我们本来是为了快乐的！

斗地主是一种好玩的大众休闲娱乐游戏，它能带给人们许多快乐，但是，我们要切忌两种问题的发生：一是沉湎于斗地主游戏，二是借斗地主游戏赌博。与其他游戏相比，斗地主的吸引力相当大，但是，它只是一种游戏而已，我们可以偶一为之，不可整日玩要，不能因为玩斗地主游戏而影响了身体、学习、工作、生活。赌博既伤身心，又影响正事，还危害家庭和社会，如果把本来有趣好玩的斗地主游戏当成了赌博的手段，就失去了玩斗地主游戏的本来意义。对待斗地主游戏的最佳态度应该是：娱乐于斗地主而不沉湎于斗地主；以斗地主会友而不以斗地主赌博。

愿快乐的斗地主游戏给快乐的您带来更多的快乐！